QUEM MATOU
DANIEL PEARL?

BERNARD-HENRI LÉVY

# QUEM MATOU DANIEL PEARL?

Tradução de Flávio Quintiliano

A GIRAFA

Copyright © 2003 A Girafa Ltda.
Copyright © 2003 Éditions Grasset & Fasquelle
Título do original: *Qui a tué Daniel Pearl?*

*Não é permitida a reprodução desta obra, parcial ou integralmente, sem a autorização expressa da editora e do autor.*

**Coordenação**
*Estúdio Sabiá*

**Capa e projeto gráfico**
*LY2 – Comunicação Visual*

**Preparação de texto**
*Diego Rodrigues*

**Revisão**
*Andréia Moroni*
*Paola Morsello*

---

Dados Internacionais de Catalogação na Publicação
(CIP)
(Câmara Brasileira do Livro, SP, Brasil)

Lévy, Bernard-Henri
Quem matou Daniel Pearl? / Bernard-Henri Lévy ;
tradução de Flávio Quintiliano. — São Paulo :
A Girafa Editora, 2003.

Título original : Qui a tué Daniel Pearl?
**ISBN 85-89876-04-7**

1. Jornalistas – Crimes contra  2. Pearl,
Daniel, 1963-2002 – Assassinato  3. Repórteres e
reportagens  4. Terrorismo – Aspectos religiosos –
Islamismo  I. Título

Índices para catálogo sistemático:
1. Jornalistas : Assassinatos : Biografia   070.92

03-4988                                    CDD-070.92

---

Primeira edição
2003
Os direitos para publicação desta obra em língua
portuguesa estão reservados por
A GIRAFA EDITORA LTDA.
Av. Angélica, 2503, cj. 125
01227-000 – São Paulo – SP
www.agirafa.com.br

*Para Adam Pearl*

# SUMÁRIO

Prefácio     9

## PRIMEIRA PARTE
*Danny*     15

Uma noite em Karachi     17
Os locais do suplício     27
Um sorriso misterioso     37
A execução     45
Visita aos pais-coragem     59
O rosto de Danny     71

## SEGUNDA PARTE
*Omar*     89

No olho do bárbaro     91
Um inglês perfeito     101
Por que a Bósnia?     117
De volta a Sarajevo     131
Um retrato a partir de outro     149
Reconstituição de um crime     169

## TERCEIRA PARTE
*Um crime de Estado*     187

Os mistérios de Karachi     189
Observatório da imprensa     205
Um caso tenebroso     221
A vida dupla de Omar     237
Quando o assassino abre o jogo     255
No quarto do Demônio     275

## QUARTA PARTE
*Al Qaeda*     289

| | |
|---|---:|
| De volta à casa do crime | 291 |
| A mesquita dos talibãs | 303 |
| O dinheiro do *jihad* | 321 |
| No coração das trevas | 341 |
| O filho predileto de Bin Laden | 359 |
| Maus presságios para o investigador | 373 |

## QUINTA PARTE
*Over intrusive*     391

| | |
|---|---:|
| Um rapaz sem importância coletiva | 393 |
| O homem que sabia demais | 403 |
| Nos passos de Pearl | 415 |
| Os assassinos estão entre nós | 429 |
| Uma bomba para Bin Laden? | 447 |
| A doçura do islã | 461 |

# Prefácio

Este livro começa em 31 de janeiro de 2002, dia da morte de Daniel Pearl, jornalista norte-americano seqüestrado e decapitado em Karachi, no Paquistão, por um bando de fanáticos religiosos.

No momento oportuno, direi onde me encontrava e em que circunstâncias, quando vi pela primeira vez a imagem daquela decapitação.

Contarei como e por que decidi, naquele dia, dedicar o tempo que fosse necessário, embora não conhecesse aquele homem, para elucidar o mistério de sua morte.

A investigação durou um ano.

Ela me levou de Karachi a Kandahar, Nova Delhi, Washington, Londres, e de novo a Karachi.

É essa história que vou contar aqui.

É o relato dessa investigação, dessa busca da verdade, que constitui o tema deste livro. Um relato cru, o mais próximo possível daquilo que presenciei e vivi: as margens de dúvida e convicção; os impasses e pequenos avanços; as testemunhas verdadeiras e falsas; as línguas que se desatam porque todos sabem que você sabe; os atores ocultos que revelam sua porção de segredo ou cujo relato, ao contrário, confunde ainda mais; os momentos nos quais o investigador tem a impressão de ser a caça, não o caçador; o medo, que pode ser uma sensação inquietante ou um bom conselheiro — o medo sem o qual não existe reportagem à altura da atmosfera, dos ambientes cinzentos, das sombras em plena luz do dia, próprias dos países duvidosos; os fatos; unicamente os fatos; e, quando a realidade se esquivava, a participação forçada do imaginário; em suma, um romance-reportagem.

O primeiro tema desta investigação foi, evidentemente, o próprio Pearl.

O enigma daqueles "homens suaves" de que fala Dostoiévski.

A vida de um grande jornalista, norte-americano e judeu, mas que também era muitas outras coisas: cidadão do planeta; alguém que tinha curiosidade pelas outras pessoas; homem do mundo, amigo dos esquecidos; um apreciador da vida, que sentia solidariedade pelos desvalidos; um engajado solitário; um generoso; um otimista irresistível; um personagem luminoso que, se necessário, fazia questão de rever suas próprias opiniões; alguém que tinha decidido retribuir o mal com o bem, e compreender.

Sua morte em função disso.

A crônica desta morte.

As pessoas que ele viu.

As coisas que ele fez.

Os fatos que, na reportagem que ele elaborava, poderiam explicar o desejo de reduzi-lo ao silêncio e matá-lo.

Portanto, uma reportagem sobre outra reportagem.

Refazer, a partir dos indícios que ele deixou, de certa forma no lugar dele e para ele, a reportagem que lhe custou a vida.

Trilhar os seus passos; procurar, de Islamabad a Karachi,

os vestígios de um homem que, sem saber, penetrava no mundo das trevas; caminhar como ele; observar como ele; tentar pensar como ele, sentir aquilo que ele sentiu — e isso até o minuto final, o instante da morte e o que ele experimentou então — um ano inteiro tentando reconstruir o instante da morte de um homem que nunca conheci.

Além disso, existem as outras pessoas, aquelas que o assassinaram e sobretudo uma delas, o cérebro do crime, Omar Sheikh.

O assombro diante desse personagem.

O horror de seu ódio pelos seres humanos.

Mas também, assim como em relação à vítima, a vontade ferrenha de compreender — a vontade de penetrar, evidentemente não nos motivos, mas na paixão do assassino, seu delírio gélido, sua maneira de viver e reagir, de desejar e preparar seu crime.

A física das paixões sangrentas.

A química da vocação assassina.

Não mais com o Diabo na cabeça[1], mas tentando penetrar nos pensamentos do Diabo, para ouvir um pouco daquele tormento assassino que causou muitas outras vítimas antes de Pearl — e causará ainda mais, infelizmente, tal como ele.

Os demoníacos, quem são eles hoje em dia?

O que se passa na alma de um homem que, sem motivo, *a sangue frio*, decide se dedicar ao Mal, buscar o crime absoluto?

Neste início de século, o que faz com que a abjeção se torne desejo e destino?

Quem são esses novos possessos que acreditam que tudo é permitido, não mais porque Deus está morto, mas justamente porque Deus existe e tal existência os torna loucos?

Distância e proximidade.

---

[1] *Com o Diabo na cabeça*, de 1984, foi o primeiro romance de Lévy. (N. do T.)

Repugnância absoluta e vontade de conhecer.
Omar, este laboratório.

Além disso, o mundo em que eles vivem.
Este mundo que também é o nosso, e no qual foi possível a morte atroz de Daniel Pearl.

Este mundo desconhecido, sem pontos de referência, cuja gestação nunca me canso de acompanhar, nos últimos dez anos, entre guerras esquecidas, engajamento pela Bósnia e "relatório afegão" — um mundo no qual o caso Pearl, com tudo o que ele implica, todas as forças que ele coloca em jogo e suas ramificações inesperadas, me permitiu descobrir novos compartimentos.

O mundo do islamismo radical, com seus códigos, suas senhas, seus territórios secretos, seus mulás de pesadelo que insuflam a loucura nas almas, seus aprendizes, seus marechais.

O mundo do novo terrorismo, e principalmente de Osama Bin Laden, que, conforme veremos, teve participação nesta história, e cuja silhueta, cujo mistério triste, cujas armas de destruição sutil ou maciça, cujas idas e vindas tinham de pairar sobre estas páginas.

E depois, as perguntas: o choque ou não entre culturas; um islã ou dois; como o islamismo esclarecido poderia triunfar contra esse Deus sedento de cadáveres, que tritura corpos e almas no cadinho de uma lei desarvorada; se hoje em dia os monstros frios ainda são, ou não, os governos; que resposta dar ao ódio quando ele consolida países à deriva; que escudo nos protege contra o perigo incandescente da ideologia teológico-política; se o espírito de cruzada e o combate contra o "eixo do Mal" são a reação apropriada; se é preciso aceitar o fato de que a falência do Universal, a vontade de vingança planetária, a regressão, passaram a fazer eco à nova doença das almas.

Uma última palavra.

Se este livro começa no início do ano de 2002, o fato é que ele termina em abril de 2003, em plena guerra anglo-americana contra o Iraque.

E eu compreendo melhor, ao terminá-lo, por que essa guerra, desde o início, me inspirou um sentimento tão agudo de mal-estar.

É verdade que não sou um pacifista.

Tanto quanto outras pessoas, tenho simpatia pela idéia de ver o povo iraquiano, que estava morrendo aos poucos, esquecido das outras nações, livre de seu carrasco.

Mas acontece que eu voltava daquele outro mundo. Durante todo o tempo que durou o debate para saber se derrubar Saddam era a prioridade do momento, e se o destino do planeta seria decidido em Bagdá, eu permanecera no buraco negro de Karachi. E não conseguia, ainda não consigo, deixar de acreditar que a guerra iraquiana, para além até mesmo de seu custo político e humano, para além de suas mortes civis e do novo giro que ela não deixará de imprimir à roda maligna da guerra entre as civilizações, resultou de um erro singular de cálculo histórico.

Um governo já em grande parte desarmado quando, nos subterrâneos das cidades paquistanesas, eram negociados segredos nucleares.

Um tirano em seu ocaso, um fantasma da história do século XX, no momento em que, lá longe, eram tramadas as configurações bárbaras do amanhã.

Um dos últimos ditadores políticos, repertoriado nos bestiários antigos, no momento em que eu via surgirem animais ferozes sem paralelo, de ambições sem limites, para os quais a política é, na melhor das hipóteses, uma ficção útil.

E, contra aquele ditador, para apoiar a guerra-espetáculo oferecida como um repasto à opinião mundial, uma coalizão venturosa na qual — ironia suprema — se pretendia incluir o mesmo Paquistão que eu via tornar-se o próprio lar do Diabo.

O caso Pearl também é isso.

Um convite para não confundir um século com o outro.

Uma ocasião para explorar esse inferno silencioso, cheio de danados vivos, no qual se urdem nossas próximas tragédias.

*3 de abril de 2003*

*Primeira parte*

---

## DANNY

1

# UMA NOITE EM KARACHI

Chegada a Karachi.
A primeira coisa que me chama a atenção, já no aeroporto, é a ausência total de ocidentais.
É verdade que havia um inglês no avião, com certeza um diplomata, que embarcara junto comigo em Islamabad.
Mas um carro blindado veio esperá-lo, sob a passarela, antes que começasse o desembarque de passageiros, e o levou, sob escolta, através das pistas de pouso.
De resto, rostos fechados; apelos à oração misturados aos anúncios de partidas e chegadas; do funcionário da alfândega ao carregador, dos mendigos aos motoristas de táxi que se abatem sobre mim, ou aos militares de capacete que filtram as vias de acesso ao aeroporto, uma expressão dura, hostil, que se acende nos olhares à minha passagem; um ar de surpresa, também, ou de curiosidade incrédula, que evidencia ainda mais o aspecto incongruente da presença,

ali, na primavera de 2002, de um viajante ocidental; nenhuma mulher; aliás, é a primeira coisa que salta aos olhos, essa impressão, raríssima, de um mundo absolutamente sem mulheres. E, perdido na multidão, com as olheiras dessa espécie de maquiagem chamada *khol*, cabelos cor de mel escuro, traje assertoado e azul-marinho, amarrotado, os bolsos entupidos de papéis inverossímeis — mas com uma espécie de cravo na lapela, que imagino ser um sinal de boas-vindas —, o motorista que foi enviado pelo Hotel Marriott e que me leva até o carro, do outro lado do aeroporto: a polícia acaba de encontrar uma bomba e a levou para o lado de fora, a fim de explodi-la perto do estacionamento, provocando o deslocamento maciço de todos os veículos.

— Americano? — pergunta ele, depois de um longo momento de observação pelo retrovisor.
— Não, francês.
Ele parece aliviado. As posições francesas sobre o Iraque, sem dúvida. A política árabe da França.
— Primeira vez em Karachi?
— Primeira vez.
Evidentemente, estou mentindo. Mas não vou lhe dizer que sim, é claro que conheço o Paquistão. Não vou começar a lhe contar que eu estivera lá quando ele ainda não tinha nascido: 1971... Zulfikar Ali Bhutto, no alto de sua glória e majestade, às portas do poder... seu refinamento... seu porte... sua alta cultura de grande senhor feudal paquistanês, que tinha passado pelas escolas britânicas e não suspeitava, em seu otimismo, que poderia, oito anos mais tarde, terminar pendurado numa forca... seu fascínio por Giscard[1]... Servan-Schreiber[2], que ele queria

---
[1] Valéry Giscard d'Estaing, nascido em 1926, presidente da França de 1974 a 1981, político conservador, aliado aos gaullistas de centro. (N. do T.)
[2] Jean-Jacques Servan-Schreiber, nascido em 1924, jornalista e escritor, fundador da revista *L'Express*, ministro das Reformas em 1974, no governo de Jacques Chirac. Tornou-se conhecido por livros polêmicos, como *O desafio americano* e *O desafio mundial*. (N. do T.)

saber se era lido por pessoas de minha idade, na França... aquela cultura... aquelas mulheres sem véu nas reuniões de seu partido... Ayub Khan, Yahya Khan, os militares no poder, aqueles animais, você vai ver, isso não vai durar... a guerra em Bangladesh, então... tomar partido pelos habitantes oprimidos de Bangladesh, que estava se separando do Paquistão, que por sua vez se ocidentalizava... entrar em Dacca com o exército indiano... o presidente Mujibur Rahman e seus grandes óculos refulgentes de ironia... meu primeiro emprego, no governo dele, como assessor para assuntos de planejamento... meu primeiro livro... minha participação, enfim, naquilo que era para mim uma guerra de libertação nacional, mas que permanece, para os paquistaneses, o acontecimento traumático por excelência, o esquartejamento de seu país, uma Alsácia-Lorena sem remédio... Sei que uma das peças de acusação mais convincentes do processo contra Pearl foi o fato de ele ter sido correspondente na Índia, antes de se mudar para Karachi. Pior: sei que, do ponto de vista dos islamitas e, talvez, dos serviços secretos paquistaneses, dentro dessa lógica insana na qual o menor indício pode se converter numa prova ou numa confissão, o fato banal de que ele "conservara um apartamento em Bombaim" confirmava que era um inimigo do país, o agente de uma potência estrangeira e, portanto, alguém a ser eliminado. Assim, fico em silêncio. Não me arrisco a revelar que, em outra vida, trinta anos antes, fui um adversário ativo, militante, do regime paquistanês. O motorista ainda parece aliviado.

— E a religião? Que espécie de religião é a sua?

Eu não esperava a pergunta. Ou, pelo menos, não daquela forma, não tão depressa, nem com tanta ênfase.

De novo, penso em Pearl e em suas últimas palavras, tais como foram registradas no vídeo filmado pelos seqüestradores: "*My father is a Jew, my mother is a Jew, I am a Jew...*"[1]

Penso na história incrível — que li um pouco antes de partir, no *website* dos Repórteres sem Fronteiras — de Aftab Ahmed, diretor de um jornal de Peshawar. Ele tinha publicado a carta de um leitor vagamente hostil à onda de anti-semitismo que, naquele momento, assolava o país, e portanto uma carta que defendia, de maneira extremamente vaga, que se deixasse de arrastar os judeus na lama ao longo das colunas do jornal: gritos de indignação! processo por blasfêmia! manifestações enormes de chefes religiosos e islamitas diante do tribunal! vamos fechar o jornal! vamos incendiar a gráfica! matem-no! prendam-no! que esse incréu nos deixe odiar seja quem for, por motivos que nos pareçam, a nós, motivos justos! ele acabou escapando por pouco da pena de morte, aquele diretor de jornal, acabou deixando a prisão — mas teve de pagar o preço de uma "carta de desculpas ao povo muçulmano", de um veto de publicação por cinco meses, sendo que um colaborador, Munawar Hasan, responsável pelas páginas editoriais, continua preso um ano depois!

Penso, com efeito, em tudo o que me contaram sobre o anti-semitismo fanático dos paquistaneses, e penso naquela segunda recomendação — "Não fale sobre isso... nunca... são anti-semitas que, como acontece muitas vezes, nunca viram um judeu na vida e não vão suspeitar de nada se você disser seu nome... portanto, silêncio, hein, silêncio... não responda a nenhuma pergunta, nem provocação... um passado indiano, e além disso judeu, é demais para uma única pessoa, mas nada em você faz supor esse passado..."

Os assuntos tabu no Paquistão: a Índia; a Caxemira, que é preciso "libertar" do domínio indiano e que deve ser, mal comparando, uma espécie de Bangladesh atual,

---

[1] "Meu pai é judeu, minha mãe é judia, eu sou judeu..." (N. do T.)

sangrenta mas dissimulada; e depois, como eu estava dizendo, o judaísmo.

— Ateu — respondi. — Minha religião é o ateísmo.

A resposta o assombra. Vejo seu olho grande e incrédulo que me espreita através do retrovisor. Ateu? É mesmo? Mas isso é possível, uma religião ateísta? No entanto, já que isso de fato parece possível, já que não tenho cara de estar brincando, ele conclui, imagino, que está na presença de um ocidental extravagante, mas que isso é melhor do que um judeu, católico ou hindu — e tira do bolso um cigarro velho, úmido de suor, que me oferece em sinal de amizade.

— Não, obrigado — digo —, não fumo. — E, por minha vez, trato de interrogá-lo sobre a religião dele; sua vida; seus filhos; os mendigos com que cruzamos na saída do aeroporto; os vendedores de cartões-postais com a efígie de Osama Bin Laden; aquele sujeito, dependurado num andaime, que estava pintando em letras negras, numa fachada, o lema "Bush = Butcher"[1]; aquele outro que, num semáforo vermelho, com a barba envolta numa rede, me ofereceu uma dose de heroína — é verdade que existem tantos drogados no Paquistão como se diz? e Bin Laden? Bin Laden está vivo? ouvi dizer que é um herói para a maioria dos habitantes de Karachi, é verdade? soube pelos jornais que havia na cidade dois milhões de afegãos, habitantes de Bangladesh, árabes, sudaneses, somalis, egípcios, tchetchenes, em suma, estrangeiros sem documentos que formavam um exército de reserva natural para os agentes recrutadores da Al Qaeda — o que ele acha disso? e aqueles velhos seminus, sob a imundície dos anos e do pó, hirsutos, carregando feixes de lenha, que saem de uma rua lateral como uma fileira de formigas? e aquele outro, acocorado na calçada, com um avental ao redor

---
[1] "Bush = Assassino". (N. do E.)

da cintura, um chapéu de palha destroçado na cabeça, em meio às ruínas de uma casa que ele remexe pacientemente? e este, o rosto coberto por uma camada de sujeira, levantando a muleta como uma arma para ameaçar os carros? e aquele, imóvel na calçada, de braços cruzados, parecendo um espantalho que o vento poderia carregar? pensei que Karachi fosse uma cidade rica... não imaginava que houvesse tanta miséria, escombros, vagabundos... não imaginava aqueles rostos de mortos-vivos... aquelas costas arqueadas... aqueles espectros cambaleantes na penumbra da noite que cai... sabe de uma coisa, amigo motorista, eles se parecem com rebanhos de lobos... e aquele ali, coçando sua lepra, sabe o que ele me lembra? e aquele esqueleto de cócoras? em suma, tudo, realmente tudo, todas as perguntas possíveis e imagináveis, para que ele não fizesse sua pergunta, a próxima, que eu sabia ser inevitável, a pergunta sobre o que um francês ateu, em sua "*first time in Pakistan*"[1], podia estar fazendo ali, naquele dia, numa cidade que, conforme ele sabia muito bem, estava à beira do Apocalipse: eu me encontrava ali como "turista", ou por causa de "negócios", ou por outro motivo e, nesse caso, qual seria...

Naquela primeira viagem, a idéia não era ficar em silêncio? O princípio básico daquele início de reportagem não era permanecer anônimo, até onde fosse possível? Eu tinha a sorte de ter conservado em meu passaporte o visto de "entradas múltiplas" que me haviam dado em fevereiro, durante minha "missão afegã". Portanto, não disse nada a ninguém. Não me perguntaram nada. Nem precisei comparecer novamente à embaixada do Paquistão, contar minha vida, explicar-me. E estou firmemente decidido, agora que cheguei, a continuar calado.

Isso vai durar o quanto for necessário. Vai causar

---

[1] "Primeira vez no Paquistão." (N. do T.)

problemas, obrigatoriamente, em relação aos contatos com outras pessoas, e especialmente com os oficiais. Mas que se danem os oficiais. Terei ocasiões de sobra para ver de novo os oficiais repetindo aquilo que já sei: que Pearl chegara no Natal; que estava seguindo a pista de Richard Colvin Reid, o homem de sapatos carregados de explosivos no *airbus* Paris-Miami; que Pearl tinha sido *over intrusive*, ou seja, "abelhudo" demais, metendo o nariz em assuntos delicados que não diziam respeito aos estrangeiros; que cometera o erro de confiar naquele Omar Sheikh, que o engabelou com a promessa de levá-lo até o guru de Reid, Mubarak Ali Shah Gilani, líder da Jamaat ul-Fuqrah, uma seita terrorista, incluída pelo FBI na lista das organizações terroristas, mas Omar, no dia combinado, em vez de conduzi-lo até Gilani, levou-o para uma casa nos arredores de Karachi onde, depois de oito dias, em 31 de janeiro, foi executado; que Omar Sheikh fora preso; que, naquele exato momento, ele estava sendo julgado; que, valendo-se daquele episódio, o regime decidira mover um grande processo contra o islamismo no Paquistão; estamos seguindo os procedimentos, senhor Lévy! deixe que a Justiça faça seu trabalho! não seja o senhor também *over intrusive*, abelhudo demais...

Por enquanto, existem os locais. As atmosferas. O ar que Pearl respirou, todos os dias, desde sua chegada, numa manhã de inverno, ao aeroporto de Karachi. Existe o Hotel Marriott, onde eu também me hospedei. O Hotel Akbar, em Rawalpindi, onde ele viu pela primeira vez seu futuro carrasco, Omar Sheikh, e que também tenho de visitar. O Village Garden, na parte baixa da cidade, onde eles marcaram um encontro, na véspera do seqüestro. Existe o local de seu suplício. Ali onde seu corpo foi encontrado, retalhado em dez pedaços, depois recomposto para a inumação: o busto; a cabeça, colocada sobre a base do pescoço; os braços amputados na altura dos ombros; as coxas;

as pernas; os pés. Existem todos esses locais, trágicos ou corriqueiros, nos quais ele esteve e nos quais quero procurar suas pegadas. E para que tudo isso seja possível, para tudo o que cerca o mistério Pearl, para descobrir seus vestígios, trilhar seus passos, para imaginar aquilo que ele sentiu, viveu, sofreu, não preciso nem de vistos nem de reuniões de cúpula, e, sobretudo, não preciso de visibilidade em excesso.

Em outras palavras, esse papel de simples turista é bastante conveniente. Pelo menos, ele me permite conjurar o verdadeiro risco, o de ser encarado como um "jornalista", categoria não apenas infamante, mas até ininteligível num país que — como já sei e terei a ocasião de verificar novamente — foi drogado pelo fanatismo, dopado pela violência, e perdeu até mesmo a idéia do que poderia ser uma imprensa livre. Daniel Pearl... O grupo de jornalistas ingleses apedrejados, em dezembro, nas colinas pachtos[1] de Chaman... A equipe da BBC atacada, na mesma data, em algum lugar da fronteira afegã... Robert Fisk, o jornalista do *Independent*, espancado, ferido por uma multidão de refugiados e fanáticos afegãos... Sem falar em Shahin Sehbaï, o corajoso diretor de redação do *News*, que sofreu ameaças de morte dos serviços secretos por ter ido longe demais em sua investigação sobre, precisamente, o caso Pearl, e por fim foi praticamente forçado a fugir para os Estados Unidos... Portanto, não dar na vista. Fico muito feliz em não dar na vista.

— Sinto muito, é a polícia — diz bruscamente o motorista, passando para o acostamento.

Com efeito, eu lhe pedira que deixássemos a artéria principal, a pretexto dos engarrafamentos, mas na verdade queria rever, numa rua lateral, uma *guest house* onde residi

---

[1] Pachto: sinônimo de afegão ou afegã; designa as tribos do atual noroeste do Paquistão que fundaram o Estado afegão em 1747. (N. do E.)

algumas semanas, há trinta anos, antes de minha partida para Bangladesh. E, absorto em minhas lembranças, com a sensação bizarra de já ter visto aquelas ruas, aquelas casas baixas, mas em outra vida e como em sonho, perdido também em minhas reflexões sombrias sobre a liberdade de imprensa no Paquistão e sobre o lento passado desaparecido daquela cidade, da qual eu gostava bastante mas que me parecia terrivelmente mudada, não prestei atenção ao policial que saiu da penumbra — cabelos longos, dólmã amarrotado, olhos injetados de sangue e maquiados com *khol*, jovem mas não juvenil, os traços duros, segurando uma metralhadora nervosamente numa das mãos e, na outra, uma lanterna supérflua cujo facho não tinha diâmetro maior que o de um lápis, e que ele dirigiu contra nós.

— Você precisa descer. Ele quer lhe perguntar alguma coisa. Eu estava dirigindo rápido demais.

E, com efeito, o policial — o falso policial? — me puxou sem a menor cerimônia para fora do carro; mediu-me dos pés à cabeça; examinou com ar de repulsa meu velho blusão e minha barba de três dias; finalmente, retirou de meu bolso o punhado de rúpias que eu havia trocado no aeroporto, e por fim meu passaporte.

O passaporte o deixa visivelmente surpreso.

— Lévy? — pergunta ele, incrédulo. — Seu nome é Lévy? *Is your name, really, Lévy?*[1]

Por um momento, pensei: "Catástrofe! Invalidação imediata da tese segundo a qual os paquistaneses nunca viram um judeu na vida, por isso meu nome etc." E depois, quando me voltou a memória de Bangladesh, lembrei-me de que, naquele país, Lévy é o nome de um batalhão de paramilitares prestigiosos, inventado e batizado pelos ingleses para policiar as fronteiras (exatamente: os Levy Malakand, assim

---

[1] "Seu nome é realmente Lévy?" (N. do T.)

chamados por causa dos Malakand, zonas semitribais, próximas do Afeganistão, nas quais o exército regular não penetra e por isso tem de contar com os Levys para impor a ordem...) — eu me lembro daquela coincidência de nomes, muito conveniente, para dizer a verdade, e sinto que ela vai me tirar da enrascada, tal como acontecera trinta anos antes, quando me perdi, e depois me encontrei face a face, em Jessore, com uma unidade de elite do exército paquistanês.

— Duas mil rúpias — diz ele, conciliador, no tom de voz de um lojista que faz um preço camarada. — Excesso de velocidade, você não está dentro das regras, mas dessa vez vou deixar por duas mil rúpias.

Penso em protestar. Eu poderia fazer um escarcéu, rebelar-me, invocar o respeito que se devia a um Levy Malakand, pedir a ajuda do motorista que, durante todo o incidente, continuou dentro do carro, com a cabeça no volante, fingindo dormir e esperando que tudo terminasse. Mas não. Seria uma péssima idéia. Deixo as duas mil rúpias. E, como se não houvesse acontecido nada, sem uma palavra de censura nem de comentário ao motorista, torno a entrar no táxi — mais do que feliz em assumir definitivamente o papel de turista espoliado. Tudo vai bem. É um bom começo. Baltasar Gracián: "É preciso encarar as coisas do mundo pelo avesso, para enxergá-las do lado direito".

## 2

## OS LOCAIS DO SUPLÍCIO

Estou na casa em que Pearl ficou detido.

Isto é... Digo "a" casa como se houvesse apenas uma, e como se eu tivesse certeza de que ele foi detido, supliciado, esquartejado e enterrado no mesmo local.

Na realidade, ninguém pode ter certeza disso, e existem pessoas, em Karachi, que supõem que os raptores, a fim de confundir as pistas, escapar das investigações do FBI e dos Rangers paquistaneses, e ao mesmo tempo reduzir os riscos de serem denunciados pela vizinhança, decidiram transportar Pearl de esconderijo em esconderijo, durante sete dias, naquela aglomeração de catorze milhões de habitantes, tentacular, que é Karachi.

Mas o fato é que existe uma casa, pelo menos, na qual todo mundo pensa, pois foi nela que, em 17 de maio, depois de meses de buscas em todos os cemitérios da cidade, foram encontrados os botões da camisa de Daniel Pearl e a poltrona do carro na qual ele aparecia sentado nas fotos que os raptores enviaram à imprensa — e por fim, no jardim, sob um metro de terra, seu corpo em dez pedaços. Era ali, no coração do bairro de Gulzar e-Hijri, que, segundo todos os indícios, a execução tivera lugar; e era ali que, para continuar no plano das suposições, suponho que ele ficou detido desde a primeira noite.

Para chegar até lá, é necessário um pequeno trajeto de carro de uma hora.

O mais importante é não perguntar nada a ninguém, bastando mandar um "olheiro" paquistanês à frente, para garantir que não haverá, naquele dia, nenhuma patrulha policial nas proximidades de um local que ainda é considerado sensível, e anunciar-se, por desencargo de consciência, junto às autoridades informais dos bairros, e depois dos campos de refugiados afegãos, que é preciso atravessar.

Partindo do Village Garden, aquele restaurante em pleno centro no qual o chefe dos raptores, Omar Sheikh, havia marcado um encontro com Daniel Pearl, é preciso entrar na Sharah e-Faisal, ou Avenida do Rei Faisal, que sobe para o aeroporto e que é preciso seguir durante vinte minutos. É uma bela avenida, tranqüilizadora, que atravessa bairros de escritórios, uma base da Marinha, residências para militares reformados, o Museu da Aeronáutica, o Museu Jinnah, assim como o Finance and Trade Center, onde se reuniram as sedes sociais de alguns dos grandes bancos paquistaneses.

Do lado esquerdo, é preciso entrar na Rashid Minhas Road, que é, por sua vez, uma grande avenida com forte presença do Exército: à direita, o *ordnance depot*; por trás da calçada oposta, outro conjunto de residências para oficiais aposentados; um cinema; o parque de diversões Aladin com seus jogos aquáticos, seus espaços para exibição de vídeos, suas arcadas de comércio; os Jardins de Iqbal, lotados de gente; o National Institute of Public Administration, universidade para adultos onde são reciclados os altos funcionários. Ali também a circulação flui sem problemas. Avenida perfeitamente calma. Impressão de vida normal, pelo menos no dia em que passei por ali — mas por que teria sido diferente no dia em que ele, Daniel Pearl, fizera aquele trajeto?

Transcorridos dez minutos, ou talvez quinze, segue-se em direção leste pela Super Highway, uma rodovia de quatro pistas, a *lifeline*, ou "linha da vida" do Paquistão, que vai dar em Haderabad. Cruza-se o bairro de Sorhab Goth, com seu terminal rodoviário e de caminhões; um mercado de hortaliças; uma espécie de parque interminável, sem árvores nem vegetação, construído sobre as ruínas de bairros pachtos destruídos nos anos 1980; uma aldeia de refugiados afegãos, cheia de pequenos restaurantes onde se serve *pulao* e chá, tal como em Cabul, acompanhados de amêndoas cobertas de açúcar, servidas em pratinhos côncavos, geralmente oblongos; um restaurante em construção; imóveis modestos, mais pobres que na Avenida Rashid Minhas, mas nem mais nem menos que em alguns bairros do centro de Karachi. Nada, ali tampouco, que pudesse alarmar Pearl. Nada que fizesse supor que ele penetrava numa terra de ninguém, longínqua e apavorante.

À esquerda de novo, logo depois do restaurante em construção, outra grande artéria, em pior estado de conservação, mas com aspecto ainda totalmente aceitável, a Mehran Avenue. Um poste assinala o Karachi Institute of Information Technology; outro, o Dreamworld Family Resort, espécie de área de lazer na qual os jovens paquistaneses organizam o equivalente de nossas festas *rave*; outros ainda anunciam os Maymar Apartments, o Ghulshan e-Maymar Complex, ou a Karachi Development Authority, uma instituição paraestatal que lida com o desenvolvimento urbano — ou ainda, visível à esquerda, a Dawat Academy International University, cuja construção está em ponto morto (só a mesquita adjacente foi concluída). A paisagem, ali, é mais ingrata. Existe alguma coisa de sinistro, de repente, naqueles terrenos baldios, naquelas casas semi-acabadas cujos andares térreos foram invadidos, naqueles eucaliptos sem água que nunca acabam de morrer. Mas nem sempre é uma atmosfera de fim de mundo, o inferno, os subterrâneos impenetráveis e sórdidos que nos foram descritos quando foi preciso explicar o fracasso da polícia paquistanesa em encontrar o jornalista norte-americano ainda com vida.

E depois, sempre à esquerda, uma rua mais estreita, Sharah e-Mullah Jewan Road, na qual, pela primeira vez — mas estou em trânsito há quase uma hora —, o cenário descamba realmente: outro terreno baldio; uma paisagem de rochedos e depósitos de lixo; poucas casas; uma estrada quase completamente deserta, que se percorre por três ou quatro minutos antes de estacionar e terminar os últimos duzentos metros a pé. A quinhentos metros, à direita, uma grande casa abandonada, sobre a qual se vê uma antena de televisão. Oitocentos metros adiante, a *madrasa*[1] Jamia Rashidia, com um campo de futebol do outro lado e, por trás, um aglomerado de casebres que parecem abandonados. E depois, entre a primeira habitação grande e a *madrasa*, duas granjas frente a frente, cercadas pelo mesmo muro de tijolos de cimento aparente, com cerca de um metro e cinqüenta de altura — na primeira dessas granjas, Daniel Pearl foi mantido prisioneiro.

Aquele foi o trajeto (existe outro, por trás, porém mais longo e cheio de policiais) que Daniel Pearl deve ter percorrido.
Aquela foi a duração (uma hora, talvez menos) da última

---

[1] *Madrasa*: nos países árabes, escola de religião sunita, adjacente a uma mesquita. (N. do T.)

viagem. Um relatório policial, baseado no depoimento de um dos conjurados, Fazal Karim, e reproduzido pela imprensa paquistanesa, menciona várias horas de circulação e uma troca de veículos — mas por que, meu Deus? com que objetivo, uma vez que a vítima não suspeitava de nada?

Aquelas foram as etapas principais de sua passagem por uma zona da qual muito já se disse, repito — e será preciso evocar essa recordação quando se tentar saber o que a polícia paquistanesa fez, ou não fez, para encontrá-lo vivo. Uma zona considerada inacessível, uma terra de ninguém. É um bairro pobre, sem dúvida; um setor de má fama, perigoso, propício a todos os tipos de tráfico e repleto, sobretudo, de casas do mesmo tipo daquela, que a indústria do seqüestro, florescente em Karachi, sempre transformou em esconderijos. Mas acontece que todo mundo sabe disso; todo mundo sabe que muitas daquelas pretensas granjas são antros de mafiosos ou islamitas; eu mesmo refiz o trajeto e posso testemunhar que, com exceção daquele último trecho, a área urbana nunca é deixada para trás ao longo do trajeto.

E o que fez Pearl durante aquele tempo?

O que deve ter pensado? Que idéias lhe passaram pela cabeça ao longo da viagem?

Ele compreendeu que havia caído numa armadilha, e que não estava sendo levado à presença de Gilani, com quem havia solicitado uma entrevista?

Ele fez perguntas? Mostrou-se inquieto, impaciente, irritado? Foi preciso ameaçá-lo? Foi preciso travar as portas do carro? Foi preciso imobilizar Pearl ou espancá-lo?

Um vizinho, cujo filho freqüenta a *madrasa*, me contou que Pearl teria sido visto de olhos vendados, na entrada do terreno, diante do portão da casa.

Evidentemente, tudo é possível.

E, mesmo admitindo que fosse verdade, mesmo admitindo que depois da Super Highway, na entrada da

Sharah e-Mullah Jewan Road, naquela parte do trajeto menos freqüentada onde o fluxo de veículos diminui, tenha sido tomada a precaução de vendar os olhos de Pearl, isso não o teria deixado obrigatoriamente inquieto. Não seria a primeira vez que isso acontecia a um jornalista estrangeiro, conduzido à presença de uma personalidade importante, cujo paradeiro deve permanecer secreto. Eu mesmo, na Colômbia, quando me levaram, no fundo de um Cordoba, até Carlos Castano, o chefe psicopata dos paramilitares fascistas... ou então, trinta anos antes, na época de Bangladesh, quando me conduziram, na periferia oeste de Calcutá, até o chefe maoísta Abdul Motin, perseguido na época por todas as polícias das duas Bengalas...

Mas, no íntimo, não acredito nisso.

Não acredito que os raptores tenham corrido o risco de circular de carro com um estrangeiro de olhos vendados.

Da mesma forma, não acredito que ele, Pearl, tenha encontrado naquele trajeto, que refiz com os olhos, um motivo de inquietação especial.

Estou convencido de que ele deve ter se sentido mais ou menos confiante ao longo de um percurso que, afinal de contas, era normal para um repórter habituado a Karachi.

Um gesto de apreensão, talvez. Idéias sombrias que lhe passam pela cabeça, mas que ele rechaça. Imagino que o tempo deve ter-lhe parecido longo, ou o trajeto lhe pareceu caótico, mas que ele interrogou seus acompanhantes, escrevinhando nas páginas de sua caderneta, obliquamente, como sempre quando se escreve num automóvel, gracejando, anotando aquilo que via, PNS Karsaz, Kentucky Fried Chicken, Gulberg, Knightsbridge Restaurant, Bundoo Khan, North Karachi Sind Industrial Estate, Karachi Development Authority... E em seguida, na última parte, se é verdade que seus olhos foram vendados, mais inquieto, de sobreaviso, mas continuando a anotar mentalmente aquilo que ele não podia mais registrar por escrito: os ruídos, os odores, a distância provavelmente percorrida e, nos momentos finais, após descer do carro, os últimos obstáculos, os relevos que ele adivinha sob seus passos e que o conduzem à casa onde terá enfim sua entrevista — contente por estar ali, respirando com excitação, naquele espaço fechado onde, segundo as declarações dos raptores à polícia, sua primeira pergunta, ao chegar, teria sido: "Onde está Gilani? Onde está o homem com quem me prometeram uma entrevista?" Em seguida, Bukhari, o homem que guiara o pequeno cortejo em sua motocicleta, e que logo depois comandaria a execução, teria enlaçado os ombros de Pearl num gesto fraternal, enquanto encostava, com a outra mão, um revólver entre suas costelas. Mas, mesmo então, Pearl não acreditou. Mesmo com o revólver espetado no flanco, mesmo ao ouvir Bukhari dizer, com um grande sorriso, *"Now, you are kidnapped"*[1], Pearl ainda achou que tudo não passava de uma brincadeira, e esperou que o levassem para dentro da casa, que o revistassem, que tirassem suas roupas e o deixassem só de cueca, para começar a entender o que estava lhe acontecendo.

Por trás dele — e, hoje, por trás de mim —, a casa de Saud Memon, o proprietário do terreno.

Ao lado, a casa térrea de Fazal Karim, motorista de Memon, que estará presente ao longo de toda a cena, segurando provavelmente a cabeça de Pearl durante a execução e estraçalhando, no final, o corpo em dez pedaços.

Algumas centenas de metros adiante, a *madrasa* Jamia Rashidia, cujos alunos afirmam não terem visto nem ouvido nada, até o dia — o sexto, dois dias antes da execução — no qual o norte-americano teria aproveitado o instante em que era acompanhado até o banheiro para tentar fugir pela

---

[1] "Agora, você foi seqüestrado." (N. do T.)

abertura de ventilação, e os alunos, subindo no teto, teriam visto Fazal Karim e um outro homem, em represália, espancarem Pearl e lhe meterem uma bala na perna: "Você vai pagar, agora... Você vai rastejar como um verme no pó..."

Em frente, do outro lado da rua, cercadas por uma fileira de acácias de cujos galhos pendem sacos plásticos brancos, duas casas em construção que não deviam existir naquela época: desejo da polícia de que o local seja ocupado? de que novas instalações sejam construídas ali?

Sob os pés de Pearl, e hoje sob os meus, o pequeno quintal vazio, envolto num silêncio tão perfeito que o eco de meus passos nos galhos e nas folhas de palmeira que agora cobrem o solo me ensurdece, um quintal onde também vicejam acácias, bambus e mangueiras, no qual foram descobertos os restos de seu corpo supliciado, acompanhados, como para o corpo dos santos, de suas pobres relíquias: três pedaços de corda verde desbotada, pílulas antidiarréicas, dois bancos de automóvel, um fragmento de seu abrigo de *jogging*, três sacos plásticos manchados de sangue, que devem ter servido para embrulhar sua carne desmembrada... Que morte estranha! Que arte refinada do suplício! Como é possível estraçalhar com um punhal um corpo humano em tantos pedaços, antes que ele enrijeça?

E ali, ao abrigo de um tapume onde se indicou em grandes letras negras a direção da National Public School, protegida dos eventuais olhares da rua por outra sebe de acácias muito verde e muito espessa, a casa com muro de duas faces, estendida ao comprido, com seus dois aposentos sem eletricidade (ao passo que o resto do bairro dispõe de energia elétrica), de teto baixo (não consigo ficar de pé ali dentro sem curvar a cabeça, ele tampouco, imagino), úmida, com um odor de maçãs velhas e de reboco molhado (um sistema rudimentar de recuperação das águas da chuva chega até ali, naquele aposento, e transborda), na qual ele viveu seis dias e seis noites, onde foi interrogado, para onde foi reconduzido depois de sua tentativa de fuga, e onde foi finalmente assassinado, depois esquartejado, na noite do dia 31, enquanto os raptores ainda tinham o atrevimento de pedir ao *Wall Street Journal* e à família o dinheiro do resgate. O Gólgota de Daniel Pearl. O local de seu calvário. Danny em estado lastimável e nu, ensangüentado, lembrando aquele jovem chinês que foi esquartejado em vida sob as ordens do príncipe Ao-Han-Ouan, cuja agonia, os olhos revirados, o rosto extático, o sorriso estranho e como que enrijecido pelo sofrimento tanto impressionaram Georges Bataille — o famoso "suplício dos cem pedaços" do *Culpado* e da *Experiência interior*...

Aquela casa foi reformada? Foi reocupada?
Acredito que não. Com efeito, tudo parece intacto.
O mesmo portão de metal, fechado com cadeado e lacrado pela polícia, com sua cascata de buganvílias brancas e vermelhas que o recobrem, agora, até a metade.

A mesma cerca que tento transpor no local onde, imagino, Pearl pensou em fugir: em meio às árvores, perto do poço cavado ao longo do muro para servir de latrina — um montículo de terra bem batida no qual ele deve ter reparado ao passar.

O mesmo jardim abandonado, cheio de insetos, odores de jasmim misturados ao fedor da latrina, uma espécie de banheira ao ar livre que devia servir para os raptores como reserva de água, e às vezes usada pelos policiais de passagem.

E quanto ao aposento em si, é o mesmo chão de cimento, com suas manchas de cera e fuligem que indicam a localização das velas e lamparinas; as mesmas paredes de tijolos cimentados, muito espessas; uma mancha de sangue marrom, mal lavada, numa das paredes; um tufo de cabelos; um postigo que dá para a rua, fechado por uma janela de ferro que terminaram de murar com tábuas de madeira; uma porta maciça, sem chave nem maçaneta, bloqueada por uma trave entre anéis de ferro também presos por cadeados; materiais de construção num canto; redes de pesca; montículos de palha suja de lama; enchimento para colchões com teias de aranha; alguns potes velhos, que lembram vasos de flores, atirados a um canto, sob o postigo; colônias de formigas vermelhas; baratas; duas colheres e um prato abandonados; um despertador cor-de-rosa com um só ponteiro; maços de cigarro amarfanhados; um fogareiro apagado; um catre de corda.

Aquela tinha sido a prisão de Daniel Pearl.

Aquele era o local de seu martírio, seu cenotáfio.

Permaneço ali por uma hora, deixando que o silêncio do local me penetre lentamente: para sempre, em minha memória, o cenário terrível daquele suplício dos dez pedaços; e, em mim, um sentimento de amizade a ponto de verter lágrimas por aquele homem comum e exemplar, sem histórias e admirável, que encontrara ali seu último ponto de tangência com a vida.

3

UM SORRISO MISTERIOSO

Nas fotos de Pearl feitas pelos raptores em seu local de detenção, e que foram conservadas pelo consulado britânico em Karachi, há um detalhe muito estranho.

Não me refiro às fotos que todo mundo conhece, e que deram a volta ao mundo quando os raptores as mandaram por *e-mail* à redação do *Wall Street Journal*, e depois à imprensa internacional em geral.

Não me refiro àquela, por exemplo, na qual está sentado num velho banco de carro, a cabeça entre os joelhos, um pouco hirsuto, um revólver apontado contra ele, a alguns centímetros da têmpora.

Não me refiro àquela, quase a mesma, na qual o revólver se aproximou e o homem armado agarrou os cabelos de Pearl com a outra mão, para obrigá-lo a baixar ainda mais a cabeça. Em primeiro plano, seus punhos acorrentados; outra corrente nos tornozelos; o corpo está encolhido; sente-se o abatimento, o desespero, o medo.

Tampouco me refiro à terceira, provavelmente da mesma série, na qual ele ficou de pé e, sempre sobre o mesmo fundo azul, sem dúvida um lençol estendido para impedir que o muro e a casa fossem identificados, ele olha para a objetiva. Seus cabelos foram arrumados e ele parece mais dono de si, mas o olhar é turvo; a metade inferior do rosto está inchada; ele exibe a palidez um pouco cinzenta que a pele adquire na prisão. Dir-se-ia que foi drogado, ou espancado (na minha opinião, aquelas três fotos foram tiradas no dia de sua tentativa de fuga, ou talvez no dia seguinte, quando fez uma segunda tentativa durante seu passeio, ou talvez naquele outro dia, quando um aluno da *madrasa* vi-zinha apareceu por acaso diante da porta da granja e, segundo os policiais, Pearl começou a gritar por socorro, a plenos pulmões, como um louco — um gesto que não deve ter agra-dado nem um pouco a seus raptores...).

Não. Estou pensando em duas outras fotos que, até onde sei, a imprensa internacional não reproduziu, e que foram tiradas no dia seguinte — véspera da execução.

Numa delas, ele segura um exemplar do *Dawn*, principal jornal diário de Karachi, que deveria servir para datar o ins-tantâneo e provar que o prisioneiro ainda estava vivo. Ele parece calmo; sua cabeça está coberta de novo; exibe cabelos de criança, recém-cortados; um final de sorriso se demora nos lábios entreabertos; os olhos claros fixam a objetiva; suas correntes foram retiradas e ele segura o jornal com as duas mãos, num gesto firme, justo no local necessário para não esconder nem o título nem a foto; naquele rosto, naquele corpo que parece ter recuperado o autodomínio, naquela expressão, naquele olhar, naquela postura, não consigo en-contrar nenhum vestígio de medo ou inquietação.

Quanto à outra foto, é mais surpreendente ainda. O mesmo jornal aparece por trás de Pearl, só que, dessa vez, deve ter sido afixado com fita durex no pano de fundo azul-marinho, e assim Pearl tem as mãos livres. Não consigo distinguir os dedos da mão direita, ocultos na parte superior do enquadramento; em compensação vejo o braço erguido num gesto bizarro, que poderia ser um gesto de triunfo ou de adeus, ou uma manifestação de orgulho. Quanto aos dedos da outra mão, estão protegidos ao lado da coxa e invisíveis aos carcereiros de pé à sua esquerda — mas, olhando bem, observando sobretudo a posição do anular, que me parece ligeiramente teso e recuado em relação aos outros dedos, tenho a nítida impressão de que Pearl tenta esboçar um discreto "*fuck you!*", que só é visível para nós, observadores da foto. Pearl estaria fazendo troça? O V de vitória de um lado, o "*fuck you*" do outro — se tentava enviar uma mensagem, qual seria ela? Uma coisa parece evidente. É aquele rosto travesso, quase alegre. Aquele sorriso sem nenhum vestígio de tensão. Aqueles cabelos aprumados, que parecem refulgir. Aquela postura descontraída, quase indolente. Já era o sexto dia de sua prisão. Pearl era mantido prisioneiro nos arrabaldes de Karachi, num aposento de alguns metros quadrados, insalubre. Estava à mercê de homens que, segundo ele sabia com toda a certeza, não eram apenas islamitas, mas também assassinos. Tinham-lhe tirado os óculos. Talvez os tivessem quebrado. Pearl se alimenta mal. Conforme o testemunho de um de seus vigias, ele teria ouvido os raptores falar em "injeção", e achou que pretendiam injetar veneno em sua comida. Chegou a fazer greve de fome durante dois dias, e só voltou a comer sob a condição de que um de seus vigias provasse os sanduíches antes dele. Suas mãos foram atadas. Seus pés foram presos com uma corrente. Ele vai morrer daqui a pouco, em algumas horas. No entanto, tem o aspecto descontraído de um sujeito que acaba por achar interessante a situação em que se encontra — uma expressão que se exibe quando se quer tranqüilizar as pessoas próximas, ou quando existem bons motivos para abandonar qualquer preocupação.

Haverá outros mistérios no caso Pearl, muitos outros mistérios, que não terei condições de elucidar.

Haverá um relatório policial, por exemplo, lido por mim em Karachi, onde Fazal, que não fala inglês mas entende o idioma, declara ter visto, no último dia, um dos iemenitas que chegaram para a execução aproximar-se de Pearl e conversar com ele numa língua que ele, Fazal, de repente já não conseguia entender — e o rosto de Pearl teria se aclarado, para depois se ensombrecer de novo, e Pearl teria respondido longamente, aos berros, no mesmo idioma. Que idioma, então? Francês? Hebraico? São as duas línguas estrangeiras que Pearl conhecia. Mas um iemenita falando francês... ou hebraico... E para dizer o quê? Que coisa estranha.

Haverá todas aquelas imagens que vão suscitar outros tipos de problemas aos pesquisadores, aos institutos médico-legais de Lahore e outros lugares, e também ao autor deste livro — a começar, não é mesmo, pelo famoso vídeo enviado pelos raptores, depois da execução, ao consulado norte-americano de Karachi, que vi e revi dezenas e dezenas de vezes. Por que Danny não se debate mais quando a mão, armada com um longo punhal, entra em campo? Por que não se vê o sangue escorrer? Por que o rosto, na última fase da degolação, já apresenta rigidez cadavérica? Quando a outra mão, que vem de trás, imobiliza a cabeça de Pearl, depois a pressiona para mantê-la totalmente fixa, quando os dedos, de repente, se deslocam na testa e deixam ali uma marca lívida, visível nos fotogramas, isso não é uma prova de que o sangue deixou de circular, e que Pearl já estava morto quando foi decapitado? Outra hipótese ainda: será que Danny foi dopado — será que lhe injetaram, tal como ao jovem chinês extasiado do "suplício dos cem pedaços" de

Bataille, uma dose de ópio antes da degolação? Ou será que devemos acreditar no testemunho de Fazal Karim, o homem que levará os investigadores até a sepultura, quando disse: "Tivemos um problema com a câmera; a fita, só percebemos no último instante, ficou presa no compartimento; portanto, tivemos que começar de novo; depois que a metade do trabalho já estava feita e que a cabeça só pendia por um fio, tivemos que reintroduzir o punhal na ferida e repetir a cena por inteiro"?

Mas aqui já tenho um primeiro mistério.

Sim, esta é a primeira pergunta que gira em minha cabeça desde que descobri aquelas duas fotos.

Sem dúvida, no dia anterior, durante a primeira sessão de fotos, Pearl deve ter passado por um momento especialmente difícil. Sem dúvida ele sentiu, ainda que fosse apenas ao chegar, o perfume da catástrofe. Mas tenho a impressão de que, naquele dia, quando foram feitas as duas últimas fotos, as coisas tinham voltado mais ou menos ao normal. Ele não acredita que será assassinado; nem mesmo tem certeza de que essa idéia lhe tivesse ocorrido; olha para seus carrascos — mas com o olhar confiante de uma pessoa mais excitada do que inquieta a respeito do que vai lhe suceder.

Será que ele era ingênuo?

Será que vivia, assim como a maioria dos repórteres que conheço, e assim como eu em todas as ocasiões nas quais exerci essa atividade, na crença mágica de sua invulnerabilidade absoluta?

Será que os assassinos lhe deram garantias, ou será que, naquele instante, resolveram até mesmo poupar sua vida?

Será que se tratava daquele "momento de inquietação, incerteza, indecisão", tal como registrou Leonardo Sciascia em seu relato do martírio de Aldo Moro[1], detido pelos inte-

---

[1] O escritor siciliano Leonardo Sciascia (1921-1989) publicou *O caso Moro* em 1983. (N. do T.)

gristas dos anos 1970 que eram as Brigadas Vermelhas italianas?

Será que ocorria sempre, obrigatoriamente, em todas as situações daquele tipo — e o que se vê nas fotos pode ser uma conseqüência disso —, um momento de suspensão e talvez de piedade que, no caso de Moro, teria ocorrido em 15 de abril, quando do famoso "comunicado número 6", no qual os brigadistas anunciam que "chegou o momento de fazer uma escolha"?

Será que os raptores tranqüilizaram Pearl? Será que lhe disseram: "*Don't worry, you are our guest, the negociations are going on*"[1]? Será que lhe deram livros, um Alcorão? um jogo de xadrez? um baralho de cartas?

Acredito, ao contrário do que escreveu a imprensa ocidental, que a execução e a gravação do vídeo não foram necessariamente previstas de antemão, e talvez tenham se imposto, por razões que ignoramos, num momento específico de sua detenção.

Minha hipótese, por enquanto, é que entre Pearl e seus assassinos, entre os fanáticos do *jihad*[2] e o grande jornalista liberal, tolerante, amigo do islã, travou-se uma relação de confiança, quase de cumplicidade e entendimento.

Estou convencido de que se produziu um fenômeno do mesmo tipo daquele registrado por Sciascia (aliás, verifico que naquelas fotos existe alguma coisa da expressão de Moro no famoso instantâneo dirigido, em 20 de abril, ao *La Repubblica*, no qual ele também exibia o jornal da véspera numa das mãos): aquela "familiaridade cotidiana que se instaura inevitavelmente" no fundo da "prisão popular"; aquele "intercâmbio de palavras"; aquelas "refeições comunitárias"; aquela partilha simbólica, aquele jogo entre o "sono do prisioneiro" e a "vigília do carcereiro"; as precauções

---

[1] "Não se preocupe, você é nosso hóspede, as negociações estão em andamento." (N. do T.)

[2] *Jihad:* também chamado de "guerra santa", designa o dever muçulmano de defender o islã de inimigos e infiéis. (N. do E.)

que eles têm de tomar com "a saúde" do homem que eles "condenaram à morte"; aqueles "pequenos gestos", aquelas "palavras" que eles se dizem "por inadvertência", mas que "emanam dos movimentos mais profundos da alma"; aqueles "olhares que se cruzam nos momentos mais desarmados"; a "troca imprevisível e súbita de sorrisos"; todas aquelas oportunidades, dia após dia, "para que prisioneiro e carcereiro, carrasco e vítima, confraternizem".

Conhecendo Daniel Pearl, sabendo que era um jornalista incansável, sou até capaz de apostar que ele aproveitou aqueles poucos dias para conversar, fazer brincadeiras e, de assunto em assunto, como quem não quer nada, formular finalmente as perguntas que lhe ardiam nos lábios havia semanas.

Admitamos, para sermos precisos, que tenha sentido o choque do primeiro dia, a vertigem, o instante de pânico. Mas estou convencido de que superou essa situação, assim como todas aquelas enfrentadas pelos grandes repórteres em dificuldade: um instante de pavor, sim, mas depois a gente se acostuma, recupera os antigos reflexos e esquece completamente o perigo — estou convencido de que Danny voltou rapidamente a si e mesmo naquela cabana improvisada, onde ele devia dormir sobre um catre ou uma esteira de palha, comer numa gamela, suportar o frio, não perdeu nada daquela curiosidade que o devora, e encontra por fim uma oportunidade de saciá-la: afinal de contas, ele não os tem à sua disposição, os fanáticos do *jihad* que andava procurando desde sua chegada de Bombaim? não os vê diariamente, vivendo, funcionando, xingando, reagindo aos acontecimentos, rezando? não dispõe de dias e noites inteiros, não apenas para observá-los, como também para questioná-los, suscitar suas confidências, compreender? Melhor ainda: talvez tenha conseguido desvendar o mistério daquele famoso Gilani que ele queria entrevistar, e que, como veremos adiante, o obcecava — e esse esclarecimento poderia explicar o braço erguido na última foto.

Naquele momento, sucedeu alguma coisa.

Um acontecimento qualquer fez que os raptores mudassem de idéia e mandassem buscar três iemenitas, profissionais daquele tipo de crime, encarregados de executá-lo.

Portanto, a questão é: o quê?

O que poderia ter acontecido?

Em que momento exato da detenção?

Será que os homens de Omar Sheikh se irritaram por algum motivo?

Será que — tal como ele, Omar, não cansou de repetir, com uma insistência muito estranha, desde o primeiro dia de seu processo — eles não puderam perdoar, depois de refletir a respeito, a tentativa de fuga de Danny, na véspera?

Será que houve deliberação? Processo?

Um acontecimento exterior teria posto tudo a perder?

Um acidente?

Uma ordem vinda do alto, e por quê?

Uma interferência, mas qual?

Várias lógicas se interpenetram, das quais Danny teria sofrido as conseqüências?

Essas perguntas são o verdadeiro tema deste livro.

É o mistério que cabe elucidar — sua trama, sua lâmina em brasa.

# 4

# A EXECUÇÃO

A que horas?
Noite?
Dia?
O vídeo não diz.
Os relatórios da polícia paquistanesa tampouco.
Então, suponhamos que seja num fim de noite.
Ou, mais exatamente, de madrugada, às cinco da manhã, antes do primeiro canto de galo.

Foi Karim, o guarda do sítio, encarregado, na última semana, da vigilância cerrada do prisioneiro, que veio acordá-lo.

Em princípio, Danny se dá bem com Karim. De noite, depois que as lamparinas são espevitadas e os outros se recolhem para dormir, Danny e Karim se habituaram a longas conversas, nas quais o paquistanês, em mau inglês, lhe fala a respeito de seus cinco filhos, sua pequena casa de Rahim Yar Khan, suas dificuldades, e nas quais Danny, incansável, faz e refaz a mesma pergunta: de que vocês nos acusam? por que nos odeiam? que crime valeu aos Estados Unidos da América uma reprovação tão terrível? o que deveríamos fazer, quem deveríamos ser para recuperar a confiança de seu povo e a dos povos pobres em geral?

Naquela madrugada, entretanto, algo está errado.

Em seu semi-sono, Danny percebe muito bem que aquele não é mais o mesmo Karim. O vigia parece contrariado. Sombrio. Arranca as cobertas do prisioneiro e manda-o vestir-se, de um jeito que não lembra mais o bom companheiro que, na véspera, lhe dera sua aula cotidiana de urdu. Em certo momento, enquanto Danny amarra os sapatos com dificuldade, com os dedos entorpecidos, um pouco incoerentes, o paquistanês faz uma coisa que gela o sangue do prisioneiro, e que ele jamais tinha feito anteriormente: de lábios cerrados, sem olhar para o outro, Karim lhe diz: "Esqueça o cadarço dos sapatos. No lugar para onde você está indo, não vai fazer falta". Então, ao ouvir essas palavras, e sobretudo a maneira de pronunciá-las, Danny compreende que aconteceu alguma coisa durante a noite, que eles tomaram uma decisão, e que essa decisão não é a de colocá-lo em liberdade.

De repente, Danny sente medo.

Um frio terrível o penetra — e, pela primeira vez desde que chegou ali, sente medo.

Ao mesmo tempo, porém, ele duvida.

Não, pensando bem, aquilo não parece normal — Danny não consegue acreditar que a situação, em apenas uma noite, pudesse se degradar a esse ponto.

Em primeiro lugar, ele é um aliado. Um a-li-a-do. Por cem vezes, durante oito dias, Danny repetira que se na face da Terra restasse apenas um norte-americano, e judeu, para estender a mão aos muçulmanos em geral, e aos do Paquistão em particular, se ele fosse o último a recusar a tese absurda da "guerra das civilizações" e continuar acreditando na paz com o islã, pois bem, ele seria aquela pessoa, ele, Daniel Pearl, judeu de esquerda, progressista, norte-americano que rejeitava — toda a sua carreira testemunhava isso — o que os Estados Unidos da América podem ter de estúpido e arrogante, ele, amigo dos inumeráveis, dos órfãos universais, dos deserdados.

E depois, Danny é um homem de sorte. Sempre foi um desses sujeitos protegidos por uma sorte insolente. É isso o que seu pai, naquele mesmo momento, repete à imprensa, e é isso o que Danny nunca deixou de dizer para si mesmo em seus quinze anos de profissão. Ele tem uma boa estrela. Um anjo da guarda. Seria gozado se sua sorte fosse falhar bem ali, no Paquistão, na véspera de sua volta para os Estados Unidos da América! Que ironia singular do destino se sua boa fortuna o abandonasse justo no momento em que ele e Mariane recebiam a notícia de que esperavam um filho!

Receber essa notícia em Karachi, encontrar um ginecologista muçulmano disposto a fazer um exame de ultrasom e dizer o sexo do anjo por nascer, e ao mesmo tempo não ser capaz de convencer um bando de islamitas de que eles se enganam a seu respeito, de que ele, Danny, não é um espião judeu e sionista, como parecem denunciar alguns artigos de imprensa... Não, que absurdo! E uma vez que, aos olhos daquele racionalista inveterado, todas as formas de absurdo são ao mesmo tempo idiotas, impossíveis e irreais, ele conclui que nada vai acontecer, e que seus carcereiros, mais cedo ou mais tarde, vão acabar por se mostrar razoáveis.

Abre-se a porta para o exterior, em direção ao segundo aposento, onde estão os outros. Karim, sempre contrariado, sempre esquivo, lhe faz sinal para seguir em frente. Que se danem os sapatos. Danny avança sem muita apreensão, apesar de tudo — sorvendo, ao passar, o perfume agradável das buganvílias e das mangueiras.

Danny só compreende quando entra no aposento.
Ele ainda não acredita, mas compreende.
Os rostos deles, em primeiro lugar.
A expressão atenta que exibem naquela manhã.
A comunidade de terror que Danny adivinha no jeito com que se comportam e o vêem avançar.

De tanto puxar conversa, Danny sabia que Bukhari, o chefe do comando, tinha o sangue de uma boa dúzia de xiitas nas mãos. Ele sabia que Amjad Hussain Faruqi, ou Lahori, o chefe do Lashkar i-Janghvi, tinham conexões com a Al Qaeda. Mas ele sabia sem saber. Por mais que os carcereiros lhe dissessem aquelas coisas, e embora Bukhari lhe tivesse lançado, numa das noites anteriores, com uma risada infantil: "Quanto a você, pode ser que tenha um anjo da guarda, mas eu tenho um demônio", o fato é que a fisionomia deles era normal demais para que fossem encarados como assassinos.

Mas, agora, tudo mudou.

Mudos, as mãos cruzadas nas costas, uma expressão sinistra à luz fraca das lamparinas de petróleo, dispostas no centro da peça emitindo uma claridade vacilante, os raptores têm outra cara: aquela que deviam exibir quando jogavam em cal viva as crianças xiitas das famílias vizinhas à mesquita de Binori Town, em Karachi. Algum tempo antes, Danny tinha lido um artigo a esse respeito — mas então, de súbito, ele compreende.

E depois, há aqueles três sujeitos no canto do aposento, perto da porta, que não estavam ali na véspera e que, sentados sobre os calcanhares, com garrafas de refrigerante vazias aos pés, parecem perdidos em seus pensamentos, ou ocupados em rezar: têm o lenço de quadrados vermelhos e brancos dos combatentes palestinos atado ao pescoço, mas, por causa da longa túnica branca erguida acima dos tornozelos, os pés nus, o punhal com cabo curvo de corno de vaca, que todos os três trazem à cintura e que é chamado *jambiya* em Sanaa, Danny percebe que são iemenitas.

— Deite-se! — ordena Bukhari, a voz surda, cavernosa, como se falasse consigo mesmo.

O chão está nu. Faz frio. Danny não entende onde deve deitar-se.

— Deite-se! — impacienta-se Bukhari, num tom mais alto.

E, para grande surpresa de Danny, Bukhari avança em sua direção e lhe dá um pontapé na tíbia, fazendo-o cair de joelhos, enquanto os outros se atiram sobre ele — dois deles lhe atam as mãos com um pedaço de corda verde, enquanto o outro, que tira das dobras de sua túnica uma seringa enorme, levanta a camisa do prisioneiro para lhe aplicar uma injeção no ventre.

Ele se debate: "Vocês estão loucos, o que estão fazendo? Sou um amigo dos muçulmanos". Mas agora eles o espancam. Bukhari grita: "Cale-se!", enquanto os outros lhe dão pontapés no ventre, na cabeça. Ele se cala. Está ofegante. Tenta proteger o rosto. Sente-se tonto de estupor e medo. Depois, quando já está machucado demais para se levantar sozinho, eles o seguram pelos braços e o colocam de pé.

Agora, ele tem uma sensação esquisita. A cabeça pesada. Um zumbido nas orelhas. A sensação de ser aspirado para dentro de um funil de areia. Mas, ao mesmo tempo, misturada ao medo, à dor, às lágrimas, ao torpor, uma euforia começa a tomar conta dele — o espírito como uma chama viva que parece escapar do corpo e flutuar a seu lado.

"Eles me drogaram", pensa. "Foi a seringa, esses desgraçados me drogaram."

Na verdade, ele não saberia dizer se essa idéia o tranqüiliza ou o inquieta ainda mais.

— Agora, repita o que vou dizer — ordena Bukhari, tirando um papel do bolso e fazendo um sinal para um dos iemenitas. Este se levanta, segurando uma câmera de vídeo com monitor integrado ao lado. Danny, importunado pelo suor que escorre entre seus cílios, se mistura às lágrimas e o impede de enxergar, acredita por um instante que a câmera é uma arma, e que os raptores vão matá-lo à queima-roupa: "Meu nome é Daniel Pearl, sou um judeu norte-americano, vivo em Encino, na Califórnia".

Daniel repete. Sente-se um pouco dolorido. Está ofegante. Mas repete.

— Você vai dizer: por parte de meu pai, venho de uma família de sionistas; meu pai é judeu; minha mãe é judia; eu sou judeu.

Bem que Daniel gostaria de avisar ao iemenita que ele está perto demais, que não é assim que se filma, que sua cabeça vai aparecer deformada, com aquele efeito *fish eye* dos câmeras inexperientes. Porém, apesar da situação esquisita em que eles o puseram, apesar daquela mescla de dor no corpo inteiro e de euforia, ele conservou lucidez suficiente para compreender que o momento não é apropriado, e portanto repete mais uma vez.

— Fale de um jeito mais articulado — diz Bukhari —, mais devagar, com mais clareza: minha família segue o judaísmo; fizemos várias visitas familiares a Israel; na cidade de Bnei Brak, em Israel, há uma rua chamada Haim Pearl Street, que era o nome de meu bisavô.

"Como eles sabiam disso?" pensa Danny. "Onde encontraram essa informação?" Bnei Brak não é uma cidade, é um vilarejo. E a notoriedade do pobre Haim Pearl, seu bisavô, nunca ultrapassara o círculo estreito constituído por ele, seu pai, sua mãe e suas irmãs. "Então, não posso repetir isso", pensa ele. "Não posso deixar que esses bárbaros metam suas patas sujas em nosso segredo de família..." Mas Faruqi já se aproxima. Danny olha para seus enormes sapatos, que lhe causaram tanta dor há poucos minutos. De modo que, com docilidade, permitindo-se apenas um meio sorriso que espera que fique visível na imagem, Danny muda de idéia e repete: "Minha família segue o judaísmo; fizemos várias visitas familiares a Israel..."

Bukhari parece satisfeito. Raspa o catarro da garganta e cospe no chão. Felicita o iemenita, aparentemente sem compreender que aquele incompetente está perto demais — mas paciência. E para ele, Danny, Bukhari faz um sinal de encorajamento que parece significar: "Está vendo? Você vai conseguir", e que, por um instante, lhe devolve a esperança.

— Continue repetindo — retoma Bukhari depois de um longo momento mergulhado na leitura de seu papel —, repita isso: sem saber nada da situação em que me encontro, incapaz de me comunicar com qualquer ser humano, penso nos prisioneiros de Guantánamo que estão na mesma situação que eu.

Nisso, Bukhari tem razão. Danny pensa da mesma forma. Concorda em condenar as condições de detenção dos prisioneiros de Guantánamo. O único problema é que está sem fôlego e sua fala é muito entrecortada. O iemenita faz uma careta. É preciso repetir a filmagem.

— Mais uma vez — retoma Bukhari. — Percebo agora que os norte-americanos terão cada vez mais esse tipo de problema, em todos os lugares do mundo. Em nenhuma parte estarão em segurança; em nenhuma parte poderão caminhar livremente; e isso enquanto permitirem que seu governo continue com a mesma política.

Não é uma questão de má vontade. Não, aquilo também, a rigor, ele poderia repetir perfeitamente. Mas a droga está fazendo efeito. Danny sente dor de cabeça. Tem as pernas bambas e cada vez mais dificuldade para se concentrar. Será que Bukhari o compreende? Será que ele poderia lhe ditar frases mais curtas?

Aquela frase, então, ditada por um Bukhari de súbito compreensivo, quase humano, segurando o queixo com a mão, como se toda aquela cena lhe desse motivos para meditar.

— Nós, norte-americanos, não podemos continuar a pagar pela política de nosso governo.

Depois, aquela série de outras frases, ditadas pacientemente, uma a uma, como se faz com uma criança:

— O apoio incondicional a Israel... Vinte e quatro vetos para justificar os massacres de bebês inocentes... O apoio a regimes ditatoriais do mundo árabe e muçulmano... A presença norte-americana no Afeganistão...

Pronto. Acabou. O iemenita desliga a câmera. Será que vão deixá-lo sentar-se finalmente? Dar-lhe um pouco d'água? Ele está se sentindo tão mal.

É então que se dá um acontecimento extraordinário.

Bukhari vai regular a chama das lamparinas de petróleo, que de repente projetam uma luz muito mais viva.

Ele dirige uma ordem a Fazal que, desde que eles entraram no aposento, tinha se instalado no canto dos iemenitas, encolhido como se sentisse frio, e que, de repente, se levanta e vem postar-se, com os olhos arregalados e fixos, bem atrás de Bukhari.

A um sinal deste, sem uma palavra, os outros paquistaneses também se levantam e saem. No máximo, Danny entrevê, por trás da porta que logo se fecha novamente, a luz de um amanhecer sujo, um grande céu em movimento, um vôo de pássaros em algazarra — no máximo, ele sente sobre o rosto intumescido pelos golpes o frescor benfazejo do primeiro vento, anunciador da aurora.

Além de Fazal Karim, só ficaram no aposento o iemenita *cameraman*, ofegante, ocupado com seu aparelho, e os outros dois iemenitas, que sacam seus punhais da bainha e se levantam por sua vez; um deles vem se postar por trás de Danny, ao lado de Fazal Karim; o outro se coloca à sua esquerda, bem perto, quase colado ao prisioneiro, com a arma na mão direita.

Então, de repente, Danny o examina.

Ele não o tinha visto até aquele momento, pois o iemenita permanecera na sombra e, de qualquer forma, sem óculos Danny não enxerga nada a mais de dois metros.

Ele vê seus olhos brilhantes, febris, muito afundados nas órbitas, estranhamente suplicantes — por um instante, Danny se pergunta se o iemenita não estaria drogado, tal como ele.

Vê seu queixo mole, lábios agitados por um ligeiro tremor, orelhas grandes demais, o nariz ossudo, os cabelos hirtos e negros, cor de piche.

Vê sua mão, grande, peluda, com articulações nodosas, unhas negras e uma longa cicatriz, granulosa, que se estende do polegar até o punho e parece cortar a mão em duas metades.

E, finalmente, ele vê o punhal. "Nunca vi um punhal tão de perto", pensa ele. O cabo de corno de vaca. O couro. Uma pequena brecha perto do cabo. Um pouco de ferrugem. E depois, há outra coisa. O iemenita funga pelo nariz. Pisca os olhos e, ao mesmo tempo, por assim dizer no mesmo compasso, não pára de fungar. Será que está resfriado? Não. É um tique. Danny pensa: "Que estranho, é a primeira vez que vejo um muçulmano com um tique". Pensa também: "Os carrascos antigos... era uma boa idéia obrigar os carrascos antigos a usar uma máscara, um capuz..." Faz calor. Danny tem o crânio dolorido. Sente uma vontade terrível de dormir.

A luzinha verde da câmera se acende.

Fazal coloca-se diante dele, ata seus punhos, e depois, voltando a ficar por trás, agarra seus cabelos com firmeza.

"A nuca", pensa ele, sacudindo a cabeça para tentar desprendê-la; "o centro da volúpia; o peso do mundo; o olho oculto do Talmude; o machado do carrasco."

"O olhar deste homem", pensa ainda, olhando para o iemenita do punhal. Por uma fração de segundo, seus olhares se cruzam e ele compreende, então, que vai ser degolado por aquele homem.

Ele gostaria de dizer alguma coisa.

Seria necessário, sente Danny, dizer pela última vez que ele é um jornalista, um verdadeiro, não um espião — seria preciso berrar: "Será que um espião teria confiado em Omar Sheikh? Será que teria comparecido ao encontro sem tomar precauções, sem retaguarda, na base da confiança?"

Mas deve ser por causa da droga, cujo efeito chega ao auge.

Ou por causa da corda, que lhe fere os punhos e o faz sofrer.

As palavras não saem da boca.

Falar se torna difícil, como respirar debaixo d'água.

Tenta virar a cabeça para encarar Karim pela última vez e dizer-lhe com os olhos: o cigarro... lembre-se do cigarro que você me ofereceu ontem à noite... lembre-se de tudo o que lhe contei sobre a ajuda prestada por nós, jornalistas norte-americanos, aos *mudjahidin*[1] afegãos durante o *jihad* contra os russos... lembre-se de como você ficou comovido... pôs as mãos em meus ombros... aquele abraço brusco e fraterno... — mas Karim o segura com mão de ferro, e ele não consegue se mexer um milímetro.

Ocorrem-lhe pensamentos parasitas, que parecem oriundos de zonas muito obscuras, como que entorpecidas, de sua memória: seu *bar mitzvah* em Jerusalém; o primeiro sorvete num café de Dizengoff, com seu pai, em Tel Aviv; George, o vendedor búlgaro de sapatos que ele conhecera no metrô de Londres; seu amigo do peito, o baixista belga; o

---

[1] *Mudjahidin:* praticantes do *jihad*, luta armada contra os inimigos do islã. O mesmo que "jihadista". Singular: *mudjahid*. (N. do E.)

violinista irlandês com quem ele havia tocado, no ano anterior, num bar do Soho; o chiado de obuses lançados pelo Exército de Libertação do Tigre, na última noite, em Asmara; o casamento com Mariane, naquele castelo perto de Paris; o *matador* de Hemingway, projetando o ombro esquerdo para a frente, a espada que esbarra no osso mas se recusa a entrar, no entanto basta um terço da lâmina, bem dirigida e enfiada de um ângulo suficientemente alto, para atingir a aorta de um touro, se ele não for grande demais; seu pai, por fim, que o leva nos ombros na volta de um passeio; as risadas de sua mãe; uma fatia de pão francês, com suas fendas saborosas e profundas. Enquanto o iemenita assassino agarra o colarinho de sua camisa e a rasga de cima a baixo, ele pensa um instante em outras mãos. Pensa em carícias. Nas brincadeiras da infância. Nadur, o amigo egípcio de Stanford, com quem vivia se engalfinhando pelos pátios — por onde andará aquele sujeito? Pensa em Mariane, na última noite, tão atraente, tão bela — o que será que as mulheres desejam, no fundo? a paixão? a eternidade? ela ficara tão orgulhosa, Mariane, com aquele seu furo de reportagem, a matéria sobre Gilani! Danny sentia tanta falta dela! Teria sido imprudente, na verdade? deveria ter desconfiado mais daquele Omar? mas como saber? como duvidar? Ele pensa na mão fechada de um refugiado kosovar, em agonia; pensa naquele carneiro que vira morrer sufocado, em Teerã, no ano anterior; pensa que gosta mais de Bombaim que de Karachi, e prefere o Livro secreto dos brâmanes ao Alcorão; são lembranças que, como cavalinhos de pau, giram em sua cabeça.

Sente o hálito quente, ofegante, um pouco fétido, do iemenita.

Sente, vindo do pátio, um odor açucarado que não percebera até então e que, absurdamente, o incomoda: é gozado, pensa, não me lavei nos últimos oito dias... cada um acaba por se acostumar a seu próprio fedor... mas este cheiro... e o fedor dos outros...

Ouve ruídos bizarros, que vêm de mais longe e lembram, em seus ouvidos, o eco de uma concha — e até pensa, por um instante: será que são passos? ou vozes? pessoas que chegaram para me salvar?

É estranho. Até aquela manhã, ele teria dito: este quintal é silencioso, não se escuta nada. Mas de repente, ele ouve tudo. Por toda parte há rumores confusos, conquanto furiosos. É como uma avalanche de ruídos insuspeitados. Nunca em sua vida ele ouvira com tamanha atenção os ruídos que povoam o silêncio, e que ele gostaria que sufocassem a respiração do iemenita.

Um instante de vertigem.

Seu suor se resfria.

Seu pomo-de-adão se debate no pescoço magro.

Um soluço terrível toma conta dele, e ele vomita.

— Ponham-no de pé! — diz o iemenita assassino. O outro iemenita, por trás, ergue-o pelas axilas, como um pacote, e o apruma.

— Não está bom! — insiste o primeiro, afastando-se um pouco, com a expressão de um artista que recua para apreciar melhor seu quadro. É a vez de Karim, então, de levantar a cabeça do prisioneiro em direção ao céu, o pescoço bem exposto, inchado pelo grito que vem de dentro, embora um pouco inclinado de lado.

— Afaste-se! — diz ele ao terceiro, o iemenita com a câmera, que está perto demais e vai estorvar seu trabalho. E o homem da câmera se afasta de fato, muito devagar, como que dominado por um temor sagrado ao pensar naquilo que está prestes a ocorrer.

Pearl, de olhos fechados, sente o movimento da lâmina em direção à sua garganta. Ouve uma espécie de ruído no ar, um roçar perto do rosto, e conclui que o iemenita ensaia seu gesto. Ainda não consegue acreditar totalmente naquilo. Mas sente frio. Está trêmulo. Todo o corpo se retrai. Gostaria de parar de respirar, encolher até ficar pequeno, desaparecer. Ao menos, gostaria de baixar a cabeça e chorar. "Será que ele já fez isso alguma vez?" pensa. "É um profissional? E se não estiver acostumado? se errar o corte e tiver de começar de novo?" Sua visão começa a turvar-se. "A última imagem do mundo", pensa, transpirando e tremendo ao mesmo tempo. Ao longe, ouve o latido de um cão. O zumbido de uma mosca, bem perto. Depois, finalmente, o cacarejo de uma galinha que se confunde com seu próprio grito, um misto de estupor e dor, desumano.

Pronto, aconteceu. O punhal penetrou na carne. Devagar, muito devagar, ele começou por baixo da orelha, bem atrás do pescoço. Algumas pessoas me disseram que é como um ritual. Outras afirmam que este é o método clássico para seccionar imediatamente as cordas vocais e impedir que a vítima grite. Mas Pearl se debate furiosamente. Procura o ar com sua laringe trinchada. E o movimento que faz é tão violento, a força que recupera é tão grande, que escapa do domínio de Karam, uiva como um animal e desaba, arquejante, em seu sangue que jorra aos borbotões. O iemenita com a câmera também grita. A meio caminho, com as mãos e os braços cheios de sangue, o iemenita assassino olha para o outro e se detém. A câmera não funcionou. É preciso parar tudo e recomeçar do início.

Passam-se vinte segundos, talvez trinta — tempo necessário para que o iemenita ponha a câmera para funcionar e faça o enquadramento. Pearl está deitado de barriga para baixo. A cabeça, cortada pela metade, afastou-se do busto, arriada por trás dos ombros. Os dedos das duas mãos estão plantados na terra, como prensas. Não se mexe mais. Geme.

Soluça. Respira ainda, mas aos solavancos, num estertor entrecortado de gargarejos e gemidos de um cão espancado. Karim enfia os dedos na ferida, para afastar suas dobras e abrir caminho para o retorno do punhal. O segundo iemenita inclina uma das lamparinas para enxergar melhor, saca o próprio punhal e, febril, como que embriagado pela visão, o cheiro, o sabor do sangue quente que jorra da carótida como de um encanamento furado e esguicha em seu rosto, corta e arranca a camisa. E o assassino termina seu trabalho: o punhal ao lado do primeiro corte; as cervicais que se partem; um novo esguicho de sangue que lhe chega aos olhos e o cega; a cabeça que, rolando de trás para a frente como se ainda tivesse vida própria, acaba por se separar do corpo; e Karim que a exibe, como um troféu, diante da câmera.

O rosto de Danny, amarfanhado como um lenço. Os lábios que, no instante em que a cabeça se separa, parecem animados de um último movimento. E o líquido negro que, como seria de esperar, escorre da boca. Já vi pessoas mortas, muitas vezes. Nenhuma delas, para mim, poderá eclipsar aquele rosto que não vi e que agora tento imaginar.

# 5

# VISITA AOS PAIS-CORAGEM

— Não, não é isso...
Estou em Los Angeles. Mulholland Drive. Céu de cor única no mundo. A luz que machuca os olhos. Uma casa pequena, à beira da estrada, com garagem aparente, flores em vasos suspensos nas varandas, cascatas de pequenos cactos. Em voz baixa, com muito cuidado, com todo o tato possível, tento expor aos pais de Daniel Pearl minhas primeiras conclusões e minha versão da morte do filho deles.

— Não, não, não é isso — interrompe-me Judea, o pai, com sua cara simpática de falso Francis Blanche[1], seus olhos inteligentes e suaves (e às vezes, no olhar, um facho de tristeza infinita). — Existe um vídeo, é verdade. Mas o vídeo tem duas partes. Foi gravado, tenho certeza, em dois momentos diferentes do dia. E o senhor não pode fazer como se as duas partes dissessem a mesma coisa, como se fossem ditas no mesmo tom.

---

[1] Francis Blanche (1921-1974), ator, compositor e humorista francês, conhecido por sua fisionomia característica, com óculos de aros grossos. (N. do T.)

— Quais são essas duas partes? E por que isso faz diferença?

— Faz uma diferença enorme — responde ele. — O senhor tem os momentos em que ele diz aquilo que o senhor já sabe sobre os Estados Unidos da América, os prisioneiros de Guantánamo. Ali, o tom é mecânico, de fato. Sem alma. Evidentemente, alguém ditou o texto. Talvez até lhe tenham posto sob os olhos, fora do ângulo da câmera, um cartaz com as frases a serem repetidas. Ele tropeça em algumas palavras. Põe alguns "uuuuuh" compridos entre elas. Comete erros de pronúncia, de propósito. Diz "Amrica", por exemplo, pois eles devem ter escrito "Amrica" no cartaz. Em suma, faz de tudo para dar a entender a nós, que vamos receber essa mensagem, que ele não pensa nenhuma palavra do que está dizendo. E depois o senhor tem a outra parte, aquela em que ele diz: "Meu nome é Daniel Pearl... Sou um judeu norte-americano... Vivo em Encino, na Califórnia... Por parte de meu pai, venho de uma família de sionistas... Meu pai é judeu... Minha mãe é judia... Eu sou judeu..."

Aquele texto, Judea o conhece de cor. Tenho a nítida sensação de que poderia recitá-lo até o final, como um poema. Por alguns momentos, fala com entonações, com uma voz que não é mais totalmente a dele, é a voz de Danny, seu filho... Quanto à outra parte do texto, aquela em que se trata de Guantánamo e da política norte-americana, acho estranho que Judea tenha tanta certeza de que o texto foi ditado, e que ele o recite mecanicamente. Eu diria o contrário; pensei e escrevi o contrário; mas deixo-o falar à vontade...

— Escute bem essa última parte... Escute...

Seu rosto se iluminou. Ele sorri. Olha para a mulher, que também sorri, frágil, dolorosa, belo rosto afilado, oculto por uma franja de cabelos bem negros e pelos óculos, silhueta minúscula, flutuando em seu longo vestido-casula, a meio caminho entre os mortos e os vivos. Ele segura a mão dela. Acaricia-a imperceptivelmente. Os dois têm a mesma expressão que exibem numa foto magnífica, na escada do escritório, que data da época, quarenta e três anos antes, em que chegaram de Israel. A casa está cheia de fotos de Danny, é claro. Mas também há fotos de Michele e Tamara, suas irmãs. De Mariane, sua mulher, e do pequeno Adam. E há aqueles dois retratos dos pais, magníficos e gloriosos, deslumbrantes — a pequena judia iraquiana e o pequeno judeu da Polônia chegando aos Estados Unidos, assim como os imigrantes de Ellis Island, pois eles sabem que aquele é o país da liberdade; e, de repente, eles se parecem com esse ideal de liberdade.

— Essa parte sobre seu judaísmo foi dita por ele. São suas palavras. São suas frases. Ninguém o força a nada. Não há mais cartazes para ditar coisa alguma. Quantas vezes tenho que repetir que dois e dois são quatro, que sou judeu, e que me orgulho disso — é isso o que ele diz! Imagino que, nesse momento do vídeo, ele ainda está confiante. Ainda não sabe o que vai acontecer. E então Danny fala com eles, explica suas origens, seu *background*. Todos nós temos raízes, não é verdade? Pois bem, as minhas são estas. Vocês são muçulmanos. Quanto a mim, sou judeu. Mas, feitas as contas, somos antes de tudo seres humanos...

Um novo olhar para sua mulher, que exibe por trás da franja o mesmo olhar enternecido de daqui a pouco, quando me mostrará o quarto do filho, os bichinhos de pelúcia, os troféus de futebol, o diário íntimo quando era bem pequeno e anotava as boas decisões de ano-novo (pela ordem: não enfiar mais o dedo no nariz, fazer progressos em matemática; no dia seguinte: fiz progressos em matemática, continuo enfiando o dedo no nariz). Tenho a impressão de que Judea não quer continuar falando sem a aquiescência da mulher.

— E depois... Nessa primeira parte do texto, há uma coisa totalmente extraordinária. É a frase na qual ele diz: em Bnei Brak, em Israel, há uma rua chamada Haim Pearl Street, que era o nome de meu bisavô...

— Mas é claro — digo eu. — A mim também essa frase pareceu muito estranha. Para começar, será que é verdade? Existe realmente uma rua com esse nome em Bnei Brak? E, em caso afirmativo, como foi que eles descobriram?

— Mas justamente! — exclama Judea. — Justamente!

Agora, ele parece eufórico. Quase infantil. De súbito, faz uma cara de grande cientista no momento exato de uma descoberta importante — uma expressão que deve ser a do professor Pearl, membro da National Academy of Engineering, sumidade mundial em matéria de inteligência artificial, em seus grandes momentos de júbilo heurístico.

— Eles não podiam saber, justamente! Ninguém no mundo podia saber! É claro que é verdade. Meu avô foi realmente essa figura, esse herói local, em Bnei Brak, o vilarejo a dez quilômetros de Tel Aviv no qual se instalou nos anos 1920, juntamente com outras vinte e cinco famílias de hassidim[1], originárias, tal como ele, de Ostrowicz, na Polônia. Mas ninguém, além de nós, conhece essa história. E isso significa que...

O rosto volta a ensombrecer-se. Muitas vezes, tanto na mãe quanto no pai, presencio essa alternância entre euforia e tristeza extrema: os momentos em que retornam, imagino, as imagens mais insuportáveis; os momentos em que tudo se apaga, realmente tudo, os relatos e o testemunho, a análise, a cortesia para com o visitante francês interessado no caso Pearl, a troca de idéias, a tentativa de compreender — pois de repente só existe o rosto de uma criança supliciada, e que pede socorro.

---

[1] Hassidim: Membros do hassidismo, corrente mística moderna do judaísmo inspirada na Cabala e originada em meados do século XVIII. Singular: hasside. (N. do E.)

— Isso significa que a frase é uma mensagem. Uma mensagem para os raptores, aos quais ele diz: essa é minha origem e eu me orgulho dela, venho de uma família que construía cidades e para a qual construir cidades, cavar poços, plantar árvores eram as coisas mais belas que se podiam fazer nesse mundo — uma advertência aos partidários da destruição e da morte! Mas principalmente uma mensagem para nós, a mãe dele e eu, que somos as únicas pessoas do mundo, eu lhe garanto, a lembrar-se de que existe em Bnei Brak uma rua com o nome de meu avô. Mas, então, o que essa mensagem nos diz? Nos últimos meses, eu me fiz essa pergunta milhares e milhares de vezes, como o senhor pode imaginar. Pois bem, minha teoria é que se trata de uma mensagem em código, cujo sentido seria: "Aqui é Danny; tudo vai bem; sou bem tratado; aquilo que estou dizendo, digo-o livremente, pois digo uma coisa que ninguém, além de vocês e eu, poderia saber; sou o filho querido de meus pais; eu amo vocês".

Ruth tem lágrimas nos olhos. Judea olha para o teto, reprime as próprias lágrimas. Levanta-se. Vai buscar um prato de biscoitos para mim. Um secador elétrico para ela, que tem os cabelos úmidos, para evitar que fique resfriada. Penso nos personagens de Isaac Babel[1], na *Cavalaria vermelha*, que, até o último minuto, quando o cossaco assassino de judeus está prestes a lhes talhar o rosto ou esquartejá-los, continuam a afirmar: "Sou judeu". Penso no velho rabino de um romance de Isaac Bashevis Singer[2], não me lembro qual, que, diante do brutamontes partidário do *pogrom*[3] pres-

---

[1] Isaac Babel (1894-1941): ao lado de Maksim Górki, um dos grandes escritores satíricos da literatura russa. (N. do T.)

[2] Isaac Bashevis Singer (1904): escritor polonês, um dos principais representantes da literatura iídiche. (N. do T.)

[3] *Pogrom*: movimento popular violento contra minorias étnicas ou religiosas, especialmente os judeus, originado na Rússia czarista. (N. do E.)

tes a espancá-lo, a cortar-lhe a barba, a humilhá-lo, recita sua prece em segredo e, por meio de mil pequenos sinais cuja sutileza é ignorada pelo bárbaro e só será visível aos olhos Daquele que tudo vê, insiste em afirmar, sem arrogância, tranqüilamente, com a firmeza interior que é o estofo dos grandes temperamentos e dos mártires, sua identificação intacta com a comunidade maldita. Por que não pensei nisso mais cedo? Como pude repetir, assim como todo mundo, e até mesmo aqui, neste livro: "forçado a proclamar seu judaísmo... humilhado..."? Pois é justamente o contrário! Um gesto de orgulho! Um momento de dignidade! Totalmente de acordo, no fundo, com tantas cenas que me contaram: aquela noite em Islamabad, na casa de Khalid Khawaja, o antigo piloto de Bin Laden com quem ele travara amizade, na qual se começou a fazer o processo de Israel e dos judeus, mas ele cortou a conversa dizendo apenas: "Sou judeu"; aquela ocasião na Síria, em companhia de sete militantes de um Hezbollah[1] qualquer, que falavam sobre as "duas religiões", o islã e o cristianismo — mas ele, numa voz suave, sem ênfase, argumenta que existe uma terceira, a sua, o judaísmo. Judea, porém, está de volta. E eu sinto que é minha vez de conduzir a conversa.

— O que o senhor diz parece de repente tão luminoso. De uma evidência perfeita. Pois eu assisti ao vídeo. Deixei-o rodar no aparelho dezenas de vezes, cena por cena, imagem por imagem. E havia coisas, realmente, que eu não conseguia explicar: rupturas de ritmo e de tom... expressões diferentes... a barba que não é a mesma... o estado das roupas... os momentos em que Danny fala olhando para a câmera, e outros momentos em que se esquece dela... as tomadas de frente e de perfil... os olhos baixos... o tom de zombaria

---

[1] Hezbollah: grupo estremista islâmico sediado no sul do Líbano, criado após a invasão israelense do país, em 1982. Atua também como partido político, com apoio do Irã e da Síria. (N. do E.)

quando ele diz: "Em nenhuma parte os norte-americanos estarão em segurança; em nenhuma parte poderão caminhar livremente"... a expressão convincente ao mencionar seu bisavô... estranhamente brutal, sem réplica, com palavras que estalam como golpes de chicote, no famoso momento em que diz: "Meu pai é judeu, minha mãe é judia, eu sou judeu"... ainda em tom de zombaria ou, pensando bem, de encantamento, com um sorriso infantil, quando ele pronuncia a frase que, em princípio, o condena: "Por parte de meu pai, venho de uma família de sionistas"... Se o senhor estiver com a razão, caro Judea, tudo se esclarece. Uma longa entrevista, não é verdade?, quase uma conversa, filmada ao longo de horas, talvez ao longo do dia inteiro ou de vários dias — e depois, aqueles cortes, aquela montagem.

Judea meneia a cabeça. Parece arrasado, dez anos mais velho em apenas dez minutos, mas meneia a cabeça em silêncio.

— Existe outra coisa que eu queria lhe dizer, e que vai ao encontro de sua teoria. Também reparei na expressão confiante que ele exibe em algumas imagens. Já não me refiro ao vídeo, não. Se bem que, mesmo no vídeo, Danny não se parece com alguém que sabe que vai morrer. No último trecho, por exemplo, aquele sobre as relações entre Estados Unidos da América e Israel, os vinte e quatro vetos etc., ele realmente parece zombar dos raptores. Mas não. Refiro-me às fotos. O senhor sabe: as famosas fotos com o blusão de *jogging*, as correntes nos pés, que os raptores mandaram à imprensa durante a detenção. Existem duas dessas fotos que não foram publicadas pela imprensa e nas quais...

A fisionomia de Judea se altera de novo. De novo, ele projeta o corpo para a frente.

— Como assim, não foram publicadas? Fotos de Danny que a imprensa não publicou, o senhor tem certeza?

— Acho que sim... Mas não tenho certeza absoluta...

Pelo menos, não as vi em parte alguma... Li e vi quase tudo que foi publicado sobre a morte de seu filho, mas essas duas fotos, nas quais ele parece tão confiante, quase feliz, não acredito que tenham sido publicadas...

A verdade é que não me lembro mais. Sua emoção, sua excitação, a importância que ele atribui a esse detalhe, acabam por me desconcertar e me deixar em dúvida. "Mas isso é tão importante assim?" pergunto. "Mas é claro, pense bem... Reflita... Existem quatro fotos... Quatro... Suponhamos que haja uma quinta... De onde poderia ter surgido? Quem a tirou? E, sobretudo, quem a deu para quem? Como o senhor vê, isso muda tudo! Venha conosco, vamos verificar..."

Ele se levanta. Ruth se levanta. Os dois me levam até o aposento ao lado, que funciona como uma sede modesta para a Fundação Daniel Pearl, criada por eles em memória do filho, na qual se vêem dispostos no chão, em caixas de papelão, todos os dossiês, textos dos mais diferentes autores, as homenagens, os artigos. Nós três, então, nos ajoelhamos e começamos a afastar as caixas, remexendo, procurando a menor foto publicada pelo jornal mais insignificante: "Talvez naquela caixa... não, a de baixo... mais embaixo... espere, deixe comigo, é pesada demais... procure naquele dossiê com os artigos da imprensa israelense..."

De repente, sinto vergonha por ter desencadeado todo esse frenesi.

Sinto que eles, diante da idéia de uma foto inédita, voltam a experimentar o estado de azáfama em que deviam se encontrar no ano anterior, quando ainda não se tinha certeza da morte de Danny e era preciso contar com um indício, um detalhe, um fragmento de informação para conservar a esperança.

Havia algo de tão patético, sobretudo na atitude de remexer o passado diante da tragédia consumada, tentando resgatar um episódio minúsculo de um tempo sem retorno, como uma última e retrospectiva razão para manter a fé e a esperança, que me sinto transtornado.

Trancorridos de dez minutos em que eles me apresentam imagens, sempre as mesmas, nas quais não reconheço a famosa foto inédita, eles acabam por me exibir um exemplar do *Jerusalem Post*. Então, sou obrigado a dar o braço a torcer, reconheço que a foto é realmente aquela, uma foto rara, mas não inédita, sinto muito...

— Mas voltemos ao vídeo... — retoma Ruth, extenuada pela pesquisa absurda. Reparei logo de início que ela sofre de problemas de respiração. É bem pequena e mirrada, mas tem uma tendência a esfalfar-se que é mais freqüente em pessoas diabéticas e gordas. E quando isso acontece, é terrível: ela não consegue respirar direito; fica ofegante; com um aspecto de sobrevivente, acho eu; tão juvenil ainda, tão graciosa, mas com aquela expressão de flagelada; como é possível viver depois de tamanho desastre? onde haurir a força dos gestos da vida? "Sobre o vídeo...", diz, e sinto que nossa volta ao sofá é um alívio para ela.

— Nós não assistimos a esse vídeo. Outras pessoas nos contaram a respeito. Recebemos uma transcrição. Mas assistir, ver com os olhos, não vimos — como uma mãe poderia ver coisa semelhante? Aliás, achávamos que o vídeo não devia ser exibido. Quando a CBS o pôs no ar e, a partir da CBS, o vídeo se espalhou por toda a internet, ficamos furiosos, meu marido e eu. É preciso mostrar as barbaridades de que o ser humano é capaz, disse o especialista em questões islâmicas da rede de televisão — e o fato de mostrá-las vai afastar as pessoas do islamismo. Que piada! É exatamente o contrário. Para alguns, o vídeo é um argumento, uma ferramenta de recrutamento e propaganda nas mesquitas. E o senhor, o que acha disso?

Digo que as duas teses são possíveis. Mas, no caso, por via das dúvidas, a censura seria a pior das soluções. Ela dá de ombros — como para dizer que a batalha, seja como for, estava perdida. E prossegue:

— Já que o senhor assistiu ao vídeo, eu lhe pergunto: como ele está vestido? Aparece de *jogging* até o final?

Depois, ao perceber que não entendi bem o sentido de sua pergunta:

— Quero dizer: existe um momento do vídeo em que ele aparece nu da cintura para cima? o senhor viu meu Danny nu da cintura para cima?

Sei que existe, com efeito, aquele momento no vídeo. Sei que, quando a mão em primeiro plano termina seu trabalho de carnificina, ocupada em concluir o talho, Danny está nu da cintura para cima, mas então entra uma última tomada, muito estranha, na qual ele traja de novo seu *jogging* azul e rosa. Mas não tenho coragem de dizer isso a Ruth. Sinto tanta dor naquelas palavras, tanta súplica secreta, que gostaria de responder aquilo que ela deseja ouvir — mas o quê? É melhor calar a boca.

— E depois, outra coisa. O senhor saberia explicar a maneira como ele foi morto? Essa idéia de cortar o corpo em pedaços, juntando-os depois para enterrá-los?

Ouço a voz de Judea, o cientista, o homem do rigor e do método, que resmunga em seu canto:

— Uma pergunta por vez!

E ela, como uma menina que recebe uma reprimenda, quase com vergonha:

— É verdade. Mas eu gostaria tanto de saber.

E ele, com voz surda, abafada:

— Seja como for, ele não foi esquartejado para caber mais facilmente nos sacos plásticos.

De novo, não sei o que responder. Gostaria tanto de dizer o que eles desejam ouvir, algo que pudesse lhes propiciar algum bem ou aliviar seu sofrimento. Mas, de novo, como saber? Um pouco às cegas, digo:

— Pensem no caso dos argelinos, que são os maiores especialistas nesse tipo de encenação. Acredito que se trata de uma mensagem. Um bilhete dirigido ao Ocidente. É assim que vocês serão tratados a partir de agora. É isso o que faremos com vocês. Aliás...

Acaba de me ocorrer que o dia 31 de janeiro, data provável da morte de Danny, não devia estar muito longe da Festa do Carneiro.

— Aliás, não devíamos estar longe da Aid, certo? Então, talvez eles tivessem a intenção de dizer: a partir de hoje, não vamos degolar apenas os carneiros — vamos degolar a vocês também, cães norte-americanos, judeus, europeus.

Sinto que Judea calcula, em sua cabeça de sábio absoluto, se o início de fevereiro coincide com a data da Aid. Era assim que ele fazia no tempo de Danny, o filho querido, quando este lhe telefonava nas horas do aperto, em pleno fechamento: "Papai, pode calcular para mim a data do ramadã há doze anos? o horário da maré na semana que vem, em Karachi? o tempo que fazia na batalha de Waterloo? o próximo eclipse do sol? o horário do nascer do sol no dia da decapitação de Luís XVI?"

— E quanto à sua segunda pergunta, minha senhora, sobre a decisão de recompor o corpo antes de enterrá-lo...

Ela me interrompe. E, num sussurro, bem depressa, a voz pequena embargada por um soluço, ela diz:

— Talvez, no final, alguém tenha sentido pena dele.

# 6

## O ROSTO DE DANNY

Visitei Ruth e Judea, os pais-coragem.
Troquei cartas com eles.
Visitei Daniel Gills, o amigo de infância com o qual Danny fundou, entre seis e sete anos de idade, seu primeiro clube, e que será, vinte anos depois, seu padrinho de casamento.
Visitei colegas, norte-americanos ou não, que cruzaram com ele em Karachi e ao longo de sua vida profissional.
Li os artigos de Steve LeVine, seu colega do *Wall Street Journal*, que cobre o andamento do inquérito para o jornal e que, em princípio, deveria estar em Karachi no lugar de Danny, mas, como ia se casar, então Danny foi designado, e inclusive foi preciso, por esse motivo, cancelar no último instante a reunião de família marcada para o dia 18 de janeiro, em San Francisco.
E depois Mariane, é claro, quase de imediato — eu estava em Nova York para exibir *Bosna!* quando ela me procurou, acompanhada de Tom Jennings, outro amigo de

Pearl com quem ela planejava, tão digna, tão bela, Antígona moderna, realizar em Karachi um filme de dever e verdade sobre os vestígios de seu marido: voltar a Karachi? refazer, com o sobrenome que é o dela, o caminho de Daniel Pearl? mas é claro! nem sombra de hesitação! não permitir que a dor e a memória se entorpeçam; não se afundar na tristeza, e não se dissolver no luto; e depois Adam, não é mesmo; pensar no pequeno Adam Pearl, nascido de pai falecido, que se tornou sua razão de viver e do qual ela me mandou uma foto tão linda no ano-novo de 2003.

Mariane Pearl, portanto. O aspecto de vestal e o olhar de cinzas. Os cabelos negros, muito encaracolados, reunidos no alto da cabeça, como nas fotos. A bela nuca. A mescla curiosa de francesa e, agora, norte-americana, e depois um pouco cubana, e budista, e judia, por causa de Daniel. Mariane no apartamento vazio, mal mobiliado, das Torres Stuyvesant, na parte baixa da cidade: sinto que, a partir de agora, ela estará sempre de passagem na vida; adivinho que, por um bom tempo, só fará os gestos que tem de fazer para o bem-estar de seu bebê... Mariane no restaurante, naquela noite e na noite seguinte: a pele baça, não maquiada, só a maquilagem do luto; uma camiseta antiga, folgada demais, comprada em qualquer lugar — ela que parece tão galante nas fotos dos tempos felizes no salão dos Pearls; as respostas breves; a recusa das atitudes patéticas; a leve distância que ela estabelece assim que a pergunta se torna precisa demais — "nada feito... não vou responder... não, realmente não é possível... não posso responder a essa pergunta..." Mariane Pearl que, a cada vez que souber que pretendo voltar a Karachi, me enviará uma pequena mensagem amigável, fraterna: "*take care...*" "cuide-se..." Mariane, que revejo numa entrevista antiga para a BBC, no momento da pior incerteza, quando todos ainda esperam que os raptores não tenham cometido o irremediável: grávida de seis meses, abalada e cheia de esperança, intensa — e ouço-a exclamar na entrevista: "Se alguém tiver de dar a vida para salvá-lo, esse alguém serei eu; entrem em contato comigo, por favor; estou pronta".

A ela e aos outros fiz as mesmas perguntas.

A cada vez esmiucei fotos, documentos, fragmentos de lembranças, farrapos de vida.

Mergulhar no passado de um homem como num baú.

Remexer, ao correr da pena, uma pequena montanha de segredos e estereótipos.

Por trás do rosto supliciado, era preciso recuperar outro rosto, o verdadeiro: não o rosto de Pearl, mas o de Danny.

Eu desejava com ardor compreender quem era o Danny que eles tinham escolhido como alvo, para depois assassiná-lo.

Pensar em Daniel Pearl como num ser vivo.

Deus, como dizem os Profetas dos quais nos alimentamos um pouco, tanto ele como eu, não é o Deus dos mortos, é antes de tudo o Deus dos vivos.

Existe uma criança magnífica, estranhamente loura, cujo quarto visitei com tanta emoção, em Los Angeles.

Existe a criança que joga futebol, ajoelhada perto de sua bola, com meias compridas de cor laranja, cabelos ainda louros, longos, rosto de pequeno príncipe, fresco como um jasmim, que posa para a foto, talvez reprimindo um ataque de riso e sorrindo apenas com os olhos — mas que sorriso!

Existe o companheiro fiel, as histórias dos moleques de Mulholland Drive, os clubes infantis, as excursões escolares, os longos espaços sob as árvores, os verões perpétuos, a torta de coco após as aulas de violino, a vida feliz.

Existe, logo depois, o maníaco por música. Fotos dele tocando violino, violão, bandolim, piano, bateria. Fotos de um grupo em Bombaim. Fotos de outro grupo, tipo *rock* anos 1980, em Berkshire. E há ainda aquela foto, em preto e branco, esplêndida: aos dezoito ou vinte anos, de *smoking*, gravata-borboleta, cabelos curtos à Tom Cruise, cabeça erguida em direção ao público, um sorriso contido nos lábios — ele acaba de tocar a última nota, sou capaz de ouvir os aplausos, ele se prepara para agradecer, está satisfeito. "Quais são suas atividades preferidas?" pergunta o questionário de matrícula em Stanford. "Esporte e música, *windsurf* e violino"... "E pela ordem?" pergunto a Daniel Gills. "A música; as garotas, mas primeiro a música; éramos uma turma grande e a música nos unia; *rock*; *pop*; mas também, aos quinze anos, um concerto de Isaac Stern, ou de Stéphane Grappelli, ou de Miles Davis." Ah! a alegria de Judea, que também era músico, no dia em que descobriu que seu garoto tinha "ouvido", um ouvido "infalível"! obrigado, meu Deus, por esse milagre! obrigado por esse dom!

Existe o amigo leal, de novo. A prodigalidade com os colegas de trabalho. Uma manchete oferecida a um. Uma fórmula sugerida a outro. A gentileza para com os mais jovens. A insolência contida diante dos mais velhos. A fidelidade ao "jornal", e não existe outro, é "o" jornal, seu jornal, e não faz diferença se ele também pertence à Dow Jones Company, pela qual Danny não morre de amores. Quando o *New York Times*, em 1998, um pouco antes de sua partida para Londres, tenta seduzi-lo com argumentos sonantes e de peso, que em geral, e sobretudo nos Estados Unidos da América, inevitavelmente dão o que pensar, ele declina, recusa a oferta — "Não sou um mercenário", diz, "gosto do meu jornal, gosto dos meus colegas, vou ficar".

Belo demais? Samaritano demais? Pode ser. Mas felizmente ele está aí para nos corrigir. Está aí em suas respostas ao questionário de matrícula em Stanford, modesto, zombeteiro, e principalmente incapaz de se levar a sério: sou "preguiçoso", escreve em sua caligrafia voluntariosa, bem legível, com letras bem separadas umas das outras e às vezes quase dissociadas — a caligrafia ainda um pouco infantil de um homem que deve ter ouvido cem vezes: "Pratique mais! sua redação está ilegível!" Meu problema é que sou "preguiçoso" e em algumas ocasiões, felizmente não muitas, sinto "desprezo" pelos "seres humanos"; às vezes, "pequenas contrariedades" podem provocar em mim um "pessimismo generalizado"...

Existe o sedutor. Também nesse aspecto é preciso desconfiar da idealização. Mas um verdadeiro charme. Um verdadeiro magnetismo. Relatos, em Londres e Paris, de mulheres fascinadas. Seu lado divertido. Sua fantasia irresistível. Capaz, em dez minutos, de compor uma canção para uma garota por quem estava apaixonado. E capaz também, como Solal[1], de seduzi-la em uma hora. Danny, como insiste sua mãe, que de repente se comporta como a perfeita "mãe judia", orgulhosa, ah! tão orgulhosa de seu menino que se convertera num mulherengo, tinha dois motivos para agradar às garotas. Aliás, não somente às garotas. Ele era o charme em pessoa. Todos, homens e mulheres, sucumbiam a esse encanto. Em primeiro lugar, ele se interessava pelas garotas, olhava-as de tal maneira que elas tinham a sensação, no mesmo momento, de serem a coisa mais importante do mundo. Em segundo lugar, Danny foi uma criança querida, *a so beloved child — he knew it*, ele sabia disso; e não há nada melhor do que esse amor recebido para fazer com que um adulto se sinta bem em sua pele, um sedutor...

E também existem as fotos. Existem todas aquelas fotos que espalhei no chão diante de mim, em meu quarto de hotel de Los Angeles, e cuja vibração, cuja força que delas emana, de súbito quase me amedrontam. Numa delas Danny está só, em primeiro plano, com o olhar esfuziante e crédulo

---

[1] Solal: personagem-título do romance de 1930 do escritor franco-suíço Albert Cohen (1895-1981). (N. do E.)

por trás dos óculos — "a pérola do olhar, verídica e risonha"[1], diz o poeta. Em outra, Danny está de pé com seus pais, bom filho, bom menino, uma expressão de ternura infinita. Danny barbudo, de perfil, diante de uma janela que dá para o mar, choveu, há um azul lavado no céu. Danny de costas, num cone de luz que o isola. Danny de camiseta, olhar cristalino, sorriso muito meigo, elegância desenvolta, belo rosto bem-desenhado — dessa vez, ele se parece com Arthur Miller quando jovem. Danny com Mariane, camiseta laranja sobre calça bege: eles caminham pelas ruas de uma cidade grande, talvez Milão ou Turim, ou simplesmente Paris, arcadas do Palais-Royal, são jovens, parecem felizes, ouço-os respirando, adivinho suas vozes alegres e seus risos, vejo a troca de olhares entre eles, sinto seu hálito leve. Danny bebê. Danny criança, diante do oceano. Danny adolescente, segurando um bastão de beisebol, numa pose estudada, imobilidade irônica. Ou com suas irmãs, na proa de um barco branco, pontão, crepúsculo luminoso e quente, uma gaivota acima de suas cabeças. Ou ainda com sua irmã, no jardim de família, fim de tarde californiana, vento leve, sol, arreliando com ela sob o olhar divertido de dois amigos. Ou então outro jardim, banhado em calor, brisa, na qual aparece com seu violino, decifrando uma partitura de Bach que seu amigo Gills estende diante dele. Danny com Tova, sua avó, ela tem noventa e dois anos de idade, vive em Tel Aviv, dirige a ele um olhar extasiado, ele sorri, ele a adorava. Danny numa reportagem, acredito que seja numa rua árabe, os cabelos cresceram, ele usa rabo-de-cavalo, tudo sorri ao seu redor.

Existe a foto de casamento, ainda de pé, diante de um portão de ferro, um fotógrafo em segundo plano, alguns amigos. Mariane tem os ombros nus. Saia de tafetá laranja. Echarpe de gaze ou musseline. Um buquê de flores nas mãos.

---

[1] Verso do soneto "La chevelure...", do poeta simbolista Stéphane Mallarmé (1842-1898). (N. do T.)

Silhueta perfeita. A nuca delicada, bem exposta. Imagino, como fundo musical, um prelúdio de Chopin ou uma mazurca. Ela está radiante. Ele se produziu para a foto. Parece ligeiramente acanhado. Terno bege, um pouco teso. Cabelos curtos, recém-cortados. Ele segura a mão dela. No fundo das pupilas, uma interrogação confiante, uma luz terna, o orgulho juvenil da felicidade que se perfaz. Nem sombra de uma sombra, não. Nenhuma nuança, por mínima que seja, que mais tarde sirva como argumento para dizer: "Viu só... estava escrito... a tragédia já se anunciava sob a imagem da felicidade". Nem mesmo nos olhares, esse ligeiro recuo, essa distância de si para si, que geralmente indicam que se deixa um espaço para a hipótese da sorte contrária ou, simplesmente, para a inquietação. Não. Presente absoluto. Alegria e beatitude. Em toda a minha vida, vi poucos rostos tão exultantes. Pouquíssimas pessoas, acredito, têm direito à felicidade perfeita, e Pearl era uma delas. (E, no entanto, sim, agora me recordo... A confidência de Ruth, na véspera, ao se despedir de mim... O dia, antes ou logo depois do casamento, em que ele lhe teria dito que aquela felicidade era demais, justamente, sorte demais, e ele esperava que, um dia, não tivesse de pagar por tanta sorte... Será que ele realmente disse aquilo? Será que ela realmente disse que ele disse? Ou será que estou sonhando? ou entendi mal? Não sei. Fotos demais, sim. Existem tantas que acabam por me dar vertigem, e talvez eu esteja divagando...)

Existe o jornalista. Tenho sob os olhos a coletânea piedosa editada por seu jornal, *At home in the world*. No planeta, como em casa. Um verdadeiro lema de vida. A palavra de ordem íntima, o ideal do *globe-trotter* incansável, que se interessava pelo destino de um Stradivarius tanto quanto pelo mistério das garrafas de coca-cola iraniana, pelos problemas de datação do ramadã tanto quanto pela querela entre os iemenitas e os etíopes sobre a origem da Rainha de

Sabá. Crônicas bizarras. Reportagens corajosas. Um sujeito que, no grande jornal do *establishment* da Costa Leste, desmente as teses da OTAN sobre a situação em Kosovo. Um sujeito que, quando a Casa Branca manda bombardear uma usina química no Sudão, com o argumento de que não se trata de uma usina química, e sim de uma fábrica clandestina de armas biológicas, é o primeiro a ir até lá e exclamar: "Não; era realmente uma usina de produtos químicos; os Estados Unidos da América cometeram um erro trágico". Uma reportagem em Qom. A moda do *rock* em Teerã. A campanha pelos medicamentos genéricos, sobretudo no caso dos aidéticos. O envolvimento da Al Qaeda com o tráfico de diamantes na Tanzânia... Daniel Pearl, ao contrário do que se disse muitas vezes, não era um repórter de guerra: "É preciso um treinamento específico", dizia, "para cobrir uma guerra; não tenho esse treinamento; por isso não quis ir para o Afeganistão e preferi o Paquistão". Por outro lado, pode-se sentir o jornalista devotado e competente. O viajante apaixonado, andarilho incansável de todas as paragens longínquas, o amor pelos seres e pelo mundo — pode-se sentir o maníaco por informações que vive suas reportagens de corpo e alma.

Será que Danny era imprudente? Algumas pessoas disseram isso. Durante esse ano de investigação, conheci muitas pessoas, em Karachi, Madri, Washington, que me disseram: "Riscos que ele não levava em conta... eu avisei... ele não quis escutar... que lástima..." Um passo a mais e, sobretudo no Paquistão, teríamos a atitude odiosa: "Recebeu o que merecia... é triste, mas é assim... azar dele... paciência..." Trata-se do contrário, evidentemente. Avaliação sensata dos riscos. Medo saudável do país e dos loucos que o desfiguram — como indicam suas mensagens eletrônicas aos pais. É verdade que ele não tinha proteção. Mas quem a tinha naquela época? Que jornalista, antes do "caso Daniel Pearl", circulava com uma dessas escoltas de homens armados, de capacete laranja ou azul, que protegem o petróleo paquistanês? Mesmo hoje em dia, quase ninguém tem proteção. Ela me foi oferecida numa de minhas visitas ao país. Mas compreendi imediatamente que, em primeiro lugar, o efeito principal desse tipo de precaução é chamar a atenção de todas as pessoas mal-intencionadas; em segundo lugar, um policial aposentado, que ganha no máximo dez dólares por dia, não tem muitos motivos, em caso de problema, para levar um balaço no lugar da pessoa sob sua proteção. Pearl, repito, não era um repórter de guerra; nem sombra do fascínio, nele, pela barbárie que é a violência dos homens contra os homens; a prudência, dizia, é uma dimensão da coragem...

E depois, outra coisa. Alguém sabe que ele, Daniel Pearl, em 1998, três anos antes do caso Pearl, se candidatou para redigir, para uso interno do *Wall Street Journal*, uma espécie de "manual do repórter" sobre questões de segurança? Ele tinha previsto tudo. O *Journal* se inspirou em suas recomendações aos repórteres. Exceto num assunto, apenas um, sobre o qual ele havia se calado: o seqüestro! a atitude a tomar em caso de seqüestro! Os especialistas são unânimes. Todos dizem, por exemplo, que a regra básica é não tentar fugir. Nunca. Mas foi assim. Era a única regra que ele não conhecia. Era a única situação sobre a qual ele não havia refletido. Tinha previsto tudo, tudo, exceto o que é preciso fazer em caso de seqüestro. Que ironia! Que coincidência! Da mesma forma como, aliás, o sonho de Ruth no dia 23, no horário exato do seqüestro. Danny transtornado, hirsuto, que lhe aparece na extremidade de um beco sem saída. "O que foi, meu querido? o que aconteceu?" "Nada; eles só me obrigaram a beber água; muita água; não é nada." Mas ele parece tão mal... Está tão pálido e parece sofrer... Ruth, naquela noite, desperta banhada em suor, em sobressalto, e se precipita para mandar um *e-mail*: "*Danny, are you all right? please, answer immediately!*"[1]

Ainda sobre o assunto imprudência. A hipótese de que Danny teria sido manipulado pelos serviços secretos norte-americanos. Quem me disse isso? Pouco importa. O raciocínio é o seguinte. Um colega do *Wall Street Journal* compra num mercado de Cabul, logo depois da guerra norte-americana e da fuga dos talibãs, um computador usado. Ele o põe para funcionar. Descobre com estupor que no disco rígido estão registradas informações estranhas que parecem ter relação com a Al Qaeda. Transmite as informações ao jornal. Que, por sua vez, as transmite aos serviços secretos. Os quais, depois de avaliar as informações, retornam ao jornal na esperança — clássica — de encontrar um jornalista, ou vários, que confirmem ou não as primeiras conclusões do inquérito. É possível, evidentemente. Tudo é possível, absolutamente tudo, nesse caso tão estranho. E quanto à hipótese de que Danny manteria contato com os serviços secretos, por que não? qual seria o problema? um bom jornalista, um investigador da verdade, não deveria procurar a informação em todos os lugares onde acha que pode encontrá-la? Todos os recursos são válidos. Alguém me acusaria de ser um agente indiano se eu fosse, em Nova Delhi, interrogar os serviços secretos indianos sobre a morte de Daniel Pearl? um agente da CIA, se eu fosse, a Washington verificar em que pé está o inquérito e esmiuçar, ali também, indícios, fragmentos da verdade, talvez depoimentos? A única coisa da qual tenho certeza é que Danny era um jornalista aguerrido. Um "macaco velho", como se diz em gíria de jornalista. Alguém que nunca se deixou intimidar pelas autoridades ou pelos informantes e espiões. A única

---

[1] "Danny, você está bem? Por favor, responda imediatamente!" (N. do T.)

coisa que não consigo imaginar é que ele tenha transposto a linha amarela que separa os amantes da verdade dos agentes desta ou daquela causa, ou mesmo dos militantes.

Existe o judeu que sempre pensou que, quando tivesse um filho, mandaria circuncidá-lo, e que, em 1998, escrevia à sua mãe: "Vou transmitir a meus filhos toda a tradição judaica que conheço e, com a ajuda de vocês, talvez um pouco mais". "Judeu em que sentido?" perguntei a Ruth e Judea. Judeu. Fiel a esse aspecto de sua memória. Judeu porque ser judeu, para ele, era uma maneira de recordar. Kipur. As grandes festas. O jantar de sexta-feira à noite quando vivia em Los Angeles. Aquela outra conversa com sua mãe, ou talvez a mesma, não sei mais, em que ele pergunta: "E se eu me casasse fora de minha religião, *out of my faith*, o que você acharia disso?" Danny pensava em Mariane, lembra-se Ruth. Ele a amava tanto! ela o fazia tão feliz! e era tão evidente que eles tinham a verdadeira fé, tanto um como o outro, que é a fé do coração! E a foto do *bar mitzvah* no Muro das Lamentações, de quipá, xale de oração, os olhos baixos, voltados para o Livro. E outra, no mesmo dia, com a Torá nos braços, maior do que ele, uma luz pura ardendo em seus olhos. E as perguntas que ele nos fazia, à sua mãe e a mim, sobretudo à mãe, sobre nossas famílias, nossas raízes: em que sentido vocês são judeus, por que sou judeu — esse assunto o apaixonava visivelmente. E o hábito, a cada atentado em Israel, onde quer que se encontrasse no mundo, de telefonar, de pedir notícias de Tova, a avó, e dos primos em Tel Aviv.

Israelense? pergunto então. Li em meu país que ele era norte-americano, mas também israelense, dupla nacionalidade, os franceses dizem às vezes "fidelidade dupla" — até que ponto isso é verdade? Judea hesita. "É que... sou eu que tenho um passaporte israelense... E Ruth também, é claro... Então, tudo depende de como o senhor encara a situação. Do ponto de vista israelense, uma vez que seu pai e sua mãe eram israelenses, Danny também o era, de certa forma automaticamente. Mas ele não se encarava assim. E nós tampouco. A única conseqüência disso se deu quando ele tinha três anos: ele foi inscrito, então, no passaporte israelense de Ruth. Mas isso fazia dele 'um' israelense?"

E quanto à política? perguntei ainda. Quais eram suas posições políticas? era muito crítico com relação a seu país? era antiamericano? Nesse momento, Judea ri. Talvez eu tenha me exprimido mal. Talvez fosse um erro dizer "antiamericano". Pois, pela primeira vez em três horas de conversa, Judea ri às gargalhadas, sim, de todo o coração — e, no fundo, melhor assim, eu me alegro com isso. "Antiamericano, disse o senhor? Está brincando? Quem lhe contou essa bobagem? Não vá me dizer agora que é por esse motivo que Danny é apreciado na França e na Europa! Pelo contrário, ele amava seu país. Orgulhava-se de ser um cidadão norte-americano. Conhecia, como todo garoto, os nomes e as biografias de nossos presidentes. O senhor sabe por que ele queria que seu bebê se chamasse Adam? Na véspera do seqüestro, Danny soube que era um menino e, junto com Mariane, decidiu que seu nome seria Adam. Pois bem, é por causa de John Quincy Adams, sexto presidente dos Estados Unidos, abolicionista fervoroso, que lutou contra o escravismo. Havia o argumento do prenome ecumênico, OK. Havia a idéia de que o nome poderia valer em todas as línguas e em todas as religiões. Mas também havia isso, a homenagem a um grande presidente que também foi um grande norte-americano. Muito mais norte-americano do que eu, por exemplo, que continuo sendo um pobre coitado imigrante de Israel."

E o que mais? pergunto. Além de se orgulhar de sua condição de norte-americano? Sua opinião sobre Israel? Sobre os palestinos? O que pensava ele, no fundo, sobre Israel e os palestinos? Judea hesita de novo. Percebo — e ele também percebe — que, na verdade, nada sabe a respeito. "Danny amava o povo judeu, disso tenho certeza. Amava Israel profundamente. Revoltava-se interiormente quando via esse país ridicularizado, estigmatizado. Sabia muito bem que os israelenses não amam a guerra; que cumprem seus períodos de serviço militar arrastando os pés; Danny tinha primos em Israel, e sabia que eles choram nos tanques quando partem em operação. Mas Danny também amava a justiça. Recusava-se a ter de escolher entre Israel e a justiça. E, portanto, era partidário de dois Estados — está satisfeito com a resposta?"

— O cerne da questão — insiste ainda Judea — é que Danny não tinha idéias, não tinha posições ou opiniões, pois era antes de tudo um jornalista. Não espere que ele se torne militante disto ou daquilo, que ele se engaje por esta ou aquela causa. Não espere que ele tome partido pelos judeus ou pelos palestinos, os judeus têm razão porque... os palestinos não estão errados porque... A função do jornalismo, dizia ele, não é conquistar prêmios de virtude. O papel do jornalista é esclarecer os fatos, e ponto final.

Repito a pergunta para Daniel Gills, o amigo de infância, muito envergonhado por ter de falar sobre o velho camarada, intimidado por estar ali, na casa dos pais, no papel de testemunha derradeira. Imagino o garoto, já bastante crescido, dominado por seu amigo. Imagino os encontros, à noite, quando saíam para passear com os cães. Quem me disse no último *e-mail*, na noite do dia 23, Danny pediu notícias do cão? Talvez tenha sido o próprio Gills. O cão de Danny estava doente. Mas agora está curado. Ao passo que Danny não está mais ali... O olhar de Gills se turva, ele seca uma lágrima de garotão enternecido. Apesar disso, insisto. Talvez por não querer renunciar à minha idéia de que Danny teria sido um verdadeiro democrata norte-americano, digo: "A guerra no Iraque, por exemplo; sei que não tem sentido fazer com que os mortos falem, mas você o conhecia tão bem... se Danny estivesse aqui, o que diria?" E, com efeito, Gills confirma minhas suspeitas. Diante de Ruth e Judea, que o escutam, tal como eu, em silêncio, ele confirma: "Crítica, é claro; crítica radical; Judea tem razão quando diz que aquela história de ser contra os Estados Unidos da América é *bullshit*[1]; mas essa guerra imbecil, tenho certeza de que ele seria contra."

Existe o Danny judeu e norte-americano, mas aberto às culturas do mundo, e sobretudo à cultura dos outros. Esse judeu aprende um pouco de árabe, em Londres, aos trinta anos de idade: por causa da mãe, sefardi, nascida no Iraque? Sem dúvida; mas não só por esse motivo; por causa, também, do desejo do outro, da abertura à alteridade enigmática do rosto de seus semelhantes, próximos ou longínquos. Esse norte-americano se insurge contra as teses tão em voga sobre o choque das civilizações, o embate inevitável das culturas etc.: ele e Omar, seu assassino, lêem Huntington[2], como veremos adiante, ao mesmo tempo; a diferença é que o assassino adere à tese do choque inevitável, adora aquela morte que lhe prometem — ao passo que Danny resiste, rejeita o desastre anunciado; se restar apenas uma pessoa, essa pessoa serei eu; se restar apenas um norte-americano, e judeu, para acreditar que o confronto com o islã não é inevitável, pois bem, serei esse norte-americano e esse judeu, e farei o que estiver a meu alcance para conjurar a fatalidade.

Conversa com Gills, depois do 11 de setembro, sobre o Alcorão. O Alcorão não prega o "ódio aos infiéis"? "Sim, claro", responde Danny. "Mas não só isso. Não se deve, não

---

[1] "Mentira". (N. do T.)

[2] O cientista político Samuel P. Huntington, nascido em 1927, causou grande polêmica com seu artigo "O embate das civilizações", publicado pela revista norte-americana *Foreign Affairs* em 1993. (N. do T.)

se tem o direito de ressaltar, num livro como esse, só as passagens negativas. Existe outro Alcorão no Alcorão, que é uma mensagem de misericórdia e de paz."

E depois, existe a cena belíssima registrada por Robert Sam Anson em seu relato pioneiro, publicado pela revista *Vanity Fair* alguns meses após a morte de Danny; estamos em novembro de 2001, véspera dos bombardeios norte-americanos em Cabul; as manifestações se multiplicam em todo o Paquistão; Danny está em Peshawar, numa dessas manifestações nas quais são queimadas efígies de Bush e bandeiras; não fique aqui, adverte Hamid Mir, o jornalista que o acompanha, é perigoso; sim, responde Danny, estou aqui, quero entender, quero ver nos olhos dessas pessoas por que elas nos detestam. Talvez o episódio seja falso. Um colega que o conhecia bem me disse que a achava pouco verossímil. Seria uma pena. Pois ela ilustra bem a curiosidade que o devorava, a sede de conhecer o outro, o antiódio radical — o melhor cidadão norte-americano?

Existe o Danny — li seus textos — que, embora se orgulhasse do seu país, achava que os Estados Unidos da América e, em geral, o Ocidente tinham obrigações para com o mundo, que estavam em dívida.

Existe o humanista irredutível que, apesar de tudo o que vê e viu em sua vida, continua desejoso de acreditar que o homem não é um lobo, e sim um irmão, um semelhante, para o outro homem.

Existe o jornalista incansável que, indo ao encontro dos esquecidos desse mundo com suas reportagens, pagava sua dívida, a nossa, aquela das multidões de ocidentais refestelados e satisfeitos, que zombam da miséria do mundo e não se dão conta de que são os "guardiães de seus irmãos".

Existe a outra dívida, como ele sabe muito bem. Ele é judeu o suficiente para saber que o problema são também as outras multidões, muçulmanas, que muitas vezes se recusam a reconhecer sua própria dívida com relação a um certo Livro e ao povo que o defendeu. Mas ele paga mesmo assim. De certa forma, ele paga adiantado — sem esperar e sem garantia alguma, portanto, de que lhe pagarão de volta. E isso é admirável.

Existe o rosto — e não há nada mais importante — no qual uma época pode se mirar sem enrubescer.

Existe o antídoto vivo — pois, de certa maneira, Pearl está vivo: está vivo por causa da emoção que sua morte suscitou, mas também por causa dos valores que todos sentem bem, mesmo que confusamente, que ele encarnou... — contra todas as tolices modernas sobre a guerra das civilizações e dos mundos.

Será que os assassinos sabiam o que faziam quando o mataram?

Sabiam o que matavam ao matar aquele jornalista?

E será por esse motivo que, de minha parte, me interessei por ele — será pelo mesmo motivo, mas ao contrário, que decidi um dia, e na verdade de imediato, realizar esta investigação, refazer o caminho, escrever este livro?

Não sei. É sempre muito difícil retraçar a origem de um livro. Eu estava em Cabul naquela manhã. Acabava de chegar. Era o início da "missão de reflexão sobre a participação da França na reconstrução do Afeganistão", que me fora confiada pelo presidente da República francesa e pelo primeiro-ministro, e que me manteve ocupado uma parte do inverno de 2002. Na noite da véspera, ao me atrasar para o toque de recolher, eu passara por um pequeno incidente com os milicianos do comandante neofundamentalista e ex-terrorista Abdul Rasul Sayyaf. E foi o presidente Karzai quem, naquela manhã, me comunicou a notícia. Estávamos em seu escritório, com alguns de seus ministros. Trouxeram-lhe um papel. Ele empalideceu. E em seguida anunciou, primeiro em persa para Mohammed Fahim e Yunous Qanouni, depois em inglês por minha causa: recebemos a confirmação da morte, por degolação, do jornalista norte-americano Daniel Pearl...

As imagens, um pouco mais tarde. O choque do vídeo. A emoção. A compaixão. A identificação, como não poderia deixar de ser. Todos os jornalistas do mundo, sem exceção, foram forçados, mesmo que por um instante, a identificar-se com o homem que se parecia com eles, de súbito, como um irmão. Para eles, a morte, anjo mascarado cujo rosto temem encontrar a cada reportagem, lhes aparecia de repente, sob os traços destruídos de um deles. A imagem também de um jornalista norte-americano, luminoso, simpático, com quem cruzei no verão de 1997, em Asmara, na Eritréia, e que tentava, tal como eu, entrar em contato com John Garang, o cristão sudanês em luta contra os islamitas de Cartum: será que era ele? como lembrar-me? não podemos saber, afinal, quando se encontra um jornalista em Asmara, experimentando chapéus panamá na loja de um italiano da Piazza Centrale, que ele será degolado quatro anos mais tarde, e que sua imagem vai nos perseguir durante um ano inteiro, e provavelmente por mais tempo ainda? O que sei é que, por essas e outras razões, pelas que me ocorreram imediatamente e pelas que só agora identifico, porque a história de Pearl me dá medo e ao mesmo tempo me impede de ter medo, por causa daquilo que ela diz sobre o horror de nossa época e, também, sua porção de grandeza, por causa daquilo que Pearl representava quando vivo e que deve continuar a encarnar depois de morto, por causa das lutas que eram as suas e, de modo geral, continuam a ser as minhas, por causa de tudo isso, sua imagem está aqui, e não vai me abandonar tão cedo.

Este semelhante. Este irmão.[1] Este morto e este vivo. Este morto que é preciso ressuscitar. E este compromisso, este pacto, em primeiro lugar entre mim e ele, e em seguida dentro de mim mesmo, de dar uma pequena contribuição. Em geral, os pactos são firmados para matar um homem. Aqui, é o contrário: um pacto em nome de Pearl, mas para ressuscitá-lo.

---

[1] Alusão ao verso de Charles Baudelaire (1821-1867) no poema "Ao leitor", que abre a coletânea *As flores do mal*: "Hipócrita leitor — meu semelhante — meu irmão!" (N. do T.)

*Segunda parte*

---

OMAR

# 1

# NO OLHO DO BÁRBARO

O assassino.
Estou de volta à Europa.
Cinco meses se passaram desde o assassinato de Pearl e a decisão de escrever este livro.

Ponho em ordem minhas anotações sobre sua vida — enquanto isso leio e releio a coletânea de seus artigos publicada pelo *Wall Street Journal.*

E confesso que, quanto mais o tempo passa, quanto mais reflito a respeito de tudo isso, quanto mais avanço, não tanto na investigação, mas pelo menos na tessitura da personalidade do homem e no mistério de seu assassinato, mais me interrogo sobre os motivos que levaram determinados homens a designar um tal ser para uma morte tão bárbara — e mais me intriga a personalidade de seu assassino.

Não que haja "um" assassino, é claro.
Não que se possa dizer de alguém: pronto, aqui está, ele

é o "assassino", é o homem que matou Daniel Pearl, foi em seu cérebro que nasceu a idéia e foi seu braço que a executou.

E o pouco que já sei sobre o caso, o pouco que todo mundo sabe e que também entendi, é que, ao contrário, foi um crime complexo, que implicou atores em grande número — o pouco que, desde já, parece confirmado é que foram necessários não apenas um, mas vários homens para conquistar Danny, desarmar sua vigilância, atraí-lo para a armadilha do encontro no Village Garden, levá-lo até Gulzar e-Hijri, seqüestrá-lo, matá-lo, enterrá-lo: citei os iemenitas, não é?... e Bukhari, o homem que lhe ditou as palavras a serem repetidas diante da câmera... e Fazal Karim, o homem que segurou sua cabeça enquanto lhe cortavam o pescoço... mencionei Saud Memon, o proprietário do terreno... Lahori... poderia citar outros que ainda não identifiquei claramente, mas paciência, haverá tempo... isso não é um crime, é um quebra-cabeças... não é uma organização, é um exército... e nada seria mais redutor, diante desse quebra-cabeças, desse exército, do que apontar este ou aquele e decretar: "Aqui está, é ele o assassino".

Mas, ao mesmo tempo, o fato de que houve um homem para recrutar essas pessoas, o fato de que houve um cérebro para, uma vez concebido o princípio do crime, canalizar as energias de todos e distribuir um papel a cada um, o fato de que foi preciso um arquiteto para a pirâmide, um maestro para a orquestra sinistra, foi preciso um mestre-de-obras para o assassinato cometido em conjunto, foi preciso um "emir" que, mesmo sem estar presente, nem no cárcere de Gulzar e-Hijri nem, como veremos adiante, no encontro marcado em Village Garden, designou o alvo, definiu a estratégia, mexeu todos os pauzinhos, arregimentou Bukhari, Fazal Karim, Lahori e os outros — isso está fora de dúvida.

Esse homem se chama Omar.

Na verdade, seu nome é Omar Sheikh — prenome:

Omar; sobrenome: Sheikh (e não, como costumam dizer os paquistaneses, Sheikh Omar — xeque Omar — da mesma forma como se diz "mulá Omar").

É a ele que chamo de "assassino".

Foi ele que, detido no dia seguinte à morte de Danny, com três de seus cúmplices, em Lahore, ao norte do país, confessou ser o *mastermind*, o cabeça da operação.

Foi ele que, imediatamente, declarou aos investigadores: "*I planned the kidnapping*, planejei o seqüestro, pois tinha certeza de poder negociar com o governo norte-americano para obter a libertação de uma ou duas pessoas, como o ex-embaixador dos talibãs no Paquistão, o mulá Abdul Salam Zaif".

Foi ele cujos três cúmplices — assim como outros, que ainda não foram julgados — declararam imediatamente, por sua vez, que Omar os havia contatado, um a um, ao longo do mês de janeiro: "Tenho um judeu... um norte-americano... belo alvo... bastante fácil... vai nos dar ótimo poder de barganha..."

Foi ele ainda que um tribunal de Hidebarad, a nordeste de Karachi, em 15 de julho de 2002, ao cabo de um processo cheio de avanços e recuos que durou três meses e no qual ocorreram três trocas de juiz, ameaças de ataques terroristas, suspensões sem número, adiamentos, pressões e chantagens diversas, condenou à forca.

E é nele que penso quando escrevo que o assassino, no singular, me intriga; é seu rosto que tenho em mente quando digo que é preciso se interessar pelo assassino, sem tardança, e sobretudo sem esperar até conhecer todas as outras peças do quebra-cabeças, todas as ramificações do crime, seus cúmplices, seus mandantes eventuais.

Portanto, um retrato de Omar.

Tome cuidado, advertiu-me Mariane em Nova York, no entanto.

Tome cuidado para não personalizar em excesso, e a respeito de Omar, como de seus cúmplices, fazer muita psicologia, entrar demais em sua loucura, ou pior, em sua lógica.

Tome cuidado para não dar a eles, e principalmente a Omar, o presente inestimável do vedetismo que, no fundo, é o que ele mais deseja: a glória do bárbaro; os quinze minutos de Andy Warhol[1] sobre um pano de fundo de abismo e crime; por que não deixar tudo como está? por que não devolver esse homem à sua insignificância essencial? por que se interessar pela alma de Omar?

De certa forma, claro que ela tinha razão.

Na verdade, era o velho preceito que sempre me guiara nas ocasiões em que tive de lidar com uma figura do Mal nesse mundo. Mariane me aconselhava a não perder de vista a boa e sábia lição: as armadilhas da complacência... o risco de compreender demais e inocentar... o risco, ao contar o que sucedeu, de fazer crer pouco a pouco, por deslizes sucessivos dos prazeres dos sentidos e da razão, que era inevitável, quase natural, que tudo acontecesse assim... "não entres pelos caminhos do Maligno, pois podem tornar-se uma armadilha ao redor de ti" (Deuteronômio)... não entres na cabeça do Perverso, pois dentro de ti pode se embotar a força viva da revolta, da cólera (minha posição de sempre quando escrevi, por exemplo, sobre as figuras do fascismo no século XX)...

E mesmo que eu duvidasse ou hesitasse, para esse crime, em seguir minha regra habitual, as reações muito estranhas que a celebridade desse homem causou em Karachi acabaram por me convencer do contrário.

O "islamita moderado" que, na seção de leitores de um

---

[1] O artista plástico norte-americano Andy Warhol (1928-1987) costumava dizer que todas as pessoas sonham com quinze minutos de fama, e em 1986 apresentou um programa de televisão intitulado "Os quinze minutos de Andy Warhol". (N. do T.)

dos jornais em inglês de Islamabad, explicava, em abril, um pouco antes de minha viagem, que Omar tinha pelo menos o mérito de "defender suas idéias", de "seguir seus princípios até o fim", e que, pelo menos por esse motivo, merecia o respeito dos "verdadeiros muçulmanos".

O caso de Adnan Khan, veterano da Jaish e-Mohammed, uma das principais organizações islamitas e terroristas, que cumpriu cinco anos de prisão, entre 1989 e 1994, pelo assassinato de seu senhorio e que, algumas semanas após a morte de Pearl, afirmou ter sido o autor do crime para inocentar Omar, seu herói: "Minha vida não tinha sentido", confessou à polícia do Sind, depois de ter sido constatado que ele, na verdade, não tinha relação com o crime, "os mesmos gestos, as mesmas estações, os mesmos dias, os mesmos aborrecimentos... ao passo que ele... a vida dele... ao mesmo tempo justa e admirável... boa e gloriosa para o islã... Deus o abençoe... quis ajudá-lo... quis salvar esse grande homem..."

A carta dirigida ao próprio Omar, no início de julho, em sua prisão de Hiderabad, da qual tomei conhecimento por um de seus advogados. "Meu nome é Sikandar Ali Mirani", dizia mais ou menos o autor. "Vivo em Larkana. Admiro sua luta. A meus olhos como aos olhos de todos os meus amigos, o senhor é um profeta moderno do islã. E a esse profeta, a esse santo, eu gostaria de expor minhas dúvidas, minhas dificuldades, meus problemas — e também quero pedir ajuda. O senhor é de família rica, não é? Seu pai tem negócios na Inglaterra? Então, por favor, peça a ele que me ajude a imigrar para Londres. Use sua influência para que eu possa seguir meus estudos, assim como o senhor." O rapaz anexava a cópia de seu passaporte. Além disso, como para o cadastro de uma agência de empregos, mandava uma foto que devia ter sido tirada para a ocasião: jovem desajeitado, um pouco balofo, mas tentando fazer cara de durão.

E, no verso do envelope, na mesma caligrafia aplicada e bem legível, seu endereço em Larkana...

Todas as semanas chegam dezenas de cartas assim, interceptadas pela direção do presídio.

Elas comprovam a repercussão, não somente no Paquistão, mas em todo o mundo árabe-muçulmano, do gesto de Omar, da lição que ele teria dado (outro tema da carta de Sikandar Ali Mirani) aos judeus e aos norte-americanos — assim como, parece, de seu comportamento durante o processo, sua atitude de desafio, sua arrogância, sua recusa em aceitar as regras calcadas no direito inglês.

E elas obrigam, é verdade, à mais extrema prudência quando se tenta traçar o retrato desse homem e penetrar no mistério de suas motivações.

Pouco importa.

Leio as notícias sobre o processo publicadas pela imprensa local e enviadas por meu intérprete e assistente — meu "quebra-galho" — paquistanês.

Vejo a estranha reação, com efeito, do homem que parece não ter se defendido realmente, a não ser em questões de detalhe, mas que, de resto, assumiu totalmente seu gesto.

Tenho sob os olhos, sobretudo, uma página do *Dawn*, o grande diário de Karachi, publicada hoje, 16 de julho de 2002, um dia depois do veredicto.

Vejo duas fotos, uma em face da outra.

A de Danny, de frente, o olhar esfuziante, o fulgor deslumbrado nos olhos que o tornava curioso a respeito de tudo, o ar de ironia complacente, o humor, a amizade tão visível pelas pessoas ao redor e, nos lábios, como que um sorriso antigo que teria demorado a se extinguir, e que o fotógrafo pôde captar.

A de Omar, de perfil, belo homem também, rosto bem-construído, testa alta, olhar sem vício nem malícia, embora um pouco velado, fisionomia inteligente e franca, óculos de aro de tartaruga, queixo obstinado sob a barba bem-aparada, bom rapaz no fundo, sorriso um tanto escarninho, mas quase nada, um ar de intelectual hiperocidentalizado — ou pelo menos, nada que indique o islamita obtuso, fanático; nada, realmente, que diga: "Aqui estou... sou eu... o assassino... foi essa cabeça que concebeu o projeto de matar, depois esquartejar, um norte-americano que servisse de exemplo..."

Tenho muitas outras fotos.

Trouxe do Paquistão, e meus informantes me mandaram regularmente, por *e-mail*, pelo menos uma foto de cada um dos cúmplices identificados pela polícia: assassinos afundados em sua própria vertigem, com expressão animal, o ódio no rosto, a morte nos olhos — cabeça baixa ou riso demoníaco, esporões vingativos ou meio sorriso do torturador que espera sua vez, sempre a mesma impressão do crime à flor da pele.

Mas confesso que nenhum deles me impressiona tanto quanto Omar — um homem estranho, aparentemente controlado e suave, refinado e sutil, e que, nas outras fotos publicadas pela imprensa anglo-saxã e tiradas nos últimos dias do processo, nunca abre mão de uma impassibilidade perturbadora, raramente vista no rosto de um condenado à morte.

O monstro que é também um homem como os outros, o assassino em cujo rosto não consigo enxergar, repito, nenhum dos estigmas que, na imaginação comum e na minha, assinalam a presença do Mal absoluto, o homem obviamente astucioso, o arrogante que, ao ouvir pronunciarem a sentença, saindo da sala de audiências, não encontrou nada melhor para dizer a seus juízes do que: "Ri melhor quem ri por último, veremos quem há de morrer primeiro, eu ou aqueles que querem me ver no outro mundo", o personagem enigmático cuja biografia, breve demais, leio no *Guardian*, mas cuja mescla de lucidez e cegueira, de cultura e brutalidade criminosa me lembra Ilich Ramírez

Sánchez, vulgo Chacal, vulgo Carlos, o terrorista venezuelano que recheou a crônica dos anos 1970 e 1980 e me inspirou, na época, algumas das páginas de *Com o Diabo na cabeça*. É o mesmo que dizer que ele me interessa ou me intriga, e portanto será, obrigatoriamente, o segundo personagem deste livro.

Mas, afinal, quem é Omar?

De onde vem e o que se sabe sobre ele, seu percurso criminoso, sua vida, nesse início de verão de 2002?

Uma das coisas que se sabe é que ele ainda não completou trinta anos.

Tem ligações com a Jaish e-Mohammed, uma das organizações islamitas mais radicais, mais violentas e mais visadas do Paquistão — e Masud Azhar, chefe da organização, mistura de ideólogo e monstro, santo e assassino em série, foi seu mestre em matéria de terrorismo, seu mentor.

Sabe-se também que aquela não é sua operação de estréia, pois já foi preso e condenado uma primeira vez, há oito anos, na Índia, por seqüestros realizados nos mesmos moldes do de Daniel Pearl, cujo objetivo era a libertação, justamente, de Masud Azhar, encarcerado alguns meses antes por terrorismo antiindiano na província em litígio da Caxemira. Suas vítimas na época — três turistas ingleses e um norte-americano — foram resgatadas, no último minuto, pela polícia indiana. Mas, nas entrevistas que vêm dando há algumas semanas para a imprensa anglo-saxã, em reportagens intermináveis sobre o tema: "Eu vi o animal... passei oito dias, dez, quinze, trinta e dois dias em sua companhia... isso é o que sei sobre ele... essa é a impressão que me causou...", elas descrevem um personagem paradoxal, ao mesmo tempo instável e lúcido, que jogava xadrez e lia *Mein Kampf*[1], odiava os judeus e os *skinheads*, citava o Alcorão a torto e a direito, mas nem por isso parecia muito piedoso, e

---

[1] *Minha luta*, relato político e autobiográfico do líder nazista alemão Adolf Hitler, escrito em 1924. (N. do E.)

lhes tinha anunciado, pedindo desculpas, que as decapitaria se suas reivindicações não fossem atendidas.

Sabe-se ainda que cumpriu, por causa daqueles seqüestros, seis anos de prisão em Uttar Pradesh, depois em Nova Delhi, e que só foi posto em liberdade em 31 de dezembro de 1999, graças a um acontecimento espetacular e sangrento: o seqüestro do avião da Indian Airlines, linha Katmandu–Delhi, no aeroporto de Kandahar, em plena era talibã, pelo grupo de combatentes ou "jihadistas" paquistaneses ao qual ele e Masud Azhar pertenciam. Um passageiro decapitado, logo de início, na parte da frente do aparelho, para demonstrar aos indianos e ao mundo a determinação dos terroristas. E os outros cento e cinqüenta e cinco passageiros libertados, após oito dias de negociações e ameaças, em troca de Omar Sheikh e de seu mentor, Masud Azhar.

Por fim, sabe-se que o homem, o demente, o criminoso reincidente e desalmado, o maníaco do seqüestro, o fanático religioso, o homem cujo ódio pelo Ocidente o levou, pela segunda vez em oito anos, ao crime e, dessa vez, ao quase suicídio, não é paquistanês, e sim inglês — leio, mais exatamente, que ele é, assim como todos os seus companheiros da Jaish e-Mohammed, de origem paquistanesa mas nascido inglês, que tem passaporte inglês, que passou sua infância e adolescência na Inglaterra, que na Inglaterra fez estudos brilhantes, que sua família vive em Londres, que seu endereço fica em Londres, em suma, que é um inglês em todos os sentidos.

Monstruosidade de um homem comum ou humanidade de um monstro sem paralelo? É o tema da investigação que começo agora, e que me parece tão importante quanto a outra. Na cabeça do Diabo.

2

# UM INGLÊS PERFEITO

Fui a Londres, onde Omar nasceu em 23 de dezembro de 1973, numa família que chegara de Lahore em 1968.
Visitei a maternidade do Whipps Cross Hospital, o grande hospital público da periferia leste, com seu aspecto um pouco envelhecido, como acontece às vezes com os hospitais públicos ingleses, mas próspero, moderno, com boa medicina e ambiente leigo, no qual Qauissia, mãe de Omar, veio dar à luz: família liberal, de mente aberta, que obviamente não se importava com o respeito às regras do Alcorão em matéria de parto e nascimento.
Visitei em Wanstead, sempre na periferia leste, a empresa de importação e exportação de roupas, Perfect Fashions, que o pai fundou na época e que ainda comanda hoje em dia, junto com Awais, o irmão caçula de Omar. É uma loja pequena, número 235, Commercial Road, na esquina com Myrdle Street. Consiste num aposento único, comprido, atulhado de grandes caixas de papelão plasti-

ficado, empilhadas umas sobre as outras e assinaladas com um *made in Pakistan* ou um *Boston* (nome de outra sociedade?). No dia de minha visita, as raras caixas abertas, os poucos vestidos expostos na vitrine, sobre cabides ou manequins de cera, deixavam adivinhar tecidos ordinários, cores gritantes, cortes e modelos simples, destinados aos atacadistas. Mas a empresa é próspera. Os balanços anuais, consultados na Câmara de Comércio de Londres, mostram uma atividade intensa, uma estrutura financeira equilibrada, faturamento bruto de 500 000 libras por ano nos últimos cinco anos. A família Sheikh é abastada. O pequeno Omar foi criado em meio à opulência. Imagino uma infância feliz, uma adolescência fácil. Perfect Fashions, pensando bem... O nome me lembra alguma coisa... Vou verificar... É quase isso... No 10 *bis* da rua Cambacérès, entre a Hélène Pilgram e a Amicale des Diamantaires, o magazine Couture Fashion, ANJ 32-49, num velho romance de Modiano... Outra "Rua das butiques obscuras"?[1]

Visitei a casa que a família adquiriu em 1977 e que ainda possui, na Deyne Court Gardens esquina com Colvin Street, a dois passos do Clube de Boliche de Wanstead, que tampouco fica longe de um clube de xadrez que Omar costumava freqüentar (pois era excelente jogador de xadrez, como me disseram e repetiram a cada etapa de minha investigação). É uma rua residencial, numa paisagem de verdor e de jardins. Um típico *cottage* inglês, com escadaria graciosa, janelas de vitrais em arco, um telhado de lanços inclinados, um bosquezinho à frente e, atrás, um jardim sem tapume, que dá para um prado. É um pouco cedo, naquela manhã. O horário bem inglês da caminhonete do leiteiro e dos jornais na caixa de correspondência. As cortinas, no

---

[1] Patrick Modiano, nascido em 1945, ganhou o Prêmio Goncourt em 1978 com o romance *Rua das butiques obscuras*. (N. do T.)

andar de cima, estão cerradas. A família, que fica até tarde na loja, deve estar dormindo. As persianas de um dos quartos estão fechadas — seria o quarto de Omar? Mas, ao dar a volta pelo prado e olhar para as janelas do andar térreo, vejo um salão bem-arrumado, um *hall* de entrada onde estão pendurados dois casacos masculinos e um impermeável feminino com capuz, uma cozinha equipada, uma mesa já posta, uma toalha bonita, três suportes para servir ovos quentes, caixas de cereais, uma leiteira, pratos floridos. Tudo isso anuncia uma família unida, o campo em plena cidade, uma vida sem complicações, a felicidade. Tudo isso conta uma história que deve ser aquela, mais pacata ainda, do lar de dez anos antes, no tempo em que Omar, o filho mais velho, vivia ali. Seja como for, estamos longe da paisagem de miséria e opressão, de infelicidade e decadência, que se costuma associar à genealogia do terrorismo.

"Não tenho nada a lhe dizer", declarou Said Sheikh, o pai, com voz enfastiada e contida, na noite em que, depois de muito tempo à espreita, consegui surpreendê-lo quando saía de casa, de gabardine azul-marinho e chapéu de tecido mole. "Não tenho nada a lhe dizer, não. Deixe-me em paz." Mas tive tempo de entrever, na noite e no frio, os olhos de criança envelhecida, o sorriso descorado de grande míope, a barba tesa em forma de leque, o detalhe bizarro de uma pálpebra arriada que deve lhe dar uma expressão eternamente irônica — tive tempo de entrever, à luz dos lampadários, seu aspecto chique, no estilo Comunidade Européia, que já me havia impressionado numa foto publicada pelo *Guardian*.

Visitei Awais Sheikh, o irmão caçula. Ao telefone, depois de consultar o pai, ele já havia descartado a idéia de se encontrar comigo. Mas eu o surpreendi, num início de tarde, na loja da Commercial Road. "Eu passava por perto, senhor Sheikh... só vim dar bom-dia... saber se o senhor não mudou de idéia... se seu pai continua a proibir o senhor de me receber... estou escrevendo um livro sobre Daniel Pearl, é verdade... mas também sobre seu irmão... então, por que se calar? por que não me contar aquilo que o senhor sabe sobre o processo e sobre seu irmão? Tenho a impressão de que foi um processo forjado, uma paródia de justiça — é incrível, nunca se viu coisa igual, será que estou enganado?" E o senhor Sheikh Júnior, de vinte e cinco anos de idade, camiseta de jovem inglês em férias, sotaque de Oxford, olhar inteligente num rosto agradável de eterno adolescente, me oferece uma xícara de chá e aceita entabular uma conversa freqüentemente interrompida, em meio às caixas de papelão.

— Não, não, Oxford foi minha irmã. Eu estive em Cambridge. Estudei Direito em Cambridge. E é por esse motivo que, se decidirmos conversar, não vamos precisar de advogado para fixar as regras do jogo; podemos nos arranjar entre nós. Para mim é uma brincadeira de criança. O problema, o senhor compreende, é o recurso. Meu irmão entrou com uma ação de recurso e nosso pai insiste em que nada seja dito que possa interferir no processo. Se eu sempre trabalhei aqui? Não. Antes trabalhava na City. Era corretor de ações. E depois aconteceu o grande desastre. Meu pai ficou sozinho. Completamente sozinho, com minha mãe e nossos advogados. E eu tive que vir ajudá-lo, dar-lhe uma mão na Perfect Fashions, confortá-lo. Somos uma família unida. Somos solidários na hora da desgraça; e que desgraça! que provação! o senhor pode imaginar o que significa ter um irmão condenado à morte, embora inocente?

O telefone não pára de tocar. Mohammed, o empregado, vestido à moda paquistanesa, com o longo pijama e a túnica branca tradicional, responde num inglês perfeito. Noto que, ao contrário de Awais, ele usa barba. Noto também, acima de sua cabeça, um cartaz que se parece com um calendário e que apresenta as "palavras do Profeta" previstas para os grandes momentos da vida — nascimentos, mortes, saudações, despedidas, condolências: Mohammed ou Awais? o empregado ou o patrão?

— Mas quanto ao senhor... Fale um pouco a seu respeito, senhor Lévy... O que pensa da Palestina? da guerra no Afeganistão? da Tchetchênia? do Iraque? da Bósnia? — E a seguir, depois que respondi o que ele queria ouvir: — O senhor afirma que o processo de meu irmão foi manipulado, que a justiça paquistanesa é uma paródia de justiça; concordo! mas não diga que isso é inacreditável, que nunca se viu tal coisa etc., pois Guantánamo... o que me diz, então, de Guantánamo? A justiça de Bush não é tão precária quanto a de Musharraf?

Conversamos por meia hora. Sinto que o jovem intelectual se preocupa bastante com aquilo que chama de "massacre dos muçulmanos na Europa e no mundo". Constato também que o caçula sente fascínio pelo irmão mais velho, que ele se recusa a encarar como criminoso, não importa o que tenha feito. Já em 1994, depois de Omar ter organizado seu primeiro seqüestro na Índia, quando toda a imprensa inglesa vinha interrogar Awais sobre o curioso destino do irmão mais velho que, por ter se associado a um grupo de jihadistas em luta pela libertação da Caxemira, apodrecia nas prisões de Uttar Pradesh, ele declarava: "Omar é um homem bom, uma alma elevada". E mesmo hoje, depois que o homem bom foi declarado culpado por um crime que chocou o mundo, depois que sua imagem se associou para sempre à do corpo martirizado de Daniel Pearl, ele continua a encará-lo como um bom rapaz, defensor da viúva e do órfão, sempre disposto a se inflamar pelas causas mais nobres — "O jornalista norte-americano decapitado? Sim, claro, é terrível... compreendo a dor da família... mas isso não se parece com meu irmão... não acredito que ele tenha feito isso... O senhor sabia que sua alma era tão delicada que ele evitava ler a seção de notícias policiais, com medo de ficar indignado, de tomar as dores das vítimas? O senhor sabia que, certa vez, ele pulou nos trilhos do metrô, em Londres, um pouco antes da chegada da composição, para socorrer uma velha senhora que tinha acabado de cair?" Mas, enfim, não sinto nele um ideólogo. Não sinto nele um fanático. Estou diante, repito, de um muçulmano consciente que vibra — e quem poderia condená-lo por isso? — com a sorte dos tchetchenes ou dos palestinos, mas em nenhum momento tenho a sensação de lidar com um islamita militante disfarçado em veterano de Cambridge.

Depois de nossa conversa, fui até a Leydenstone Station, que é uma estação de metrô a céu aberto, não muito longe da residência familiar: faz muito tempo, é claro... nenhum dos empregados conseguia se lembrar da história... mas tentei imaginar o rapaz grande e ágil saltando na via férrea, fazendo parar o trem, resgatando o corpo da velha senhora — por que não?

Fui até a Nightingale Primary School, escolinha encantadora, tipicamente inglesa, bem perto da casa de Omar, quase no campo, onde ele passa seus primeiros anos: ninguém, ali tampouco, consegue se lembrar dele... mas eu o imagino bom aluno, sem problemas, desenhos de crianças nas mesmas paredes de hoje, escolaridade fácil e alegre... fica tão perto, não é mesmo? o menino pode voltar para casa sozinho, a pé, com os colegas...

Fui até a Forest School de Snaresbrook, uma escola particular bastante abastada, que conta entre seus ex-alunos gente como Peter Greenaway, o ator Adam Woodyatt ou Nasser Hussain, capitão do time inglês de críquete, e na qual ele fez o essencial de seus estudos secundários. George Paynter, o diretor, que na época era professor de economia, conservou dele imagens muito nítidas. Lembra-se de um aluno brilhante e de boletins excepcionais. Lembra-se de uma coisa em especial, como comprovação disso: "A anuidade escolar... Na época, a Forest School devia cobrar cerca de dez mil libras por ano... mas temos uma tradição, que é a de dispensar da anuidade, a cada ano, um punhado de alunos especialmente brilhantes... pois bem, Omar era um deles... deixe-me ligar o computador... sim, é exatamente isso... a família tinha recursos para pagar... mas lhe concedíamos a bolsa, por honra ao mérito... está vendo, é a prova do que lhe disse..." Ele se lembra de Omar na primeira fila, tão bem-comportado, tão concentrado, sempre atento, dando o exemplo. Ele se lembra de Omar como *head of house*, mistura de chefe de classe e de monitor, ajudando os mais jovens, organizando apresentações teatrais ou entregas de prêmios, dando assistência aos supervisores na organização da cantina, atencioso com os pais, bondoso com os colegas, "adorável conosco, os professores, enrubescendo por qualquer motivo, prestativo". Nunca distraído? "Nunca." Nunca violento? Insolente? "Nunca. Só um hábito esquisito, quando eu terminava de expor a lição e ele não entendia alguma coisa, de cruzar os braços, jogar-se para trás no banco e lançar, com sua voz grossa de adolescente precoce, um '*No sir!*'[1] terrivelmente sonoro que a classe, com o tempo, já esperava, e assim todos caíam na risada. E depois que eu me explicava, depois que eu esclarecia a dúvida, ele descruzava os braços e, satisfeito, no mesmo tom, lançava um '*Yes sir!*'[2] que de novo provocava risos na classe — mas o senhor chama a isso de insolência? ele só queria entender! não lhe agradava não entender! e eu gostava dele, muito mesmo, foi com certeza um de meus alunos preferidos."

Aproveitei uma estadia em Lahore, no Paquistão, para visitar o Aitchinson College, que Omar freqüenta durante um parêntese de dois anos, antes de voltar para a Forest

---
[1] "Não, senhor!" (N. do T.)
[2] "Sim, senhor!" (N. do T.)

School. Será que ele, tal como alegaria mais tarde, sentiu necessidade de reatar com suas "raízes" muçulmanas? Ou será que Said, seu pai, teve que se reaproximar do Paquistão por causa dos negócios? A pergunta não deixa de ser importante, pois da resposta depende a idéia que se faz do momento em que começa o retorno para o islã e o futuro militante na luta pela Caxemira. O que sei — e que aponta com mais probabilidade para uma decisão do pai — é que este funda em Lahore, com um primo, uma nova empresa que se chama Crystal Chemical Factories Ltd., e, quando esta entra em falência, a família volta para Londres. E o que descobri sobretudo é que a Forest School (que ele freqüenta dos nove aos treze anos e à qual retorna, de quinze a dezessete, depois do parêntese de Aitchinson) é uma escola de forte caráter religioso, na qual se prevê, ao menos duas vezes por semana, uma reunião dos alunos, todos os alunos, na capela anglicana — hábito que, aparentemente, não constituía um problema para o jovem Omar, o qual, tanto no primeiro quanto no segundo período, e ainda que fosse por causa de suas funções de *head of house*, estava sempre lá, na capela, na primeira fila, sem dores de consciência.

Em suma, fui visitar o Aitchinson College. Não creio, portanto, que Omar tenha estado ali por razões relacionadas à sua fé ou à preocupação com suas raízes. E, ainda que fosse o caso, ainda que aquela cura paquistanesa houvesse correspondido, por pouco que fosse, à vontade de se reabastecer no país de seus ancestrais, é forçoso constatar que ele teria escolhido mal o lugar. Com seus gramados impecáveis e seus campos de futebol e de críquete, com seus canteiros de hibiscos de Bergerac e La Rochelle, sua piscina olímpica, suas varandas de traves de madeira, suas cortinas de bambu e cadeiras de balanço, com sua hierarquia estrita entre os *lower boys* de calças curtas e os *grands* que conquistaram o direito de *go into tails*, de finalmente usar calças compridas, com seus bustos de Gladstone ou Shelley nas salas de aula, seus parlamentares ilustres na sala de entrega de prêmios, seus soldados na entrada que fazem uma saudação no mais puro estilo do exército indiano, Aitchinson é, no coração do Paquistão, um espaço encantado e remoto, um enclave, um mundo aristocrático poupado às violências do exterior, uma espécie de território da Inglaterra conservado em seu cenários e suas convenções — um colégio mais britânico que o mais britânico dos colégios londrinos.

Estive com seu diretor. Estive com alguns professores que conheceram Omar e concordam em lembrar-se dele. Mostraram-me fotos nas quais Omar ainda tem aspecto de bom menino bochechudo, afligido pelos óculos grossos e pelos cachos de cabelo. Numa delas, exibe o uniforme azul, o colete azul-marinho e a camiseta branca de gola chanfrada dos *grands* do colégio; a foto o surpreendeu no momento em que deixa cair um pacote de livros presos por um elástico, e irrompe num riso infantil. Em outra, usa uma camisa de roqueiro e *jeans* com a barra enrolada para cima, que fazem com que suas pernas pareçam um pouco curtas, e dança uma espécie de *twist* ou *jerk*. "Era um bom rapaz", diz-me o diretor, ex-professor de economia que, com seus cabelos cinzentos, é um sósia, muito elegante, do poeta francês Deguy[1]. "Tratava os professores com respeito. Era prestativo com os colegas. Amava a poesia, as flores e a beleza das coisas. Ah! As flores... Quem se lembra da beleza das flores e seus dédalos perfumados? Muitas vezes, quando meu antecessor vinha dar uma volta e passava por aqui, como eu, para verificar a cor dos amores-perfeitos (ele se inclina, ao falar, sobre um canteiro de petúnias que começam a desabrochar, colhe uma delas, faz uma careta, dirige um sinal preocupado a um jardineiro que acorre até ele, e diz simplesmente, com leve

---
[1] Trata-se do poeta Michel Deguy, nascido em 1930. (N. do T.)

expressão de desgosto: "Não é isso... *too pink*[1]..."), muitas vezes, sim, ele fazia parte dos alunos que meu antecessor levava consigo, por julgá-los muito delicados. O senhor sabia por que Omar deixou o colégio? Porque sistematicamente tomava o partido dos mais fracos, os sacos de pancada, e, como era briguento, a coisa terminava aos socos. Os professores protegiam o garoto, pois apreciavam sua coragem e o encaravam como um *gentleman*. Mas um dia ele quebrou o nariz de um fedelho que era filho de um magnata de Lahore, e aí ninguém pôde fazer nada por ele... *What a pity*! Que lástima! Tenho certeza de que, se tivesse ficado, teríamos impedido esse acidente! E depois, suas maneiras! *What a behaviour*![2] Nunca um paquistanês teve comportamento semelhante! Ninguém foi tão fiel ao *Aitchinson spirit*[3] quanto Omar Sheikh!"

Perdão, Ruth. Perdão, Judea. Agora me dou conta de que usei, para evocar a família Sheikh e a infância londrina, depois a adolescência, de seu filho que mais tarde haveria de assassinar o filho de vocês, as mesmas palavras, ou quase, que me inspiraram, em Los Angeles, as imagens da família Pearl e de sua felicidade destroçada. Mas o que posso fazer? Como evitar o sentimento desses dois destinos paralelos? E é culpa minha se Omar foi também, antes de se dissolver na cal viva da perversão e do assassínio, uma espécie de criança-prodígio? Tenho uma foto dele aos dez ou doze anos. Enverga o uniforme cinza-pérola do colégio. Um brasão. Uma rosa na lapela. Segura uma taça ou um troféu. E vejo em seu sorriso, em seu olhar ao mesmo tempo tímido e orgulhoso, nos cabelos, sobretudo, longos, tesos e caídos por cima dos olhos, alguma coisa que, com efeito, me lembra irresistivelmente as fotos de Danny com sua bola de futebol ou seu bastão de beisebol.

---

[1] "Rosado demais". (N. do T.)
[2] "Que comportamento!" (N. do T.)
[3] "Espírito de Aitchinson". (N. do T.)

Visitei a London School of Economics, que ele começa a freqüentar aos dezoito anos, no curso de Matemática e Estatística, que é, se não o mais difícil, pelo menos o que requer mais assiduidade. Escolaridade normal, ali também. Resultados normais e até brilhantes. Ele que, na Forest School, segundo George Paynter, não lia muito, começa a freqüentar a biblioteca e a devorar literatura, política, tratados de economia. De acordo com os colegas que consegui localizar, de acordo com Saquib Qureshi sobretudo, que, tal como ele, é de origem paquistanesa, e cujas lembranças são as mais exatas, Omar é gentil, aplicado, obcecado pelos exames, bom camarada, nem um pouco religioso, ainda não islamita — "Não, não me lembro de vê-lo rezando... já faz um bom tempo, claro, mas acho que me lembraria... ele sabia, nós sabíamos que éramos muçulmanos... talvez soubéssemos vagamente que os muçulmanos eram atacados em algumas regiões do mundo... mas éramos liberais... moderados... nada de proselitismo..."

Em seus momentos de ócio, ele joga xadrez. Joga cada vez melhor. É visto nos grandes *chess clubs* de Londres, nos quais chama a atenção dos melhores profissionais da cidade. Mas seus parceiros vão sobretudo ao Three Tuns Pub, espécie de café instalado no centro dessa verdadeira cidadezinha que é a London School of Economics, para desafiá-lo para um duelo, e é sempre ele quem ganha. Costuma repetir um lema que, retrospectivamente, não deixa de suscitar um sorriso de ironia, e que ele pede emprestado a um dos maiores jogadores de todos os tempos, seu mestre, Aaron Nimzowitch: "A ameaça é mais forte que a execução"[1].

Também pratica boxe. Um pouco de caratê. Começa, sobretudo, a se interessar com empenho pela técnica do *arm wrestling*, ou queda-de-braço, que parece contar, em

---

[1] Nimzowitch (1886-1934) é considerado o criador do xadrez moderno. (N. do T.)

Londres, com um número impressionante de adeptos que, em sua maioria, se lembram dele — e lembram-se com a precisão, o frescor das pessoas que não foram interrogadas muitas vezes e cuja memória permaneceu virgem. Frank Pittal, por exemplo. O gordo Frank Pittal, um conhecido de seu pai, que vende calçados femininos no mercado de Whitechapel, perto de Wanstead, mas cuja verdadeira paixão é organizar torneios de queda-de-braço com apostas em dinheiro.

Visitei Pittal em sua casa caótica de Wanstead, cheia de pó e caixas de papelão, odores de forno e cebolas. Ele me mostrou fotos do jovem Omar. Troféus de latão, imitando ouro ou prata. Folheamos juntos um velho fichário cheio de recortes de jornais amarelecidos, que falavam de seus grandes *matches*. E de repente, nas páginas internas do jornal local de Portsmouth, reconheço o jovem Omar, em camiseta de desportista, o cotovelo na mesa, o rosto crispado, diante de um adversário maior do que ele, mais gordo, mas em quem ele parece inspirar respeito.

— Aqui está... Setembro de 1993... Acho que foi seu primeiro torneio... Ele veio me ver: "Ei! Frankie! Quero ser um deles, quero que você me ponha no time... sou o melhor de meu colégio, mas agora quero fazer isso profissionalmente..." Ele tinha visto o filme de Sylvester Stallone, *Over the top*[1], a história de um campeão de queda-de-braço que, graças a isso, consegue tirar seu garoto das mãos de um padrasto rico e malvado, e isso despertou nele o desejo de competir. E então respondi: "Ei! não me diga! comigo também, foi o filme de Stallone que me convenceu de minha vocação! que coincidência! é incrível". No domingo seguinte, fui buscá-lo na casa dele, em minha caminhonete, e fomos até lá, aquele *pub* de cervejeiros da periferia sul, no

---

[1] Exibido no Brasil com o título de *Falcão — O campeão dos campeões*. (N. do T.)

qual ele entrou com uma garrafinha de leite... Que categoria! Que distância! E como lutava bem! Fiz uma boa grana com ele, pode acreditar! Às vezes eu embolsava o dinheiro. Às vezes, o dinheiro era para causas humanitárias. Isso durou um ano. Ficamos amigos do peito. Nunca imaginei que ele poderia fazer uma coisa dessas ao sujeito formidável que parece ter sido Daniel Pearl. Quando vi sua cara na tevê e o apresentador disse: "Este é o assassino de Daniel Pearl!", eu juro, não acreditei... Tínhamos conversas tão boas, nós dois, na caminhonete, quando voltávamos dos *matches*. Falávamos sobre todos os assuntos. Todos. Exceto um, talvez. E olhe lá. Ele era muçulmano. Eu era judeu. Então...

— Judeu, é mesmo? Quer dizer que Omar tinha um amigo judeu?

— Mas é claro! — exclamou Pittal com uma gargalhada enorme que fez que sua cabeça afundasse nos ombros, como um pintinho. — Judeu, muçulmano... isso não fazia diferença para ele, éramos apenas dois bons amigos percorrendo os *pubs* de Londres. E mesmo sobre Israel: podíamos não estar de acordo sobre esse ou aquele aspecto da política, mas ele não questionava o direito de Israel existir. Se era religioso? Não que eu soubesse. Sempre dizia: tenho muito respeito por seu povo pois vocês são, tal como nós, um povo de comerciantes.

O xadrez e a queda-de-braço... A inteligência estratégica e os músculos... Não é uma combinação freqüente. Os filhinhos-de-papai da London School observam com assombro o jovem paquistanês tão completo. Em algumas noites, vêm até a cafeteria da escola, no canto esquerdo da sala, arranjado como um estrado ou um teatro, para admirar o sujeito incrível que ninguém consegue derrotar, nem no xadrez, nem na queda-de-braço. E não consigo evitar, guardadas as devidas proporções, pensar no que foi, vinte anos antes, em Paris, a emoção dos normalianos[1] diante da *performance* de um deles; não consigo evitar pensar naquele programa de televisão que se chamava *A cabeça e as pernas*, no qual se disputava, em princípio, em equipe (um intelectual para a disputa da "cabeça", um esportista para a versão das "pernas") — exceto que um de nós decidiu, certa manhã, sob o olhar esgazeado dos colegas, que seria o primeiro a acumular os dois papéis, a encarnar a equipe sozinho, fazer o papel da "cabeça" e, já que também era campeão de equitação, o papel das "pernas"... Sinto muito, meu pequeno camarada, pela comparação. Porém, observando o jeito com que os colegas de outrora evocam o duplo talento de Omar, seu assombro ao descreverem o campeão de xadrez e o valentão, o ás das "defesas Nimzowitch" e o atleta, o único homem de todo o colégio capaz de jogar um "final de peões" de Kasparov ou um "ataque de sacrifício" de Spielmann[2], e o único, também, capaz de derrubar qualquer mau-caráter que implicasse com ele, não consigo deixar de lembrar a emoção que era a nossa quando nos comprimíamos, diante dos raros aparelhos de televisão da escola, para ver até onde você iria em sua *performance*...

"Ele ainda acaba por ser membro da Câmara dos Lordes", diziam Said Sheikh e Qauissia, a mãe, nos tempos de esplendor do filho Omar. "Nosso filho é uma maravilha, vai acabar por receber um título de nobreza da rainha da Inglaterra ou será banqueiro na City." E parece que seus professores, assim como os condiscípulos que ainda se recordam dele, não julgavam essa ambição absurda nem disparatada.

Lembro-me da observação de um especialista em islamismo radical, Olivier Roy, ao assinalar que não existem muitos jihadistas importantes, afinal de contas, dos quais se

---

[1] Alunos da École Normale des Hautes Études de Paris. (N. do E.)

[2] Rudolf Spielmann (1883-1942) e Garry Kasparov (1963-), campeões de xadrez. (N. do T.)

possa afirmar que "saíram" das *madrasas* sauditas ou paquistanesas. Eles passam por elas, é verdade. É ali que terminam sua formação. Talvez se trate até, para essas almas corrompidas por seu comércio com o Ocidente, de uma espécie de ordálio, de rito de passagem obrigatório. Mas Atta veio de Hamburgo. Charles Colvin Reid, o homem de sapatos carregados de explosivos no vôo Paris–Miami, era inglês e começou por freqüentar escolas católicas em Londres. Mussaui é francês, nasceu em Saint-Jean-de-Luz e cursou universidade. Khalid Sheikh Mohammed, o lugar-tenente de Bin Laden, preso pelos paquistaneses em fevereiro de 2003, em Islamabad, foi educado nos Estados Unidos. Este se formou em Paris ou Zurique. Aquele estudou em Bruxelas ou Milão. Todos, ou a maioria, vêm de famílias abastadas e fizeram, nas grandes capitais da Europa, estudos prolongados e muitas vezes brilhantes. Quanto a Omar...

Pois bem, sim, ele tinha razão. Omar tem vinte anos de idade. E, aos vinte anos, seu imaginário é inglês. Os amigos são ingleses. Os moldes de pensamento são ingleses. As leituras são inglesas. Podemos lamentar esse fato. Podemos tentar esquecê-lo. Podemos, como Christopher Giddens, diretor da London School of Economics, que, segundo a imprensa inglesa (*Daily Telegraph*, 27 de janeiro de 2002), deu à Al Qaeda três de seus cérebros nos últimos três anos, responder a um escritor francês que pede acesso às fichas de escolaridade ou da biblioteca: "Não quero me encontrar nem falar com o senhor; não quero saber nada a respeito desse Omar Sheikh que emporcalha minha reputação; vamos fazer de conta que nada disso aconteceu". Mas os fatos estão aí. E, como sempre, os fatos são incontestáveis. O inimigo do Ocidente é um produto do Ocidente. O jihadista fervoroso se formou na escola das Luzes e do progresso. O islamita enfurecido que berrou em seu processo que seqüestrou Daniel Pearl porque não agüentava mais ver os barbeiros de

Guantánamo escanhoando à força os prisioneiros árabes, o radical a quem a simples idéia de ser julgado não pela Sharia[1], mas de acordo com a lei britânica, poria literalmente em transe, é um produto da melhor educação inglesa. Estranheza e familiaridade do personagem. Radicalismo e banalidade de um mal que, assim como o de Hannah Arendt, só nos afeta porque tem a estranheza inquietante dos espelhos. O terrorismo seria o filho bastardo de um casal diabólico: o islã e a Europa?

---

[1] Lei islâmica também conhecida por Shari'ah ou Charia. (N. do T.)

# 3

# POR QUE A BÓSNIA?

Mas o fascínio que sinto por Omar tem um segundo motivo, mais pessoal — e esse segundo motivo é a Bósnia.

Afinal de contas, que história!
Ainda estamos em 1992.
Omar acaba de ser aceito na London School.
Fisicamente, seus traços ficam mais afilados. Adquiriu a silhueta de atleta que não o deixará mais, até os anos de prisão na Índia. Parece mais velho do que é na realidade. Uma moça que o conheceu na Forest School e que o revê de vez em quando me dirá, sem rir, que os colegas perguntavam na escola: "E se ele fosse mais velho do que afirma ser? e se fosse um problema ligado à diferença entre os calendários cristão e muçulmano?"

Moralmente, todos concordam em louvar sua bondade, o bom humor, o lado bom rapaz, a alegria de viver, embora mesclada a uma certa timidez. A gentileza também.

Não encontrei ninguém em Londres, entre as pessoas que se davam com ele, que não tenha falado, como se isso o caracterizasse no mais alto grau, sobre sua modéstia, sua gentileza e capacidade de pacificar as situações mais tensas. "Violento, diz o senhor? Guerreiro? Deve estar brincando! Era o contrário. A calma encarnada. A paz em pessoa. Toda a sua agressividade se limitava às partidas de queda-de-braço. De resto, era um anjo. O rapaz mais doce, mais delicado, mais pacato. E é por esse motivo que ficamos tão surpresos quando a história chegou; telefonamos uns para os outros: você viu? você ouviu? Omar? mas será que é Omar? pois bem, era Omar, mas não conseguíamos acreditar em nossos olhos nem em nossos ouvidos."

Às vezes, um anjo pode ter algo de estranho.

Oscilações de humor inexplicáveis, que inquietam seus professores.

Risadas um pouco doidas, ruidosas demais, que um de seus colegas descreveria como "risadas de sonâmbulo".

O jeito, segundo o mesmo colega, de dizer — há apenas dezoito anos — que existia nele algo de podre, e que sua mãe o tinha alimentado não com leite, mas com veneno.

Os ataques de mitomania sobre a questão do poder ("Tenho amigos bem-situados... sou amigo dos grandes deste mundo... um telefonema, um só, e você vai se dar mal, ou vai ser reprovado, ou transferido...") ou a questão das origens ("Certa vez, ele explicou que a mãe era escocesa... em outra, afirmou que a família era, desde várias gerações, uma das grandes fortunas da Comunidade Européia, e que o pai, Said Sheikh, tinha introduzido Mohammed al-Fayed, proprietário da Harrod's[1], no mundo dos negócios... noutro dia ainda, pegou-se aos tapas com um colega que não acreditou nele, quando Omar garantiu que tinha sangue judeu...").

---
[1] Harrod's: rede de magazines na Grã-Bretanha. (N. do T.)

Houve também alegria estranha, excessiva, quando viu sua imagem num tablóide de bairro, no dia seguinte a seu ato de heroísmo na estação de metrô de Leydenstone. "Ele dançava de alegria", disse o mesmo colega. "Dizia que aquele era o dia mais belo de sua vida... Sonhava com a glória, entende? qualquer glória, mas a glória! Dizia, e isso eu achava estranho, que nada no mundo lhe parecia mais importante que o brilho da fama. Tinha uma ambição, uma só, que era se tornar uma das figuras mais conhecidas de sua época! E aquela história, pelo amor de Deus... Ele nos encheu durante meses com a história da velhinha salva na estação de metrô..."

Mas tudo bem. São coisas da idade. Ele não foi o primeiro nem o último rapaz a sonhar com seus quinze minutos de celebridade. E seria realmente muito fácil dar uma de profeta ao contrário e dizer: história do sangue judeu, por exemplo... o delírio mimético absurdo... a obsessão judaica tão comum em todas as genealogias anti-semíticas... a imundície já não se anunciava ali? Omar já não se encontrava à beira da neurose clássica do sujeito que sonha em pertencer a um povo "eleito", mas, percebendo que isso é impossível, afunda no delírio assassino? Por enquanto, ele ainda é um jovem inglês normal. Um aluno modelo. Todos os colegas concordam em louvar, repito, sua generosidade, o prazer em fazer as coisas, em dar um sentido à existência. No entanto, em novembro, no universo elitista mas freqüentemente radical da London School of Economics — ela não foi, no final dos anos 1960, a central do trotskismo e do maoísmo londrinos? —, a Islamic Society, principal associação estudantil presente no *campus*, tomou a iniciativa de organizar uma Semana da Bósnia, tal como começaram a fazer outras associações e comitês do mesmo tipo em toda a Europa, cujo objetivo seria alertar as consciências sobre o destino da Bósnia em guerra.

Evidentemente, a Islamic Society não era uma associação idêntica às outras.

Em suas conferências e debates, nas projeções de filmes e *slides* que ela organizava, pairava um perfume que não existia, por definição, em tudo o que fazíamos na França naquele momento.

E ainda que fosse por causa da personalidade de seus organizadores, ainda que fosse por causa das pessoas que davam vida à associação e que promoveram a Semana da Bósnia em nome tanto da solidariedade muçulmana quanto da defesa dos direitos humanos, aquela campanha tinha uma orientação que, se os acasos da vida fizessem cruzar nossos caminhos, imagino que causaria polêmica entre nós.

Mas seus panfletos não eram tão diferentes, pelo menos nos propósitos, e às vezes até nas palavras, daqueles que nós distribuíamos.

A Islamic Society divulgava fotos da purificação étnica, imagens de mulheres violentadas e dos campos de concentração de Omarska e Priedor, das quais encontrei alguns espécimes, e que nós também distribuíamos, na época do abaixo-assinado sobre Sarajevo ou de nossas campanhas de sensibilização.

Seu discurso, sobretudo, a julgar pelo número 1 da revista *Islamica*, criada na ocasião e animada por Sohail Nakhuda, secretário-geral da associação (que se tornaria mais tarde um brilhante teólogo muçulmano, diplomado pela Universidade do Vaticano, e que hoje vive em Amã), que descrevia em detalhes as atividades da Semana da Bósnia e as manifestações que ela tinha suscitado — seu discurso, enfim, era muçulmano, mas não islamita; preocupava-se em barrar o caminho da islamofobia crescente na Europa, mas não em introduzir sob esse pórtico, de contrabando, o ódio fundamentalista contra o Ocidente; era um discurso que, a julgar pelos documentos que pude consultar, não entrava em antagonismo com aquilo que eu dizia nos debates sobre os dois islãs, o fundamentalista e o moderado, dos quais tive a oportunidade de participar na mesma época.

Evidentemente, existiam outras Islamic Societies nas universidades londrinas. Em algumas associações do Imperial College, do King College e do University College, a presença dos fundamentalistas era forte e o Hizb ut-Tahir[1] estava firmemente implantado, tornando-se até majoritário. Mas esse não era o caso da London School. Por razões que desconheço, parece que a célula da London School se tornara um centro de resistência ao avanço integrista que começava na Londres daqueles anos. E quando, aliás, os outros grupos tentaram intervir na Semana da Bósnia, quando, no último dia, um sábado, as Islamic Societies mais duras das universidades vizinhas tentaram se apropriar do projeto como um todo e desembarcar à força, com seus oradores, no *campus* da London School, a reação foi imediata. A célula local resistiu; a célula local não se curvou; e Omar estava entre aqueles que, a partir de sexta-feira à noite, se opuseram à presença, no dia seguinte, de Omar Bakri e Yakoub Zaki, pregadores integristas que ele e seus camaradas, pelo menos na época, não queriam ver pela frente.

Pois Omar, como não é difícil imaginar, estava no centro de todo o episódio.

Omar, o gentil Omar, estava presente em todas as manifestações organizadas pelo comitê.

Omar cabula as aulas; Omar desdenha as leituras; Omar só pede emprestados, na biblioteca da escola, livros sobre os Bálcãs ou *O embate das civilizações e a nova ordem mundial*, de Samuel P. Huntington, livro ao qual ele não cansa de se referir, nas semanas e meses seguintes; Omar não perde um

---

[1] O Hizb ut-Tahir, ou Partido da Libertação, é um dos órgãos mais radicais do islamismo mundial, com sede no Usbequistão. (N. do T.)

só programa de televisão sobre a Bósnia; Omar não deixa de ler um só artigo; algumas vezes, segundo me contaram, interrompe um curso, interpela um professor, chega a saltar sobre o estrado para envergonhá-lo, e para envergonhar seus colegas, por sua apatia terrível diante da tragédia da Bósnia. "*No sir!*" rosna ele. "*Yes sir!*" A diferença em relação aos tempos da Forest School e dos cursos de George Paynter é que aqueles "*No sir! Yes sir!*" são ditos, agora, em nome da solidariedade necessária para com a capital européia da dor.

Numa palavra, em Omar se opera uma espécie de "milagre bosniano".

Ele se torna, em poucas semanas, um maníaco, um obcecado por Sarajevo.

Diz a quem quiser ouvir que não terá mais um dia, ou sequer uma hora, de descanso e paz enquanto existirem na Bósnia um homem, uma mulher, uma criança martirizados.

E quando, na última noite, para encerrar a Semana da Bósnia, o comitê obtém da administração da escola a permissão de projetar um filme de protesto e testemunho sobre os horrores daquela guerra, cerca de trezentos, talvez quatrocentos estudantes se comprimem numa sala pequena demais para assistir à projeção e ao debate subseqüente — e Omar está lá, de pé, na primeira fila, transtornado por aquilo que vê, comovido até o fundo da alma, petrificado. Mais tarde, ele contaria em seu diário, escrito na prisão indiana, que aquela fora a primeira, a mais forte, a mais duradoura das emoções políticas de sua vida.

Assim, algumas semanas depois, quando Asad Khan, um paquistanês de Londres, por ocasião de uma nova conferência na London School, anuncia que os *slogans* já não são suficientes, que é preciso associar ações às palavras e que uma caravana vai partir, nas férias de Páscoa, para levar mantimentos à cidade martirizada de Sarajevo, quando uma *Caravan of Mercy*[1] se forma para levar às populações sitiadas em território bosniano a expressão de um apoio modesto mas fervoroso, alguns estudantes se apresentam para fazer aquilo que, mais uma vez, se fazia em toda a Europa bem-abastada. São sete, exatamente, os que se apresentam como voluntários para acompanhar três caminhões carregados de víveres e roupas que vão abastecer a cidade; e entre os sete estudantes que, timidamente, procuram Asad Khan no final da conferência para dizer que estão dispostos a ir, mas que agradeceriam se Asad procurasse os pais deles para convencê-los, está o pequeno Omar Sheikh...

Um filme...
Uma caravana humanitária que se propunha a furar o bloqueio imposto pelos sérvios e aceito pelas nações...
Quanto à caravana, eu teria de ser cego para não ver a relação com o reflexo que eu mesmo tive, alguns meses antes, quando vieram me procurar os loucos mansos da Equilíbrio, associação humanitária da cidade de Lyon que também se propunha a furar o bloqueio sérvio e chegar a Sarajevo por terra.

Quanto ao filme... Bem, confesso que, quanto ao filme, a coincidência das datas, o tema, aquilo que o próprio Omar disse sobre as imagens que o transtornaram e o jeito como as descreveu em seu diário, aquilo que também me disseram as testemunhas que consegui encontrar (a imagem do corpo mutilado de uma jovem bosniana de treze anos violada e assassinada pelos milicianos sérvios... imagens de pilhas de cadáveres e de campos de concentração... seqüências filmadas num bairro sitiado que só podia ser, a julgar pelo que me diziam, o bairro de Dobrinja...), tudo isso me fez crer, por algum tempo, que se tratava não de *Bosna!*, mas de

---
[1] "Caravana da Solidariedade". (N do T.)

meu filme anterior, o primeiro que consagrei ao martírio bosniano, *Um dia na morte de Sarajevo*, realizado no final de 1992 a partir de imagens de Thierry Ravalet, e exibido em Paris, mas também em Londres, naquelas semanas de novembro.

Mas eu me enganava.

Consegui localizar numa loja de vídeos usados, ao lado da mesquita de Finsbury, uma das raras cópias que ainda existem do filme que mudou a vida de Omar.

E constatei que se tratava de um filme de quarenta e cinco minutos, *Destruição de uma nação*, produzido pela Islamic Relief, com sede na Moseley Road, em Birmingham.

É um bom filme.

É um filme justo, montado a partir de imagens de arquivo que também utilizei em parte, aliás, em meu documentário *Bosna!*.

É um filme que, além disso, e para minha grande surpresa, abria com uma entrevista de Haris Silajzic, o líder de uma corrente social-democrata que era, na época, o complemento leigo do nacionalismo muçulmano de Alija Izetbegovic.

Não é meu filme. Mas, ao mesmo tempo, poderia ser. É outro filme, escrito e montado por outra pessoa, com intenções e pressupostos que não são os meus — mas construído a partir de imagens que conheço de cor, e que me marcaram.

Não sei se cruzei com Daniel Pearl em Asmara. Mas sei que seu assassino vibrou com cenas que eu poderia ter filmado. E sei que ele chegou a Sarajevo em março ou abril de 1993, ou seja, no momento exato em que eu também me encontrava ali — as notas de *O lírio e as cinzas*[1] são prova disso.

Quando eclodiu o caso Pearl, algumas pessoas tentaram atribuir a tragédia ao rancor de um pequeno paquistanês humilhado pelos ingleses.

---

[1] Livro de Lévy sobre a guerra na Bósnia publicado em 1996. (N. do T.)

Serviram-nos de novo a velha história da criança diferente, enjeitada porque diferente, roendo o freio, esperando o momento da revanche.

Peter Gee, músico inglês que esteve preso na Tihar Jail de Nova Delhi, entre 1997 e 2000, cumprindo pena por tráfico de maconha, e que portanto conheceu Omar em sua primeira estadia na prisão, depois do seqüestro em Nova Delhi, repete aos quatro ventos que conhece Omar melhor do que ninguém, que passaram horas, ao longo de dois anos, discutindo filosofia e vida, que jogaram xadrez e *scrabble*, cantaram juntos, conversaram sobre o islã, evocaram suas adolescências respectivas, um deles na London School, o outro na Sussex University, que organizaram juntos, para seus companheiros de detenção, cursos de cultura geral e geografia, que, por causa da coincidência alfabética (Mr. O. de Omar, Mr. P. de Peter), dormiram lado a lado, durante meses, no terrível dormitório da Prisão número 4, onde se amontoavam mais de cem prisioneiros... "Omar", disse Peter Gee, "se tornou o que é hoje por causa de um trauma de infância. Ele seqüestrou e matou Daniel Pearl porque a Inglaterra é um país racista e ele foi tratado, em toda a sua infância, como um *Pakistani bastard*[1]."

Longe de mim a idéia de rejeitar um testemunho que voltarei a comentar neste livro, e cuja fidelidade quanto a outros detalhes tive a oportunidade de verificar.

Mas não acredito nessa teoria.

De modo geral, não consigo acreditar em explicações do tipo criança humilhada, rejeição, desejo de vingança etc.

E, no caso Daniel Pearl, a idéia me parece particularmente absurda.

Em primeiro lugar, ela não leva em conta o que nos dizem, não os adivinhos do passado, os maníacos do

---

[2] "Maldito paquistanês". (N. do T.)

pressentimento, os pintores do monstro-que-já-se-anunciava-no-bom-menino, mas as testemunhas diretas, vividas, da adolescência de Omar, aquelas que o conheceram e atestam: inglês perfeito, repito, e integração sem problemas numa Inglaterra que ele nunca encarou como hostil.

Em segundo lugar, essa teoria passa por cima do que sabemos sobre a London School of Economics, que era, naqueles anos, um modelo de liberalismo, de abertura para o mundo e suas culturas, de cosmopolitismo vivido e pensado, de tolerância... pois ela não contava, em 1992-1993, segundo os arquivos da Islamic Society, com mais de cem estudantes muçulmanos? Omar poderia ter se sentido diferente, excluído, quando se sabe que mais da metade dos estudantes da London School, de todas as religiões e nacionalidades, tinha nascido fora da Inglaterra?

Em terceiro lugar, essa teoria é absurda porque os fatos estão aí. Por mais que causem embaraço, por mais que choquem, e eu mesmo fui o primeiro a encará-los como uma péssima notícia, eles são, infelizmente, incontestáveis. Se quisermos datar a virada, designar o momento exato em que a vida de Omar degenerou, se quisermos dar um nome ao acontecimento que levou o muçulmano leigo e moderado a encarar como incompatíveis sua origem no mundo do islã e seus laços com o Ocidente, se quisermos assinalar com uma pedra o acontecimento que o convenceu de que uma guerra implacável opunha os dois mundos, e de que era seu dever tomar partido nessa guerra, se tivermos o cuidado de escutar o que o próprio Omar disse e escreveu a esse respeito, sem cessar, por exemplo num trecho do diário em que explica que a mera lembrança da adolescente violentada em *Destruição de uma nação* bastava para deixá-lo, anos depois, num estado de quase convulsão — esse acontecimento só pode ser a guerra da Bósnia.

Omar, a partir do instante em que decidiu partir, já não é a mesma pessoa.

Ainda joga xadrez.

Continua a freqüentar torneios de queda-de-braço e até faz parte, em dezembro, da equipe nacional britânica que vai disputar, em Genebra, os campeonatos do mundo.

Mas seu coração está em outra parte.

Seu espírito, dizem-me Pittal e Saquib, já está longe, na Sarajevo que, segundo eles, é sua única preocupação.

E quando ainda joga uma partida de xadrez em público, quando aceita um desafio de queda-de-braço no estrado da cafeteria, é sob a dupla condição de que a assistência faça grandes apostas e o dinheiro seja doado para a Bósnia.

Ele, que se preparava, sem dores de consciência, para trabalhar no mercado financeiro, e que já tinha criado, desde o primeiro ano na Forest School, uma pequena sociedade de ações amadora, começa a expor a seus colegas novas teorias sobre a economia islâmica, a proibição do empréstimo a juros por Maomé e os mecanismos de financiamento que permitem substituí-lo.

Ele que, segundo seus camaradas, só conhecia do Alcorão aquilo que se sabe nas famílias inglesas assimiladas, ou seja, praticamente nada, começa a citá-lo a torto e a direito, fazendo a si mesmo ou em voz alta perguntas tão candentes quanto a de saber se o bom muçulmano tem o direito de enriquecer durante seu tempo de peregrinação — testemunhas o ouvem perguntar como se pode ser um banqueiro sem trair a Sharia, como este ou aquele capítulo do Alcorão permitem distinguir a boa economia da economia ímpia, como aquele outro justifica a oposição à moda dos "mercados futuros" que se apodera da City e fascina os jovens economistas desejosos de fazer carreira.

Ele lê *O islã e o desafio econômico* de um certo Umer Chapra.

Lê uma coletânea de textos — Abu Yusuf, Abu Ubaid, Ibn Taimiyya, al-Maardi — intitulada *A origem da economia islâmica*.

Vê um documentário na BBC chamado *O convite*, que trata da integração dos muçulmanos na Grã-Bretanha, e que o deixa furioso.

A verdade é que dedica todas as suas energias à viagem à Bósnia; só pensa nisso; só se ocupa com isso, só vem às aulas para falar de sua querida viagem, popularizar a idéia da Caravana da Solidariedade, convencer os colegas, arrecadar dinheiro, cobertores, víveres. A verdade é que, depois de embarcar naquela viagem, não regressa mais.

Continua inscrito na London School, mas não retoma as aulas na Páscoa.

Em setembro, volta a se matricular por um ano, ou sua família o matricula, mas ele não reaparece nas aulas.

Onde está Omar? O que aconteceu com Omar? É verdade que Omar se alistou no exército bosniano? Será que morreu? Está ferido? Caiu prisioneiro dos sérvios? Tornou-se comandante militar? Os rumores não param de circular na faculdade. A lenda cresce a olhos vistos. Muçulmanos e não-muçulmanos, todos se sentem fascinados pelo estranho destino do rapaz tão bem-educado, tão gentil, tão perfeitamente inglês, que parece ter se perdido, como um novo Lawrence ou o Kurtz de *No coração das trevas*[1], num cenário longínquo.

Saquib é o único a revê-lo. Uma vez. Em setembro de 1993. Talvez outubro, ele não se lembra mais. Uma tarde, Omar chega inesperadamente àquele Three Tuns Pub onde costumava, outrora, disputar suas partidas de queda-de-braço.

---

[1] Thomas Edward Lawrence (1888-1935) lutou pela independência da Arábia depois da Primeira Guerra Mundial e escreveu o famoso livro *Os sete pilares da sabedoria*. Por seu amor pelo mundo árabe ficou conhecido como Laurence da Arábia. *No coração das trevas* é um romance de Joseph Conrad (1857-1924). (N. do T.)

Só que não é mais o mesmo Omar. "Nunca vi", disse Saquib, "um homem mudar a esse ponto e num tempo tão curto." A mudança começa pela aparência. A barba. Ele exibe a barba dos *mudjahidin*, agora, do comprimento de uma mão. Usa os pijamas paquistaneses tradicionais. Seu olhar é diferente. E a voz mudou também. "O que você ainda está fazendo aqui?" pergunta a Saquib enquanto caminham de braços dados, como outrora, pela Houghton Street. "Como pode continuar freqüentando os cursos do imbecil Fred Halliday, enquanto os bosnianos morrem aos montes?" E quando Saquib lhe pergunta: "Qual é a alternativa? O que você propõe no lugar dos cursos desse Halliday cretino?", o novo Omar lhe dá uma resposta que na hora o surpreende um pouco, mas que retrospectivamente lhe gela o sangue: "Seqüestros... seqüestrar as pessoas e trocá-las por gestos da comunidade internacional a favor da Bósnia, eis o que proponho... ali, por exemplo..." E mostra a seu amigo, do outro lado da rua, o prédio da embaixada indiana. "Ali, por exemplo, poderíamos seqüestrar o embaixador da Índia." Depois, apontando para a escola: "Ou então, mais fácil ainda, o filho de um ministro paquistanês — já me informei a respeito, ele vai chegar durante o ano."

# 4

# DE VOLTA A SARAJEVO

Estive em Sarajevo.

Aproveitei um colóquio literário organizado pelo Centro André Malraux, para voltar à Bósnia, um país que, como já expliquei, tenho em comum com o assassino de Daniel Pearl.

Debati com o amigo Semprún[1] sobre a identidade e o futuro da Europa. Visitei a ilha de Hvar, na Croácia, aonde fui com Samir Landzo, antigo colega. Encontrei um Samir emagrecido. Melancólico. Ele afirma:

— Não é bom ser um ex-combatente na Bósnia de hoje. Deixou de ser um ponto positivo. Já não é um salvo-conduto, pelo contrário, tornou-se um fator de suspeita. Ah, e Sarajevo mudou tanto! Você não vai reconhecer mais nada! Quem leva vantagem são os que ficaram enrustidos, as pessoas de fora, os aproveitadores. O poder é daqueles que não

---

[1] Jorge Semprún: político e escritor espanhol, nascido em 1923. Seu romance mais conhecido é *A segunda morte de Ramón Mercader*, de 1969. (N. do T.)

combateram e têm rancor de nós, que lutamos desde o início. No tribunal, isso ficou muito claro. Meu advogado tentou usar meu passado como argumento e disse: "Um herói da resistência não pode ter feito aquilo de que o acusam". Ele tentou apresentar testemunhos, inclusive o seu: "Samir L. foi um dos primeiros defensores da cidade. Esse rapaz tão jovem esteve entre aqueles que reagiram imediatamente; é a pessoas como ele que Sarajevo deve hoje em dia etc." Pois é, esse argumento quase pôs tudo a perder...

Samir dá uma risada. Eu também. Junto com Suzanne, sua mulher, como sempre fazemos a cada encontro, rememoramos os tempos sombrios — que, de certa forma, também foram bons tempos — dos dias passados sob o fogo dos fuzis, das trincheiras e da noite, na véspera da ofensiva vitoriosa contra Donji Vakuf, na qual (éramos três ou quatro pessoas) nos divertimos tentando adivinhar a ordem em que as estrelas iriam se acender. Afinal, conhecíamos tão bem a Bósnia...

Mas a verdade é que, durante o colóquio, na companhia de Samir, nas peregrinações que costumo fazer pelas colinas ao redor da cidade, na cidade antiga e na cidade nova, na agência central de correios reconstruída, na biblioteca eternamente em ruínas onde, até o fim de meus dias, verei Ismer Bajramovic, conhecido por Celo, chefe dos vagabundos de Sarajevo, caminhando entre os entulhos com seus óculos Ray Ban, seus brincos, seu cachecol castanho na nuca, seu colete dourado, no Holiday Inn, diante daquele bar na rua Marsala Tita, no qual um homem, certa manhã, começou a uivar como um cão, diante de todos os homens e mulheres que se acostumaram com suas muletas, uma única idéia me passou pela cabeça: "Não estou na Bósnia atual. Estou na Bósnia de antigamente. E nem sequer é a minha. É a Bósnia dele, de Omar, nos dias de abril ou maio de 1993, nos quais posso (ou devo) ter cruzado com ele. O que fez Omar então?

Onde esteve? Em Split, com certeza, na Croácia — mas e depois? Em Mostar? Em Sarajevo? O que fez o estudante exemplar ao chegar ao país? Encontrou-se com Kemal? Com o presidente? Foi testemunha, como eu, da violência militar e moral sofrida pelos bosnianos? Viu as ovelhas que se convertiam em lobos, as vítimas que se transformavam em combatentes e devolviam os ataques na mesma moeda — fascistas sérvios de um lado, milícias croatas do outro — naquele cenário de guerra?

Na Bósnia, visitei a organização francesa — mas não encontrei arquivos anteriores a 1994.

Estive com Amir, o homem da Secretaria de Segurança Pública da Bósnia, com o qual, no mesmo ano de 1993, discuti projetos — que acabaram dando em nada — de encaminhamento de armas através da Turquia, e que tem a ficha de um paquistanês chamado Sheikh Omar (xeque Omar), um cidadão que nasceu cinco anos antes do meu e entrou no país em fevereiro — seriam a mesma pessoa?

Estive novamente com Izetbegovic, em seu apartamento de aposentado nos arredores de Sarajevo. Um prédio modesto. Só um segurança na entrada da rua. Um Twingo estacionado em frente, servindo como carro oficial. Móveis pobres. Remédios numa mesa. Livros. *O lírio e as cinzas*, em tradução bosniana. Uma pasta preta, em imitação de couro, que ele afirma ter sido oferecida por mim — não me lembro quando, mas não tenho coragem de perguntar. Onde está Gilles? Ele parece surpreso, ou decepcionado, ao se dar conta de que "Gilles" não está ali. Seu coração doente.

— O senhor está com um aspecto melhor, presidente. Da última vez, achei-o parecido com Mitterrand, ha! ha! ha! Mas, falando sério, o senhor devia consultar um médico. Vá a Paris e procure meu amigo, o professor C.

— Não, não — responde ele.

Mas Sabrina, sua filha, acha que sim. Ela fica assustada ao vê-lo tão pálido, tão fatigado, com grandes olhos azuis que sobressaem, agora, em seu rosto. Tenho a impressão de que ela concordaria com uma consulta ao professor C. Mas ele continua, com um sorriso: — Não, isso não tem sentido. Existe um momento em que as pessoas se aproximam do fim, e é preciso pôr o futuro nas mãos de Deus. Mas e o senhor? Por que motivo veio conversar comigo? Não voltou à Bósnia só para se informar sobre meu coração e minha saúde, não é mesmo? O quê? Omar? Omar Sheikh? Ah! Tudo isso está longe... tão longe... Para que remoer histórias antigas? Sei que a comunidade internacional se interessa pelos combatentes estrangeiros que estiveram em nosso país nos dois primeiros anos de guerra. Mas o senhor conhece a verdade. O senhor sabe que esses combatentes eram poucos, e que tentei de tudo para detê-los. E depois, para falar a verdade, o senhor entende a situação. A Bósnia não tem acesso por via marítima, não é mesmo? Então, de onde vinham esses combatentes? Quem os deixava entrar no país? As pessoas sabem, por exemplo, que havia campos de treinamento na Eslovênia? E que a grande mesquita de Zagreb, sob a autoridade de Sefko Omerbasic, nos enviava regularmente candidatos ao *jihad*?

Depois, diante de minha insistência, quando digo que estou escrevendo este livro e que aquela informação é importante para mim, ele busca em sua memória, olha para Kemal e para seu filho, que estão presentes à conversa mas até agora nada disseram: sim, ele se lembra... guardou uma lembrança muito vaga... talvez não tenha sido o Omar de meu livro, e sim um grupo de jovens paquistaneses que, naquela altura, chegaram de Londres e vieram lhe propor a formação de uma brigada de combatentes estrangeiros. Isso teria acontecido na região de Tuzla, mas Izetbegovic acredita que fossem xiitas.

— Isso é possível? O Omar de seu livro poderia ser um xiita?

— Não — respondo. — Claro que não. Pelo contrário, Omar era um adversário furioso dos xiitas. Mas espere! Um segundo! Combatentes? Uma brigada? E isso na mesma época em que eu também propus ao senhor, junto com outras pessoas, em Genebra, a organização de brigadas internacionais... o senhor se lembra?

Mas ele retruca, com o gesto de alguém que tem razão desde o início e espera que o interlocutor entregue os pontos:

— Talvez agora o senhor entenda por que eu não queria me lembrar desse assunto. Mas pode ter certeza de que dei a mesma resposta, tanto ao senhor como aos paquistaneses. E minha resposta foi a seguinte: "Não, obrigado, é muita gentileza, mas nós temos nossos combatentes; a Bósnia dispõe de poucas armas, é verdade, mas temos muitos rapazes dispostos a sacrificar a vida pela defesa do país..."

O presidente parece cansado. Sua respiração está ofegante. Exibe novamente a fisionomia translúcida de Mitterrand no fim da vida. Como sempre acontece, tenho a impressão de que esse homem admirável, De Gaulle bosniano, o homem que, durante quatro anos, carregou a Bósnia nas costas e no final viu seu projeto desmoronar, poderia estar fazendo jogo duplo, ou talvez zombasse um pouco de mim. Afinal de contas, meu amigo R. tinha feito essa crítica logo no primeiro dia: "Izetbegovic... ha! ha!, que piada... por acaso você pediu a ele uma explicação sobre sua declaração pró-islâmica?" E a mesma opinião foi expressa por Jovan Divjak, o general que defendeu Sarajevo, de origem sérvia, que se recusou, no último ano de presidência do "Velho", a comparecer à cerimônia na qual recebi o Brasão, uma espécie de distinção oficial na Bósnia, a única comenda que recebi na vida, e da qual me orgulho muito. Deixo o apartamento do presidente. Ele não me disse nada.

Visitei Bocinja Donja, antiga aldeia sérvia, cem quilômetros ao norte de Sarajevo, que, segundo consta, foi oferecida quase como um território livre para cem veteranos da 7ª Brigada Muçulmana, que tinham chegado do Oriente Médio. E ali, na aldeia onde as mulheres usam *burkas* negras e os homens têm barba comprida, onde é proibido conversar com estrangeiros e, evidentemente, consumir bebida alcoólica, na aldeia em cuja entrada se vê um cartaz com os dizeres "*Be afraid of Allah*"[1], e na qual a vida pára cinco vezes por dia para o ritual da oração, consegui encontrar um homem disposto a conversar com o "amigo de Alija" e autor do documentário *Bosna!* — um ex-combatente, agora professor em escola pública, que concordou em se lembrar de um jovem paquistanês, de grande valentia, pulso firme, resistente como um búfalo, excelente no combate corpo-a-corpo e com arma branca, mas que não torcia o nariz quando era preciso ajudar a cavar uma trincheira ou fazer outros trabalhos pesados — em suma, um ótimo rapaz, mais inteligente que a média, mas com uma risada terrível que gelava o sangue dos camaradas. Dizia que a Europa estava morta, e que dela não se podia esperar mais nada. Explicava que as munições não caem do céu e que era preciso poupá-las, daí a vantagem das armas brancas. Vivia repetindo — o professor também se lembra disso, pois o rapaz era fanfarrão e gostava de exibir suas qualidades — que tinha sido campeão de xadrez na Inglaterra, e à noite, nas conversas em grupo, diante dos camaradas galvanizados, refazia todas as batalhas, todas as estratégias de estado-maior, como se fossem gigantescas partidas de xadrez. Era obcecado pelo enclave da Bósnia, por exemplo. Dizia que o inimigo era a Croácia, pois só através da Croácia a nação muçulmana podia ter acesso ao mar, a um porto. Pergunto ao professor onde posso

---

[1] "Tenham medo de Alá." (N. do T.)

encontrar imagens ou fotos da época. Ele responde que seria preciso verificar nos arquivos militares. Tem certeza de que existem fotografias tiradas em Gradacac. O problema é que Omar era descontrolado, um pouco louco, e a polícia militar acabou por expulsá-lo do país porque, num acesso de cólera, profanou um túmulo tchetchene. Que homem extraordinário! Que lástima! Mas, pensando bem... será que é mesmo o meu Omar Sheikh? E se fosse um homônimo? Como se explica que ninguém tenha me falado sobre esse caso da expulsão, por exemplo? E sobretudo, como é possível que Omar seja descrito como um combatente xiita?

Em seguida fui a Solin, evidentemente, perto de Split, na Croácia. Na bela cidade da costa dálmata, visitei o prédio de dois andares que funcionava como escala, base logística e depósito da Caravana da Solidariedade. Ali encontrei vestígios de uma ONG muçulmana, a Third World Relief Agency (TWRA), empenhada no financiamento de grupos fundamentalistas atuantes na Bósnia central, com a qual Omar teria mantido contato. Soube que ele esteve lado a lado com cerca de dez combatentes árabes treinados na guerra do Afeganistão, e que estavam de partida para Sarajevo, além de ter convivido com um certo Abdul Rauf, outro veterano de guerra, mas paquistanês, membro do Harkat ul-Mujahidin, recém-chegado da Caxemira, que lhe deu uma carta de recomendação para os representantes do Harkat, em Lahore e em Londres.

— Você é forte — disse o veterano. — Você tem motivação. Fala todas as línguas possíveis. Conhece as técnicas modernas. Por que não organiza uma força militar adequada? Por que não parte primeiro para o Afeganistão, onde existem campos excelentes e onde você pode treinar para o combate contra os sérvios?

Mas, quando Omar responde que ainda é muito jovem, que precisa terminar os estudos, que já teve muita dificuldade em convencer seu pai a deixá-lo partir na expedição bosniana, e que só o pai, até segunda ordem, podia tomar uma decisão como aquela, o veterano retruca:

— Vamos conversar com seu pai. Vou organizar um encontro entre ele e Maulana Ismail, imã da mesquita Clifton, que é um santo homem e está acostumado a encaminhar os jovens muçulmanos para nossos campos no Afeganistão. Tenho certeza de que encontrará as palavras certas para convencer seu pai. É uma honra para uma família ter um filho que abandona estudos inúteis para se dedicar à vida do *jihad*...

Foi ali, em Solin, que Omar decidiu deixar crescer a barba.

Existem várias explicações para a precariedade, a imprecisão e o caráter às vezes contraditório dessas informações.

A primeira é que Omar, àquela altura, ainda não é a pessoa que se tornará mais tarde. Sua existência é insignificante. Portanto, é normal que deixe vestígios igualmente insignificantes. Nada que conste nos arquivos, claro. Apenas lembranças esparsas, nada mais típico. Omar foi a Sarajevo e lutou na guerra, mas na época ainda era uma pessoa insignificante, por isso não restaram traços dessa passagem.

A segunda é a explicação de Asad Khan, organizador da Caravana da Solidariedade, que consegui localizar em Londres, e que se tornou, dez anos depois, o chefe de uma espécie de ONG com várias finalidades, que mandava suas "caravanas" não somente para a Bósnia, mas para todos os cenários — *sic* — da "miséria muçulmana". Asad me recebe à noite, em seu escritório na parte leste de Londres, o mesmo que tinha no tempo de Omar. Ele me explica seu combate pelos tchetchenes e os outros mártires contemporâneos da guerra das civilizações. Queixa-se do embaraço, para ele, de ver o nome de sua querida associação sistematicamente ligado ao itinerário de um terrorista:

— O senhor sabia que há dez anos não posso pisar novamente em solo paquistanês, com medo de ser preso "em conexão com Omar"? Sabia que meu nome aparece até mesmo nos autos de seu interrogatório pela polícia indiana, em 1994? E consegue imaginar que, nesses autos, meu nome conste no topo de uma lista onde estão os maiores terroristas da Caxemira e do Paquistão, como um dos "cúmplices de Omar na Inglaterra"?

Pois bem, Asad tem sua própria versão dos fatos. Tem uma explicação, e me implora o favor de ouvi-la e registrá-la, pois realmente não agüenta mais a mania da imprensa de associar seu nome ao de Omar:

— Omar nos acompanhou até Solin, perto de Split, na Croácia, onde a Caravana tinha sua base. Mas adoeceu durante a viagem. Não era uma gripe. Era uma espécie de enjôo, por causa do mar. Não parava de vomitar e ir ao banheiro. O pobre coitado queria ajudar a Bósnia, dar uma de durão, mas no fundo não passava de um molenga, uma manteiga derretida que só servia para atrapalhar. De modo que, se as pessoas guardaram uma lembrança tão ruim dele em Sarajevo, se o senhor não encontrou vestígios de sua passagem pelas zonas em guerra, é porque, na manhã em que partiu de Solin, o valentão, o herói, o jihadista precoce que só sonhava com façanhas militares, sangue derramado, martírio, simplesmente não conseguiu sair da cama e nos deixou terminar a viagem, sem ele! Omar nunca entrou na Bósnia, essa é a verdade. Nunca. Quanto a nós, seguimos até Jablanica, perto de Mostar, para distribuir ali nossos caminhões de mantimentos e roupas. E recuperamos Omar na volta, na base de Solin, para levá-lo até Londres. Um fracasso. Uma vergonha. Raramente vi um homem se sentir tão ridículo. Mas foi assim. Depois disso, ele voltou a me procurar por três ou quatro vezes, nos meses seguintes, aqui mesmo, neste apartamento — sentia-se tão culpado que sempre aparecia com um cheque, uma pequena quantia, cinqüenta libras, sessenta: "Pronto, aqui está, é para a Caravana, sinto muito, peço desculpas..."

É claro que entendo o interesse de Asad em me dar essas explicações. Percebo que para ele é vital separar seu destino do de Omar e desmentir os rumores, desde 1994, segundo os quais o futuro de Omar teria sido decidido naquela viagem, junto com Asad. Mas seu relato tem algo de convincente. Uma sinceridade verdadeira. E devo confessar que, embora o conjunto me pareça pouco provável, o relato me impressiona. Aliás, existe um detalhe. Um detalhe mínimo. Alguns meses mais tarde, quando estive novamente em Split e consultei os jornais croatas da época, descobri que naquelas semanas, ou talvez no mesmo dia em que Omar ficou para trás em Solin, segundo a versão de Asad, ocorreu uma disputa de xadrez entre dois mestres internacionais, Ivan Ljubicic e Slobodan Kovacevic. Seria uma confirmação da tese de Asad? Omar teria escolhido o xadrez, ao invés da Bósnia? E toda a comédia de sua doença teria sido encenada para assistir a um gambito ousado e magnífico? Seria uma surpresa e tanto. Mas, quem sabe...

A terceira explicação é a de Saquib, amigo da London School of Economics, visivelmente surpreso quando lhe conto a versão de Asad Khan:

— Impossível acreditar nisso — diz. — Ainda me lembro dele, como se fosse ontem, em outubro, nas alamedas da London School, e mais tarde na Houghton Street, quando veio me propor o seqüestro do embaixador da Índia e do filho de um ministro paquistanês. Ainda posso ouvir a voz dele narrando sobre seus combates na Bósnia.

— Mas ele realmente disse "combates"?

— Sim, não tenho dúvida de que foi isso o que ele disse. E não acredito que tenha mentido.

— Mas e então?

— Então, só vejo uma explicação possível — conclui Saquib. — Omar deve ter feito duas viagens à Bósnia, e não só uma...

A primeira viagem, em outras palavras, poderia ter acabado daquela maneira, tal como garante Asad Khan, às portas da Terra Prometida. Mas o jovem Omar teria partido novamente logo depois, sem Khan, sem a Caravana da Solidariedade, para compensar o fracasso da primeira viagem e, agora, para ir até o fim. Evidentemente, volto a procurar Asad. Pergunto:

— Então, o que o senhor acha? O que pensa dessa idéia de que Omar teria voltado à Bósnia sem o senhor?

Asad fica pensativo. Meneia a cabeça. E responde, confirmando a versão de Saquib:

— Sim, por que não? Omar não teria mentido a esse respeito. Talvez tenha feito outra viagem, sem mim.

Por fim, existe uma última versão. É uma espécie de meio-termo. Uma versão intermediária, que se parece com as primeiras. Trata-se enfim da versão mais plausível, ou pelo menos a mais apropriada para conciliar os defensores da lenda dourada e os críticos do fracasso lamentável... Mas não. Tenho que esperar um pouco para revelar essa última versão. Vou explicá-la a seu tempo, no momento de minha investigação em que ela realmente surgiu diante de mim.

Por hora, o que importa é este fato, e apenas este fato: não importa o que Omar tenha feito, não importa se foi ou não até Mostar e Sarajevo, se lutou ou não na guerra, se o homem de Bocinja Donja falseou seu testemunho ou se Asad Khan modificou sua história para se livrar de qualquer responsabilidade, o fato é que a situação na Bósnia, segundo a própria confissão de Omar, que nesse sentido nunca mudou, foi uma experiência decisiva sob todos os pontos de vista. O processo de conscientização sobre um mundo no qual ser muçulmano é um crime, e no qual surgia outro destino possível para o islã europeu, impres-sionou profundamente o britânico feliz que era Omar Sheikh. Não resta a menor dúvida de que ele foi um estudante exemplar, um perfeito inglês, um adolescente cosmopolita que, segundo tudo leva a crer, nunca achou que sua identificação com o mundo do islã e suas ligações com o Ocidente fossem coisas opostas, e que descambou para a loucura num lugar e numa época muito específicos.

É claro que essa evidência me perturba.

Mas vamos falar a verdade.
No fundo, não fiquei surpreso.
Nunca ignorei o fato de que havia combatentes estrangeiros na Bósnia.

Eu os vi em Donji Vakuf, estranhos, selvagens, a caminhar como zumbis, sem aparentar medo, no limite das linhas de combate sérvias.

Eu os vi em Mehuric, perto de Travnik, a cidade de Ivo Andric; em Zivinice, Bistricak e Zeljezno Polje, na região de Zenica; em Igman, onde uma "brigada internacional" libertou, em 23 de agosto de 1994, data de uma de minhas últimas viagens, o vilarejo de Babin Do; até mesmo em Sarajevo, no subúrbio de Dobrinja, onde uma unidade de cinqüenta homens, conhecida como "Suleiman Fatah", colaborou na defesa do bairro, nas horas mais terríveis do cerco, em abril e maio de 1993.

Ouvi a notícia pela boca do próprio Izetbegovic, que recebera essa informação em Roma, durante a aterrissagem do pequeno avião que, em abril de 1993, no auge da guerra com os croatas, nos levou para uma entrevista com o papa, ouvi então a notícia de que a 7ª Brigada de Combatentes Estrangeiros, ligada ao 3º Batalhão do Exército oficial da Bósnia-Herzegovina, acabava de assumir a culpa por violências terríveis em território croata, nos vilarejos de

Dusina, Vitez, Busovaca e Mileticí — já contei em outras oportunidades que eu mesmo redigi, para uso do comando militar, e depois das agências de notícias, o esboço de um comunicado que condenava formalmente o "bando de soldados perdidos" que tinham acabado de cometer aqueles horrores e desonravam a causa bosniana.

Além disso, logo ouvi comentários sobre a atividade suspeita das ONGs muçulmanas, que se diziam beneficentes, do tipo daquela Muassasat al-Haramain al-Khairiya, ou Entidade Beneficente das Duas Mesquitas Sagradas, com a qual entrei em contato, em Zagreb, na primavera de 1993, antes de descobrir, muito mais tarde, que essa associação era um dos canais pelos quais transitava, sob o olhar de todas as pessoas, inclusive das autoridades croatas, a ajuda financeira destinada ao terrível batalhão *mudjahid* de Zenica. Aliás, isso prova que o presidente Izetbegovic tem um pouco de razão quando afirma que aqueles combatentes estrangeiros não caíam do céu, pois precisavam, para chegar a Sarajevo, de uma cumplicidade não-bosniana constante, além do dinheiro croata.

Um dia, em Travnik, nas instalações do comando militar, examinando documentos que eu pretendia aproveitar em meu documentário *Bosna!*, encontrei um vídeo que o serviço de arquivos do 7º Corpo do Exército havia filmado por inadvertência, esquecendo a máquina ligada, no qual se viam *mudjahidin* árabes, com os cabelos compridos tingidos de hena e presos numa faixa verde, jogando futebol com as cabeças de soldados sérvios.

E não menciono aqui tudo o que me contaram, acontecimentos que não testemunhei pessoalmente, mas aos quais sou obrigado a dar certo crédito, por causa das fontes: outro destacamento, igualmente ligado ao 7º Corpo do Exército, na região do monte Vlasic; uma tropa de tunisianos e iranianos na zona da aldeia de Bistricak, perto do quartel-general da 33ª Divisão do Exército regular; outra tropa na região de Banovici, que teria tomado parte na ofensiva contra Vozuca; os setenta "mercenários xiitas" de Tuzla, vindos do Paquistão e do Kuwait; o destacamento de "defensores da revolução" que vieram do Irã, em maio de 1994, para exercer o "policiamento religioso" nas fileiras dos batalhões de *mudjahidin*; a entrevista concedida à revista *Time Magazine*, em 1992, e mais tarde ao *Al-Sharq al-Awsat*, o diário saudita de Londres, pelo comandante Abu Abdel Aziz, militar formado na Caxemira que assumira o comando das várias armas de todos os soldados estrangeiros estacionados na Bósnia.

Além disso, não menciono o pós-guerra — não levo em conta os "estrangeiros" que, desrespeitando a ordem de deixar o país, que lhes foi dada no momento dos acordos de Dayton, acabaram por se instalar na Bósnia, casaram-se, tiveram filhos, obtiveram a nacionalidade bosniana e teriam transformado Sarajevo, se a sociedade não reagisse, na capital européia do terrorismo islamita: projeto, em setembro de 1997, em conexão com os GIA argelinos, de atentado contra o papa; projeto, dois anos depois, em represália à pena de morte, nos Estados Unidos, para o xeque Omar Abdel Rahman, cérebro do primeiro atentado contra o World Trade Center, de um atentado com explosivos dentro de um carro, em Zenica; o caso, em 1998, do argelino Bensayeh Belkacem, que imaginou um ataque simultâneo contra a embaixada norte-americana em Sarajevo e as bases da força internacional; o caso do egípcio Imad el-Misri, amigo de Bin Laden, detido em julho de 2001, em Ilidza, nos arredores de Sarajevo, com um passaporte bosniano; o caso, finalmente, dos ex-combatentes bosnianos — Jasin el-Bosnevi, de Sarajevo; Almir Tahirovic, de Novi Travnik, na Bósnia central — que partiram para a Tchetchênia a fim de engrossar as fileiras das brigadas fundamentalistas, e que, aliás, perderam a vida por causa disso.

Em suma, essa história de combatentes estrangeiros sempre foi um segredo de polichinelo para o punhado de intelectuais, jornalistas e entidades humanitárias que defenderam, desde o primeiro dia, uma intervenção militar ocidental.

Mas essa história não comprometeu aquilo que todos podiam observar em Sarajevo, assim como na Bósnia central, sobre o caráter profundamente tolerante, moderado e "europeu" do islamismo na Bósnia — mulheres sem véu, bebidas alcoólicas nos cafés, hábitos leigos e, diante daqueles estrangeiros, diante de suas regras ridículas, de seus sermões, de suas mesquitas faraônicas e vazias, o cinismo assumido de pessoas que não querem morrer e que, abandonadas por todos, entregues às suas próprias forças, agarravam as poucas mãos que se estendiam.

Mais ainda: a presença daqueles combatentes, por mais chocante que fosse, continuou a ser um acontecimento marginal, circunscrito a algumas regiões do país, e que não contaminava em nada, ou contaminava menos do que se dizia, a moral, a cultura e a rotina do exército da Bósnia-Herzegovina — soldados que tinham três nacionalidades diferentes; oficiais sérvios e croatas que comandavam, em alguns casos, uma tropa majoritariamente muçulmana; imãs, é claro, mas não em maior número que os capelães de um regimento francês; o 7º Corpo do Exército, comandado pelo general Alagic, ao qual se ligavam várias dessas tropas, e que portanto teve de acobertar seus crimes de guerra, mas o conheci bastante bem para garantir que não se tratava, absolutamente, de um corpo islamita ou fundamentalista.

Quanto ao próprio Izetbegovic, eu conhecia seu passado. Sabia que, como todos os bosnianos, aceitava sem maiores dores de consciência o apoio oferecido por aqueles "árabes" que ele temia, e com os quais não simpatizava. Mas eu também podia, sem maiores problemas, lhe falar sobre Salman Rushdie e sobre o apoio desse escritor à causa da

Bósnia. Constatei a facilidade com que nós, Gilles Hertzog e eu, conseguimos convencê-lo, ele, um muçulmano devoto que naquele dia voltava de Ryad, a visitar a Europa e encontrar-se com Margaret Thatcher, o rei da Espanha e, sobretudo, o papa. Vi sua expressão estranhamente sonhadora (e ainda me lembro perfeitamente dela) depois de sua conversa com João Paulo II, no Mystère 20 que François Mitterrand, por habilidade ou cortesia, mandou a Roma para nos trazer de volta à França e, dali, até Sarajevo. Será que Izetbegovic ficou impressionado com o santo padre? Que fundamentalista seria aquele, para se sentir tão comovido diante do chefe da Igreja católica? Quando eu ficava em dúvida, quando ouvia críticas, na França, sobre meu apoio ao autor da Declaração Islamita, me lembrava do mal-estar em Paris, num cinema do Quartier Latin, depois da projeção, em sua homenagem, de *Bosna!*. "BHL", escandiam os bosnianos de Paris! "BHL! Bósnia-Herzegovina Livre!" Não, resmungavam alguns de seus conselheiros, não nos agrada, nesse comentário, a fórmula "islã leigo", realmente isso não nos agrada. E lembrei-me da ponderação de Izetbegovic:

— É BHL que tem razão, talvez seja necessário levar essa idéia do islã leigo às últimas conseqüências.

Um conservador. Um nacionalista, talvez. Mas um homem que nunca abriu mão do essencial, ou seja, da dimensão multicultural da Bósnia que ele defendia, e cuja causa se parecia com a nossa — ele, Izetbegovic, muçulmano letrado, leitor culto do Alcorão, e eu, francês mas também judeu, amigo de Israel, que nunca, em circunstância alguma, me recusei a dizer quem eu era e de que lado estava. Quantas discussões houve entre nós, mas discussões pacíficas, sobre o destino judaico, o mistério e a questão de Israel! E a respeito da Bósnia, quero dizer, da "nossa" Bósnia, quantas vezes não o ouvi falar, com um toque de melancolia na voz, sempre que seus afazeres de general lhe propiciavam um pouco de tranqüilidade para meditar e conversar:

— Eu poderia me contentar com uma pequena Bósnia; poderia concordar com a divisão que o mundo inteiro, desde os líderes ocidentais até Milosevic, parece exigir, e cujo efeito imediato seria a paz; poderia construir uma nação que fosse um refúgio para todos os muçulmanos perseguidos nessa região; pois bem, talvez eu esteja errado; imagino que eles me considerem um velho teimoso, um sonhador; no entanto, o senhor entende, não se trata de uma idéia minha; não perco as esperanças do sonho maravilhoso de uma Bósnia multicultural e cosmopolita!

De modo que, mesmo quando me ocorre pensar que na época eu deveria ter evocado com mais clareza aquela presença, denunciá-la com mais vigor, dedicar a ela um pouco mais do que as referências indiretas em *O lírio e as cinzas*, mesmo quando me ocorre acusar-me de talvez ter cedido, naquelas circunstâncias, à síndrome clássica — cujos efeitos denunciei tantas vezes em outras pessoas — do intelectual que teme dizer toda a verdade, para não enfraquecer a causa que ele defende, mesmo assim penso ainda hoje que nós tínhamos razão em adotar um teorema simples. A questão não era: "O fato de que existem islamitas na Bósnia é um motivo para não intervir", e sim: "Quanto mais tempo demorarmos para intervir, mais islamitas vão se reunir aqui. Uma das características da política é o horror do vazio, e a ausência de uma intervenção faz com que os islamitas do mundo inteiro, que não têm nada a ver com a civilização da Bósnia, acabem por chegar antes de nós e, aproveitando-se do desespero de uma população abandonada, consigam se estabelecer nos Bálcãs".

Em suma, como sempre, a novidade é o surgimento de um indivíduo, de um destino singular, de um corpo.

A novidade — terrivelmente perturbadora — é essa idéia de um homem, um só, que afunda no Mal supremo bem nos locais que, a meus olhos, eram a encarnação da honra e da coragem.

Um homem que foi conhecer a capital européia da dor. Uma iniciativa que obedece a motivações que não são necessariamente diferentes, pelo menos no início, daquelas dos militantes franceses, defensores dos direitos humanos, e de todos aqueles que viam na situação da Bósnia o grande desafio europeu do final do século XX, a volta do fascismo, a Guerra Civil Espanhola de nossa geração etc. A diferença é que causas nobres produzem efeitos opostos, pois é exatamente nessa época que tem início a conversão de Omar ao islamismo e ao crime.

O Diabo não está nos detalhes, nas coisas pequenas, e sim nas grandes causas e na História.

5

## UM RETRATO A PARTIR DE OUTRO

No Paquistão, fiz tudo o que estava a meu alcance para falar com Omar.

Entrei em contato com a família, que me encaminhou aos advogados.

Conversei com os advogados, que me aconselharam a dirigir uma petição ao presidente da Corte Suprema.

Em novembro de 2002, fui procurar os policiais, que me disseram:

— Sim, por que não? Vá até Hiderabad e negocie com o diretor da prisão.

Então, estive com o diretor da prisão, que me declarou:

— Isso não é tão simples assim. Omar acaba de ser transferido para o Mansoor Ward, que é o setor de segurança máxima da prisão, e só o ministro Moinuddin Haider pode conceder essa autorização.

Marquei uma entrevista com o ministro.

Tentei explicar-lhe minha situação: — Algumas pessoas

me disseram que o senhor é um amante da literatura. Pois bem, sou um romancista e estou escrevendo um romance cujos personagens principais são Daniel Pearl e Omar Sheikh. Por isso, preciso conversar com Omar.

O ministro me ouviu em silêncio. Tinha uma fisionomia curiosa, bem fora de moda, uma mescla de Claudel e Saint-John Perse[1], com uma capacidade assombrosa de mudar de uma hora para a outra. Às vezes, era de uma amabilidade extrema, excessiva. E de repente, quando achava que eu não o observava, havia em seu olhar lampejos de uma ferocidade assassina. Eu lia em seus olhos, então, que seu sonho era se livrar daqueles estrangeiros que viviam lhe causando aborrecimentos por causa do maldito caso Pearl. Aliás, perguntou-me claramente:

— O quê? Um romance sobre Pearl e Omar? Desde quando é possível escrever um romance sobre personagens como esses? Será que a literatura francesa, que amo e respeito, caiu tão baixo a ponto de se interessar por histórias tão lamentáveis?

Enfim, não posso me queixar. Ele me ouviu até o final. Vendo que eu não desistia, que parecia acreditar realmente que a nobreza literária podia se basear num fato real e criar uma história a partir dele, chegou a fingir que fazia anotações. Mas aquela não era uma ocasião apropriada, argumentou ele. As eleições tinham apenas terminado. A troca de governo aconteceria dali a uma hora. E ele se prontificou a me apresentar ao brigadeiro Javed Iqbal Chima, porta-voz do Ministério do Interior, o verdadeiro chefe do ministério:

— Sim, sim, eu lhe garanto, a partir de agora o chefe é ele. Estou se saída, acabou, o senhor é meu último compromisso como ministro. Mas ele vai continuar no cargo. Tenho certeza de que vai encontrar uma solução, o senhor vai ver.

---

[1] Paul Claudel (1868-1955) e Saint-John Perse (1887-1975), grandes poetas e diplomatas franceses. Saint-John Perse foi premiado com o Nobel da Literatura em 1960. (N. do T.)

O brigadeiro Javed Iqbal Chima, por sua vez, resolveu me dar uma lição.

Com os cabelos e o bigode tingidos de hena, o porte alto, comprimido num terno xadrez de cor verde, um olhar cinza-pálido que não exprimia nenhuma amenidade, começou por declarar:

— Mas o que todos vocês vêm procurar em nosso país? Em todas as sociedades, existem zonas que não é aconselhável freqüentar. O que o senhor diria se eu, brigadeiro Javed Iqbal Chima, fosse fazer pesquisas nos bairros suspeitos de Paris ou de Chicago? Pois foi justamente essa a atitude daquele jornalista judeu e norte-americano. Passou dos limites. Tome cuidado para não cometer o mesmo erro.

E depois:

— Mas não foi só isso. Por que alugou uma casa? Não parece suspeito o fato de um jornalista judeu, baseado na Índia, alugar uma casa por quarenta mil rúpias por mês? Vamos supor que eu queira me encontrar com uma pessoa na França. O normal seria escolher um quarto de hotel e sentar-me com essa pessoa para conversar. Por que alugar uma casa? Se Pearl tomou essa decisão, é porque pretendia ficar, e isso só podia despertar suspeitas. Quantas histórias circulam por aí! Não se trata mais de jornalismo! Portanto, algumas pessoas começaram a cochichar que ele trabalhava para uma potência estrangeira.

E acrescentou, a respeito de Omar:

— E a respeito desse Sheikh... para o senhor, que é um escritor, esse Sheikh não parece estranho? Veja as fotos dele, no momento em que saía da prisão na Índia. Parece gozar de boa saúde. Não tem o aspecto de um homem que acaba de cumprir pena. É por esse motivo que às vezes penso que toda essa história pode ter sido forjada, de cabo a rabo, pelos serviços secretos indianos. O senhor sabia que Sheikh despachou, de sua cela na Índia, pelo menos vinte e quatro recursos? E o senhor sabia que, entre esses recursos, existem pelo menos dois que foram parar nas mãos do colaborador direto de um ministro?

Mas a conversa não deu em nada. O brigadeiro tomou notas e fez promessas. Deu-me todos os números de telefone, inclusive do celular, nos quais podia ser localizado "a qualquer momento". Mas meu pedido, assim como todos os requerimentos oficiais que encaminhei mais tarde, por exemplo para que me deixassem voltar ao local do cativeiro de Danny, onde eu queria tirar algumas fotos, ou para entrevistar o famoso Gilani, com quem Danny pretendia se encontrar no dia de seu seqüestro, continuaram letra morta.

Não consegui conversar com Omar.

Tudo parecia organizado para que eu não conseguisse travar nenhum contato com ele.

A fim de alimentar minha imaginação física da personagem, tive que me contentar com uma visão fugidia, em maio, no momento de sua transferência para a prisão de Hiderabad. Assim como em Karachi, e com a exceção, não sei por que, de duas jornalistas estrangeiras, a polícia mandara evacuar a sala de audiências. Todos, paquistaneses e estrangeiros, ficamos bloqueados a cem metros de distância, na entrada da rua, por trás de barreiras metálicas e sacos de areia vigiados por esquadrões superequipados. Nos telhados do hotel e dos imóveis vizinhos, atiradores de elite vigiavam os menores sinais de desordem. Mais além, nas imediações da prisão, caminhões para transporte de tropas e tanques de guerra que pareciam prestes a se pôr em movimento sempre que surgia, escoltado por seus próprios veículos blindados, um dos protagonistas do processo, um juiz ou promotor. Por toda parte, homens uniformizados, incrivelmente nervosos, que se observavam uns aos outros da mesma forma como perscrutavam um atentado eventual. Afinal, entre os policiais circulavam rumores de que Omar teria montado, junto com os serviços secretos, um projeto de evasão durante sua transferência. Por outro lado, os serviços secretos estavam persuadidos de que a polícia tinha inventado aquela encenação, para que a culpa recaísse sobre eles. Foi nesse ambiente de estado de sítio que vi surgir a silhueta de Omar Sheikh, engaiolado como um animal feroz, por trás do vidro blindado de uma caminhonete escoltada por um destacamento de carros blindados. A parte inferior do rosto estava oculta por um lenço. Mais tarde, no momento de transpor a barreira na qual estávamos bloqueados, o comandante do destacamento cobriu sua cabeça com um pano de lã branca. Mas tive tempo de entrever, muito rapidamente, um vulto alto, vestindo um *shalwar kamiz*[1] tradicional e branco, com as mãos atadas à frente, na altura do ventre, o rosto um pouco inchado e, nos lábios, um sorriso de triunfo.

Fora isso, tive que trabalhar com fotografias, tal como os pintores — tive que multiplicar as imagens, em Londres ou em Karachi, inéditas ou publicadas na imprensa, como os dois instantâneos do *Guardian* e do *Dawn* que tanto me haviam impressionado no primeiro dia, tive que reunir todas as imagens dele que consegui encontrar, e longamente, avidamente, inquirir sua fisionomia impressa em papel na tentativa de apreender nela o mistério, ou o reflexo de um mistério, que acabou por transformar aquele inglês exemplar num terrível assassino.

Existe a fotografia em preto e branco que todo mundo conhece, aparentemente uma foto de escola, na qual ele tem um aspecto de bom rapaz, simpático e bem-comportado. Os lábios parecem amuados. As bochechas são reluzentes. Traços um pouco lânguidos, que se explicam devido à idade

---

[1] *Shalwar kamiz*: conjunto de túnica e calça usado por homens e mulheres no Oriente. (N. do E.)

tenra. Só o olhar tem algo de perturbador, uma espécie de vibração fria que dá medo — mas talvez isso se deva à qualidade do negativo, ou apenas a uma impressão minha.

Existe outra foto, talvez um pouco posterior, da época da London School of Economics. Terno escuro. Gravata preta. Um topete abundante, bem-arrumado no alto da testa. Uma guloseima na boca. Uma nova firmeza no queixo. A imagem está fora de foco. Isso vale sobretudo para os olhos, que parecem devorados pela luz. Mas é justamente ali, nos olhos, que identifico, estranhamente, uma expressão mais forte: um olhar indefinível, impiedoso e triste; uma pupila sem fundo que, de repente, o faz parecer mais velho.

Existem, datadas da mesma época mas inéditas, as duas fotos espantosas que me foram oferecidas por Greenville Lloyd, ou "a Pantera", árbitro das partidas de braço-de-ferro que Omar gostava tanto de disputar em sua última fase londrina. Um cenário de *pub* ou de quarto de hotel barato. Um aparelho de televisão preso à parede, sobre um braço articulado. Uma lousa em segundo plano, na qual se lê "*Today's special*"[1]. Um árbitro, em camiseta branca, boné azul-marinho e brasão dourado, expressão terrivelmente concentrada, quase apavorada, como se fosse gritar. E de pé, em primeiro plano, separados por uma mesa que lhes bate na cintura e sobre a qual foram dispostas duas almofadas de espuma plastificada, que servem para amortecer o choque do braço na madeira, dois rapazes muito jovens, envolvidos numa luta. Omar é o mais alto. Traja uma camiseta clara de mangas cavadas, encharcada de suor. Calças de lã azul-marinho presas por um cinto de couro marrom. Adivinha-se um torso peludo. O braço, também peludo, inchado pelo esforço na tentativa de sujeitar o adversário. A outra mão, fechada numa estaca de madeira, aperta-a com tanta força que se vêem as falanges embranquecidas, os pequenos ossos

---

[1] "A especialidade de hoje". (N. do T.)

movediços prestes a atravessar a pele. Mas o que impressiona mais é sua fisionomia: olhos baixos, traços crispados e deformados pelo esforço, nariz comprimido, como quem prende a respiração, e alguma coisa de pueril conquanto concentrado, selvagem, impiedoso, na parte inferior do rosto — Omar Sheikh não luta, odeia.

Ainda da mesma época existe o documento extraordinário que Leecent Thomas, conhecido como "The Force", parceiro e amigo jamaicano de Omar nos anos de queda-de-braço, me entregou certa noite, no hotel em Londres. Não uma foto a mais, e sim um vídeo! E que vídeo! Várias horas filmadas sem interrupção, em 18 de junho de 1992, num *pub* londrino, no qual se vê, de repente ao vivo, em plena força e ação, um Omar Sheikh muito jovem disputando um campeonato! Omar aparece onze vezes. Com onze adversários diferentes. Mas a situação é sempre a mesma. O *pub*, como eu já disse. A multidão que aplaude e grita. Jovens sentados no chão, cabelos curtos, tatuagens, torsos de campeões, canecas de cerveja. Música ruim ao fundo. Fumaça. Uma atmosfera ao mesmo tempo canalha e jovial, que lembra os *Teddies Boys* dos anos 1970. Um árbitro. E Omar que, a cada disputa, entra em cena, se instala na mesa e enfrenta um novo adversário.

O vídeo é de qualidade sofrível. As cores, mal reproduzidas. Omar, embora as cenas tenham sido filmadas no mesmo dia, usa calças que, conforme a iluminação, parecem verdes ou castanhas. O som, sobretudo, é inexistente — um burburinho, estrépito de vozes indistintas, a televisão que vocifera, quase abafa a música. Mas o que se pode ver muito bem é a encenação, o *show* pessoal de Omar.

O jeito de entrar em cena, por exemplo, sem olhar para a câmera nem para o adversário. Os outros olham para ele, miram-se uns aos outros ou lançam olhares ao público — mas ele parece totalmente sério, concentrado, quase não pisca os olhos, masca um chiclete.

O relacionamento com o árbitro: o árbitro está sempre presente; corrige as posições, prodigaliza os últimos conselhos, encoraja, retifica — "Endireite-se mais... o cotovelo bem apoiado na mesa... não assim, aperte mais firme... exatamente, o punho... relaxe..."; porém, ao passo que todos os outros escutam, eventualmente trocam uma palavra e até mesmo fazem um gracejo, ao passo que essas recomendações de último minuto dão ensejo, a cada vez, a uma familiaridade, um meneio de cabeça, uma conivência, Omar é o único que não lança um único olhar ao maldito árbitro, é o único que nunca deixa de comprimir os lábios; faz o que lhe dizem para fazer, é claro, mas o olhar está em outra parte, como se dissesse: "Você fala demais, com a breca, quando vai acabar com esses conselhos inúteis?"

O jeito, muito estranho também, de "esquentar" o corpo para a disputa. Bate com os pés e balança vigorosamente a cabeça, como se procurasse seu ritmo. Segura a mão do adversário, depois torna a segurá-la várias vezes para confirmar que está bem firme, e em seguida, quando fica satisfeito, ele a acaricia e sopesa, ainda mascando o chiclete, e sempre no mesmo ritmo, como num aperto de mão, balança-a suavemente. Por fim, cola-se à mesa. Esfrega-se contra a madeira. Agora, é ele que parece oscilar, com o busto inclinado para a frente, ventre colado à borda da mesa, narinas frementes e olhos fixos. Numa das ocasiões, a situação é tão obscena que o árbitro intervém — não entendo o que ele diz a Omar, mas puxa-o um pouco para trás e afasta seu ventre da mesa.

As artimanhas — pois Omar é de fato, entre todos os adversários, o mais cheio de truques. Por exemplo, aquele colosso de cabeça raspada, sósia de Gregorious, o atleta de luta livre no filme *Forbans de la nuit*, de Jules Dassin[1], uma montanha de músculos e banha, braços que parecem coxas,

---

[1] Filme de 1950, exibido em inglês com o título *Night and the city*. (N. do T.)

mãos que lembram pás, com o dobro do peso de Omar, mas quase da mesma altura. Então, pode-se ver o rapaz magro e frágil, com a mão afundada na pata enorme do outro, retesar os músculos pequenos, mobilizar todo o corpo para resistir, e em seguida relaxar, inclinar um pouco o braço... pronto... ele está pedindo água... é óbvio que perdeu... só que, quando o adversário acredita na reação e pensa ter ganho a partida, relaxando a pressão por sua vez, Omar torna a mobilizar os músculos de repente, inverte o movimento e, com um empurrão, um só, sob os vivas da sala, derruba o braço do atleta na mesa.

A expressão de orgulho indizível, por fim, quando ganha o ponto, como no caso de Gregorious; cabeça inclinada para trás; um sorriso quase imperceptível — são os únicos momentos em que se descontrai — que não tenho certeza se significa orgulho, arrependimento ou rancor. Tudo está ali, no vídeo, tudo, e até mesmo, sob o semblante, seu rosto secreto de animal selvagem.

E depois, ainda daquela época, a última foto inédita, encontrada na casa de Frank Pittal, o amigo judeu da família, que organizava torneios de queda-de-braço, o homem que percorria com Omar todos os *pubs* da Inglaterra, como um dono de circo a exibir sua mulher barbada. É uma fotografia de grupo que se parece com uma foto escolar. Mas não. Estamos em Genebra. E o clima é bem mais sério que numa foto escolar, pois se trata do time inglês de *arm wrestling*, que foi disputar, em dezembro de 1992, os famosos campeonatos mundiais. Omar não está na primeira fila, onde se vêem dois pesos pesados de cócoras. Tampouco está na segunda ou na terceira filas, onde as pessoas ficam de pé. Curiosamente, ele se colocou entre as duas filas: sozinho, deslocado, com um grande sorriso nos lábios — aliás, dos dezenove rapazes e duas garotas, Omar é o único que sorri tão abertamente. Será que ganhou? Será que só está feliz por se encontrar ali, embora seus méritos próprios, suas vitórias homologadas, seu quadro de honra não fossem suficientes para garantir a vaga? (Ouvi dizer, em várias ocasiões, que a federação de queda-de-braço era pobre, não reembolsava os custos de viagem e portanto precisava de campeões que tivessem condições de pagar a própria passagem de avião...) Sim, ele parece feliz. Despreocupado. De súbito, nenhuma nuança de rancor ou ódio. Isso se passa algumas semanas antes de sua partida para a Bósnia. Alguns meses antes de sua conversão. E ele parece ter recuperado o ar de criança feliz.

Existem instantâneos mais recentes, depois do crime, depois *dos* crimes. Dez anos se passaram; a conversão já foi concluída; ele foi à Bósnia; depois, da Bósnia para o Afeganistão; do Afeganistão partiu para a Índia, onde organizou seus primeiros seqüestros antes de cumprir a primeira pena de prisão. O pequeno Omar Sheikh se tornou, tanto antes como depois do seqüestro de Daniel Pearl, um dos jihadistas mais famosos do Paquistão. O ex-aluno da London School, o campeão de queda-de-braço, o adolescente bonzinho do qual os ex-colegas concordam em louvar a gentileza, a polidez, tornou-se um dos terroristas mais procurados do mundo.

Existe o instantâneo célebre, que data dos anos 2000-2001, em Lahore, no qual ele está inteiramente vestido de branco e usa flores vermelhas, de uma cor de compota, ao redor do pescoço. Agora é um adulto. Parece arrogante. Resplandecente. Tem ombros compactos e um torso avantajado. Usa a barba de comprimento médio dos talibãs e um longo turbante branco, enrolado várias vezes ao redor da cabeça. Imagino que a foto seja da época de seu retorno da Índia. Deve ter sido tirada numa daquelas recepções que ele não perdia por nada do mundo, e nas quais convivia, segundo se diz, com a elite punjabi da cidade: "Quero lhe apresentar Omar... um homem de princípios e convicções... nosso herói... nosso ídolo... o homem que nos representa e carrega nossa bandeira... os indianos o torturaram, mas ele resistiu..." Omar parece feliz. Sua expressão sugere uma pessoa satisfeita e realizada. O rosto aparece em ângulo de três quartos, mas pode-se ver o sorriso carniceiro e, por trás dos óculos de lentes cinza, um olhar de fera à espreita. Acredito que, naquela foto, ele tenta se parecer — se não se levar em conta a corpulência — com Masud Azhar, seu mentor, seu guru, o homem em todo o mundo que causou maior impressão em Omar, e com o qual ele começava a entrar, na época, em rivalidade.

Existe uma imagem dele dois anos mais tarde, diante da prisão de Hiderabad, no dia de sua condenação à morte. Dessa vez, ele não usa nada para cobrir a cabeça. Está em mangas de camisa. A barba é mais curta. Está cercado por uma multidão de policiais, que podem ser reconhecidos pelo capacete azul-marinho, e por Rangers de boné preto. Em primeiro plano, vê-se uma mão erguida, mas não se sabe se ela está prestes a golpear alguma coisa, se tenta deter um golpe ou proteger alguém. Fora do enquadramento, adivinha-se uma grande agitação, e esse é o motivo provável da presença militar ostensiva. Todo mundo, com efeito, parece nervoso. Todo mundo está à espreita de um incidente, talvez de um drama. Mas ele, Omar, está calmo. Tem os olhos baixos. Está de frente, com o torso ligeiramente inclinado para trás, como se a pressão da turba, das câmeras, das forças da ordem o enfastiasse ou o irritasse. E no movimento de ligeiro recuo, na recusa em olhar para a objetiva, enquanto todos se agitam ao redor dele, há uma insolência negra que me lembra o tempo dos torneios londrinos de queda-de-braço.

Existe a mesma foto, só que mais estreita, enquadrada unicamente sobre o rosto de Omar, que ele ergueu agora em direção à luz. A cabeça está inclinada para trás, como se ele ouvisse um som longínquo ou inalasse o frescor benfazejo do ar. O rosto está pálido, duro como pedra, com uma expressão ligeiramente zombeteira e como que um laivo de sorriso (será que o fotógrafo o surpreendeu no final de uma daquelas risadas diabólicas que gelavam o sangue de seus colegas em Londres e de seus reféns em Nova Delhi?) Dessa vez, podem-se ver os olhos. E sente-se nos olhos um desprezo absoluto por tudo aquilo que acaba de acontecer: a dor dos parentes de Pearl; a severidade da Corte; o linguajar jurídico; ouvir o anúncio de pena máxima, isto é, morte por enforcamento, sabendo ou fingindo saber que ninguém acredita nisso e que tudo não passa de uma enorme encenação; e agora, a azáfama ao redor dele e por causa dele... A verdade é que se sente, na foto, que ele não acredita muito no que acontece ao redor. É como se pensasse: "Mas qual o sentido de tudo isso, afinal de contas? Por que as pessoas ficam excitadas a esse ponto? Sei muito bem que, daqui a um ano ou dois, vou me safar desse inferno grotesco... e até lá me terei tornado um grande jihadista, o maior de todos — no mesmo nível de Masud Azhar, meu antigo chefe, que o Diabo o carregue, agora eu é que vou me tornar o emblema do movimento..."

E ainda existe a mesma foto... No mesmo dia, ou mais exatamente, na mesma situação, os mesmos Rangers ao redor dele, as mãos ainda atadas à frente, pendentes na altura do ventre... Só que, dessa vez, tudo acabou. Omar está prestes a entrar num carro blindado e azul, à espera. Não exibe mais nenhum sinal de euforia. Talvez a multidão tenha festejado sua condenação. Talvez ele tenha se conscientizado do aspecto trágico de sua situação. No rosto se vê, de repente, algo de curiosamente perdido e desfeito. Os olhos ofuscados. O sorriso prudente, um pouco tolo. Ele deve estar tremendo um pouco, deve sentir calafrios. Tenho até a impressão de ver uma gota de suor que lhe escorre pela testa. O arrogante, o herói, o sucessor de Masud Azhar que acreditava que entraria, ainda em vida, para o Panteão dos Combatentes, parece ter voltado a ser uma espécie de calouro — uma fisionomia com algo da fragilidade, da moleza, da indeterminação pueril que ele exibe nas primeiras fotos, na época em que era apenas uma criança em busca de seu papel e seu destino.

Mobilidade do rosto. Plasticidade das expressões. A capacidade absurda, em instantâneos tirados na mesma época e, como aqui, quase no mesmo momento, de mudar de fisionomia e tornar-se, de repente, outro. A imprensa costumava dizer isso sobre Carlos. E agora, a mesma coisa se diz de Bin Laden. Em todos eles, a aptidão diabólica para ser várias pessoas ao mesmo tempo. Um nome apenas, mas com rostos que são legião?

As fotos que faltam são aquelas da fase intermediária: Bósnia, campos de treinamento afegãos e paquistaneses, Índia, seqüestro de reféns, prisão. Será que existem? As imagens desse Omar podem ser encontradas em algum lugar? onde?

A verdade é que tenho uma delas, extraordinária e, parece-me, inédita. Ele está nu da cintura para cima, num leito de hospital que é sem dúvida o hospital de Ghaziabad, na Índia, onde se internou, em 1994, depois da investida dos policiais para libertar os reféns. Pode-se distinguir uma sonda à esquerda de Omar. O braço direito está flexionado, e a mão chega a tocar a testa. Está muito pálido. A barba parece muito preta. As feições estão emaciadas. Lembra vagamente o Guevara morto, na foto célebre de Freddy Alborta. O problema é que não existem outras imagens da época. E esta, sobretudo, foi tirada a uma distância grande demais para que seja possível distinguir os detalhes. De modo que, para aquela fase, tive que me basear num testemunho verbal: o de Peter Gee, inglês que foi seu companheiro de cela, em Nova Delhi, durante mais de um ano, e que certamente, devido a isso, é uma das pessoas em todo o mundo que o conhece melhor hoje em dia.

Gee, que cumpria pena por causa de sua história sombria de tráfico de maconha, saiu em março de 2000, três meses depois de Omar. Não ficou na Inglaterra. Foi morar na Espanha, numa aldeia perdida, Centenera, no coração das montanhas, entre Huesca e Barbastro, sem eletricidade, sem telefone, uma caixa postal precária, o correio eletrônico de um amigo que ele consulta uma ou duas vezes por mês. Uma canseira entrar em contato com ele. Encontrei-o num hotel de San Sebastián, onde estive por um motivo muito diferente (tomar parte numa manifestação de solidariedade às vítimas do terrorismo basco do ETA, junto com Fernando Savater e seus amigos de "¡Basta Ya!")[1]. Com seus quase quarenta anos, Gee parece envelhecido. Cabelos curtos e louros. Um aspecto de *hippie* veterano, que vive de música, haxixe e ioga, nunca um jornal nem uma televisão, o ruído do mundo em conta-gotas. Um velho amigo holandês, ainda mais arriado do que ele, que tem um carro e o trouxe até o hotel, mostra admiração por Gee, por causa de seu passado indiano e de sua ligação com um terrorista célebre, da mesma forma como se admiram as estrelas de cinema ou os grandes homens. Por que Gee veio até o hotel? Por que aceitou não apenas conversar comigo, mas percorrer todo aquele trajeto? A amizade, responde ele. Omar era um amigo. Gee gostava de sua honestidade, seu idealismo, sua alegria. Não é porque Omar está na merda que Gee vai mudar agora de opinião. Será que estaria disposto, por exemplo ali, na mesa vizinha à nossa, a dizer ao amigo querido: "E aí? Como vai, meu chapa? Sente-se, vamos conversar"? Aquela ligação teria outros motivos? Não faço idéia. Nem procuro saber. Estou

---

[1] Fernando Savater, filósofo e escritor basco nascido em 1947, fundou a organização ¡Basta Ya!, que se opõe ao terrorismo do ETA. (N. do T.)

mais do que satisfeito com a esmola inesperada para me perder em conjecturas e não aproveitar cada minuto do jantar miraculoso, no qual pretendo fazer finalmente as perguntas que me queimam os lábios.

O Omar do qual Gee se recorda é uma alma piedosa, realmente piedosa, que acredita na imortalidade da alma e na existência do Paraíso, "assim como acredita que um ovo é um ovo e que dois e dois são quatro".

É um integrista, quanto a isso não resta a menor dúvida. Gee não se lembra de tê-lo visto ler outro livro, durante um ano, que não fosse o Alcorão ou comentários sobre o Alcorão.

— Bem que tentei o *Robinson Crusoé* de Daniel Defoe... Ou Dostoiévski... Mas ele nem entendia que utilidade esses livros poderiam ter... No entanto, que seja dito: Omar era uma pessoa aberta. Não era o tipo que acredita que só existem muçulmanos no mundo. Certa vez, por exemplo, dois nigerianos foram punidos porque os guardas encontraram tabaco em suas celas. O costume, em casos assim, era amarrar os faltosos numa barra de ferro e obrigar seus companheiros de detenção, um a um, a espancá-los com bambus. Pois bem, Omar se recusou a tomar parte no castigo e lançou uma greve de fome em solidariedade aos nigerianos. Tudo bem, não funcionou: as pessoas se queixam de fraqueza por qualquer motivo para ir até a enfermaria e comer. Mas isso dá uma idéia do estado de espírito de Omar, de seu humanismo.

Gee também se lembra de seu carisma. Do poder que exercia sobre os outros e, principalmente, sobre os muçulmanos da prisão. Seria por causa da voz? Por causa do olhar, que fixava as pessoas sem piscar? O nível intelectual elevado? O fato de ter passado pela Bósnia, pelo Afeganistão? A proezas? Seja como for, ele imperava. Enfeitiçava as pessoas. Vivia — ou era — como uma espécie de chefão da Máfia, de Don Corleone, para todos os prisioneiros do Paquistão e de

Bangladesh. Às vezes, o próprio Omar se preocupava com isso. Achava que não era correta a atitude de poderoso chefão. Em voz alta, dizia: "Cuidado com a embriaguez do poder! O que importa são as idéias! As idéias! Não o poder!"

Omar era violento? Por acaso Gee se lembra de conversas ou cenas nas quais se podia sentir o gosto pela violência que o levou a assassinar Daniel Pearl e, antes disso, durante o primeiro seqüestro, a ameaçar Nuss, Croston, Partridge e Rideout de decapitação? Diante da pergunta, Gee hesita. Sinto que ele sente que, por causa de perguntas — e respostas — como aquela, o amigo pode perder a vida. Por isso, de um lado, sim, ele admite que houve sinais: o fato, por exemplo, de Omar ter agredido o diretor da prisão de Meerut, em Uttar Pradesh, onde cumpria a primeira parte da pena; ou então aquele dia, na Tihar Jail, em que organizou um boicote contra a Jai Hind, a oração patriótica indiana que todos os detentos, inclusive os muçulmanos, tinham de recitar de manhã, e quando, diante das perspectivas de represália por parte da administração, falou em matar um chefe da guarda. Por outro lado, não, aqueles eram apenas sinais, não eram atos, e no íntimo Gee tem certeza de que Omar era uma pessoa basicamente boa e pacífica. Ele duvida de que Omar tenha assassinado Daniel Pearl. E quanto ao outro caso, quanto às ameaças dirigidas aos reféns de Nova Delhi, Gee só tem uma coisa a declarar:

— Na época em que pensávamos que eu sairia antes dele, ele me deu o endereço daquelas pessoas e me pediu que fosse vê-las para, em seu nome, dizer que lamentava sua duplicidade, que se arrependia de ter mentido para elas, para atraí-las a uma armadilha. Pois bem, isso não é uma prova de bondade?

As mulheres. Esse é um mistério para mim, Omar e as mulheres. Será que Gee tem alguma idéia a respeito? uma hipótese? Será que tiveram oportunidade de falar sobre isso, em suas longas conversas de cela?

— É simples — responde ele. — Ele tinha obsessão pela

pureza. Colocava as mulheres num pedestal. Portanto, não ousava pensar no assunto. Tinha vinte e cinco anos de idade, na época. E no fundo não tenho certeza se Omar alguma vez fez amor com uma mulher, ou se chegou a ver uma mulher nua. Lembro-me de uma conversa — prossegue. — Estávamos no refeitório da prisão e falávamos sobre o que significa ser corajoso. A tese de Omar era que a verdadeira coragem não implica necessariamente arriscar a vida, pois basta ser um crente como ele para não ter medo da morte. Nesse caso, enfrentar a morte não seria mérito algum. Em compensação abordar uma mulher, esse era um verdadeiro ato de coragem. Puxar conversa com a garota da London School pela qual tinha um fraco, em vez de mandar recados por intermediários, e convidá-la para beber um café, é uma coisa que ele nunca teve coragem de fazer. E, de repente, ele se detestava por causa disso.

O islamismo e as mulheres... O sentimento recalcado de pânico e impotência, o medo e às vezes a vertigem diante do sexo feminino, que sempre identifiquei como o verdadeiro substrato da pulsão fundamentalista... Omar seria uma prova disso?

— O segredo de Omar — acrescenta Gee — era a falta de raízes ou, o que vem a dar no mesmo, o desejo desesperado de fincar raízes. A cultura dupla. O Paquistão na Inglaterra. A Inglaterra no Paquistão. Foi o próprio Omar que teve a idéia, em 1998, de deixar a Forest School e partir para Lahore. O quê? O senhor está dizendo que não? O senhor descobriu que foi uma decisão dos pais dele, por causa da falência da Crystal Chemical Factories Ltd. etc.? Bem. Pode ser. Afinal, é o senhor que está fazendo a investigação. O que posso garantir é que, também nesse sentido, as coisas não davam certo para Omar. Ele tinha percebido que a falta de raízes valia nos dois sentidos, e que, feitas as contas, não se sentia mais à vontade na Aitchinson do que na Forest School. Então, eu lhe pergunto: quando uma pessoa vive uma situação assim, quando se sente dilacerada dessa maneira, o que pode fazer? Que solução lhe resta?

O amigo holandês de aspecto arriado, que desde o início da entrevista desenhava círculos na mesa e não dizia nada, opinou de repente e com ênfase que, mais do que nunca, admirava seu amigo Peter Gee.

Lembro-me de um comentário, algumas semanas antes, de Rhys Partridge, um dos reféns de Nova Delhi. Ele se lembrava de acessos terríveis de violência verbal contra os judeus. Lembrava-se de um ódio total, radical, contra a Inglaterra. Seria um ódio recente ou antigo? Teria começado na fase terrorista ou mais cedo? O estudante feliz, a criança bem-educada estariam escondendo o jogo, à espera da hora da vingança?

— Tenho uma teoria — disse-me Partridge. — Refleti sobre os famosos torneios de queda-de-braço, e tenho uma teoria. No fundo, Omar detestava aquilo. Desprezava os ingleses gordos, entupidos de cerveja, tatuados, ratos de boteco, obscenos. Mas aí é que está. Graças à queda-de-braço, aprendia a conhecê-los e odiá-los. Era como uma espécie de agente duplo, que vinha entrar em contato com o inimigo. E é para isso que servia o *arm wrestling*.

Desafio fálico, sim... Combate homossexual insensato que leva à aniquilação do outro... Qual de nós dois tem o braço mais grosso? Partridge contra Gee. A tese do grande carrossel fálico, homossexual e mimético — frente à tese da falta de raízes.

Afinal, quem é Omar?

Existem duas pessoas chamadas Omar? O lobo e a ovelha sob a mesma pele? O inglês perfeito e o inimigo absoluto?

Ou será que existem mais de dois, protagonistas de

roteiros ainda mais contraditórios? Um Omar verdadeiramente diabólico?

Ou talvez um único Omar, que sempre foi um enrustido e em Londres fazia pose de bom menino, mas já carregava dentro de si um sósia tenebroso, uma sombra que o tragaria em pouco tempo?

Volto a refletir, pela última vez, em todas as esquisitices que me foram relatadas por alguns dos ex-colegas.

Volto a refletir no medo patológico dos pombos, ou em toda fase — meses — na qual ele dizia aos colegas: "Estou fedendo a rato morto! Não se aproximem de mim, estou com fedor de rato morto! Uma vez, um rato morreu em meu quarto, empesteou o ambiente. Nunca consegui me livrar desse cheiro". O homem do rato...

Penso na risada terrível, mais ameaçadora que jovial, da qual todos se lembravam: os ex-colegas, o diretor da escola em Sarajevo, Rhys Partridge.

É o eterno enigma desse tipo de personalidade, e de sua metamorfose visível.

É a pergunta principal, a pedra na qual sempre se tropeça, e diante da qual me detenho mais uma vez.

Ou, então, a hipótese das duas vidas numa só, da dissonância, do dilaceramento e, no fundo, da conversão. "Eles transformaram suas almas", costuma-se dizer a respeito dos grandes convertidos, dos eleitos, dos escolhidos que, certa manhã, percebem que já não têm um véu diante dos olhos e se arrependem de seus erros. Mas por que aquilo que vale para os "eleitos" não valeria, também, para os "não-eleitos"? Por que não a mesma lei para os santos e para os grandes criminosos, os réprobos, os monstros, os "convertidos" ao contrário?

Ou então o personagem de Roger Vailland, em *Um rapaz solitário*[1], que diz basicamente o seguinte: Não acredito nas "dissonâncias" na vida de um homem; "parto do princípio de que as dissonâncias aparentes são os fragmentos descontínuos de um contraponto que me escapa ou que escondem de mim"; então "brinco" de entrar na pele do personagem que tenho diante de mim; procuro; tateio; e, "quando encontro o contraponto que dá sentido a todas as dissonâncias, sei tudo o que quero saber sobre o passado e o presente" desse homem, posso inclusive "prever seu futuro", basta "continuar a brincar..."

Não sei o que dizer.

---

[1] Romance de Roger Vailland (1907-1965), publicado em 1951. (N. do T.)

# 6

# RECONSTITUIÇÃO DE UM CRIME

Em compensação, tenho uma noção mais concreta de como Omar Sheikh empregou seu tempo nas semanas e dias anteriores ao crime.

Estive com um de seus parentes.

Li alguns dos autos do inquérito policial em Sind.

Assim como no caso de Daniel Pearl, tentei seguir as pegadas de Omar — tentei, sempre que possível, reconstituir seus passos.

E, quando os vestígios faltavam, quando as testemunhas se esquivavam ou quando, já que se tratava de vida interior ou de cenas das quais Omar foi o único ator, eu sabia que em princípio não podia existir informação real, fiz meu trabalho de escritor. O método clássico do romance-reportagem, que me permitiu, outrora, guardadas as devidas proporções, reconstituir os últimos dias de um poeta[1] — não

---
[1] Referência a *Os últimos dias de Charles Baudelaire*, segundo romance de Lévy, publicado em 1988. (N. do T.)

ceder nada ao imaginário quando a realidade está disponível, e a investigação, pelo menos de maneira legítima, tem condições de reconstruí-la; em compensação, dar toda a liberdade ao imaginário ali onde a realidade se esquiva, e onde é impossível afirmar alguma coisa.

Em casos assim, qualquer detalhe tem importância. O vestígio mais ínfimo. A indicação aparentemente mais inútil. É Leonardo Sciascia quem afirma em *O caso Moro*: "Para a formação de cada acontecimento, que em seguida se manifesta em toda a sua grandeza, concorrem fatos pequenos, às vezes imperceptíveis, os quais, num movimento de atração e aglomeração, escorrem para um centro obscuro, para um campo magnético vazio onde tomam forma. Então, eles se tornam, todos juntos, o grande acontecimento". E (como não fazer minhas estas palavras?): "Dessa forma, na aglomeração que os fatos compõem todos juntos, nenhum deles, por mínimo que seja, é acidental, incidental, fortuito — as partes, mesmo que do tamanho de uma molécula, encontram sua necessidade e explicação no todo, e o todo se explica em função das partes".

O ponto de partida é o dia 11 de janeiro, no alto da Murree Road, em Rawalpindi, num hotel moderno diante do parque Liaquat Bagh, que se chama Akbar. Asif, o "quebra-galho" de Pearl, organizou um encontro, e aquele é o primeiro contato, a primeira aproximação entre os dois homens.

Omar raspou a barba.

Vestiu-se à moda ocidental.

Foi visto na véspera, numa loja de Islamabad, comprando óculos Ray Ban semelhantes aos que costumava usar em Londres, no último ano, dia e noite. O pai dizia que os óculos lhe davam um ar de chefão da máfia de Bombaim.

Foi visto numa grande livraria de Islamabad, chamada

Mr. Books, a dois passos dos edifícios da Presidência e da Corte Suprema paquistanesas. Conversou animadamente com Mohammed Eusoph, o proprietário, que lhe vendera, alguns meses antes, um livro grande em inglês. De certa forma, Omar era o protagonista do livro, que narrava a história do seqüestro do avião da Indian Airlines — graças ao qual, no Natal de 1999, ele foi libertado das prisões indianas. Dessa vez, procurava um livro sobre a guerra do Iraque em 1991, outro sobre a formação das forças especiais de combate norte-americanas, outro de Montgomery Watt, *Islamic fundamentalism and modernity*, publicado em Nova York em 1988, que Eusoph teve de encomendar, e outro ainda, de um certo Abu-Saud, economista muçulmano e conselheiro da Liga Árabe.

Quando Danny chega para o encontro, Omar está sentado à mesa, junto com três barbudos, no restaurante do hotel, uma salinha escura de frente para a recepção, à esquerda. Mas ele, Omar, raspou a barba. Recuperou o aspecto de ocidental perfeito. Passou duas horas, de manhã, fazendo "exercícios de pronúncia" — o talento que sempre teve, que sempre provocava a zombaria dos colegas do Aitchinson College, e que naquele dia terá importância decisiva, de passar num segundo do punjabi mais caricatural para a pronúncia britânica mais distinta. Omar permanece duas horas, talvez três, num apartamento do quarto andar, "bancando o inglês" com o jornalista, respondendo a suas perguntas, prestando todos os esclarecimentos que ele queria sobre as relações complicadas entre os vários grupos jihadistas paquistaneses, e prometendo fazer de tudo para conseguir a tão desejada entrevista com o xeque Mubarak Ali Shah Gilani, chefe de uma seita que, segundo Danny imagina, tem implicações com Richard Colvin Reid, o homem dos sapatos carregados de explosivos no vôo Paris–Miami.

Começou o cerco.

Começou o balé terrível, que vai durar doze dias, do caçador e sua caça.

No dia seguinte, convencido de que Danny foi fisgado, Omar volta para casa em Lahore, onde revê Sadia, uma jovem anglicista com título de mestrado pela Universidade do Punjab, que é a primeira mulher de toda a sua existência. Eles se casaram um ano antes e ela acaba de lhe dar um filho.

Não pude me encontrar com Sadia. Quando Omar estava em liberdade, ela permaneceu enclausurada, invisível. E a situação não mudou depois que foi preso. Mas sei que é inteligente. Bonita. Sei que ela tem, sob a *burka*, a pele pálida mas luminosa das mulheres cuja clausura é recente e que, na adolescência, viveram e se bronzearam ao sol. Sei também que ela concorda com as idéias de Omar e que, nas raras declarações que fez, confessou seu "orgulho", assim como a maioria dos paquistaneses que encontrei, pelo fato de Omar ter "levado suas idéias às últimas conseqüências".

Omar passa dois dias em casa com a mulher.

Aproveita-os para assinar três novas linhas de telefone celular e para estabelecer contato com Nasim e Saquib, dois veteranos da guerra no Afeganistão, militantes de um grupo com o qual Omar se identifica, o Harkat ul-Mujahidin, e que depois do rapto serão encarregados de mandar comunicados à imprensa por *e-mail*. Omar também aproveita para aperfeiçoar o disfarce de jovem paquistanês amigo do Ocidente: numa butique do centro da cidade, compra sapatos Gucci; um anel largo e chato; um relógio de pulso Breitling; um impermeável azul-marinho que usará durante a noite para que não pareça novinho em folha; um blusão de couro; um *jeans*; outro par de óculos Ray Ban no qual manda colocar lentes de grau; um par de óculos normais, com aros de tartaruga que lhe devolvem o aspecto da época em que estudava na London School of Economics, antes de mergulhar no universo do fanatismo e do crime.

Será que a operação exige todos esses apetrechos ou será que Omar sente um prazer secreto em usá-los? Seja como for, ele acumula os símbolos de sua identificação com um Ocidente do qual se afastou, e que odeia por princípio, já que está disposto a matar um de seus representantes mais bem-sucedidos. Nesse momento, Omar me lembra os terroristas do ataque de 11 de setembro — Atta, Majed Moqed, Alhazmi, Khalid Almihdhar — cujos últimos prazeres no mundo os investigadores do FBI descobriram com assombro: um encontro amoroso em Las Vegas; um flerte com uma puta mexicana; dez minutos num *sex shop*; uma hora na rua principal de Beltsville, diante das vitrines das lojas de *lingerie* feminina...

Omar entra numa concessionária para comprar um Toyota. Muda de idéia e decide alugá-lo.

Chega o dia 15.

Omar vai de carro até Dokha Mandi, aldeia natal de seu pai e berço da família.

No dia seguinte, volta a Lahore e joga uma partida de xadrez com um primo; almoça no Liberty Lions Club, ponto de encontro da elite punjabi da cidade; vai ao dentista; caminha a esmo, mas sem dar na vista, nas imediações do Aitchinson College; passa pelo bazar de Anarkali; detém-se para rezar, mas por pouco tempo, na mesquita Sonehri, no centro antigo da cidade; dá uma esticada até os Jardins Shalimar, a leste, no final da Grand Trunk Road, onde é visto passeando por várias horas, em meio às fontes, às aléias de hibiscos e de buganvílias, e às roseiras.

Últimos instantes de paz?

Últimos ajustes táticos antes da operação?

Omar também entra em contato, ao que parece, com pessoas do Lashkar i-Janghvi, grupo com o qual não costumava lidar, mas que gostaria de incluir na operação.

Encontra-se em Badshahi, uma velha mesquita de areia vermelha, perto do Forte, com um homem cujo nome não consegui descobrir, mas que mantém contatos, desde a prisão em que foi jogado por Musharraf, com Maulana Masud Azhar, chefe do Jaish e-Mohammed e antigo mentor de Omar.

Por fim, ele escreve uma mensagem a Danny — cinco dias se passaram desde o encontro deles em Rawalpindi, e Omar lhe manda um *e-mail*, a partir de um endereço que, retrospectivamente, tem uma conotação humorística (Nobadmashi@yahoo.com — em urdu: "*no rascality*", "nada de golpes baixos"), no qual diz basicamente o seguinte: "Minha mulher adoeceu e acaba de ser hospitalizada, por isso demorei um pouco para lhe responder a respeito do encontro com Gilani, sobre o qual conversamos no Hotel Akbar. Descobri a caixa postal do Mestre e encaminhei os artigos que o senhor me mandou por *e-mail*. Acredito que esteja disposto a recebê-lo. Por favor, reze pela saúde de minha mulher".

A bomba-relógio foi acionada.

Começou a contagem regressiva.

As pessoas que cruzam com Omar naquele momento ficam impressionadas com seu ar calmo, decidido — e às vezes, atravessando o olhar como uma rajada de vento, uma nuança de angústia.

No dia 17, com a mulher e o recém-nascido, Omar deixa a casa de Mohni Road e pega um trem para Karachi — um daqueles grandes trens paquistaneses, abarrotados de gente, sem lugar marcado, mas no qual, curiosamente, consegue encontrar um compartimento quase vazio, só três passageiros, sem dúvida comerciantes, que aparentemente ficam impressionados e lhe oferecem um banco vazio.

Durante a viagem, Omar recita suas orações sobre um tapete, no corredor.

Exibe o novo *look* — rosto sem barba, um paletó de brim sobre o *shalwar kamiz* —, mas não perde nenhuma das orações do dia.

O resto do tempo, lê, medita, dorme — Sadia, coberta com um véu dos pés à cabeça, calçando um par de sapatos ordinários, sem salto, está no setor feminino do compartimento, separado por uma cortina, com seu bebê.

Quando o trem chega ao local de miséria extrema que é a estação de Karachi, acontece um incidente bizarro. Omar é empurrado, quase agredido, por um daqueles mendigos que dormem na rua, às centenas, envoltos em cobertores roídos pelas traças e que exalam um fedor de imundície. O que teria acontecido? Será que Omar tropeçou no mendigo sem querer? Ou este acreditou que Omar fosse um homem de negócios estrangeiro, um incréu? Ou os dois encenaram uma farsa para transmitir uma mensagem, e nesse caso, qual mensagem, por que, para quem? Seja como for, trocam algumas palavras. Um policial intervém, mas Omar lhe dá algumas rúpias para deixar claro que consegue se virar sozinho. Outros mendigos se reúnem ao primeiro; juntos, resmungam, ameaçam, parecem desafiá-lo. No entanto, a altura de Omar e seu porte de atleta os impressionam, ou tudo não passa realmente de uma encenação — o fato é que os mendigos logo se afastam. Então, o recém-chegado, seguido pela mulher, que caminha com dificuldade, levando nos braços o bebê que começou a chorar, se atira para dentro de um táxi e segue à toda velocidade para a casa de sua tia, querida tia, onde pretende ficar até o dia do rapto.

Ele está em Karachi, em plena operação terrorista, numa cidade que não conhece muito bem e onde quase ninguém o conhece, na qual ele não pode mais se exibir como em Lahore — e isso o inquieta.

Na manhã seguinte — estamos no dia 18, portanto cinco dias antes do rapto —, Omar visita a mesquita célebre e misteriosa de Binori Town, que é um dos centros do fundamentalismo paquistanês e onde se formaram, segundo se afirma, os dignitários talibãs.

De início, Omar passa horas sozinho, terrivelmente concentrado, na penumbra de uma sala de estudos da *madrasa* adjacente, isolado dos peregrinos que chegam de todo o país e do mundo — quase sem falar, comendo muito pouco, fazendo só uma pausa no final da tarde para passar uma hora numa academia de musculação ali perto, e voltando depois para se sentar de cócoras, os olhos fixos, as mãos na nuca como um prisioneiro, e escutar um pregador que se instalou na sala em sua ausência e começou um sermão em defesa da guerra santa.

Em compensação, à noite, quatro homens vêm ter com Omar. Três deles são nativos de Karachi, e portanto conhecem muito bem a cidade, suas ramificações secretas, seu submundo. A julgar pela descrição que me fizeram, eles são Fahad Nasim, o homem das fotos e dos *e-mails*; Salman Saquib e o xeque Mohammed Adil, seus cúmplices; além de um certo Syed Hashim Qadir Shah, conhecido como Arif, que vive em Bahawalpur. Omar fala com outras pessoas? Encontra-se com Bukhari, o homem que vai ditar a Danny o texto que ele deve recitar diante do vídeo? Fazal Karim, o guarda que vai segurar a cabeça do prisioneiro enquanto o iemenita faz o trabalho de decapitação? O próprio iemenita? Os outros iemenitas? Esta pergunta é essencial, pois a resposta que lhe dermos pode determinar até que ponto Omar estava implicado, até que ponto exercia o comando e coordenava toda a operação. Não tenho certeza, mas dois indícios me levam a pensar que sim, que aqueles encontros aconteceram de fato. Seus celulares "rastreados" pela polícia e por Jamil Yusuf, ex-empresário que decidira atuar no combate ao crime e dirigia a Karachi's Citizen-Police Liaison Committee, cuja especialidade era investigar casos de seqüestro, sem a ajuda da polícia. Depois, o testemunho de um dono de restaurante no Pequeno Bangladesh, outro bairro mal-afamado de Karachi, que garante ter visto Omar, naquela noite, em companhia de um homem que usava um barrete afegão, e cuja descrição confere com a de Bukhari — e em companhia, também, de outros dois homens que o dono de restaurante descreve como iemenitas.

Um dia depois dessa visita a Binori Town, portanto no dia 19, Omar almoça com Nasim e Saquib no Village Garden, perto do Hotel Metropole, no mesmo local onde, de acordo com seus planos, o seqüestro deverá ocorrer.

Ele passa a tarde perto dali, no bar do Hotel Marriott, sozinho, alinhando longas colunas de números: um balanço de sua fortuna? o orçamento da operação?

Volta a se encontrar com Nasim, ainda diante do Village Garden. Os dois conversam de pé, no frio — confidências, sussurros, conciliábulo, caminham até o Marriott para se aquecer, voltam, partem de novo. Talvez estejam contando os passos, cronometrando, tomando notas. Omar, com efeito, toma nota de tudo. Depois que a contagem regressiva começou, ele não pára de rabiscar anotações numa caderneta marrom que leva no bolso de sua túnica, na altura do ventre. Onde foram parar essas anotações? O que foi feito delas depois da prisão de Omar?

Ainda juntos, entram num *cybercafé* ali perto (o mesmo, por coincidência, onde Danny esteve na tarde do dia 23, concluindo sua investigação sobre Richard Colvin Reid, o homem dos sapatos carregados de explosivos, e procurando o local em que Reid recebeu a última mensagem com instruções sobre o vôo Paris–Miami). Ali, Omar e Nasim mandam uma segunda mensagem: "Lamento ter demorado tanto para responder... mas minha mulher... os hospitais no Paquistão não têm consideração pelas pessoas pobres... nós temos recursos, graças a Deus, mas esse espetáculo da miséria sempre me deixa abatido e perturbado... e depois, para cúmulo de azar, perdi seu número de telefone... mas enquanto isso recebi uma boa notícia... falei com o secretário de Gilani... o Mestre gostou dos artigos que o senhor mandou... em princípio, não tem nada contra uma entrevista... neste momento, ele está em Karachi... o senhor prefere esperar que ele volte para Rawalpindi? prefere me mandar suas perguntas por *e-mail*, para que eu as transmita a ele? ou prefere vir pessoalmente a Karachi, se isso não atrapalhar seus compromissos?"

Os dois ficam à espera diante da tela do computador. Cinco minutos... Dez... Omar comenta com seu comparsa: que idéia genial, aquela das "perguntas por *e-mail*"! Essa é a verdadeira arte do profissional! Não fazer exigências e fingir que o encontro entre Pearl e Gilani não era nada tão importante! E de fato, descontando o tempo da conexão e do trânsito pela central de mensagens do jornal em Washington, Danny responde imediatamente que sim, é claro, não havia dúvida — ele tinha outros motivos para visitar Karachi com sua mulher e escolhia a segunda alternativa: "O senhor também se encontra em Karachi? Vai estar presente ao encontro?"

Omar dá um pulo de alegria.

A armadilha funcionou.

Sozinho, sem Nasim, Omar se dirige então ao centro antigo e entra num bazar, de onde sai sobraçando um pacote embrulhado em papel-jornal, que leva até a casa de sua tia — uma arma?

No fim da tarde, Omar ainda é visto nas imediações do Hotel Marriott, comprando uma cartela de *slides* de um vendedor ambulante (Caxemira? crimes dos norte-americanos e dos russos no Afeganistão? Bósnia?).

Também é visto na cafeteria do hotel, descontraído e alegre, escrevendo uma série de cartões-postais: para Hajira Sheikh, sua irmã caçula; para seu irmão Awais; um terceiro para um médico na Índia — provavelmente o diretor do hospital de Ghaziabad, no Estado de Uttar Pradesh, onde Omar ficou internado em 1994, depois de ser preso pela polícia de Nova Delhi, e onde foi tirada a foto na qual ele lembra Guevara.

À noite, volta para a mesquita de Binori Town, mas só por uma hora: um último contato? com quem?

E por fim, imagino que, naquela noite, ele mandou uma carta, uma carta de verdade a um advogado, um jornalista, um amigo... Tudo leva a crer que existe um manuscrito de Omar guardado em algum lugar, num cofre, num esconderijo seguro, para um caso de desastre, detalhando a gênese da operação, o número de cúmplices, a verdade sobre seu papel pessoal, assim como a rede de conivências, eventualmente nos altos escalões, que ele utilizou para o sucesso da operação...

No domingo, dia 20, ele envia uma terceira mensagem a Danny, em outro *cybercafé*: "Gilani pretende receber o senhor na terça-feira... talvez na quarta... seu secretário continua em Rawalpindi e vai me dar o telefone de um de seus discípulos. Assim que o senhor chegar, ligue para esse discípulo, que o levará até Gilani. Mande minhas lembranças ao xeque; diga-lhe que não se esqueça de mim em suas preces; diga-lhe também que sentimos sua falta em Rawalpindi e que aguardamos seu retorno com impaciência. Que pena que o senhor precise deixar o Paquistão tão cedo! *I hope you have enjoyed your stay*[1]".

Na segunda-feira, dia 21, ele se encontra com dois de seus cúmplices num apartamento do bairro Defence e lhes dá

---
[1] "Espero que sua estadia tenha sido agradável." (N. do T.)

dinheiro para comprar uma câmera de vídeo, um escâner, uma máquina fotográfica. Quando Nasim retorna com a máquina, uma pequena Olympus, eles vão testá-la juntos em Clifton Beach, uma praia de areia cinzenta, no centro da cidade, onde se despejam os esgotos. É Omar quem tira as fotos. Um Rodeo com tração nas quatro rodas... Um grupo de mulheres silenciosas, sem sapatos, que, apesar do estorvo de suas *burkas*, tentam molhar os pés evitando as bolotas de alcatrão... Uma outra, sem véu, com a tez anêmica, cor de cera, das mulheres que ficaram enclausuradas por muito tempo, pedindo socorro por causa de estupro... Uma criança num camelo... Uma luta de serpentes... Um cartaz que diz: "É proibido fotografar"... Tudo isso o diverte muito. Omar está exultante. No fim da tarde, percorre as lojas dos cambistas em Jinnah Road e, ainda em Binori Town, encontra-se com um desconhecido — talvez um dos iemenitas.

Na terça-feira, dia 22, ele manda uma última mensagem a Danny, confirmando que Gilani tomara uma decisão. O encontro foi marcado para o dia seguinte, quarta-feira, por volta de 7 horas. Eles vão conversar por cerca de meia hora, e depois, se Danny quiser, pode entrevistar por uma hora os discípulos que vivem com o Mestre. Omar também comunica o número de telefone — 00 2170244 — de um dos jovens discípulos, encarregado de conduzir o jornalista. "Ele se chama Imtiaz Siddiqui. Não se esqueça deste nome. Ligue para ele assim que chegar. Ele também tem seu número e ligará de volta. Tenho certeza de que esse encontro será útil para o senhor. Não se esqueça de me contar todos os detalhes. Aguardarei suas notícias com muita impaciência." Depois disso, Omar vai ao Hotel Pearl Continental, troca mais um maço de dólares, dá um telefonema no saguão, faz outra ligação pelo celular, sai, encontra um bueiro aberto, joga o celular no bueiro.

Naquela noite, Omar dorme mal.

Dorme sozinho, num quarto minúsculo, na extremidade

do apartamento de sua tia. E, apesar do impermeável, apesar da temperatura relativamente amena, ele treme de frio — e dorme mal.

Passa a noite de olhos abertos, à espreita, movendo os lábios como se rezasse. Quando tenta fechar as pálpebras, surgem imagens que lhe perfuram a alma. Na véspera, sua tia querida fizera de tudo para afastar as preocupações do sobrinho. Mas não. Impossível controlar os pensamentos. Uma poça de sangue coagulado na neve, em Sarajevo... uma mulher ferida que ele viu em Zenica, debatendo-se no estertor da morte... um homem perto de Thathri, na Caxemira, que teve a cabeça e o rosto esmagados a golpes de coronha e saltos de botas... Omar só se lembra de uma ferida, uma papa, na qual continuava a brilhar um olhar feroz e dolorido... os berros de um prisioneiro, certa noite, na cela vizinha à sua, na Tihar Jail... o rosto daquele Pearl com quem tinha conversado na outra noite, no Hotel Akbar, menos imundo do que ele pensava: franco demais para um judeu; astucioso demais para um norte-americano; com uma curiosidade estranha a respeito do que se passa na cabeça de um jihadista sincero... a menos que tudo isso seja uma grande encenação... um truque de judeu norte-americano... dar uma de sonso, ludibriar a vigilância para depois trair mais facilmente... Omar sonha com Pearl, o crânio esmagado, o cérebro saindo pelas orelhas... sonha com Pearl morto, antes de matá-lo, e não consegue decidir se aquela idéia o amedronta ou alegra... às vezes, tem a impressão de sofrer no lugar dele, por antecipação... acha a idéia idiota, e amaldiçoa Pearl... às vezes, ao contrário, sente-se exultante, e essa exultação lhe dá calafrios...

Na manhã do dia 23, ele se levanta com a cabeça pesada e vazia.

Toma três xícaras de café preto, uma após a outra, sem conseguir se aquecer nem despertar totalmente.

Tenta comer alguma coisa — mas tudo o que leva à boca tem gosto de papelão.

Faz a barba, mas diante de um espelho no qual percebe uma rachadura. "Ontem à noite ele não estava rachado, tenho certeza... e essa mancha no meu rosto, nunca a tinha visto antes... e se aquele porco judeu estivesse sacando tudo? se fosse por esse motivo que se mostra tão ingênuo? se ele fosse um agente, ou um tira de verdade, e chegasse com outros tiras, daqui a pouco, no encontro do Village Garden? esperteza se paga com esperteza... e se ele estivesse tentando nos atrair para uma armadilha?"

Omar sabe que o dia chegou, e está agitado.

Será que ele continua presente no momento do seqüestro propriamente dito? Será que ainda está no Village Garden junto com os outros, depois da chegada de Pearl, quando o jornalista entra na Suzuki Alto vermelha, às 19 horas? Ou será que inventou um álibi de último minuto? Será que tomou o trem de volta para Lahore ao longo da tarde, como vai alegar mais tarde no processo — versão que será confirmada por sua mulher?

Não tenho certeza.

De um lado, existe o testemunho de Nasir Abbas, o chofer de táxi que apanhou Pearl no Sheraton e o levou até o Village Garden. Em seu segundo depoimento, Abbas declarou que sim, claro, Omar estava presente. Ele o viu com seus próprios olhos, descendo da Suzuki que, enquanto Danny pagava a corrida, veio estacionar diante do jornalista. Abbas viu Omar dando um aperto de mão em Danny, abrindo a porta de trás, fazendo-o entrar. E aliás, argumentam os promotores, como poderia ser de outra forma? Que outro motivo teria Danny para entrar no carro? Se não tivesse visto o rosto de Omar, que já lhe era familiar, por que iria cometer a loucura de entrar num carro desconhecido, dirigido por um motorista desconhecido, com destino desconhecido?

Por outro lado, além das declarações do próprio acusado e da mulher, existe a objeção de Abdul Wahid Katpur, advogado de defesa, que declarou durante o processo, e mais tarde numa entrevista ao *Guardian*, que Nasir Abbas é um tira, e que não tem sentido basear uma condenação à morte unicamente no depoimento de um tira. Além disso, como acabei de relatar, Omar tinha deixado mais ou menos claro, em seus dois últimos *e-mails*, que não estaria presente ("Mande lembranças ao xeque... Não deixe de me contar todos os detalhes da entrevista..."). De modo que, a não ser que tenha havido uma contra-ordem durante o dia, a não ser que o próprio Pearl tenha mudado de idéia no último momento, exigindo de Imtiaz Siddiqui, numa de suas duas conversas telefônicas — pois sabemos que ele conversou ao telefone por duas vezes, na tarde do dia 23 —, que Omar estivesse presente, não é absurdo supor que o norte-americano comparecesse ao encontro sabendo que Omar não estaria lá.

Mas então, será que Danny mudou de idéia?

Será que exigiu expressamente que Omar estivesse presente?

Para ter certeza, seria preciso conversar com Nasir Abbas, o chofer.

Além disso, para confirmar que Nasir Abbas, independentemente de ser tira ou não, teve a possibilidade material de reconhecer Omar a quinze metros de distância, seria preciso ter uma idéia do tempo que fazia naquela noite. Horário do pôr-do-sol? Qualidade da luz? Neblina ou não? Fazia sol, disso tenho certeza. A previsão meteorológica do *Dawn* anunciava tempo seco e ensolarado, e conversei até mesmo com um criado do Village que garante ter guardado lembrança: "Um clima de verão em janeiro, foi o que todos nós comentamos naquele dia, e como isso não costuma acontecer, nos impressionou". Mas clima de verão até o fim da tarde? Até o cair da noite? Como saber?

A verdade é que não sei. Mais do que nunca, só me resta fazer conjecturas.

E quais seriam minhas conjecturas?
Minha aposta, já que estou condenado a fazer apostas?
Pois bem, minha aposta é que Omar estava e *ao mesmo tempo* não estava presente.

Não estava presente pois já tinha avisado, já tinha combinado com Danny, e não há razão para pensar que ele ou Danny pudessem mudar de idéia.

Mas estava presente, ao mesmo tempo, obrigatoriamente, embora guardando certa distância, de onde pudesse ver sem ser visto e vigiar, de longe, o bom andamento da operação. Afinal de contas, Omar arriscava tudo naquela história! A liberdade! A vida, talvez! Como poderia, diante disso, diante da angústia que o aflige, comprar uma passagem para Lahore e lavar as mãos? Mais ainda: como aquele maníaco do seqüestro, aquele artista, aquele astro, se livraria da tentação de acompanhar até o fim o roteiro que planejara com tanta destreza, e que não iria entregar agora nas mãos de um Siddiqui ou um Bukhari?

Para isso, dois locais são possíveis.

Depois de várias marcações, simulações, reconstituições, determinei dois locais onde Omar poderia ter esperado, observando o seqüestro nos mínimos detalhes, mas sem tomar parte nele.

Um muro do outro lado da rua, semidestruído, por trás do qual um homem pode ficar de pé facilmente, e de onde tem uma visão de conjunto sobre o estacionamento onde pararam os carros.

Ou então no próprio restaurante, por trás da porta da garagem interna, um reforço que permite vigiar melhor a avenida, mas que tem o inconveniente de uma visão restrita da área do estacionamento, uma vez que esta área abrange a curva da esquina.

Imagino Omar por trás do muro.

Imagino-o de pé, de frente para o sol que se põe sobre a cidade, vigiando os táxis, pensando: "Pronto, agora ele não pode estar longe", ou então: "E se ele não vier? se ficar com medo e acabar mudando de idéia?". Suponho que em parte, neste momento, ele se surpreende esperando que Danny não venha, ou que apareça junto com Mariane, ou com o "quebra-galho", ou com um funcionário do consulado norte-americano. Mas, apesar dessa suposição, sei também que essa idéia é fugidia e que Omar não ignora, no fundo, que a sorte foi lançada e é bom que assim seja.

"As coisas não vêm até você", pensa ele, "elas esperam por você. E este instante estava à minha espera, assim como os que vão se seguir, desde aquela época, já faz tanto tempo, em que eu era um 'maldito *pakistani*' com fedor de rato, macaqueando os meninos ingleses e fazendo esforços tão patéticos para me tornar um deles e merecer seu afeto."

"A salvação está no naufrágio", costumava dizer Asad Khan, o homem da caravana para Sarajevo, quando descrevia o Apocalipse que deveria se abater sobre o mundo ocidental e incitava seus jovens camaradas à ação. Naquela época, Omar não entendia bem o que seu amigo queria dizer. Mas agora ele vê, compreende, sabe que está indo ao encontro do abismo, mas que esse abismo é sua salvação. Sente que, de uma maneira ou de outra, aquela história só pode acabar mal — mas sente também o dedo de Deus pousado em sua testa.

Omar não está mais com frio.

O medo também o deixou.

Sente-se leve como uma pluma, desembaraçado de si mesmo.

Mais tarde, ele explica: "Era como se eu fosse uma mulher que acabou de dar à luz e vê seu filho pela primeira vez".

Que sentido tem uma vida? Pois bem, a resposta estava ali. Mais do que na Índia, Omar tem um sentimento de missão cumprida. Está enfeitiçado de alegria. Exulta.

*Terceira parte*

## UM CRIME DE ESTADO

1

OS MISTÉRIOS DE KARACHI

19 de setembro de 2002.
Segunda estadia em Karachi.
Como da primeira vez, lanço mão de meu velho passaporte diplomático e aproveito as facilidades que ele me dá para entrar em território paquistanês.
De novo, portanto, não tive de passar pela embaixada.
O mais importante é não procurar um *grand hotel*, no qual eu seria localizado instantaneamente.
Só uma pequena pousada, na avenida do aeroporto, perto do local onde um policial me extorquiu dinheiro da primeira vez.
E, no caso de um encontro infeliz ou uma pergunta, tenho uma nova desculpa na ponta da língua: independentemente de meu "romance" sobre Daniel Pearl, vim procurar, para o *Notícias de Cabul* cujo primeiro número acaba de ser publicado, a impressora e o estoque de papel que não consegui encontrar no Afeganistão.
— Não se iluda — diz Gul, meu "quebra-galho" da

primavera anterior, que veio se encontrar comigo no *hall* da pensão, um pequeno aposento enfumaçado, com almofadas dispostas ao longo das paredes, samovares de chá com leite sobre a mesa de centro e, no alto da parede, uma cabeça de animal empalhado. — Não pense que alguém vai ser ingênuo a ponto de acreditar nessa história de romance e, agora, de jornal para o Afeganistão. Eles estiveram em minha casa, depois que você partiu, em junho. Interrogaram minha mulher. Fecharam meu garoto no quarto. Revistaram a casa inteira. Queriam saber o que você estava fazendo, o que procurava, sobre o que conversamos e com quem você esteve. Depois disso, fui convocado à presença de um velho ulemá[1], no outro lado de Rawalpindi, a quem tenho de prestar contas. É preciso tomar cuidado. Eles estão em toda parte.

"Eles", no caso, são um eufemismo para designar a temível ISI, ou Interservices Intelligence Agency, a agência dos serviços secretos paquistaneses que, em princípio, como em todos os países do mundo, deveria se encarregar da informação sobre outros países — mas que, desde a guerra de Bangladesh, as revoltas nacionalistas do Beluchistão na época de Zulfikar Ali Bhutto, a guerra no Afeganistão e o avanço xiita que se seguiu à revolução iraniana, tem cada vez mais tendência a ampliar suas atividades e substituir, para os assuntos internos, um Intelligence Bureau (Escritório de Inteligência) sobre o qual recaem suspeitas de simpatia pelos movimentos separatistas. Mas Gul não menciona a sigla ISI. Em Karachi, as pessoas nunca dizem ISI. Dizem "eles", simplesmente. Ou "as agências". Ou "o governo invisível". Ou "as três letras", só "as três letras". E até mesmo, quando isso é possível, o gesto dos três dedos erguidos — como se o simples fato de pronunciar aquelas letras malditas pudesse colocar a pessoa em perigo.

---

[1] Ulemá: nos países árabes, doutor da lei, teólogo muçulmano. (N. do T.)

— Não me leve a mal — continua ele, lançando olhares incessantes para o homem da recepção, um velhinho humilde e desdentado, de rosto redondo, que àquela distância não teria a menor condição de escutar nossa conversa. — Desse jeito, não posso mais trabalhar com você. Não foram só as visitas, entende? Foram telefonemas estranhos que não pararam desde que você se foi. Talvez eles sejam até mais preocupantes. Aqui, no Paquistão, quando você recebe uma chamada no celular, aparece o número da pessoa que está ligando. A não ser...

O homem da recepção se aproxima. Finge arrumar as almofadas da sala e nos pergunta, num inglês estropiado, se precisamos de alguma coisa. A expressão amedrontada de Gul, de repente. As narinas trêmulas, como se estivesse prestes a chorar. Esse hábito novo e tão estranho de conversar comigo sem me fitar, e agora, enquanto respondo ao homem da recepção, seus olhares de esguelha, rápidos e transtornados. "Não há dúvida", penso. "Aconteceu alguma coisa. Este não é o mesmo Gul de junho, alegre e arrojado, desinibido, tranqüilizador, candidato a todas as audácias, fazendo-me perguntas sobre a associação Repórteres Sem Fronteiras, disposto, se lhe oferecessem uma vaga, a trabalhar como correspondente, zombando dos jornalistas paranóicos que, assim que chegam a Islamabad, começam a enxergar Bin Laden em cada esquina." O homem da recepção se afasta. Ele continua:

— ... a não ser quando é alguém do exército ou dos serviços secretos. Pois hoje de manhã recebi ligações. Várias vezes. Não havia ninguém do outro lado. E o visor não mostrava um número. É por isso que precisamos nos separar. É melhor para mim. Mas acho que é melhor para você também. Quer que eu procure alguém para me substituir? Tenho uma idéia. Ele se chama Asif. É ótima pessoa, você vai ver.

Ocorre-me agora que Asif era o nome do "quebra-galho" de Daniel Pearl. Estranhamente, isso me perturba.

Penso também que Gul deve ter razão. Os agentes do ISI, se forem tão organizados como se diz, vão acabar achando estranha minha história de papel para o *Notícias de Cabul*.

Depois, lembro-me dos dois *e-mails* que ele e Salman, outro de meus correspondentes, me enviaram naquele verão. Durante minha ausência, pedi aos dois que tentassem levantar informações sobre as contas bancárias das organizações "jihadistas" proibidas por Musharraf, e que Danny estava investigando na época de seu seqüestro. Salman conseguiu um informante para mim, e colocou-o imediatamente para trabalhar. Gul, por sua vez, recrutou outro, que também começou a seguir a pista. Então, recebi um *e-mail* de Salman, com data de 25 de julho: "Meu informante de Karachi desapareceu. Ontem recebi essa notícia. Perdi contato com ele há alguns dias. Sua família e eu estamos muito preocupados. Mando notícias quando souber alguma coisa". Depois, *um e-mail* de Gul, com data de 13 de agosto: "Estava em férias; antes de partir, pedi ao jornalista que enviasse o material diretamente a você, por *e-mail*. Quando voltei, soube que ele sofreu um acidente grave, e por esse motivo não pôde realizar sua missão. Sinto muito por essa perda de tempo. Você me autoriza a negociar com outro informante? Eu precisaria de mais dez dias. Saudações". Naquele momento, não imaginei uma ligação entre os fatos. Entre os dois informantes no Paquistão e, sobretudo, entre eles e mim. E se tudo estivesse relacionado? E se alguém já estivesse tentando prejudicar minha investigação sobre Danny? E se minha história de romance, em outras palavras, não tivesse convencido ninguém?

— Não, não — digo a Gul. — Não, Asif. É melhor, nesse caso, agir com a máxima prudência e evitar pessoas que possam sugerir uma conexão entre nós. Prefiro arrumar alguém por conta própria. Um antigo colega do tempo de Bangladesh. Não é exatamente um cidadão de Bangladesh. Vive em Peshawar. Nunca o perdi completamente de vista. É um daqueles sujeitos formidáveis que, como você, salvam a honra deste país. Vou ligar para ele.

Gul vai embora, com uma expressão de alívio mas também de tristeza. Meu olhar o segue até a rua. Seu vulto alto, em meio a um grupo de peregrinos que se comprimem em direção à mesquita vizinha. Logo depois, os dois sujeitos que entraram na sala enquanto conversávamos, sentando-se no canto oposto, e que me pareceram comerciantes de passagem, levantam-se e saem no encalço de Gul. Mas não tenho certeza... pode ter sido apenas impressão.

Telefono para Abdul, meu velho colega, que trabalha para uma ONG ocidental com filial no Beluchistão e está miraculosamente livre nas semanas seguintes. — Puxa, quanto tempo — diz ele, no mesmo tom sardônico de antigamente, fazendo de conta que meu telefonema não o surpreende e retomando o fio da conversa como se tivéssemos nos despedido na véspera. — É gozado... Como você está de aparência, depois de todos esses anos? Quanto a mim, são os cabelos, você vai ver... Combinado, estarei aí dentro de dois dias...

Fiquei sozinho, de mãos abanando. Para matar o tempo, resolvo dar uma volta naquela Karachi febril, caótica, céu de outono úmido e esfumaçado, luz chuvosa, ecoando o rumor dos crimes da noite anterior ou as últimas peripécias da guerra entre as gangues de Haji Ibrahim Bholu e Shoaib Khan. Karachi, a única cidade do mundo onde as máfias são parte integrante da vida urbana, a tal ponto que seus confrontos, suas divisões incessantes e suas tréguas têm a mesma importância que, para nós, as peripécias da vida política.

Passo pelo bazar de Lea Market, no norte da cidade;

pelo mercado de mulheres de Mini Bangladesh, em Ziaul Hoque Colony, onde se compra uma adolescente de Bangladesh por setenta mil rúpias, incluindo a comissão de dez por cento para a polícia; passo pelo Zainab Bazar, o grande mercado de algodão, que me parece ser a melhor fonte de informação para quem quer saber o que acontece e o que se diz em Karachi.

As trezentas virgens que chegaram naquela noite, através da Índia, para serem vendidas aos emires de Dubai...

As fantasias noturnas dos *gunmen*, agentes de segurança particulares que podem ser reconhecidos pelo boné de cor laranja, que oferecem seus serviços durante o dia e, à noite, lutam entre si...

Esse "acerto de contas" cujos vestígios foram encontrados hoje de manhã em Gadani, cemitério marinho de Karachi: uma família inteira, pai, mãe, duas avós, três crianças incluindo um bebê, encontrados mortos, sem dúvida semanas depois, o bebê esfolado, uma das velhas esquartejada, os outros crucificados — e todos os corpos em estado de putrefação, no porão de um barco-cisterna abandonado e já desfigurado...

Danny ainda, Danny sempre, o rastro invisível de Danny a cada instante, a cada passo — será que ele passou por ali? e ali? e por que não aqui, diante desse vendedor de peixe que me fita com um olhar de mendigo? e aqui, Jinnah Road, diante de Binori Town, a grande mesquita onde Omar, nos dias que precederam o seqüestro, permaneceu tantas horas, e que, imagino, não poderia ter escapado ao radar do grande investigador que foi Daniel Pearl.

E, além disso, há uma notícia que não deve causar muita repercussão na França, mas que todos comentam aqui: na semana passada, na noite de 10 para 11 de setembro, a polícia paquistanesa, com apoio logístico dos norte-americanos, invadiu um prédio do bairro residencial de Defence. Ali, ela teria aprendido computadores que continham mapas de cidades norte-americanas, assim como manuais de pilotagem e documentos que atestavam a presença, no centro da estrutura de comando da Al Qaeda, de três dos filhos de Bin Laden: Saad, Mohammed e Ahmed. A polícia também teria detido ali dez iemenitas que permaneciam ilegalmente em território paquistanês. Entre esses dez iemenitas estaria Ramzi bin al-Shibh, companheiro de quarto de Mohammed Atta, em Hamburgo, que se preparava para ser o vigésimo pirata aéreo voando sobre o World Trade Center, mas que teve seu visto de entrada nos Estados Unidos recusado no último minuto, assim como Zakariya Essabar...

Uma "vitória da democracia", diz um puxador de jinriquixá[1].

A derrota dos "cães da Al Qaeda", repete, com o indicador em riste, um vendedor de pistaches diante do Mausoléu Jinnah.

E a imprensa — embora não saiba dizer se ele foi levado para os Estados Unidos, para Guantánamo ou se está em detenção provisória na base de Begram, em território afegão: "O primeiro dirigente da organização retirado de circulação desde a prisão de Abu Zubaydah, em março, em Faisalabad".

Vou até o local.

É o número 63C da 15th Commercial Street, em pleno bairro de Defence, zona residencial no centro da cidade cujos apartamentos, em sua maioria, segundo me recordo — e isso já me parece estranho —, foram oferecidos aos militares na época da independência do país, há cinqüenta anos.

Não tenho certeza do que vou encontrar ali.

Por enquanto, não vejo nenhuma ligação entre esse acontecimento e minha investigação.

Mas, enfim, estou sozinho, não tenho o que fazer nos próximos dois dias, até a chegada de meu novo "quebra-galho", e decido dar uma olhada no bairro onde a polícia acaba de estourar um esconderijo da Al Qaeda.

---

[1] Carrinho de duas rodas puxado por um ou dois homens, muito comum no Oriente. (N. do T.)

É verdade que uma certa agitação continua a reinar por ali.

Restam um punhado de jornalistas, alguns curiosos, um esquadrão de policiais com camisetas negras onde se lê "*No Fear*"[1], assim como um cordão de policiais diante de uma barreira metálica.

Mas a vida retomou seu ritmo normal. A sorveteria Igloo e o escritório imobiliário, bem em frente, voltaram a funcionar. Três homens seminus, vestindo tangas brancas que tremulam sobre seus quadris descarnados, as costelas saltando sob a pele e os flancos ossudos, os longos cabelos atados num rabo-de-cavalo — sem dúvida cristãos ou hindus —, já começaram a trabalhar, consertando os encanamentos de esgoto danificados pelos combates. Algumas crianças que brincavam no canteiro de obras se penduram em mim para perguntar se conheço Leonardo DiCaprio. Um adolescente me filma com uma câmera amadora. Outro me oferece cigarros de contrabando. Não há dúvida, é um ótimo bairro. Não estou num daqueles subúrbios piolhentos onde imaginei que fugitivos da Al Qaeda pudessem se esconder. Aproximo-me do prédio onde tudo aconteceu, que pode ser reconhecido pelas centenas de impactos de balas e granadas que danificaram a fachada. Vejo uma bela construção de alvenaria de quatro andares, tranqüila, quase imponente, que fica ao lado da agência local de energia elétrica.

— Quer uma xícara de chá? — pergunta o funcionário da agência imobiliária, visivelmente satisfeito em receber um estrangeiro e dar-lhe informações.

Ele me conta que os policiais começaram a cercar o bairro a partir das três horas da manhã.

Cerca de vinte agentes da ISI e Rangers com uniformes da polícia do Sind se posicionaram ao redor do imóvel suspeito.

Um pouco antes das nove horas, prenderam os primeiros

---

[1] "Sem Medo". (N. do T.)

afegãos que saíam tranqüilamente para tomar o café da manhã, e que começaram a berrar para alertar seus companheiros no quarto andar.

Foi no início da tarde, depois de três horas de tiroteio intenso, com o reforço de cem policiais que haviam chegado ao longo de toda a manhã, que uma mulher, duas crianças e dez homens saíram com as mãos na cabeça, gritando "Allah Akbar"[1] a plenos pulmões.

— Se ficamos espantados com isso? — pergunta o funcionário com uma gargalhada. — E qual foi nossa reação? Ah, já era de se esperar. Não foi surpresa para ninguém... Estávamos acostumados com as idas e vindas. Víamos a luz acesa vinte e quatro horas por dia. Todo mundo sabe, a começar pela polícia, que neste bairro vivem árabes, ou pelo menos pessoas que não falam urdu. São funcionários das embaixadas. Alunos das *madrasas*. Não podemos agora desconfiar de todas as pessoas que vêm estudar em nosso país, como amigos, sem causar distúrbios. Somos bons muçulmanos e não podemos recusar a hospitalidade a outros bons muçulmanos que não fazem nada errado e temem a Deus. Então, sobre este prédio, assim como os demais, todo mundo sabia. Todas as manhãs, víamos aqueles árabes saindo de casa para cuidar de seus assuntos. Até a televisão veio falar com eles, há dois meses — e a polícia sabia disso...

A televisão? Depois de verificar, descubro que se trata de Yosri Fouda, a estrela da rede de televisão Al-Jazira, o Bob Woodward[2] árabe, que, no início do verão, veio entrevistar ali, naquele apartamento, não apenas Ramzi bin al-Shibh, como também Khalid Sheikh Mohammed, o principal lugar-tenente de Bin Laden, o personagem mais notável da galáxia Al Qaeda, que, segundo se conta em

---
[1] "Alá, o Grande". (N. do E.)
[2] Bob Woodward: jornalista do *The Washington Post* cujas reportagens sobre o Caso Watergate, junto com Carl Bernstein, em 1972, levaram à renúncia do presidente Richard Nixon. (N. do T.)

Karachi, gosta de viajar de helicóptero e só se hospeda em hotéis cinco estrelas — o cérebro, o arquiteto do 11 de setembro, o inventor, dez anos antes, em Manila, da idéia genial de transformar aviões em bombas voadoras, o homem que recebeu o último telefonema de um dos camicases da sinagoga de Djerba, um pouco antes do atentado, o homem, em suma, sobre o qual os dirigentes dos serviços secretos norte-americanos diziam, já naquela época, seis meses antes de sua prisão, que se tivessem de escolher entre agarrar Bin Laden ou Mohammed para interrogatório, escolheriam Mohammed, pois ele e só ele "conhecia todas as peças do quebra-cabeça".

Uma coisa estaria ligada à outra? A entrevista teria funcionado como uma provocação, desencadeando a ação policial? O funcionário da empresa imobiliária não sabe. Aparentemente, ele não acha que conceder uma entrevista ao jornalista mais badalado da Al-Jazira seria um ato mais grave e comprometedor do que descer, todas as manhãs, para comprar o leite ou o jornal. Mas o fato é que ele não sabe. Mais tarde, trato de verificar. Descubro que a entrevista, marcada para o dia seguinte, 12 de setembro, ainda não fora levada ao ar quando os Rangers invadiram o prédio. Mas a Al-Jazira já tinha anunciado a transmissão da entrevista. O *Sunday Times* de Londres acabava de publicar um longo trecho, em primeira mão. O próprio Fouda fez declarações explicando, aqui e ali, a gênese de seu furo de reportagem. Descreveu as mensagens recebidas em Londres, os emissários secretos, as negociações secundárias e clandestinas, Islamabad, Karachi, as senhas, as mudanças de carro, os trajetos sob disfarce, os mil e um detalhes, cada um mais rocambolesco que o outro, daquele itinerário em direção ao furo de reportagem — e no final, depois de tantas idas e vindas, Fouda se encontra cara a cara, num grande apartamento deserto, com dois dos terroristas mais procurados do planeta, que relatam, ao longo de dois dias, a história verídica do 11 de setembro, essa "terça-feira santa" do islamismo radical.

Em suma, acho que há uma relação entre os dois acontecimentos, mas essa relação não é mecânica. E posso imaginar perfeitamente o governo paquistanês em pânico, descobrindo de repente que aquela maldita entrevista ia ser difundida em algumas horas, como prova de que uma célula da Al Qaeda — e que célula! — podia funcionar com pleno conhecimento da imprensa, em total impunidade, no centro de Karachi. O governo, então, decide tomar a dianteira e ordena, na véspera da transmissão, uma operação espetacular.

Como disse Fouda, em poucas palavras, no *Washington Post*: "Se eu, como jornalista, consegui encontrar essas pessoas, por que os paquistaneses não fazem a mesma coisa?"

Mas aquela história tinha outros detalhes bizarros.

Fico vagueando, por uma hora ou duas, entre a sorveteria Igloo e a agência imobiliária. Converso de novo com o empregado, que se entusiasma pelo assunto. E observando, escutando, percebo outros detalhes curiosos que reforçam meu mal-estar e não parecem confirmar a grande operação antiterrorista, heróica, corajosa, eventualmente perigosa, que teria levado a uma batalha encarniçada, como afirmam os comunicados do ministério.

O fato, por exemplo, de que durante o combate os moradores do quarto andar quase não revidaram: dois impactos na fachada da sorveteria; um vidro partido na imobiliária; uma granada, talvez duas, que parecem ter explodido no local onde estão agora os operários hindus. É muito pouco para a "batalha feroz" que os Rangers e os policiais garantem ter enfrentado.

O fato, que confirma o anterior, de que os Rangers, quando invadiram o apartamento, encontraram livros de oração, documentos, aparelhos de rádio, material de informática, disquetes virgens, material para falsificar passaportes, gigantescos "Allah Akbar" escritos em letras de sangue nas paredes. Mas, em vez do esconderijo de armas que foi anunciado, em vez do arsenal mencionado pelo *Dawn* naquela manhã, uma Kalachnikov, uma só. O funcionário da imobiliária não tem dúvidas quanto a isso: ele conversou com os policiais; conversou também com as pessoas que puseram as faixas de isolamento no prédio; e pode me garantir que só foi encontrada uma Kalachnikov — muito pouco, realmente, para o antro do Diabo!

Mohammed. O temível e misterioso Khalid Sheikh Mohammed. Deveria ser o terrorista mais visado, não é mesmo? O "peixe grande" da operação. O FBI inteiro, repito, estava convencido de que, se fosse possível agarrar um colaborador próximo de Bin Laden, se fosse possível meter por trás das grades um dirigente da Al Qaeda, inclusive o chefe supremo, essa pessoa tinha de ser Mohammed. No entanto, Mohammed não estava lá naquele dia. Mas o funcionário confirma que ele geralmente se encontrava no prédio. Era visto à noite, entrando e saindo, tal como os outros, pois era ali que morava. Mas foi o único que, como por acaso, não voltou ao apartamento. O peixe grande não caiu na rede. Mera coincidência? Delação? Fuga?

As crianças. Entre as pessoas presas, havia duas crianças. Pois bem, descobri — por meio dos jornais — que eram os próprios filhos de Khalid Sheikh Mohammed. Além disso, a polícia não ignorava esse fato, já que ele foi anunciado à imprensa pelo general Moinuddin Haider, ministro do Interior, que acrescentou, num acesso de efusão lírica: "As crianças estão em nosso poder. Não vamos transferi-las para ninguém, pois por meio delas podemos chegar a Khalid". Algum tempo depois (no momento em que escrevo este livro), as crianças foram finalmente libertadas, ontem de manhã, por "razões humanitárias". Assim, a polícia se desfez do único recurso que afirmava possuir para chegar ao arquiteto do 11 de setembro.

A data. A operação acontece, portanto, naquele dia 11 de setembro. A Al-Jazira, certo. Na véspera da transmissão de uma entrevista que não é mais segredo para ninguém e que vai causar um escarcéu dos diabos, é evidente. Mas enfim... não se pode esquecer que aquele dia é, também, "o" 11 de setembro. Não se pode esquecer que desencadear uma operação contra o cérebro do 11 de setembro no dia exato do aniversário do acontecimento parece um milagre. É como se aquela data tivesse sido escolhida deliberadamente, como se todos soubessem que ali funcionava uma célula da Al Qaeda, mas tivessem esperado, para anunciar o fato e desmantelar a célula, um dia de boa visibilidade simbólica, mediática e política. Como se as autoridades paquistanesas, mais uma vez, tivessem montado um grande cenário. Como se quisessem dirigir uma mensagem muito clara e convincente ao aliado norte-americano. *Happy birthday, Mister President!*[1] O que acha de nosso presente de aniversário, tão delicado, tão engenhoso?

Por fim, o essencial — o detalhe mais esquisito e ao mesmo tempo mais incrível, o lance teatral que dará outro rumo à investigação deste livro: entre os "iemenitas" detidos, entre os dez "árabes" que saíram do prédio em fila indiana, berrando "Allah Akbar" (na verdade, eram oito iemenitas, além de um saudita e um egípcio), entre aqueles dez "terroristas" dos quais eu ainda não sabia, naquela altura, se tinham sido encaminhados às autoridades norte-americanas, encontrava-se (quem diz isso é o homem da agência local de energia elétrica, mas secundado pelo dono da sorveteria e pelo corretor imobiliário, que meneiam gravemente a cabeça) "o assassino do jornalista norte-americano", o verdadeiro, aquele que efetivamente segurou a faca.

---

[1] "Feliz aniversário, senhor presidente!" (N. do T.)

Peço confirmação ao homem da agência.

Pergunto a que jornalista norte-americano ele se refere.

Insisto: — O senhor quer dizer Daniel Pearl, repórter do *Wall Street Journal*, o homem degolado de Gulzar e-Hijri?

— Sim, ele mesmo.

Ele parece dizer: "Não entendo por que o senhor ficou tão assombrado. Existem outras pessoas degoladas neste mundo! Outros jornalistas mortos! Será que o Ocidente só se interessa pelos norte-americanos? Será que um judeu de repente tem mais importância que milhares de pessoas na Caxemira, milhares de palestinos que sucumbem todos os dias, sob as balas da Índia e de Israel? Dois pesos e duas medidas... Vocês não têm jeito mesmo..."

E ele pega uma chave na parte de baixo do balcão, abre um armário embutido às suas costas e retira a foto de um pequeno corpo carbonizado, encarquilhado, corcunda, numa paisagem verde:

— Meu primo... na Caxemira... na guerra contra os indianos... Por acaso os jornais sionistas mostraram a foto de meu primo?

Seja como for, era um fato.

Era o xis da questão.

Eu estava em Karachi havia três dias. Lia todos os dias a imprensa paquistanesa, ouvia as notícias do rádio e assistia televisão, mas em nenhum lugar, em nenhum momento ouvira falar naquela história. Foi preciso visitar um prédio quase por acaso, vagabundear entre uma sorveteria e uma imobiliária, para descobrir aquela notícia absolutamente estonteante.

Se as testemunhas que eu tinha diante de mim estavam dizendo a verdade, minhas conclusões só podiam ser as seguintes: 1. as autoridades tinham sob seu poder, havia oito dias, o homem que segurou a faca que matou Daniel Pearl;

2. em vez de se vangloriar desse fato, como seria de esperar, em vez de anunciar aos quatro ventos a boa nova daquela grande vitória policial e política, as autoridades não diziam nada, ficavam na moita — uma notícia como as outras, nada que motivasse manchetes nos jornais; 3. o assassino em questão vivia ali, no coração daquele bairro repleto de militares na reserva e infestado de policiais, havia um ou dois meses — aquele criminoso enigmático, aquele assassino procurado por todas as polícias do país, gozava dias tranqüilos num dos bairros residenciais da cidade.

Três informações em uma.

Três fatos incongruentes, para dizer o mínimo, que me deixaram perplexo.

Foi o bastante para sentir o desejo de retomar toda a investigação, só que agora pela outra extremidade — a dos cúmplices de Omar, os outros atores do drama, que ajudaram a perpetrar o crime e que, até agora, eu havia negligenciado.

2

# OBSERVATÓRIO DA IMPRENSA

Depois da chegada de Abdul, a primeira coisa que faço é correr com ele para uma sala de arquivo.

Pouco importa o nome deste arquivo.

Pouco importa também o nome verdadeiro de Abdul, velho ex-jornalista convertido à corrente paquistanesa dos direitos humanos, que fui apanhar de manhãzinha na estação ferroviária e que desde então me acompanha por toda parte. Pois é... "velho ex-jornalista" não é nenhum exagero... trinta e dois anos se passaram desde o tempo de nossas Índias vermelhas[1]... trinta e dois anos se escoaram desde nossa despedida, na última linha da frente de batalha, quase no fim da guerra indo-paquistanesa — ele regressava ao Paquistão nos furgões do exército de Yahya Khan, enquanto eu seguia caminho em direção a Dacca, nos caminhões do

---

[1] Referência ao livro de Lévy *As Índias vermelhas*, publicado em 1985, que trata da terceira guerra indo-paquistanesa, em 1971, e da fundação do Estado independente de Bangladesh, que custou a vida de 500 mil civis. (N. do T.)

exército indiano... Separei-me de um maoísta sem fronteiras que me havia levado ao encontro dos grandes iluminados que eram os "naxalitas" indianos — e, daquele rapaz ingênuo e arrebatado, daquele internacionalista jovial para quem o lema de pensar contra si mesmo e contra seu próprio partido era uma regra de vida e um engajamento concreto a favor dos "inimigos do país", dos "traidores" que eram os cidadãos oprimidos de Bangladesh, sobrou uma voz, um laivo de tristeza no olhar, alguns gestos e, de resto, um velho ex-jornalista que perdeu os cabelos...

O importante é que eu e Abdul nos encerramos numa sala revestida de lambris que lembra muito um clube inglês, carpete gasto, móveis envernizados, mesa oval e comprida no centro.

Sem dizer o que procurávamos, pretextando uma pesquisa sobre a situação sanitária nas províncias do norte do Paquistão, requisitamos a coleção dos últimos oito dias, e depois, semana após semana, voltando no tempo, até meados de maio, dos principais jornais do país: ingleses para mim, urdus para ele.

E com vagar, examinando cada minúcia, procurando até mesmo nas páginas locais ou nas seções policiais, nos comunicados insignificantes de agências de notícias ou nas matérias não-assinadas, rindo como crianças diante do relato carregado nas cores da disputa entre dois falsos médicos de Sadiq Town, perto de Quetta, lançando exclamações diante de uma foto absurda, interrompendo o trabalho para, com uma lágrima nos olhos, relembrar uma situação análoga, trinta e dois anos antes, na biblioteca do *Times of India* de Calcutá, aonde íamos, como modernos Fabrice em Waterloo[1], procurar nos mapas o traçado das batalhas que havíamos presenciado, mas sem entender o que acontecera, evocando

---

[1] No romance *A cartuxa de Parma*, de Stendhal (1783-1842), o jovem Fabrizio del Dongo foge de casa em 1815 para lutar na batalha de Waterloo. (N. do T.)

também os grandes veteranos daquele tempo, Jean Vincent, Bernard Ullman, Lucien Bodard em roupa de baixo, enorme e pudico, no quarto do Hotel Intercontinental em Calcutá, onde se mantinha em conferência perpétua e oferecia o espetáculo de sua loquacidade magnífica, e em seguida retomando em detalhes o fio de toda a história, um velho hábito que nunca perdi... um velho princípio posto à prova, nos últimos trinta anos, em todas as minhas reportagens, inclusive, e às vezes sobretudo, nos países que não têm imprensa totalmente livre... nunca encontrei um enigma ou uma confusão extrema que a leitura atenta e crítica dos jornais locais, feita no momento certo, não ajudasse a esclarecer...

Em primeiro lugar, o organograma do crime.

Com o organograma do crime não me ocupei muito até agora.

Então, aproveito este mergulho no arquivo para identificar com exatidão as várias células entre as quais Omar Sheikh distribuiu o trabalho de seu crime.

Primeira célula. Aquela que se encarregou de enganar o jornalista e, sob pretexto de levá-lo à presença de Mubarak Ali Shah Gilani, atraí-lo até o Village Garden. Era Omar, claro. Mas era também Arif, ou Syed Hashim Qadir, diretor de uma pequena *madrasa* em Ahmadpur East, procurado por sua participação provável no assassinato de pelo menos sete pessoas no Punjab paquistanês, e conhecido por suas ligações estreitas com o Harkat ul-Mujahidin. Foi com ele que Pearl entrou em contato primeiramente; era ele que, segundo o "quebra-galho" de Pearl em Islamabad, devia levar o jornalista à presença de Gilani; foi ele, por fim, o elo de ligação com Omar em meados de janeiro, organizando o encontro do Hotel Akbar. Depois, terceiro membro desta célula de abordagem, Hyder, ou Imtiaz Siddiqui, ou ainda

Amjad Hussain Faruqi, cujo verdadeiro nome é Mansur Hasnain, veterano das guerras afegãs e membro do Harkat ul-Jihad-i-Islami, outro grupo extremista que, sob as bombas norte-americanas ou no combate frontal contra a Aliança do Norte, pagou o mais pesado tributo em nome da solidariedade aos talibãs. Nos comunicados de fevereiro, leio que Faruqi teria organizado, sob mais um pseudônimo, o de Sunny Ahmed Qazi, o seqüestro do avião de Kandahar ("Eu lhe devo a vida", teria dito Omar depois de sua libertação). Leio também que Omar o encarregou, na tarde do dia 23, de dar os dois últimos telefonemas a Danny, confirmando o encontro no Village Garden. Mais adiante, vamos reencontrar Faruqi na célula número 3 — mas o fato de que ele já estava presente na primeira célula e tomou parte no complô desde o início é confirmado ainda pelo testemunho de um de seus vizinhos, que, diante dos investigadores, contou ter visto Faruqi voltando para sua aldeia, no início de janeiro, portanto bem antes do seqüestro, em companhia de um árabe e de um paquistanês cuja descrição corresponde à de Omar.

Segunda célula. As pessoas que ajudaram Omar a enviar a Pearl toda a série de *e-mails* que serviram para conquistar a confiança do jornalista e atraí-lo para a armadilha. As pessoas, também, que iriam escanear as fotos do jornalista acorrentado e enviá-las, junto com os comunicados de reivindicação do seqüestro, ao *Wall Street Journal* e a todas as agências de notícias nacionais e internacionais — a célula encarregada, em outras palavras, das relações com o mundo exterior. Três homens, de novo. Três homens para duas séries de *e-mails* expedidos em um ou dois *cybercafés* da cidade. Adil Mohammad Sheikh, policial, membro de uma tropa de elite antiterrorista e provável líder do grupo. Salman Saquib e Fahad Nasim, seus primos, especialistas em informática, sobretudo o segundo. Os três são também veteranos da guerra do Afeganistão. E todos eles têm ligações com o Jaish e-Mohammed, ou Exército do Profeta, proibido desde o dia 12 de janeiro. Segundo a polícia, o ritual de decapitação de Pearl seria uma das marcas registradas deste grupo, pois seus fundadores mataram da mesma maneira, em 1999, o pobre Ripen Katyal, degolado como um porco diante de todos os outros passageiros, na cabine dianteira do avião da Indian Airlines, cujo seqüestro serviu para comprar a liberdade de Omar Sheikh e Masud Azhar. São "homens de coragem", como disse Omar ao evocar, durante o julgamento dos seqüestradores, o corpo de Salman Saquib costurado de cicatrizes. São "verdadeiros combatentes do islã", insistiu Omar: "Eu os conheci em ação, dando seu sangue ao exército de redenção que fundei. O que eles fizeram agrada a Alá".

Terceira célula. A maior em tamanho. Aquela que esteve no encontro do Village Garden e depois permaneceu com Danny até a execução. Sete homens, dessa vez. Oito, se contarmos Hussain Faruqi, ou Mansur Hasnain, que, independentemente de seu papel na célula número 1, recebeu a missão de permanecer, durante todo o seqüestro, junto de Danny e dos outros carcereiros. Era Akram Lahori, *salar*, ou comandante supremo, do Lashkar i-Janghvi, grupo sunita fanático cujo chefe histórico, Riaz Basra, acaba de morrer, neste início de 2002, em circunstâncias mal-esclarecidas. Era Asif Ramzi, braço direito de Lahori e chefe da Qari Hye, uma das subfacções do Lashkar, especializada no acolhimento aos combatentes árabes que se reuniram no Afeganistão para o *jihad* e, depois da queda dos talibãs, seguiram para o Paquistão. Era Naim Bukhari, também conhecido como Atta ur-Rehman, outro dirigente do Lashkar, verdadeiro responsável pela região de Karachi. Bukhari também esteve presente ao encontro do Village Garden; foi ele quem abriu caminho, em sua motocicleta, para o automóvel que transportava Danny; foi ele quem, como já dissemos, ditou o texto que Danny foi forçado a repetir diante do vídeo; e foi ele quem, junto com Hyder, assumiu o comando operacional daquela terceira célula, uma vez que Lahori, em princípio seu superior, parece ter estado em Gulzar e-Hijri apenas ocasionalmente. Era Fazal Karim, companheiro de luta de Bukhari na Caxemira e no Afeganistão, e depois, na época do seqüestro, motorista de Saud Memon, proprietário do terreno e da casa. Karim também esteve presente até o fim. Talvez, inclusive, seja a única testemunha da execução. Nos autos do interrogatório conduzido pela polícia, em meados de maio, logo depois de sua prisão, pode-se ler a seguinte frase: "Se eu tivesse que fazer tudo de novo, não teria dúvida. Ele era judeu e norte-americano. Tenho orgulho de colaborar na revanche contra os Estados Unidos". Era "Faisal", ou Zobair Chishti, homem de ação de Lahori e Bukhari, que esteve envolvido, sob a autoridade deles, nas operações mais violentas do Lashkar i-Janghvi, e que embarcou no complô no último minuto, como uma espécie de leão-de-chácara encarregado de vigiar atentamente a vítima (tentativa de fuga pelo respiradouro do banheiro, tiro provável na barriga da perna etc.). Por fim, eram outros dois homens sobre os quais não pude descobrir nada, a não ser os nomes: Mussadiq, um guarda, e Abdul Samat, um estudante, ou ex-estudante, suspeito de ter tomado parte no atentado suicida contra os engenheiros franceses do Sheraton, em 8 de maio de 2002, e que parece ter agido, no caso Pearl, como uma espécie de assistente de Hyder encarregado do recrutamento da célula.

Quarta célula, enfim. Os assassinos propriamente ditos. Aqueles que empunharam a faca e filmaram a decapitação. E talvez também a pessoa que foi buscá-los, no último dia, para que fizessem a execução — a pessoa, portanto, que assumiu a responsabilidade pelo desenlace. Não se sabe ao certo se ela existe, pois, segundo outra hipótese, os carcereiros teriam recebido, na manhã do dia 30, um telefonema que anunciava, sem pedir sua opinião, a chegada de três assassinos, com instruções para que os carcereiros os deixassem agir "*as they wish*", como bem entendessem. Seja como for, se é que essa pessoa existe, até agora só pude descobrir seu nome: Saud Memon, empresário de Karachi, rico e poderoso, proprietário do terreno de Gulzar e-Hijri. Quanto aos assassinos, se é que eles existem também (pois, de acordo com outra hipótese, toda aquela história de iemenitas não passaria de invencionice destinada a confundir os espíritos e afastar as suspeitas dos únicos verdadeiros culpados, que seriam, das células números 1 a 4, exclusivamente paquistaneses), quanto aos assassinos, leio que eram "árabes", ou "iemenitas", ou "iemenitas-beluches", filhos de pai iemenita e mãe beluche, ou vice-versa; leio que um deles, provavelmente o chefe, foi visto caminhando com Omar e Amjad Faruqi no início de janeiro, na aldeia deste último, ao sul de Islamabad; leio também que Ehsan, empregado de uma loja de telefonia, teria ouvido o iemenita ligando para um interlocutor misterioso no Canadá e dizendo: "*I will complete the mission*"[1]... Quem seria esse interlocutor canadense? Outro mandante do crime? Um dos sócios de Omar? Um patroci-nador? Nenhum comunicado esclarece essa questão. Da mes-ma forma, nenhum deles dá uma descrição mais exata dos árabes, nem diz com certeza a que organização pertenciam. Talvez o Jaish e-Mohammed de Masud Azhar... talvez o Jaish Aden Aben al-Islami, ou Exército Islâmico de Áden, baseado em Sanaa e ligado diretamente à Al Qaeda... talvez o grupo de norte-americanos de origem iemenita detidos, no início de maio, nos arredores de Buffalo, e que constituíam uma célula

---

[1] "Vou completar a missão." (N. do T.)

inativa da Al Qaeda no coração dos Estados Unidos...
Isto já não é um organograma. É um labirinto. E no centro desse labirinto enfestado de siglas, de patrônimos pachtos ou punjabis, de indivíduos com identidade dupla, tripla ou quádrupla, cujos nomes são como grades de ferro diante da entrada, no coração dessas trevas nas quais um ouvido ocidental tem grande dificuldade em identificar as figuras de seu bestiário, mas onde se sente que algo de essencial está sendo tramado, reina Omar Sheikh, o Minotauro dos pés pequenos, postado por trás da série de obstáculos que ele interpôs entre si próprio e a verdade.

Em seguida, a operação antiterrorista de 11 de setembro, no bairro de Defence, em Karachi.

O iemenita, um dos três assassinos de Daniel Pearl, que teria sido detido naquela operação, junto com Bin al-Shibh.

E, para além do iemenita, o resultado exato da investigação, o balanço de todas as prisões que a polícia ou o FBI já conseguiram efetuar até o presente momento, ou seja, sete meses depois da morte de Daniel Pearl — em outras palavras, a questão da eficácia das operações antiterroristas realizadas no Paquistão.

De início, encontro, perdida num canto de página, quase invisível, uma referência ao iemenita detido em 11 de setembro, diante da agência imobiliária e da sorveteria. Seu nome, infelizmente, não é mencionado, mas não restam dúvidas quanto à identidade, pois Fazal Karim, trazido pelos investigadores à prisão secreta onde eram mantidas as dez pessoas capturadas, identificou formalmente o assassino. Pode ser. Que outra pessoa, além do ex-motorista de Saud Memon, encarregado, durante a degolação, de dominar a vítima, amarrar suas mãos e segurar sua cabeça, poderia identificar com mais certeza o rosto do assassino que empunhou a faca?

Evidentemente, eu sabia da existência de Fazal Karim. Em minha primeira estadia no Paquistão, tinha ouvido falar que, em maio, ele levara a polícia e a imprensa até o local do terreno de Gulzar e-Hijri onde foram encontrados os restos de Danny. Mas nunca entendi muito bem quando e em que circunstâncias ele, Fazal Karim, foi preso. Pois bem, encontrei a resposta num artigo do *Dawn* de 19 de maio. "Artigo" chega a ser exagero. Também neste caso, seria melhor dizer "matéria não-assinada". E nesta matéria leio que Karim foi delatado por um certo "Mazharul Islam, ou Mohammad Omar Choto, também conhecido por Dhobi", nomes inteiramente desconhecidos para mim, e que portanto não figuram em meu organograma do crime. Aquele Dhobi foi detido em abril, depois de uma "operação pente-fino" nos meios sunitas envolvidos com os assassinatos "sectários" antixiitas dos últimos meses. Em sua posse foram encontradas fitas de vídeo que, segundo se pensava, tinham relação com as atividades criminosas do Lashkar i-Janghvi. Mas, quando as fitas foram exibidas, descobriu-se que mostravam a decapitação de Danny, e que o homem que as possuía estava encarregado de mandá-las às agências de notícias estrangeiras.

Em outra edição do *Dawn*, datada de 19 de junho, assim como no *News* dos dois dias seguintes, deparei-me com artigos onde se afirma que, no dia 16, foi detido outro grupo de suspeitos, implicados num crime que, em princípio, nada tem que ver com o caso Pearl: o atentado do carro com explosivos que matou, diante do Hotel Sheraton, os onze engenheiros franceses do Departamento de Construção Naval de Cherbourg. Quantas pessoas foram presas? Como foram tratadas? Quem as julgou? O artigo não diz. Mas diz que, naquele grupo de "terroristas" e "malfeitores", no centro da "operação pente-fino" conduzida pela polícia do Sind, encontravam-se dois de nossos personagens — e não os de menor importância: Naim Bukhari, ou Atta ur-Rehman, o homem que, por trás da câmera, ditou a Danny as frases que ele devia pronunciar, e Faisal, ou Zobair Chishti, seu cúmplice, o homem que acompanhou o prisioneiro até o banheiro e, por ocasião de sua fuga fracassada, lhe deu um tiro na perna.

Em outro artigo mais longo, mais detalhado, publicado porém oito dias mais tarde num hebdomadário em urdu que Abdul traduz para mim, descubro que Bukhari e Chishti, submetidos a um interrogatório duro da polícia paquistanesa — embora, segundo se afirma, em conexão com uma equipe do FBI —, teriam entregado seu chefe Akram Lahori, que foi preso em seguida. O artigo não menciona o caso Pearl. Trata da operação antifrancesa do Hotel Sheraton, assim como do atentado de 14 de junho, igualmente inspirado pelo Lashkar, contra o consulado norte-americano. Mas sabe-se que Lahori estava presente no local do assassinato de Pearl. Uma vez que Lahori era o "comandante supremo" de Bukhari, sabe-se que ele poderia estar no topo da cadeia de comando, e que poderia ser o responsável, junto com Saud Memon, pela vinda dos iemenitas e pelo assassinato. De modo que, naquele dia, mais uma peça importante se encaixava no quebra-cabeça.

Evidentemente, é preciso acrescentar o próprio Omar a esta lista.

É preciso lembrar o caso dos três homens da primeira célula, que eram o elo mais frágil da cadeia e que foram presos já no início de fevereiro, quando o FBI rastreou, a partir do endereço de *e-mail* antiamericanimperialism@hotmail.com, o *cybercafé* de Gulistan e-Jahaur, subúrbio de Karachi, de onde partiu a maioria das mensagens, chegando depois a Fahad Nasim, que cometera o erro de deixar as mensagens registradas no disco rígido de seu computador pessoal.

Por isso, como se vê, é preciso ter cautela.

Assim como para o organograma, é preciso tomar precauções extremas antes de concluir.

Pois ao caráter impreciso destes comunicados, à desorientação da imprensa, à mania de transmitir as informações em conta-gotas e deixar o resto no plano das hipóteses, soma-se o eterno problema que prejudica todas as investigações relacionadas com o islamismo e a Al Qaeda: a extrema dificuldade para identificar, apenas identificar, profissionais do disfarce cuja técnica é multiplicar os nomes, as características, os rostos.

Às vezes, acredita-se na existência de dois homens, embora sejam heterônimos da mesma pessoa.

Às vezes, acredita-se num único homem, embora sejam duas pessoas que se abrigam sob o mesmo nome: Asif Ramzi, por exemplo, também é o pseudônimo de outro terrorista, residente em Muhammad Nagar, em Karachi, e conhecido ainda como Hafiz ou Chotto — mas Chotto, por sua vez, é um dos pseudônimos de Mazharul Islam, conhecido como Dhobi, o homem que tinha a fita de vídeo em seu poder e que levou a polícia a prender Karim...

Sabe-se que o terrorista Khalid Sheikh Mohammed, maníaco por identidades falsas, chegou a usar pelo menos doze pseudônimos.

Zakarias Mussaui, o franco-marroquino que foi companheiro de quarto de Mohammed Atta e que, caso não fosse preso um mês antes do 11 de setembro, em Minnesota, teria sido o vigésimo membro do comando terrorista, usou no mínimo seis pseudônimos.

Do próprio Omar, especialista em disfarces que possuía cinco cartões de crédito, três passaportes, três números do cartão de previdência social e três datas de nascimento, sem falar em seus dois endereços em Londres, outros dois nos Estados Unidos, um número incalculável de conexões eletrônicas, números de celular, contas bancárias, consegui levantar — e ainda não acabei — dezessete pseudônimos: **Mustafa Ahmad, Mustafa Ahmed al-Hawsawi, Mustafa**

Muhammed Ahmed, xeque Syed, Mustafa Sheikh Said, Omar Saiid Sheikh, Shaykh Saiid, Chaudhry Bashir, Rohit Sharma, Amir Sohail, Arvindam, Ajay Gupta, Raj Kumar, R. Verma, Khalid, P. Singh e Wasim!

Mas enfim, apesar dos pesares, tenho agora uma idéia precisa do atual estágio da investigação.

Três levas de prisões, em suma: a de fevereiro, graças ao rastreamento de *e-mails*; aquela que se segue ao atentado do Hotel Sheraton, três meses mais tarde, no início de maio; e a mais recente, no bairro de Defence.

Dos dezessete implicados, oito já estavam atrás das grades, entre eles o cérebro do crime, o iemenita assassino, o chefe dos carcereiros, o homem que comandou a filmagem do vídeo e o homem que tinha o vídeo em seu poder.

E *still at large*, ainda foragidos, os dois outros iemenitas. Mussadiq e Abdul Samat, os dois membros da terceira célula, de identidade duvidosa. Ramzi (que acaba morrendo, pelo menos oficialmente, em 19 de dezembro de 2002, junto com seis outros terroristas, na explosão de um imóvel na periferia leste de Karachi, no qual o Lashkar havia instalado uma fábrica clandestina de explosivos). Mansur, o homem dos dois últimos telefonemas para Danny (quando a polícia paquistanesa invade a casa dele, em 15 de fevereiro, só encontra seus irmãos, sua mulher, seu filho e dois amigos: "Mansur não está mais aqui... Mansur acaba de se infiltrar no Jammu Kashmir..." — uma expressão em código, segundo explica Abdul, para dizer que ele está sob o controle da ISI). Arif (a polícia também desembarca em sua casa, no mesmo momento, em Bahawalpur, no sul do país: lágrimas, desta vez; a família inteira está presente, mas em luto pesado — "Hashim Qader morreu... Hashim Qader partiu para a frente de batalha no Afeganistão e Alá, o Misericordioso, o chamou à Sua presença... o túmulo? não há túmulo... o corpo? nada de corpo... Hashim morreu como herói, ou melhor, como mártir... e os mártires, todo mundo sabe disso, não precisam de um morada terrestre, pois sobem diretamente para o Céu, entre os anjos e as virgens..."). Por fim, evidentemente, Saud Memon, o proprietário do terreno.

Mas é neste momento que faço a terceira constatação — a mais rica de ensinamentos.

Cada vez que um dos jornais, depois de dar sua informação e entregar portanto um fragmento da verdade, se dirige às autoridades para obter uma confirmação, ou pelo menos um comentário, cada vez que se pergunta ao policial de bairro ou ao alto funcionário, ou mesmo ao governador da província, se é verdade que Fazal, ou Bukhari, ou Akram Lahori foram localizados, presos, interrogados, a reação das autoridades parece obedecer a um esquema de desinformação muito estranho, absolutamente constante, mas que pode, conforme o caso, assumir várias formas.

Uma das reações possíveis: — Fazal Karim, não conheço... Bukhari e Lahori, nunca ouvi falar... Zobair Chishti, cúmplice deles, não tenho a menor idéia... por favor, informem a seus leitores que este jornal cometeu um erro grosseiro e lamentável ao publicar, na edição do dia tal, que estamos mantendo sob detenção o senhor X, Y ou Z, envolvido, de perto ou de longe, com o seqüestro do jornalista Daniel Pearl...

Outra reação: — Sim, sabemos do que se trata... mas atenção! MPO! *Maintenance of public order*![1] Não se esqueçam da lei preventiva que nos dá, a nós, policiais, todos os poderes para deter suspeitos de terrorismo e subversão sem prestar contas de nossos atos! Talvez as pessoas a quem o senhor se refere estejam em nosso poder, de fato... ou talvez estejam em poder de um órgão de repressão... Mas não temos

---

[1] "Manutenção da ordem pública". (N. do T.)

nada a dizer a esse respeito... Temos o direito — o direito, ouviram bem? — de não comentar essa informação...

Outra reação, ainda mais sutil: — Sim, claro, nós os conhecemos... Sim, sem dúvida, trata-se de suspeitos... Mas este caso é complicado demais para nos incomodarmos agora com novos suspeitos, que só iriam retardar a manifestação da verdade... Por isso, para esses novos suspeitos, para esses prováveis criminosos, unicamente prováveis, temos um estatuto jurídico que é uma especialidade paquistanesa: *detained but not charged*... detidos sem acusação... identificados, se o senhor preferir, mas oficialmente desconhecidos... Sim, nós admitimos que eles podem ter alguma responsabilidade neste caso... A imprensa tem o direito, dentro de certos limites, e porque somos bonzinhos, de investigar essa possibilidade... Mas nós nos recusamos a confirmá-la... Aliás, nós nos recusamos a dizer qualquer coisa... E não assumimos qualquer responsabilidade por essa declaração que estamos fazendo agora... Por favor, publiquem a declaração "sob proteção de anonimato", entenderam?

Vejamos o comunicado da Associated Press, de 18 de agosto, a propósito de Lahori e Bukhari: "As autoridades paquistanesas não têm conhecimento de sua prisão".

Depois, no dia seguinte, a declaração de Manzur Mughal, "*chief investigator*" do caso Pearl, entrevistado pela agência AFP sobre as detenções ocorridas depois da prisão de Omar e dos três membros da primeira célula: "Não prendemos ninguém, a não ser os quatro réus que foram apresentados diante da Corte e julgados. Quanto a essa história de iemenitas, digo e repito que nenhum árabe está implicado ou foi preso no âmbito deste caso".

Aquela matéria não-assinada no *News* de 15 de julho: "As autoridades negam que Fazal Karim tenha sido preso".

Aquela nota no *Dawn* do dia seguinte, a propósito de Fazal Karim e de Chishti: "A decisão de não reconhecer oficialmente a detenção de novos suspeitos foi tomada nos altos escalões, em 16 de maio, pela polícia e o ministro do Interior do Sind".

Aquele alto funcionário que cita Kamran Khan no *Washington Post* de 15 de julho, a propósito da prisão de Lahori: "Essa prisão, por mais crucial que seja, chegou tarde demais, na última fase do processo, quando já se procedia à defesa. Sua confirmação oficial poderia pôr tudo a perder. Torná-la pública, portanto, estava fora de cogitação".

Ou aquele outro "oficial" citado pelo editorialista Anwar Iqbal num de seus artigos do *Dawn*, ainda "sob proteção de anonimato": "Sabemos quem matou Daniel Pearl, mas não queremos revelar essa informação. O julgamento já foi um pesadelo, os suspeitos não paravam de ameaçar nossos colegas. Não queremos passar por isso novamente".

Não preciso insistir sobre os efeitos perversos desse tipo de declaração no andamento do processo...

Mas uma coisa me parece estranha... O principal acusado, Omar Sheikh, com certeza não teria sido condenado da mesma maneira, ou pelo menos poderia ter alegado circunstâncias atenuantes, caso se levasse em conta nos autos do processo a prisão do cúmplice que recrutou os guardas, ou daquele que se encarregou de chamar os iemenitas, ou daquele que imobilizou Danny enquanto o iemenita o degolava.

Não preciso insistir sobre isso, pois minha intenção, evidentemente, não é desculpar o cérebro do crime. Não acredito que a presença ou não de um Lahori, de um Bukhari, de um Chishti pudessem exonerar Omar Sheikh da imensa responsabilidade de ter premeditado e orquestrado o seqüestro de Daniel Pearl. Vamos deixar de lado, portanto, o desenrolar no mínimo estranho de um processo que, sob muitos aspectos, se destacou pelo formalismo, mas no qual se tomou a decisão de ignorar testemunhas essenciais, talvez até protagonistas do crime, embora estivessem presas e quase sempre tivessem confessado, bastando citar suas confissões.

O que me interessa, por enquanto, é a estranheza, quase retórica, de um dispositivo de tratamento da informação cujo resultado, em todas as ocasiões, não é dissipar as dúvidas, e sim criar um acréscimo de confusão e mistério.

O que me intriga é que o caso foi conduzido judicialmente, mas ao mesmo tempo tudo parece feito para torná-lo perfeitamente ininteligível (no final, até mesmo os melhores observadores, os políticos mais moderados e mais críticos não sabiam se houve ou não iemenitas, se Lahori estava morto ou vivo, se a história de que Fazal Karim teria levado os investigadores até a sepultura de Danny não seria fruto da mais completa desinformação). Ou, então, tentou-se simplificar o caso ao extremo, com o mesmo resultado (temos um culpado que é um bom culpado; temos um assassino que é um assassino perfeito; não queremos, durante o processo, um elemento novo que nos obrigue a interromper tudo; não levado em conta, nos obrigaria a recomeçar tudo do zero).

Como se todo mundo — desde o início — só tivesse uma preocupação: fazer que o pesadelo, não da morte de Danny, mas do julgamento de seus assassinos, durasse o mínimo possível.

Como se todas as pessoas envolvidas — os juízes, a polícia, o poder político, mas também, com raras exceções, a opinião pública e a imprensa — tivessem feito um acordo tácito para se verem livres, o mais rápido possível, do caso Pearl.

Como se houvesse um segredo naquele caso, um segredo pesado e terrível, e fosse necessário impedir sua elucidação a qualquer custo.

# 3

# UM CASO TENEBROSO

Depois disso, entrei em contato com um dos advogados de defesa.

Ele se chama Khawaja Navid Ahmed.

Khawaja não defendeu exatamente Omar, e sim o xeque Adil e Fahad Nasim, seus cúmplices da célula número 2, os únicos a serem julgados ao mesmo tempo que o chefe, por assim dizer "na mesma fornada" — vinte e cinco anos de prisão para cada um.

Khawaja alegou circunstâncias atenuantes.

Assim como eu, ele traçou a lista de todos os "elementos novos", os suspeitos "detidos mas não inculpados", Bukhari, Karim e por fim o iemenita cujo *status* jurídico era tão duvidoso, e chegou à conclusão, da mesma forma como Abdul Wahid Katpar, o advogado de Omar, que tudo aquilo era uma paródia de justiça, motivo suficiente para fazer um escarcéu:

— Como se pode julgar alguns acusados sem julgar os

outros? Como se pode ter a esperança de elucidar um crime quando o homem que empunhou a arma (o iemenita), aquele que o ajudou (Fazal Karim) e aquele que lhe deu a ordem de matar (Bukhari) são deixados de lado nos autos do processo? Por acaso o fato de comprar uma máquina fotográfica, ou escanear uma foto, ou mandar um *e-mail* são mais graves do que decapitar um homem ou imobilizá-lo durante a decapitação? Este julgamento não tem sentido!

Descobri, aliás, que Khawaja é um advogado militante, e que tem alguma simpatia pela causa dos jihadistas que defendeu.

Li suas declarações condenando o alinhamento de Musharraf com os Estados Unidos e as violações dos direitos humanos nas operações conjuntas dos Rangers paquistaneses e dos inspetores do FBI.

Sei que ele se insurgiu contra uma determinada operação policial, durante a qual agentes "estrangeiros" teriam obrigado a mulher ou a irmã de um suspeito de terrorismo a lhes abrir a porta — no caso, trata-se da irmã de Bukhari, Kulsum Bano —, e nesse momento a mulher trocou um olhar com o policial... Como puderam fazer tal coisa? Como puderam desprezar a esse ponto a fé e o pudor das pessoas? Existe um motivo no mundo que autorize um homem a violar uma mulher dessa forma, mesmo que só pelo olhar?

Tivemos advogados desse tipo, na Europa, no tempo do grupo alemão Baader-Meinhof ou das Brigadas Vermelhas italianas.

Conheci-os ligeiramente — Klaus Croissant, na Alemanha, na época em que convivi com Foucault[1] —, aqueles especialistas da defesa de ruptura, da deturpação do direito burguês para desmoralizar os próprios burgueses.

E tenho motivos para suspeitar, no caso Pearl, que o advogado Khawaja, assim que o rumor das novas prisões de

---

[1] O filósofo francês Michel Foucault (1926-1984), autor de *As palavras e as coisas* (1966). (N. do T.)

abril e maio começou a circular, incitou a greve de fome declarada por seus dois clientes e por Omar Sheikh.

Mas é claro que não fui procurar o advogado por esse motivo.

Se bem que... Naquele país protegido pelos não-ditos, uma voz que tenta romper os grilhões... Uma voz que, sejam quais forem seus motivos, pára de fingir que o assassinato de Danny é um caso simples, liquidado por um processo que se transformou em grande espetáculo... Por que não?

Ele me recebe em seu escritório elegante, de bom gosto, no bairro de Sharah e-Faisal, no centro moderno de Karachi.

Na escada, barbudos. Na sala de espera, barbudos. Na parede, no corredor, no centro de uma grande foto em cores de Srinagar, a capital da "Caxemira ocupada", outros barbudos, mas mais elegantes, que me lembram Said Sheikh, o pai de Omar Sheikh, na noite em que o surpreendi diante de sua casa, em Londres: retratos, sem dúvida, do pai e do avô de Khawaja, fundadores do escritório de advocacia.

Khawaja Navid Ahmed é um advogado moderno. Fala inglês perfeitamente. Assim como os colaboradores que ciculam ao redor dele, tem a aparência típica de um jovem *lawyer* de Nova York: mangas de camisa, gravata desfeita, fisionomia bem-falante e segura, riso e sorriso de um sujeito simpático e acolhedor, diante do escritor francês que está escrevendo um romance sobre o Paquistão. Mas, apesar dessas maneiras ocidentalizadas, o escritório parece especializado na defesa de islamitas.

— É claro — começa ele — que todos esses suspeitos estão em poder das autoridades. Elas podem negar o fato o quanto quiserem. Neste verão, tivemos ainda a declaração de Anwar Alam Subhani, o *force's law officer* (promotor público) que negou que a polícia do Sind tivesse a menor noção da prisão de Karim e Bukhari. Mas não restam dúvidas quanto a isso. E aqui está a prova; aqui está, com relação a Karim, um documento que eu autorizo o senhor a publicar. O senhor vai ver, é interessante.

E ele me estende, por sobre a escrivaninha atulhada de faxes, *e-mails* e grandes pastas de arquivo recheadas de papéis, um documento que, com efeito, é espantoso. É uma folha de caderno quadriculada, coberta dos dois lados com letrinhas pontudas, e assinada — em urdu e, logo abaixo, em alfabeto latino — por um certo "Mazharul Hasan, filho de Mohammed Sadiq, Cela de Segurança 19". O advogado começa a traduzir. Eu anoto.

— "Fui detido em minha casa, na noite de 30 de abril de 2002, pelos investigadores Hafiz Junejo e Fayaz Junejo, da delegacia de Civil Lines, em Karachi. Os dois investigadores cumpriam ordens do superintendente de polícia Zulfiqar Junejo. Fiquei detido durante dez dias numa cela situada no terceiro andar do prédio do CID, o Departamento Central de Investigação."

O CID, explica Khawaja, é uma das "agências" de serviços secretos do país, embora seja mais ligada à polícia... Mas aquele homem, cuja confissão temos diante dos olhos e que não revela o crime pelo qual foi preso, afirma ter caído nas mãos do verdadeiro poder invisível daquele país. Khawaja continua sua leitura.

— "Depois de dez dias de detenção, vi um indivíduo atarracado, barbudo e de pele escura na cela vizinha. Tinha uma venda nos olhos. Quando tiraram-lhe a venda, eu o reconheci imediatamente. Era Fazal Karim, motorista de Omar e funcionário do Al-Rashid Trust."

Novo comentário do advogado: Fazal não era o motorista de Omar, e sim de Saud Memon, um dos administradores do Al-Rashid Trust, organização beneficente muçulmana situada perto da Super Highway, nas proximidades do sítio onde Daniel Pearl foi enterrado.

— Mas pouco importa. Tudo isso o senhor já sabe.

Vamos em frente. "Fazal Karim é um *mudjahid*, um veterano da guerra santa. Percebi na hora que ele tinha sido barbaramente torturado."

Em Karachi circulam histórias terríveis sobre a gama de torturas praticadas por algumas ramificações da ISI. Fala-se em variantes sofisticadas do suplício da banheira. Fala-se em homens que foram pendurados pelas mãos e tiveram um funil enfiado entre os dentes, para enchê-los de água e fazer explodir seus estômagos. Fala-se em eletrodos nos artelhos, órgãos genitais queimados ou comprimidos com fios de cobre, olhos arrancados ou queimados com atiçador de lareira, cabeças mergulhadas em banheiras de água fervente, testículos esmagados, seccionados, numa porta. Será que o motorista de Saud Memon foi submetido a esse tipo de tratamento? Será que ele falou por esse motivo? E será que foi ele, mais do que a inteligência brilhante dos policiais do Sind que investigavam o atentado do Hotel Sheraton, o responsável pela prisão de Bukhari e de Chishti?

— "Fazal Karim me contou que tinha sido traído por Javed, irmão de Shirin Gul, que mora no bairro chamado Metroville e trabalha como motorista na Madressah Iqra. Os policiais fizeram uma busca na casa de Javed. Como ele não estava lá, prenderam Shirin Gul, seu irmão. E, depois de dois dias, o delegado de Nazimabad trouxe Javed à delegacia e liberou seu irmão Shirin Gul. Depois, seguindo as indicações de Javed, a polícia prendeu Fazal Karim."

Também neste caso, o relato dá o que pensar. Por que esse tal Javed deu com a língua nos dentes? Em que circunstâncias? Sob o peso de que argumentos? Imagino o balé dos torturados. Ou dos que sofrem ameaças de tortura. Imagino todos aqueles homens, segregados, trancafiados, como modernos Máscaras de Ferro[1], enquanto Omar, o único

---
[1] Alusão ao romance *O Homem da Máscara de Ferro* (1839-1941), de Alexandre Dumas (1802-1870). (N. do T.)

condenado, se pavoneia em seu julgamento sob a luz dos projetores. Imagino os rostos encharcados de suor nos porões, o sangue que escorre das feridas ou aflora entre os dentes, as chagas, as cabeças enfaixadas, os gritos e gemidos, os gritos dos torturadores e a pequena vaga de confissões que sempre acabam vindo à tona.

— "Fazal Karim, então, ficou detido por dez dias no prédio do CID. Foi durante essa prisão que ele revelou o local onde o corpo de Daniel Pearl tinha sido enterrado. Os agentes do CID mantinham Fazal Karim e Javed algemados. De noite, os levavam para uma caminhonete. Temiam uma inspeção-surpresa dos agentes da Corte Suprema, que estavam à procura de Fazal Karim. Depois de dez dias, outro órgão policial o levou embora."

A Corte Suprema contra os serviços secretos... Ou melhor, o tribunal contra todas as polícias... Se o homem da "Cela de Segurança 19" estivesse dizendo a verdade, confirmaria o fato de que existem duas forças antagônicas no Paquistão de Musharraf, e confirmaria sobretudo minha hipótese: aqueles que querem a verdade sobre o seqüestro e aqueles que não a querem; aqueles que estão dispostos a colaborar para que a justiça seja feita e aqueles que, em vez da justiça, preferem o silêncio dos grandes segredos acobertados. Mas o autor da carta dava mais uma volta no parafuso.

— "No dia 22 de maio, dois investigadores do CID, chamados Mazhar e Fayaz, me levaram embora. Fiquei detido na delegacia de Saddar. Ali, vi Fazal Karim de novo. Tinha algemas nas mãos e nos pés. No dia 25 de maio, fui mandado para a delegacia de Orangi Town, no distrito de Karachi. De lá, eles me levaram à prisão. Ao todo, estive com Fazal Karim durante treze dias, comi e conversei com ele. Ele me contou muitas coisas. Posso revelar essas informações a vocês."

Cada vez mais interessante, de fato... Ali estava um

homem que sabia "coisas". Que sabia até mesmo, segundo afirmava, "muitas" coisas. E estava disposto a revelar essas "coisas" em benefício de quem quisesse sabê-las. No entanto, aparentemente ninguém queria sabê-las. A carta, segundo explica Khawaja, circulou de mão em mão. Todas as autoridades judiciárias, militares e policiais do país tomaram conhecimento dela, de uma maneira ou de outra. O próprio juiz a conservou nos autos do processo durante várias semanas, antes do veredicto de 15 de julho. Ora, ninguém teve a idéia de procurar Mazharul Hasan, filho de Mohammed Sadiq, para que revelasse tudo o que Fazal Karim lhe contara em sua cela comum. E a carta concluía:

— "Um delegado de polícia e o investigador Fayaz (aquele que, junto com o agente Hafiz, descobriu o corpo de Daniel Pearl e foi promovido depois da prisão de Fazal Karim) me contaram que tinham estado com Faiz Bhatti e Rehman Bukhari."

Quem é Faiz Bhatti? Khawaja não sabe. Mas ele sabe, e todos nós sabemos, quem é Bukhari — o homem dos iemenitas, aquele que mandou Karim segurar a cabeça de Pearl e, em seguida, assistiu à execução...

— Então, o que acha deste documento? — conclui o advogado. — O que pensa dos métodos de nossa justiça? Ainda tem dúvidas sobre o caráter suspeito deste julgamento?

Continuo por duas horas na companhia de Khawaja, conversando sobre tudo aquilo.

Ele me dá outra informação que eu me lembro de ter lido em algum lugar, mas que foi imediatamente abafada, de acordo com a técnica habitual, pela torrente de desmentidos: no final do seqüestro, Omar, sentindo que as coisas iam de mal a pior, teria chamado Hyder, chefe da cela de detenção, para lhe pedir que libertasse o prisioneiro (na linguagem cifrada combinada pelo grupo: *"Shift the patient to the doctor*"[1]), mas Hyder lhe teria respondido que era tarde demais, que Danny já estava morto, já fora filmado e enterrado (em código: "*Dad has expired; we have done the scan and completed the X-rays and post-mortem*"[2])...

— O senhor não acha um absurdo? — troveja Khawaja.
— Não sente que isso muda tudo? Não sou o advogado de Omar, mas, com os diabos, não poderia haver circunstância atenuante mais apropriada. E depois, quem decidiu a execução, se não foi Omar? Quem? E por quê? Tudo isso é muito, muito mais complicado do que dizem os jornais.

Ele também evoca os problemas mais genéricos enfrentados, segundo diz, pela justiça paquistanesa: *habeas corpus*, desrespeito aos direitos humanos nas prisões, rumores cada vez mais insistentes sobre a presença, nas brigadas de intervenção antiterrorista, de agentes do FBI:

— Não, não, não restam dúvidas quanto a isso... Temos relatos bastante precisos... Os agentes do FBI estavam presentes, por exemplo, durante a prisão de Bukhari, que, seja dito entre parênteses, nunca mais foi visto com vida, depois do homem cuja carta lhe mostrei... Os norte-americanos não deveriam... são signatários do tratado de 1984, que proíbe a tortura... são o país dos direitos humanos... como podem ser cúmplices dessas operações paramilitares, dessas execuções extrajudiciais, desses desaparecimentos, de todas essas coisas que insultam a democracia? Diga isso a eles: com essa política, estão contribuindo para o ódio que inspiram e cavando seu próprio túmulo...

Khawaja me parece um entusiasta. Volúvel. Tem um aspecto próspero e rechonchudo que não combina com a imagem que tenta exibir de advogado dos pobres e dos oprimidos. Mas é uma pessoa simpática. Aberta. Agora

---

[1] "Leve o paciente até o médico." (N. do T.)

[2] "Papai faleceu. Fizemos o exame, tiramos as radiografias e realizamos a autópsia." (N. do T.)

que estamos conversando francamente e que a confiança se estabeleceu entre nós, descubro nele um lado mais esteta do que militante — artista do direito, acrobata dos procedimentos judiciais e das hipóteses, fazendo malabarismos com os textos e as conjecturas. E a verdade, conforme percebo depressa, é que suas dúvidas vão além da questão dos "detidos sem acusação". A verdade é que toda aquela história lhe pareceu estranha desde o início — mais estranha, conclui ele, mais complexa, mais enredada ainda do que faziam supor os artigos de jornal que descobri e o testemunho do prisioneiro da cela 19, que ele me mostrou.

Continuamos conversando sobre a testemunha da cela 19.
Não há dúvida de que aquele homem viu Fazal, e que Fazal estava preso.
— Os policiais alegam: "Não conhecemos Fazal". Repetem: "Fazal não existe, foi um informante especial que nos levou, no dia 17 de maio, até o túmulo de Daniel Pearl". Bem. Vamos supor que sim. O único problema — talvez o senhor não conheça esse detalhe que vou lhe contar — é que ele, Fazal, no dia em que levou os policiais até a sepultura, lhes entregou o *chip* do celular de Daniel Pearl. E depois, outro motivo que torna essa história do "informante especial" totalmente duvidosa. Vamos admitir que ele exista. Ora, por que esperou tanto tempo? Por que, sobretudo, não foi procurar os norte-americanos, que ofereciam, como o senhor se lembra, cinco milhões de dólares pela informação, mais um salvo-conduto para os Estados Unidos? Não, tudo isso não me cheira bem. Essa história de "informante especial" não tem sentido. E é preciso partir do princípio de que foi realmente Fazal, depois de sua prisão, que conduziu a polícia ao local da sepultura...

Mas é a partir daí que começam as incertezas, é a partir

daí que podemos nos entregar, ainda segundo Khawaja, ao jogo das hipóteses contraditórias. E ele ressalta sobretudo, inclinando-se em minha direção, os olhos brilhantes, um ar de conspirador dissimulado e malicioso, o detalhe que mais me impressionou agora há pouco, enquanto ele me traduzia o documento, e que é de fato o mais problemático:

— Que detalhe? Mas o senhor não está vendo? Claro que está. Vamos. Adivinhe. O detalhe que não parece convincente, o único trecho da carta que tenho tendência a encarar com muita precaução, a verdadeira dúvida que me ocorre sobre uma possível desinformação que a carta poderia conter, é... — e ele faz o gesto do prestidigitador que tira um coelho do chapéu — a tortura!

— Como assim, a tortura? — pergunto. — Então Karim não foi torturado?

— Não sei — responde ele com uma expressão subitamente aborrecida, como se o fato de não saber o metesse realmente em apuros. — Não digo que ele não tenha sido torturado, mas não encontrei provas disso. Ou melhor, se houve tortura, ela deve ter ocorrido num local fora do comum, com gente fora do comum. Tentei seguir a pista. Fiz minha investigação. Descobri, sobretudo, que Fazal foi detido e interrogado numa mesquita do bairro de Nazimabad, onde predomina o fundamentalismo. Isso já me pareceu suspeito. E, quanto à tortura, encontrei indícios que apontam nas duas direções. Em outras palavras, não excluo a hipótese de que o documento que acabo de lhe mostrar tenha sido manipulado em parte; não excluo que tenha sido montada toda uma encenação para convencer o homem da cela 19 de que Fazal foi torturado, quando na verdade a tortura não ocorreu.

— Por quê? — pergunto, abismado. — Para que serviria essa nova manipulação?

Ele hesita. Olha para mim como se avaliasse minha capacidade de entender as sutilezas profundas que vai, ou não, revelar.

— Pode-se imaginar tudo — começa ele, com um olhar matreiro. — Pode-se dizer: Fazal foi barbaramente torturado para confessar um crime que realmente cometeu, para levar a polícia até o túmulo de Pearl etc. Só que o argumento que vale para o "informante especial" também vale para ele: por que esperar ser preso? O senhor e eu, no lugar dele, não teríamos procurado imediatamente os norte-americanos? Dois coelhos com uma só cajadada! Evita-se a tortura e embolsam-se os cinco milhões de dólares!

"Pode-se imaginar uma hipótese ligeiramente diferente. Fazal foi torturado, sim. O que o homem da cela 19 viu era verdade. Mas Fazal foi torturado para confessar um crime que não cometeu. É justamente por esse motivo, porque ele não tinha cometido o crime, que foi preciso torturá-lo tanto. O sentido da manobra seria, nesse caso, acobertar ou inocentar pessoas muito mais importantes que ele. Toda a operação consistiria em obrigá-lo, por bem ou por mal, a endossar o crime de outra pessoa.

"Por último, pode-se supor que na verdade Fazal não foi torturado, que o homem da cela 19 foi manipulado quanto a isso, e que se montou toda uma encenação para justificar a demora da polícia em revelar informações que possuía desde o início. Lembre-se do clima tenso daquela época. A família de Pearl protesta. A pressão internacional é cada vez maior. Era preciso, de um jeito ou de outro, encontrar uma válvula de escape. Então, a polícia inventou um truque para sair da enrascada, dizendo: 'Pronto! Heureca! Encontramos o corpo!', ao passo que, na verdade, sabia desde o início onde ele estava."

Khawaja faz uma pausa. De repente, parece pensativo. Sinto-me arrasado, quase sufocado pelo balé de suas hipóteses. Mas ele está calmo. Perplexo. Parece interrogar seus fichários com o olhar, como outras pessoas consultariam os astros.

— Pois há mais uma coisa — retoma ele. — O Lashkar... O fato de que Fazal, Bukhari, Chishti, Lahori, em suma, todos os que foram presos depois, pertenciam ao Lashkar... O fato de que todo mundo, de repente, só se preocupa com o Lashkar... Pois bem, como se explica isso? Por que essa vontade, de repente, de afastar o enfoque do Harkat ul-Mujahidin e do Harkat ul-Jihad al-Islami para ressaltar o Lashkar i-Janghvi, a organização de Fazal e Bukhari? Para vocês, ocidentais, é tudo a mesma coisa. É a mesma grande nebulosa terrorista e islamita. E vocês não entendem a necessidade de distinguir uma coisa da outra. Mas há uma diferença...

Ele clica no *mouse* de seu computador, imprime uma página, entrega-a para mim: é um gráfico, cheio de quadrados, flechas e cores, que descreve a topologia dos grupos jihadistas do Paquistão — quem é quem? quem está ligado a quem? em que sentido as influências, as subordinações, os financiamentos?

— Aos olhos dos paquistaneses, há uma diferença decisiva. Os primeiros grupos — o HUM e o HUJI, o Harkat ul-Mujahidin e o Harkat ul-Jihad al-Islami — têm em comum suas conexões notórias com o exército e os serviços secretos: como o senhor está vendo, em meu gráfico tudo aponta para cima, ou seja, para Islamabad. Ao passo que o outro grupo — o Lashkar — é um elétron relativamente livre que, posto em evidência, não incomodaria ninguém: é isso o que a margem esquerda da página significa.

Ele solta uma gargalhada.

— Isso lhe parece complicado? De modo algum. Em todas as hipóteses, há uma constante muito simples: lá em cima...

Ele aponta para o céu. E logo depois, num gesto brusco, retira o gráfico de minhas mãos e guarda-o sob uma pilha de papéis.

— ... lá em cima estão pessoas que, desde o início, sabiam tudo e controlavam tudo; pessoas dos altos escalões que sempre souberam onde estava o corpo e que decidiram, num certo momento, entregar a informação, usando Fazal como um trunfo; o resto, todo o resto, seria apenas encenação.

Estou resumindo o que ele disse, é claro. Mas penso, ao ouvi-lo, na história muito estranha da morte de Riaz Basra, que foi, antes de Akram Lahori, o chefe do Lashkar i-Janghvi, e que teria caído numa emboscada, em maio passado, dois dias, como por acaso, antes da revelação dos nomes de Fazal e Bukhari. Nunca houve uma emboscada, disse-me Abdul. Basra, na realidade, já estava nas mãos dos serviços secretos. Estava preso havia vários meses, por razões que nada tinham que ver com o caso Pearl. Assim, a existência material da emboscada era impossível, e o homem só podia ter sido assassinado a sangue frio. Estava preso como hoje estão presos Fazal e Bukhari, e a polícia decidiu de repente — dois dias, repito, antes da prisão de Fazal e Bukhari — que valia mais a pena fazê-lo desaparecer. Mais uma vez, por quê? O que aquele homem podia dizer ou fazer que causasse tanta preocupação? Será que podia protestar, alegando que seu grupo estava sendo posto em evidência sem motivo, e que não tinha tomado parte no seqüestro de Daniel Pearl da forma como se dizia? Será que ele podia dizer: "Com mil diabos! Eu sou o chefe, e até segunda ordem sei o que meus homens fazem ou deixam de fazer! Que história mirabolante é essa, de que Fazal e Bukhari estavam no comando de uma operação com a qual não temos nada que ver, ou na qual nosso papel era de simples subordinados?" Em outras palavras, será que ele podia prejudicar a manobra que acaba de ser descrita por Khawaja, transferindo a inteira responsabilidade do crime para as duas organizações — o HUM e o HUJI — que se tentava acobertar?

Penso naquele outro amigo, jornalista de um diário de Karachi, que me contou que na mesma época, por volta de 18 ou 20 de maio, ou seja, ainda no momento da prisão de Fazal e do destaque que se deu ao Lashkar, recebeu, assim como vários de seus colegas, um telefonema estranho, de uma organização desconhecida que ele não entendeu bem se se chamava Hezbullah Alami ou al-Saiqua (talvez o nome fosse al-Saiqua e tivesse mudado para Hezbullah Alami), assumindo a responsabilidade por três operações terroristas: o ataque com granadas, em 17 de março, contra a igreja protestante de Islamabad; a operação suicida, em 8 de maio, contra os engenheiros franceses do Hotel Sheraton; e por fim o seqüestro de Daniel Pearl. "Nenhuma relação", dizia a voz misteriosa ao telefone, "com o HUM e o HUJI. A operação foi montada por uma organização 100% anti-Musharraf. E nós somos essa organização 100% anti-Musharraf. Nosso ódio contra a política de Musharraf não tem limites, pois ele se tornou um lacaio dos norte-americanos. E a melhor prova disso só nós temos condições de revelar: o cadáver que foi encontrado em Gulzar e-Hijri não é o cadáver de Daniel Pearl. Aliás, os norte-americanos sabem muito bem disso, pois nunca divulgaram os testes de DNA que foram feitos no esqueleto..." Evidentemente, aquela voz misteriosa ao telefone só podia ser uma manobra para despistar a opinião pública. Mas não era a mesma estratégia? A mesma vontade, mais uma vez, de embaralhar as cartas? Não haveria aí, como sempre, um esforço para afastar as suspeitas de todos os grupos ligados, de uma maneira ou de outra, ao governo e aos serviços secretos?

Observo Khawaja.
De repente, sinto algo de estranho nele.
Jovial demais, satisfeito demais consigo mesmo.
Pergunto-me que jogo ele poderia estar fazendo para semear essa nova dúvida em meu espírito.
Afinal de contas, o advogado do xeque Adil e de Fahad Nasim, que pertencem ao Jaish e-Mohammed, não teria interesse em deixar que a culpa recaísse sobre o Lashkar?

E como pode ele, ao mesmo tempo, basear-se na prisão de Fazal para reclamar a revisão do processo de Omar, e logo depois, na mesma conversa, sugerir que Fazal era um agente manipulado?

Talvez, afinal de contas, ele esteja tentando me confundir.

Ou talvez pense que a melhor maneira de inocentar seu cliente é inserir o crime num complô imenso, indecifrável, imponderável, que envolve os mais altos escalões do governo.

Penso em seu principal argumento: por que Fazal, ou o "informante especial", não procurou os norte-americanos para embolsar o prêmio, em vez de apodrecer na prisão? Mas agora me ocorre uma explicação plausível: Fazal é o verdadeiro culpado; foi ele quem segurou realmente a nuca de Danny, para que o iemenita pudesse começar seu trabalho sinistro; se procurasse os norte-americanos, corria o risco de se trair e acabar numa cadeira elétrica.

Penso em Omar. De repente, não consigo entender suas atitudes. Penso em todas as suas declarações, durante e depois do julgamento, que examinei ontem mais uma vez, junto com Abdul. De modo geral, elas me parecem muito sensatas. Muito convenientes. E, descontando as provocações por questões de princípio, Omar acabou se mostrando bastante razoável. Afinal, por que ele mesmo não protestou com mais veemência contra aquele escândalo dos "detidos sem acusação"? Por que, se formos acreditar na última hipótese de Khawaja, Omar não berrou aos quatro ventos que estava pagando por um crime cometido por várias pessoas, e talvez com a participação dos altos escalões?

Tudo isso se torna tão complexo...

Tão terrivelmente contraditório, vertiginoso...

Um verdadeiro "imbroglio", uma nebulosa no sentido literal, onde tenho a sensação, a cada passo, de ver adensar-se um pouco mais a nuvem de pó em torno do mistério do caso Pearl...

Despeço-me de Khawaja, seus sorrisos de bom entendedor, seus barbudos, suas hipóteses malucas, suas perguntas, num estado de confusão ainda pior do que quando cheguei.

## 4

## A VIDA DUPLA DE OMAR

Foi o acaso que, como aconteceu várias vezes nesta investigação, me colocou na pista certa.
Estou em meu hotel.
Reflito sobre as hipóteses tão desconcertantes do advogado.
Perdido, quase desmoralizado, penso até em voltar para a França e embarcar de novo rumo ao Paquistão com uma cobertura mais oficial que me permita procurar os responsáveis e fazer-lhes as perguntas que me atormentam.
Mas então Abdul, que assumiu completamente seu novo papel de "quebra-galho", entra em meu quarto sem se anunciar — sinal, em nosso código recuperado, de que está me trazendo uma notícia confidencial, e de que até o interfone do hotel deve ser evitado.
— Não tenho aquilo que você pediu — começa ele, com ar misterioso, olhar de vitória e importância.
Eu lhe pedira um contato com o comando do Lashkar

i-Janghvi, que, na época, ainda não estava na lista negra norte-americana das organizações terroristas.

— Isso não foi possível. Mas tenho coisa melhor. Um sujeito que sabia o que estávamos procurando me contatou pessoalmente. Ele garante que tudo o que dizem sobre a prisão de Omar Sheikh é cascata, mas que ele sabe a verdade...

Sei o que contam a esse respeito. Conheço a versão oficial, comunicada imediatamente às agências de notícias e às autoridades estrangeiras. Tudo teria acontecido no dia em que a polícia, depois de rastrear os famosos *e-mails* e prender as pessoas que os tinham enviado, foi bater às portas da tia de Omar, em Karachi, e de seu avô em Lahore. Ismail, o avô, teria sido forçado pelos investigadores a ligar para o neto e implorar que se entregasse. "Você perdeu, Omar. Renda-se", teria dito um dos investigadores, arrancando o aparelho das mãos do velho. E o gentil Omar teria se rendido para não colocar sua família em perigo.

— Como assim, cascata? Como o rastreamento dos *e-mails* pode ser cascata?

— Justamente — responde Abdul, muito excitado. — É o que vamos descobrir. Você tem um encontro marcado com o sujeito, hoje às 16 horas, no centro antigo, perto do Aurangzeb Park, um dos locais onde se reúnem os drogados de Karachi. Isso vai nos trazer lembranças. Não se preocupe. O sujeito não é perigoso. Foi indicado por meu amigo X, um dos melhores jornalistas da cidade, em quem tenho inteira confiança.

Hesito um pouco.

Não posso deixar de pensar que aquele tipo de encontro, no bairro mais corrompido da cidade, é justamente o que eu devia evitar.

E me lembro, não é mesmo?, do catálogo de recomendações que são a Bíblia dos jornalistas recém-chegados em Karachi, e que Pearl, para sua infelicidade, acabou não levando em conta: não se hospedar num quarto de hotel de frente para a rua; não chamar um táxi na rua; nunca, em nenhuma circunstância, conversar sobre islamismo ou sobre o programa nuclear paquistanês; e sobretudo, sobretudo, não caminhar sem tomar precauções, e sem que uma pessoa de confiança saiba onde você está, a que horas você volta e de que maneira, pelos mercados, cinemas, multidões, lugares públicos em geral... o que dizer então de Aurangzeb? o bairro das drogas e do crime!

No entanto, a proposta é tentadora.

Abdul me explica que o sujeito nunca concordaria em conversar comigo num dos grandes hotéis do centro onde costumamos fazer nossos encontros, e acrescenta que combinou uma confirmação por telefone, de modo que eu poderia exigir que a conversa se desse dentro do carro, do qual não deveríamos sair em hipótese alguma. Assim, aceito a proposta.

Um pouco antes das 16 horas, estamos no cruzamento de Aurangzeb Park com Burnes Road. Abdul está sentado ao volante e eu aguardo no banco de trás, procurando do lado de fora um homem que só deu uma informação capaz de identificá-lo, tão casual que chega a ser tranqüilizadora: ele estaria usando, sob o paletó, "um colete bordado, de várias cores, muito elegante".

Ao redor, grupos de jovens hirsutos, de aspecto raivoso, que perambulam pelas calçadas e, mais além, nas aléias do parque.

De longe, poderiam ser tomados por mendigos, ou por membros de uma seita estranha praticando exercícios de magia negra, ou por um pequeno acampamento de mortos-vivos no coração da cidade. Mas não passam de drogados. São o exército de reserva das drogas e do crime em Karachi.

Deus sabe quantos santuários desse tipo já vi!

Lembro-me daqueles bairros de Bombaim, há trinta anos, ao redor do Hotel Stiffles, onde todos os *junkies* da cidade e talvez do país pareciam ter se reunido: maníacos da seringa, jovens carcaças à deriva, consumidores desenfreados, de olhos mortos, dispostos a matar pai e mãe e, claro, a si próprios por uma dose de cocaína ruim, misturada com talco e medicamentos, que valia, na época, o preço de uma garrafa de cerveja — e no entanto, resolvi experimentar uma vez, tamanha era a força oculta naqueles corpos aparentemente destruídos!

Mas isso... Esse lugar mal-assombrado... Esse parque que se tornou um depósito de seringas... Esses corpos empilhados... Esses rostos ao mesmo tempo pacientes e febris, uns comprimindo-se ao redor de um fogareiro onde cozinham uma lata de conserva, outros disputando uma esteira velha... Aquele outro que jaz sobre um tapete um pouco mais bonito parece adormecido ou morto — mas não, está apenas inalando, de olhos fechados, seu bagulho... Até os cães (pois aquele é o único lugar de Karachi onde vi tantos cães, e onde ninguém parece se incomodar com isso) que vagueiam por entre os tapetes, esquisitos, gemendo, um pouco hesitantes, procurando uma migalha, um ossinho, dir-se-ia que, de tanto respirar os vapores, acabaram se drogando... isso, realmente, eu nunca tinha visto!

— Sinto muito — diz um homem que não vimos nem ouvimos chegar, e que abriu a porta da frente num gesto autoritário.

— Sinto muito — repete ele, sentando-se perto de Abdul e apontando para um casal de jovens sujos, esfarrapados, provavelmente estrangeiros, que devem tê-lo seguido e que ele enxota, por trás do vidro, como se fossem moscas — só tenho tempo de distinguir, enquanto o carro se põe em movimento, os traços delicados, suplicantes, da moça.

— Era a única solução. Este é um dos poucos bairros aonde a polícia não vem.

Ele se virou de perfil. Chama minha atenção não o colete, e sim o paletó de ombros muito acolchoados. E depois o rosto ossudo, os cabelos negros grudados à cabeça, o bigode nietzscheano, os olhos cercados de rugas finas e cerradas. Ele sorri — e com uma expressão acanalhada, a voz áspera de propósito, acrescenta:

— A não ser eu, é claro.

Pois o homem, que chamarei de "Tariq", conta que é um policial. Tem informações, explica ele, sobre o interrogatório de Omar conduzido em Karachi pelos investigadores Athar Rashid e Faisal Nur. E se resolveu falar conosco, foi porque existem algumas pessoas, na polícia do Sind, que não ficaram contentes com a maneira como as coisas se passaram.

— Primeira pergunta: — começa ele, depois de recapitular rapidamente as condições que impõe para aquele encontro e as precauções que eu devia tomar para que não fosse identificado — o senhor sabe quando o Sheikh foi preso?

Mais uma vez, sei o que todo mundo sabe. Sei o que a imprensa publicou, na Europa e no Paquistão.

— No dia 12. Segundo a imprensa, ele foi preso em 12 de fevereiro, alguns dias depois que...

Ele me interrompe. Tem a expressão zombeteira de alguém que armou uma cilada e vê o interlocutor cair nela.

— Dois erros numa só frase, senhor jornalista! Omar não foi preso. Ele se entregou. E não se entregou no dia 12, e sim no dia 5, terça-feira dia 5, à noite.

O carro está prestes a entrar numa rua que poderia nos levar de volta para o parque. Ele faz um sinal para que Abdul vire à direita. Depois que entrou no carro, não pára de lançar olhares furtivos, à direita e à esquerda, pontuados por pequenos movimentos bruscos do cotovelo.

— Próxima pergunta — retoma ele. — O senhor sabe quem é o brigadeiro Ijaz Ejaz Shah?

Não sei quem é o brigadeiro Ijaz Ejaz Shah.
— Como? Me disseram que o senhor vinha de Lahore...
Troco um olhar com Abdul pelo retrovisor, manifestando minha surpresa de que o sujeito tivesse aquela informação. Trejeito de incredulidade em Abdul; sobrancelhas erguidas que significam "mistérios de Karachi, etcétera e tal"...

— O senhor está vindo de Lahore e não sabe quem é Ijaz? — insiste o homem. — Pense um pouco.

Agora me ocorre, pensando bem, a silhueta alta, entrevista no Liberty Lions Club de Lahore, de um homem magro, de crânio calvo, que me apresentaram como ministro do Interior do Punjab, um dos manda-chuvas daquela região, sobre o qual me pergunto, com efeito, se não se chamava Ijaz.

— O brigadeiro Ijaz — prossegue ele numa voz sonora, sem se virar, no tom de um professor que explica a verdade a um aluno relapso — não é apenas ministro do Interior do Punjab. É amigo íntimo de Musharraf. E é principalmente um homem da ISI — um agente do mais alto escalão, ex-chefe da "divisão aérea armada" da agência, encarregado durante anos, e até poucos meses atrás, do contato com o Harkat ul-Mujahidin e o Harkat ul-Jihad al-Islami. Pois bem, preste atenção!...

Dessa vez ele se volta para mim. Fita-me com expressão francamente hostil. Não sei dizer se aquilo é mais um de seus efeitos dramáticos ou se ele foi tomado por um acesso de ódio diante de um ocidental ignorante.

— Foi a ele que o Sheikh se entregou na noite do dia 5. O Sheikh o conhecia, claro, pois tinha ligações pessoais com o HUM e o HUJI, e portanto decidiu se entregar a Ijaz, um velho conhecido.

Ocorre-me ainda, mas muito vagamente, como numa névoa, a reação do brigadeiro quando o diplomata que me acompanhava apresentou-me a ele — seu movimento nítido de recuo, seu sorriso que arrefeceu de repente quando mencionei meu projeto de escrever um "romance" sobre Daniel Pearl.

— Isso significa... — digo então, embaraçado, hesitando em compreender.

O carro faz uma curva, entra numa rua estreita, íngreme, um verdadeiro antro por onde se volta em direção ao parque. Uma bancada de açougueiro que exala um cheiro de carne saniosa. Bem ao lado, um monte de tripas de peixe malcheirosas e cães magros que brigam entre si. "Tariq" tira do bolso um papel amassado e o estende para mim, sem largá-lo, à luz da lâmpada no teto do carro. Rapidamente, volta a guardá-lo no bolso. Mas tenho tempo de ver que é a cópia carbono de uma nota em inglês, em papel com cabeçalho da polícia, comprovando realmente a rendição de Omar, no dia 5, ao brigadeiro Ijaz.

— Isso significa — conclui ele — que há um lapso de sete dias entre o momento em que o Sheikh se rende ao chefão dos serviços secretos e o dia 12, quando foi entregue a nós, policiais, pelo vôo especial. Durante esses sete dias, ele ficou incomunicável, numa *safe house* da ISI, exclusivamente nas mãos de agentes da ISI. A polícia não sabia nada a respeito. O FBI e a embaixada norte-americana não sabiam de nada. Ninguém, o senhor entende, ninguém sabia que o principal suspeito de organizar o seqüestro de Daniel Pearl estava lá, em Lahore, nas mãos dos serviços secretos.

O carro se alinha à direita, contra o muro, para deixar passar dois jovens que caminham bem no meio da rua, cambaleando como bêbados. Não tenho certeza de ter entendido.

— Quer dizer que...

— Quer dizer que as coisas se passaram como em todas as ocasiões semelhantes neste país. Quando um jihadista é preso, sempre tem no bolso o nome e o número de telefone de um general. E quando ligamos para o general, ele nos diz, a nós, policiais: soltem-no.

— Só que neste caso...
— O senhor entendeu. Neste caso, o Sheikh não esperou ser preso. Assim que percebeu que as coisas estavam indo mal, decidiu tomar a dianteira e ir ao encontro de seu oficial assistente. O Sheikh é um homem da ISI, essa é a verdade. Há muito tempo. E tudo isso é a história de um agente que planeja um golpe, vê o golpe fracassar e, quando as coisas vão por água abaixo, apresenta seu relatório: aconteceu um problema, chefe, o que devemos fazer?

— E então, o que fizeram eles?

— Passaram sete dias e sete noites, entre profissionais, tentando chegar a um consenso. Sobre o quê? Sobre o que deviam ou não dizer às forças policiais. Sobre o que vai acontecer ao próprio Omar, depois de sua rendição, e sobre as garantias que lhe podem ser dadas. Não conto nada do que sei, promete Omar. Deixo-os totalmente no escuro sobre o papel da ISI, não apenas no caso Pearl, mas na luta dos jihadistas na Caxemira. Em compensação, vocês se comprometem a evitar minha extradição e, se eu for condenado, fazer com que me tirem dali o mais rápido possível. Essa negociação dura sete dias. Sete dias aperfeiçoando o roteiro da encenação. Sete dias procurando a melhor maneira, para todas as pessoas envolvidas, de sair do atoleiro em que tinham se metido.

Lembro-me de tudo o que li sobre os dias de febre e angústia. Lembro-me de que as autoridades, na época, ainda tinham esperanças de encontrar Pearl com vida e corriam contra o relógio, contando as horas e os minutos.

— Mas não se poderia supor — pergunto — que essa semana tenha sido empregada para "dar uma prensa" em Omar, para interrogá-lo? Será que algumas pessoas, nos serviços secretos, achavam que a única coisa importante era fazê-lo confessar, de qualquer maneira, o local de detenção do jornalista? E não foi isso, aliás, o que o próprio Omar disse ao tribunal de Hiderabad quando, numa declaração transcrita pelo *News* de 21 de junho e que bate, de fato, com essa história dos oito dias de cativeiro incomunicável, mas dando uma interpretação oposta, ele mencionou uma semana de "*harassment*", de "*breaking down his neck*"[1]; uma semana empregada, exclamou ele, em "fabricar provas para comprometê-lo"?

O homem dá de ombros.

— É o contrário. Aqueles sete dias foram sete dias perdidos para a investigação. O senhor não é tira. Mas pode imaginar. Sete dias foram o tempo necessário para que as pessoas que o mataram escondessem o cadáver, apagassem os indícios, desaparecessem no ar.

— E as acusações de *harassment*, de coação? A idéia de que seus interlocutores, durante aqueles dias, o teriam maltratado?

— O risco, nessas situações, é que o agente "queimado" entre em pânico e dê com a língua nos dentes, contando tudo para a imprensa. Então, é claro, os serviços secretos condicionaram Omar. Talvez até o tenham ameaçado. Musharraf conversou com o pai que conversou com o filho, implorando-lhe que evitasse declarações "prejudiciais ao interesse nacional paquistanês". Mas veja seu aspecto quando ele saiu da *safe house* e nos foi entregue. Estava bem-disposto. Sorria. Parecia um sujeito que recebeu garantias. Não tinha a aparência de um homem brutalizado durante oito dias. E aliás...

Ele faz uma pausa. Depois, sorriso maldoso de animal. Eu não tinha percebido que ele tinha metade dos dentes da frente de prata, como as putas de Tachkent.

— Aliás, bem que sentimos vontade de "dar uma prensa nele", quando o recuperamos. É uma coisa que sabemos fazer. Mas vou lhe dar mais um furo de reportagem. Recebemos ordens do mais alto escalão, e faço questão de repetir: do

---

[1] "Coação", "quebrar o pescoço". (N. do T.)

mais alto escalão, para não fazer esse jogo. E um agente "deles" ficou lá, sem dizer nada, vigiando os nossos durante todo o interrogatório. Resultado: o Sheikh não disse nada. Nada. Houve um momento, parece, em que ele começou a querer falar sobre o que tinha feito depois de sair das prisões indianas. Mas "eles" foram avisados no mesmo minuto. E recebemos um telefonema do gabinete do presidente, que nos disse: "Alerta! Parem com tudo! Façam-no calar e entreguem-no ao juiz!"

Sinto que "Tariq" está dizendo a verdade. Mas, sobretudo, tento cruzar aquilo que ele disse com os fragmentos de informações recolhidos, no outro dia, na imprensa. Aquela reportagem da rede de televisão paquistanesa PTV 2 evocando, já em abril, uma hipótese que não é muito diferente da sua... Aquele artigo da *Newsweek* de 13 de março, descrevendo um Omar cheio de empáfia diante dos policiais que o interrogam — persuadido, segundo teria declarado, de que "não seria extraditado" e não passaria "mais do que três ou quatro anos nas prisões paquistanesas"... O protesto de seus advogados, lamentando que um artifício jurídico impedisse uma nova convocação da testemunha Hamid Ullah Memon, chefe de polícia encarregado da prisão de Omar e responsável, por esse motivo, pelo depoimento de fevereiro... Ou ainda, aquele dia em que o juiz teria se queixado de que o interrogatório policial estava incompleto, não ia fundo no assunto, e Omar, zombeteiro, lhe teria perguntado: "Como assim, 'incompleto'? Eles pararam de me interrogar há quinze dias! Eu estava disposto a falar, mas eles sentiram medo daquilo que eu tinha a dizer!"

Retomo a conversa.

— Vamos voltar atrás por um segundo. O que foi que deu errado, como o senhor diz? Por que Omar, neste esquema que o senhor está descrevendo, foi obrigado a se render e desencadear tudo isso?

"Tariq" hesita de novo. Olha longamente para fora do carro. Talvez ele mesmo não saiba muito bem.

— Existem duas hipóteses. Primeira hipótese: a equipe meteu os pés pelas mãos. A história dos *e-mails*, por exemplo. Esse amadorismo de Nasim, que vai em cana quase imediatamente e só podia acabar entregando o nome do patrão. Ou ainda, mais estúpido ainda, o fato de que eles continuaram, durante vários dias, a telefonar pelo celular do jornalista, até que foram rastreados. Tudo estava previsto, menos esse erro de iniciante...

Penso na obscenidade daquele celular, que continuou, como as unhas e os cabelos, a ter vida própria depois da morte de seu proprietário.

Penso naquele vendedor de telefones, Abdul Majid, que vendeu a Omar dois dos seis aparelhos utilizados durante a operação. Ele também me contara aquela história incrível dos seqüestradores felizes, como crianças, em poder se servir de um celular de banda tripla, funcionando com um número norte-americano, com o qual brincaram de ameaçar os investigadores, suas famílias, seus filhos.

E depois, penso também naquela outra história, tão estranha, que permaneceu sem explicação: uma passagem da Pakistan Airlines, Londres–Islamabad, vôo PK 757, número de emissão EEEFQHH, comprada em 8 de fevereiro, ou seja, oito dias depois de sua morte, em nome de Daniel Pearl, por alguém que obrigatoriamente apresentou o passaporte dele e um visto dentro do prazo de validade.

— Ou então, a hipótese número dois — prossegue "Tariq". — Não temos certeza, no fundo, de que a execução de Pearl tenha sido programada. E quando o Sheikh declara que recebeu essa notícia em 5 de fevereiro, ligando para "Siddiqui", de Lahore, quando conta que lhe deu ordens de "levar o paciente até o médico" e que o outro teria respondido: "Tarde demais! Papai faleceu; fizemos os exames e as radiografias", não excluo a possibilidade de que ele seja sincero. Então, esse pode ter sido o passo em falso. O fato de que

Pearl foi executado contra as instruções de Omar e dos mandantes da operação.

Ele se volta novamente para mim. E, pela primeira vez, segura meu braço, violentamente, com um olhar de intensidade absurda, teatral, uma expressão que deveria significar, suponho, a aflição compartilhada, a simpatia.

— Só não tenho pistas, infelizmente, sobre a questão de quem decidiu ir contra as instruções. Teria sido a própria equipe, que perdeu as estribeiras? Ou teriam sido outros mandantes, que se apropriaram das ordens dos primeiros? Isso acontece muitas vezes. Um grupo pensa que está sozinho na operação. Mas, na verdade, existem dois grupos. E o segundo dá um golpe, por sua vez, nas costas do primeiro. Sinto muito. Não sei.

— Está bem — digo, desvencilhando meu braço. — Mas permita uma última pergunta. A última, prometo. Por que esses sete dias, antes de entregar Omar a seus colegas da polícia? Será que eles precisavam mesmo de tanto tempo para combinar o roteiro a ser seguido?

— Existem duas coisas — retruca ele, sempre virado para mim, com seu sorriso maldoso de Tachkent. — O senhor tem razão de perguntar, pois existem duas coisas diferentes. Bem. Não era uma situação fácil, em primeiro lugar. Imagine, mais uma vez, o rebuliço dos agentes quando compreenderam que aqueles sujeitos tinham perdido a cabeça e tinham executado o refém. Pânico nos serviços secretos! A energia para maquiar as coisas, desligar os circuitos, apagar os vestígios que poderiam conduzir às altas esferas, convencer o Sheikh a assumir o crime e não comprometer muita gente, salvar o que podia ser salvo e montar toda uma encenação aceitável para os norte-americanos. E depois...

Tenho a impressão de que ele hesita novamente. Procuro o olhar de Abdul, tentando descobrir se uma cédula de dinheiro não bastaria para acomodar as coisas. Mas não. Não é isso. É um início de tumulto. Dois sujeitos, sob a luz de um pórtico, com cacos de garrafa. Por um instante, "Tariq" recuperou seus instintos de tira. Retoma:

— E depois, pense bem... 5 mais 7 igual a 12 — dia da chegada de Musharraf a Washington. Acrescente 2, pois foi no dia 14 que Omar foi interrogado pela primeira vez. Ora, 14 de fevereiro é o quê? É o dia em que Musharraf foi recebido por Bush, e é o fim de sua viagem aos Estados Unidos.

— E isso significa...?

— Não sei. Tire suas próprias conclusões. Nosso presidente joga uma partida diplomática difícil. Ele discute. Negocia. Sua principal exigência — retomada do fornecimento dos F-16, suspenso por causa de nosso conflito com a Índia — é idêntica, entre parênteses, à que aparece nos comunicados dos seqüestradores. Ora, enquanto prossegue a negociação, ele não diz nada. Acima de tudo, não quer inquietar os norte-americanos. Tem até o topete de declarar, em sua conferência de imprensa com Bush, que tem "certeza quase absoluta de que Daniel Pearl continua vivo" e que sua libertação "pode ocorrer a qualquer momento". E quando ele acaba, quando a negociação é encerrada, quando todos entendem que os norte-americanos não cederiam, quando não havia mais nada a negociar, a verdade vem à tona: o nome de Omar, sua prisão e a morte do jornalista norte-americano. Isso não dá o que pensar?

— Até demais. Parece manipulação grosseira...

"Tariq" dá de ombros — com a expressão de alguém que já disse tudo e agora deixa o interlocutor pensando com seus botões. Voltamos para a orla do Aurangzeb Park. Tenho a impressão de que a pequena fauna, nas calçadas, é menos densa do que ainda há pouco. Ele se volta pela última vez para mim e me estende a mão, num gesto que pretende ser amistoso. Agora, tem o olhar vazio, ausente.

— Tome cuidado. Esse caso é espinhoso. Eu os conheço. Sei como pensam esses *mohajirs*. E sei que eles não gostariam nada de saber que uma pessoa nova veio se meter no assunto, principalmente um estrangeiro. Que Deus o proteja.

Eu tinha esquecido esse outro parâmetro da equação paquistanesa: a hostilidade, que perdura desde o nascimento do Paquistão, entre os punjabis de famílias tradicionais e aqueles que são chamados aqui de *mohajirs* — os milhões de pessoas que, em 1949, no momento da divisão do país, vieram da Índia. Essa rivalidade poderia ser uma das dimensões do caso Pearl? Pode-se conceber, por exemplo, que o alto comando punjabi (ao contrário do que "Tariq" finge pensar, 90% da elite militar e o essencial dos quadros da ISI são punjabis) tenha encontrado ali um bom motivo para desestabilizar Musharraf (que é — ninguém aqui se esquece disso — o mais eminente dos *mohajirs* e que acaba, quando o caso Pearl vem à tona, de proceder a um expurgo tremendo, com o objetivo de "despunjabizar" a ISI sob o pretexto da luta contra os islamitas)? E seria essa a verdadeira razão que levou "Tariq" a nos procurar e conversar conosco?

Mas ele já está fora do carro. Agora que o vejo de pé, percebo que é mais baixo do que parecia. Ele se vai da mesma forma como chegou — homem baixinho de ombros muito largos, que se mete na multidão dos drogados e nos deixa, a mim e a Abdul, entregues a novas hipóteses.

Admitamos que Omar seja, como disse "Tariq", um agente dos serviços secretos.

Admitamos que aí esteja uma das explicações possíveis de sua atitude durante e depois do processo.

Admitamos que aí esteja uma das razões daquela docilidade estranha que o fez concordar, no fundo, em pagar por todos os outros.

A verdadeira questão, portanto, é saber quem, nos serviços secretos, encarregou Omar daquela missão, e com que objetivo.

De duas, uma.

Primeira hipótese: Musharraf mantém o controle do país. É informado, em tempo real, sobre as atividades de seus serviços secretos. Nesse caso, "Tariq" tem razão: o presidente sabe, durante sua estadia nos Estados Unidos, onde Pearl está sendo mantido, e sabe, principalmente, que o jornalista já morreu quando declara à imprensa norte-americana que espera sua libertação em breve. Sobre o primeiro ponto, por que não? Todos conhecem o negociador temível que é o general-presidente — e além disso, convém lembrar, ex-membro da ISI —, que poderia manter sob a manga o trunfo da libertação de Pearl, valorizar ao máximo esse trunfo prolongando as coisas, e reservar-se o direito de abater o jornalista no momento oportuno. Sobre o segundo ponto, porém, a questão é menos simples, e não se concebe o interesse de um chefe de Estado, empenhado numa aliança estratégica com os Estados Unidos — com ou sem fornecimento dos F-16 —, de aliar o cinismo ao crime. Não se concebe por que, sabendo que Pearl morreu e que o anúncio da execução, de qualquer forma, é uma questão de dias ou horas, o presidente teria preferido uma última mentira que, mais cedo ou mais tarde, acabaria agravando a cólera de seu parceiro.

Segunda hipótese: Musharraf não controla nada. É enganado por seus próprios serviços secretos. O homem oficialmente encarregado de informá-lo sobre o andamento do caso — descobri, seja dito entre parênteses, que era nada mais nada menos do que o brigadeiro Chima, meu interlocutor no ministério do Interior sobre a questão Omar — lhe dá, de propósito, informações errôneas. Aquele chefe de Estado tão frágil, aquele rei sem coroa nem território, que já tinha escapado — ninguém se esquece disso no Paquistão — a seis tentativas de assassinato, e que teve de cancelar, em agosto de 2000, uma viagem a Karachi porque sua própria segurança reconheceu que não podia garantir sua proteção, talvez soubesse onde estava Pearl durante sua detenção, mas não sabia da decisão de assassiná-lo, e muito menos que o assassinato já tinha ocorrido. O próprio fato de declarar que tinha boas razões para pensar que o jornalista norte-americano logo seria libertado, a firmeza com que ele faz essa declaração, os riscos políticos que assume ao fazê-la, tudo isso, longe de provar sua duplicidade, parece demonstrar sua inocência. E toda a história se deveria então a uma gigantesca manobra dos serviços secretos, ou pelo menos de uma facção deles, que tentava pôr em maus lençóis, ridicularizar, desestabilizar um presidente contestado por suas novas alianças ocidentais, e cuja autoridade era preciso minar a qualquer custo.

Com efeito, existe melhor maneira de desmoralizar um presidente do que obrigá-lo a dizer "Pearl está vivo", quando todos sabem que ele já morreu?

Existe melhor maneira de desmascarar a relação de forças e dizer ao mundo inteiro — e acima de tudo aos norte-americanos — que aquele homem é um fantoche e na realidade o poder está em outras mãos, do que deixá-lo enredar-se em suas promessas, ou melhor: assoprar-lhe no ouvido informações errôneas, que são transmitidas à imprensa, para então, no momento oportuno, puxar o tapete sob seus pés?

Os serviços secretos têm sua política com relação à Caxemira. A mesma coisa valia — ou vale ainda hoje — para o Afeganistão. A hipótese mais provável é que o caso Pearl seja mais um desses envolvimentos na política externa — uma nova etapa do torneio de braço-de-ferro entre o governo e o governo dentro do governo que são os serviços secretos paquistaneses.

Dez dias antes da morte de Pearl, Musharraf pronuncia, não sem coragem, um grande discurso antiterrorista que a metade do Paquistão acredita ter sido ditado por Colin

Powell. Manda prender, de uma tacada só, dois mil jihadistas, quase sempre dos grupos incluídos na lista negra dos Estados Unidos. Fecha os campos de treinamento na Caxemira paquistanesa. Começa uma "operação limpeza" nos próprios serviços secretos, nomeando seu velho amigo Ehsan ul-Haq para chefiá-los, um homem considerado moderado, que representa a ala "leiga e kemalista" do aparelho de Estado. Pois bem, deu no que deu. O seqüestro de Daniel Pearl, seguido de assassinato, foi a resposta. Omar Sheikh, o pequeno londrino que se tornou guerreiro de Alá, teria sido instruído por essa facção da ISI hostil à política de Musharraf. E pode-se supor que a mensagem não foi mal recebida, pois a polícia libertou nas semanas seguintes, exigindo apenas um juramento vago e ridículo de nunca mais praticar atos terroristas, a metade dos assassinos que tinha prendido anteriormente.

Quem governa o Paquistão?

O presidente ou os serviços secretos?

É a questão colocada pelo caso Pearl.

É a questão colocada por um agente secreto chamado Omar.

5

# QUANDO O ASSASSINO ABRE O JOGO

Existe um lugar no mundo onde ninguém duvida de que Omar seja um agente da ISI: a Índia.

Estou pesando os prós e os contras, é claro.

Estou levando em conta o interesse dos indianos em abonar a idéia de que o assassinato de um grande jornalista norte-americano foi tramado pelo inimigo jurado paquistanês.

E estou consciente, também, de meus sentimentos pessoais: gosto tanto daquele país! Sinto-me tão bem ali, sobretudo depois do Paquistão! Fazia trinta anos que eu não voltava à Índia, e bastou uma hora em Connaught, dez minutos no Memorial Gandhi, cinco minutos no hospital dos pássaros de Chandni Chowk[1], para que me invadissem torrentes de lembranças que se esgarçavam em minha memória e que recupero de súbito, incrivelmente nítidas: uma

---

[1] No grande mercado típico de Chandni Chowk existe realmente um Birds's Charity Hospital, centro médico para tratamento de pássaros. (N. do T.)

emoção; uma volúpia; uma nostalgia da inteligência e dos sentidos; a jaqueta que eu estava usando; a mulher que eu amava; seus pequenos cachos de cabelos, muito cerrados; as luzes de um templo onde dormíamos às escondidas; o cambista-prestidigitador que, na primeira noite em Connaught, roubou a metade de minha magra fortuna, dobrando uma nota a cada duas no momento de contá-las — é gozado como o amor pelos lugares é um amor que não morre!

Mas enfim, fiz questão de procurar esclarecimentos na Índia sobre o caso Pearl.

Encontrei-me com jornalistas, intelectuais, militares na reserva ou na ativa, pesquisadores, diretores de "*think tanks*", esses "bancos de idéias", calcados no modelo norte-americano, que florescem na Índia do novo milênio.

Utilizando o pequeno crédito que meu passado em Bangladesh parece me proporcionar aqui, consegui obter entrevistas no ministério do Interior e em seguida no RAW, equivalente local da ISI, com as duas ou três pessoas que acompanharam não apenas o caso Pearl, como também o julgamento de Omar.

Foi assim que me encontrei, no coração de Nova Delhi, numa espécie de mini-Pentágono, composto de uma série de prédios guarnecidos como *bunkers* e defendidos como fortalezas, protegidos dos ataques suicidas, que os fundamentalistas muçulmanos anunciam regularmente, por verdadeiros muros de sacos de areia e cimento, e nos quais se agita, de manhã à noite, toda uma população de pessoas, homens e mulheres, vestidos à moda ocidental, que não se parecem tanto com espiões, e sim com funcionários de uma grande organização do tipo educacional.

— Um livro sobre Pearl? — pergunta Sudindrah Datta, diretor-adjunto do RAW, trinta anos, maxilar risonho e quadrado, com a aparência de professor de ginástica, que me recebe num escritório imenso e nu, sem pastas, sem móveis, só uma mesa, um canapé, uma cadeira na qual ele pendura sua jaqueta com capuz, um velho aparelho de ar condicionado ofegante e barulhento, e os estalos, na sala adjacente, das máquinas de escrever das secretárias. — Sim, é interessante. Sabemos que o senhor é um amigo de longa data de nosso país. Mas conte-me, primeiro. Parece que o senhor está vindo do Paquistão... Como vão aqueles malucos?

Um longo dia, então, passado naquele universo tão estranho, que eu nunca imaginava que iria conhecer, a não ser pelos romances.

Um dia procurando, em documentos empoeirados e datilografados à moda antiga, o detalhe ignorado que muda tudo, o indício decisivo, a mentira que desvela outra, a fenda que se abre para um mistério que, por sua vez, como naquelas bonequinhas russas, se abre para um mistério ainda mais denso, o nome esquecido, a palavra que, como um olhar fulminante, desmascara o país da mentira e do crime.

E no final daquele dia, três documentos excepcionais, sem contar uma série de informações — que, com certeza, nunca tinham saído daqueles arquivos.

Documento número 1 — o mais raro, talvez o mais apaixonante, embora não seja o documento mais estreitamente ligado à minha investigação: datilografado em página cheia, sem entrelinhas, numa máquina de modelo antigo e na língua caricaturalmente factual que é a de todas as polícias do mundo, a cópia dos autos do interrogatório, no verão de 1994, depois de sua prisão na Caxemira, de Masud Azhar, futuro chefe do Kaish e um dos terroristas, já naquela época, mais procurados.

Nenhum elo direto, portanto, com o caso Pearl. Nenhuma palavra sobre Omar Sheikh, discípulo de Masud Azhar. Mas uma descrição exata das relações entre os vários grupos que compõem o movimento islamita paquistanês daqueles anos. Uma evocação, a partir de dentro, dos cismas em cascata que não cessam de dividi-lo. As viagens pela Albânia, o Quênia, a Zâmbia, a Grã-Bretanha, daquele propagandista incansável de um *jihad* destinado a incendiar o planeta antes de submetê-lo ao islã. A liberdade extraordinária com a qual ele circula numa Londres da qual se descobre, com assombro, que já era a verdadeira cabeça-de-ponte, naquela época, do terrorismo na Europa. O fato de que se considera gordo demais — "*I am a too fatty person*" — para seguir um treinamento militar completo. Sua maneira de compensar essa desvantagem dirigindo jornais — *Sadai Mujahid* — que fazem a propaganda dos jihadistas no conjunto do país. Sua campanha em favor da retirada do contingente paquistanês das forças internacionais na Somália. Sua fé num Paquistão capaz, ainda que a ferro e fogo, de merecer o nome de País dos Puros. Em suma, um extraordinário retrato em baixo-relevo daquele homem santo — pois Masud se apresenta como um homem santo, um devoto, uma alma piedosa — que segura o Alcorão numa das mãos, e na outra, uma metralhadora. E depois, ao longo das páginas, quando se trata de suas dificuldades para obter um visto para Bangladesh e a Índia, o relato daquela mistificação montada, com a ajuda do governo paquistanês e, na realidade, dos serviços secretos, a fim de obter um passaporte português semifalso sob o nome de Wali Adam Issa.

Omar não é citado nominalmente. Mas não posso deixar de pensar que Masud foi seu mentor; que ambos foram libertados juntos, como já expliquei, ao cabo da mesma operação terrorista no aeroporto de Kandahar, e que não se pode excluir a hipótese de que Masud Azhar tenha planejado o seqüestro de Danny junto com Omar. Afinal, o mentor de Omar, um dos possíveis arquitetos do caso Pearl, tinha elos bastante estreitos com os serviços secretos para conseguir, em algumas horas, um passaporte semifalso que, como o relatório deixa claro, enganou os funcionários mais bem treinados do serviço de imigração indiano.

Documento número 2: os autos do interrogatório do próprio Omar, depois do seqüestro de Rhys Partridge, Paul Rideout, Christopher Morston e Bela Nuss, turistas ingleses e norte-americanos que ele seqüestrou em 1994, em Nova Delhi.

Omar está voltando da Bósnia. Acaba de cumprir semanas de treinamento militar no campo de Miran Shah. É um daqueles oficiais de meio soldo do *jihad*, que nasceram tarde demais num mundo velho demais, que viram acabar as guerras da Bósnia e do Afeganistão quase sem tomar parte nelas, e que procuram desesperadamente uma nova "grande causa" a ser abraçada. A Palestina, cujos maus senhores estão dispostos, na esteira da Conferência de Oslo, a pactuar com o Satã israelense? A Tchetchênia, onde o exército russo se engajou em sua primeira guerra de conquista, de controle — e alguns não têm medo de dizer: de exterminação? As Filipinas, talvez, onde os grupos Abbu Sayyaf estão conquistando espaços? Não. Para ele, como para muitos outros paquistaneses de sua geração, a "grande causa" será a Caxemira, aquela província disputada pelo Paquistão e a Índia, onde os grupos terroristas paquistaneses, apoiados pelos serviços secretos, travam uma guerrilha terrorista há quase quarenta anos.

"Existem coisas a fazer na própria Índia", disse-lhe aquele homem que, no texto, é chamado de Maulana Abdullah, líder jihadista, membro do Harkat ul-Mujahidin, que Omar conhece nos campos afegãos. "Existe a luta de campo na Caxemira. Existe a batalha militar contra os ocupantes. Mas existe também um trabalho a fazer na retaguarda do exército indiano, em Nova Delhi. Você tem dupla nacionalidade, paquistanesa e inglesa. Pode até renunciar ao passaporte paquistanês e requerer em Londres um visto para a Índia, que lhe darão num piscar de olhos. Você é exatamente o tipo de homem de que precisamos. Estamos à sua espera." E, assim, Omar se hospeda, em 26 de julho de 1994, no Holiday Inn de Nova Delhi, cidade que também conheci muito bem, mas vinte e cinco anos antes dele, no ano, aliás, de seu nascimento — ele se hospeda em Nova Delhi com uma missão clara: seqüestrar estrangeiros e exigir, em troca dos reféns, a libertação de seis dirigentes do Harkat ul-Mujahidin que estão apodrecendo nas prisões indianas, entre os quais Masud Azhar.

Omar, portanto, conta tudo isso. Narra em detalhes sua série de seqüestros. Vemos o terrorista iniciante correndo pela cidade, como um animal no cio, à procura de suas vítimas. Ele descreve um método, aliás, que corresponde exatamente ao que usará oito anos mais tarde com Daniel Pearl: a estratégia de conquistar a confiança; a instalação de uma casa numa zona isolada da cidade, em Saharanpur; a compra da máquina fotográfica; as correntes; até a encenação das fotos que ele manda para a imprensa e que vi publicadas — um revólver na têmpora dos prisioneiros, um exemplar do jornal do dia ao fundo... o mínimo que se pode dizer é que ele estava aperfeiçoando seu roteiro! E depois, ao longo do relato, três indicações que sugerem que a operação não teria sido possível sem o apoio efetivo da embaixada do Paquistão em Nova Delhi.

A casa; o fato de que comprou a casa; ele menciona o preço, cento e trinta mil rúpias, e deixa bem claro que ela não foi alugada, e sim comprada; com que dinheiro? De onde vieram essas cento e trinta mil rúpias?

As armas; o dia em que Yusuf, seu cúmplice, o encontra num parque, perto de Jama Masjid, com um saco plástico que contém dois revólveres; o dia, um pouco mais tarde, em que ele traz para seu esconderijo uma AK-47 e duas granadas. Impossível, dizem meus interlocutores, e acho que têm razão;

é impossível trazer para a Índia, sem certa cumplicidade diplomática, uma AK-47, granadas, revólveres.

E depois aquela confissão, na página 14 dos autos. Ele rememora seu período de formação militar no Afeganistão. Descreve suas duas estadas, em 1993 e 1994, nos campos de Miran Shah e Khalid bin Walid. Explica em detalhes o treinamento que recebeu em "manejo de pistolas, revólveres, fuzis de assalto, metralhadoras AK-47, LPG e GPMG, lança-mísseis". Explica seu aprendizado daquelas verdadeiras "técnicas" que são "a organização de emboscadas, o manejo de granadas, as minas, os explosivos, a vida na clandestinidade, a arte de vigiar o inimigo, da camuflagem, do deslocamento noturno". E, nos meandros de uma frase, dá o nome de seus dois instrutores, os dois homens aos quais ele deve tudo, pois lhe ensinaram tudo nesses assuntos: Subedar Salim e Subedar Abdul Hafiz, que são, esclarece ele, ex-membros das SSG — em outras palavras, os Special Services Groups, unidades de elite da ISI!

Documento número 3: seu diário; não mais os autos da polícia, e sim o diário íntimo, mantido pelo próprio Omar no início de sua permanência no cárcere indiano, onde ele narra, com mais detalhes ainda, a série de seqüestros que o levou à prisão.

Os paquistaneses que conhecem a existência desse texto costumam argumentar que ele só pode ter sido forjado pela polícia indiana — onde já se viu um terrorista que começa a escrever, na prisão, um diário que é a crônica de sua vida? Tudo é possível, claro. Já presenciei muitos golpes baixos em minha vida. Sei que tudo é possível e que os indianos, assim como os argelinos, os israelenses, todos os serviços secretos do mundo são capazes de quase tudo em matéria de desinformação. Mas, neste caso, acredito que o diário é autêntico. Em primeiro lugar, tudo pode acontecer na prisão;

todas as reações são concebíveis; por que um assassino não poderia escrever seu próprio diário? Em segundo, Omar não desmentiu; leu excertos de seu diário, assim como todo mundo, publicados na imprensa indiana; soube que os jornais paquistaneses também mencionaram o "diário de Omar", embora mais brevemente, como um elemento essencial do caso; mas nunca, por pouco que fosse, negou sua autenticidade. E em último lugar, vi o texto. Fui até a sala de arquivos da corte criminal do tribunal penal de Nova Delhi, na Patiala House, onde solicitei que retirassem e fotocopiassem para mim aquele manuscrito original de cerca de cinqüenta folhas, no qual reconheci, desde as primeiras páginas, a letra, só ligeiramente mais madura, de seus deveres escolares. De modo que a hipótese do documento forjado só se sustenta se admitirmos outra hipótese, pouco provável, embora às vezes defendida por paquistaneses obstinados: a de que Omar teria ajudado a forjar o documento, pois seria ligado à Índia, ou melhor, teria sido "convertido" pelos indianos durante seus anos de prisão em Uttar Pradesh e na Tihar Jail, tornando-se assim um agente indiano. Alguns observadores — sobretudo um jornal de Pittsburgh — chegaram a considerar a hipótese absurda de que Omar seria agente da CIA, utilizado pela CIA na caça a Bin Laden...

A primeira coisa que impressiona naquelas cinqüenta páginas é a própria grafia. Seria preciso dizer, na verdade, *as* grafias. Boa nas primeiras páginas, com letras redondas, bem-formadas, regulares, e emendas nítidas. Depois, a partir da página 13 ou 14, torna-se indisciplinada: menor, menos legível, ligeiramente inclinada para a direita, embora até ali fosse bem vertical, letras inacabadas, os "g" que se parecem com os "y", os "d" que se confundem com os "l", uma letra de adolescente de quinze anos, ou ainda mais jovem, nas últimas páginas, que são a cronologia dos acontecimentos de sua vida antes da Índia, depois dados biográficos muito breves a respeito de seus pais e seus parentes próximos, e finalmente amostras de texto manuscrito e de assinatura, sem dúvida exigidos pelas autoridades da prisão, que foram grampeados junto com o resto. Naquelas dez últimas páginas, sim, fico impressionado com a falta de jeito de suas garatujas. Ali também, como nas fotos, Omar é alguém que pode mudar de idade a olhos vistos. Ali também, uma estranha capacidade de se desdobrar, de ser vários num só. Os rostos... a facilidade para mudar de sotaque, quase de voz, conforme a circunstância... E agora, aquela grafia tão pouco reveladora de sua identidade... Costumo suspeitar das pretensas lições da pretensa ciência grafológica, mas como não ceder à tentação neste caso?

A segunda coisa que me espanta é o texto. A pobreza da língua e do estilo. O caráter subitamente pueril do relato. E até mesmo, segundo Lara Fielden e James Mitchell, amigos e assistentes inglesa e norte-americano a quem submeti o documento, o grande número, não exatamente de impropriedades, mas de formulações bizarras, ligeiramente equivocadas, sob a pena do ex-aluno da Forest School e da London School of Economics. "*Female partner*" ao invés de "*girl friend*"... "*Member of the public*" para dizer "*someone in the street*", ou "*passer-by*"... "*I clapped*" no lugar de "*I shook his hand*"... "*I espyed*" Siddiqui, sendo que ele poderia dizer, mais simplesmente, "*I saw*" ou "*I spotted*"... Ou ainda, com relação à famosa aldeia que, numa conversa com suas vítimas, ele diz ter herdado, convidando-as para uma visita, essa maneira estranha de dizer que ela está "*on*", não "*in*" his name[1]... Prova de que o texto foi forjado? Mensagem — e, neste caso, qual mensagem, dirigida a quem e para dizer o quê? Ou talvez uma nuança de presunção, quase de manei-

---

[1] Tradução dos equívocos lingüísticos de Omar: "parceira" = "namorada"; "membro do público" = "alguém na rua", "passante"; "golpeei" = "apertei sua mão"; "espiei" = "vi", "avistei"; "sobre" = "em" seu nome. (N. do T.)

rismo, que seria equivalente, no texto, àquela arrogância que notei em suas fotos de juventude?

Interessante, também, o amadorismo espantoso do pequeno bando de seqüestradores que ele recruta: Amine, Sultan, Osman, Faruq, Salahuddin, Nasir e Siddiqui. A busca febril de vítimas... A falta de habilidade ao abordá-las... As gafes... O motorista da caminhonete que, como Omar percebe tarde demais, não é muçulmano, e portanto não é tão seguro como ele pensava... A história rocambolesca de Akhmir, o gigante israelense que caiu imediatamente na armadilha e que é trazido por Omar, uma noite, às duas horas da manhã, até a casa de Ganda Nala, onde deverá ficar preso: "Está louco?", exclama o líder quando vê pela brecha da cortina aquele sujeito alto demais, forte demais, ameaçador demais. "Quer nos ver todos mortos? Leve esse israelense de volta para seu hotel!" As ordens contraditórias... O clima de improvisação permanente... Os passeios de mãos dadas, com conversas do tipo: "Ah! vamos nos lembrar disso com saudade!"... Os números de telefone errados... As agências, os jornais, as embaixadas das quais, nos momentos de enviar o comunicado de reivindicação, eles percebem que não têm o endereço... O *Hindustan Times*, aonde ele vai entregar a carta pessoalmente — desgraça! o editor-chefe não está, é seu assistente que recebe o envelope, abre-o diante de Omar e começa a ler, mal lhe deixando tempo de abalar pela escada, descendo os degraus de quatro em quatro... As fotos... "Ei, chefe! Vamos tirar fotos dos reféns... Sim, chefe, o senhor se lembra, como no Líbano, com um jornal no fundo para comprovar a data..." "Está bem", diz o chefe. "Ninguém tinha pensado nisso, mas é mesmo uma boa idéia, vamos comprar a máquina, tirar as fotos..." Assassinos temíveis. A elite da máquina terrorista contemporânea. E, ao mesmo tempo, amadores de quinta categoria.

E depois o líder, o único que não tem nome, mas cuja silhueta enigmática paira sobre aquelas páginas. Às vezes Omar o chama de "*Big Man*". Às vezes, "xá Sahab" (o nome que ele dará a Gilani, oito anos mais tarde, em seus *e-mails* para Danny). Às vezes (embora não aqui, mas em outro interrogatório de polícia ao qual também tive acesso), "Shahji". No finalzinho do texto, na breve ficha que faz do líder e de cada um de seus cúmplices, Omar o descreve como "*the chief of the mission*" e o chama simplesmente de "*Commander*". E, sob a rubrica "personalidade", Omar anota que ele é, embora "*moody at times*" (de humor instável, mal-humorado), "*very good at controlling the people*" (manipulador, condutor de homens, o líder). É o verdadeiro cabeça da equipe. O estrategista. O homem que decide que é preciso libertar o israelense, concentrar-se nos norte-americanos e, se não houver norte-americanos, procurar ingleses ou franceses. O homem, também, que faz a lista dos militantes da Caxemira cuja libertação será exigida em troca dos quatro reféns. O negociador que, para despistar a polícia, decide acrescentar nomes sem importância aos quatro terroristas que se queria realmente libertar. O tesoureiro. Aquele que decide comprar ou não a casa e a caminhonete, e que toma providências para que o grupo, se as coisas acabassem mal, tivesse o dinheiro necessário para organizar a fuga. O homem, enfim, que mantém contatos com Islamabad e que, a propósito de dinheiro e de tudo o mais, não pára de dizer: "Vou ligar para Islamabad... Falei com Islamabad... Em Islamabad, eles decidiram que... As instruções, em Islamabad, são de que..." Omar observa, aliás, que foi em Islamabad, em julho, antes de sua partida, que ele encontrou pela primeira vez, sob o nome de Zubair Shah, em companhia de Maulana Abdullah, aquele personagem severo, sem paixão, embora — é sempre Omar que o diz, sempre no diário — bastante "paternal" com relação a ele.

Então, quem é exatamente o xá Sahab? Por que seu verdadeiro nome nunca é mencionado? E por que diabos é o único seqüestrador que acha necessário encobrir o rosto, quando se apresenta diante dos reféns? Omar diz: "*Shah Sahab veiled himself*"[1]... O ex-refém Rhys Partridge, quando lhe faço esta pergunta, se lembra da chegada de um personagem que todos chamavam "*The Commander*", que usava um relógio de pulso *kitsch* e tinha "*a tea towel on his head*"[2]... Para os indianos, o motivo é óbvio: o tom de suas ordens, o hábito de invocar Islamabad a torto e a direito, tudo isso trai um agente de alto escalão — provavelmente o general Zahir ul-Islam Abbasi, que era, naquele ano, adido militar paquistanês na Índia, e que depois de seu retorno, em 1996, toma parte numa tentativa de golpe de Estado, é julgado e condenado por uma corte marcial, depois posto em liberdade em 2001, até tornar-se um dos oradores mais conhecidos do Harkat ul-Mujahidin, do Harkat ul-Jihad al-Islami e do Lashkar e-Toiba. Para mim, as coisas não são tão simples assim, e há dois detalhes no texto do diário que me fazem hesitar. O fato de que, pelo menos numa ocasião — o dia de Akhmir, o israelense —, o "*Big Man*" foi visto passando a noite na casa de Ganda Nala, com Sultan, Nasim e Faruq: um adido militar teria feito isso? Teria aceito o desconforto daquele alojamento improvisado? O fato, sobretudo, de que em duas ocasiões, no dia de sua visita aos reféns e no dia em que as cartas para a imprensa foram redigidas, Omar, segundo afirma no diário, teve de traduzir para o inglês as palavras do xá Sahab: um diplomata precisaria disso? Não teria redigido as cartas sozinho? Mas no essencial, ou seja, a idéia de que o xá Sahab era um homem dos serviços secretos, acho que os indianos têm razão. E, se me restassem dúvidas, há uma última palavra no texto, uma palavrinha bem no final, sob a rubrica "*previous associations*"

---

[1] "O xá Sahab encobriu o rosto." (N. do T.)

[2] "Uma toalha de mesa enrolada na cabeça." (N. do T.)

da ficha biográfica já citada, que aponta nessa direção: "SSG", diz a ficha; as "*previous associations*" do xá Sahab são o Harkat ul-Jihad al-Islami, o Hizb e-Islami, mas também as SSG; como no caso de Subedar Salim e Subedar Abdul Hafiz, como no caso dos dois instrutores do campo de Miran Shah — os Special Services Groups, que são as unidades de elite da ISI.

Os indianos me dizem ainda, a todo momento, que foi o chefe da agência local da ISI, acobertado pela embaixada paquistanesa em Londres, que pagou o advogado de Omar no momento de sua prisão.

Eles me mostram a lista das visitas que lhe foram feitas, uma vez preso, pelos vários adidos — em especial o militar — da embaixada.

— Como assim? — pergunto. — Seu amigo Peter Gee me disse que o cônsul britânico, assim como no caso dele, Gee, se encarregou da proteção de Omar.

— Não é bem assim — responde Datta. — Omar era britânico, não há dúvida; súdito de Sua Majestade; estava enquadrado na mesma categoria que o músico traficante de maconha; só que foram justamente os paquistaneses (veja as provas, veja o registro das visitas) que o visitaram com mais freqüência.

Eles me dizem ainda que, seis anos mais tarde, na primavera de 2000, quando chega o momento, depois de sua libertação em Kandahar, de voltar para o país, é um coronel da ISI que vem esperá-lo na fronteira e o leva para uma casa segura, onde ele começa a ser doutrinado.

— Não se esqueça — acrescenta Datta — de que Omar deve sua liberdade a um ato de pirataria aérea de gravidade excepcional. Todos os jornais da região, e até do mundo, estavam cheios, algumas semanas antes, de fotos dele, de Masud Azhar e do pobre passageiro barbaramente decapitado algumas horas antes da libertação, e por causa deles. No entanto, da mesma forma como Masud Azhar, recém-chegado ao Paquistão, organiza uma reunião após a outra, cria seu Jaish e-Mohammed, se pavoneia no clube de imprensa de Karachi e circula por todas as cidades paquistanesas, cercado por um verdadeiro exército privado de homens com turbantes, da mesma forma Omar Sheikh, em vez de ficar no Afeganistão, em vez de fugir para o Iêmen, o Iraque ou a Coréia do Norte, em vez de se esconder, volta a se instalar em Mohni Road, em sua casa de Lahore, casa-se, tem um filho e dá, igualmente, entrevistas coletivas. Como explicar isso, como explicar essa impunidade insolente sem imaginar uma cumplicidade efetiva, desde o início, com os dois governos do Paquistão, o visível e o invisível?

Leio uma "nota" — mas, dessa vez, sem ter o direito de guardar uma cópia — que reproduz, aparentemente, a substância de um relatório do FBI: 0300 94587772... o celular de Omar... o rastreamento de todas as ligações feitas, entre julho e outubro de 2001, a partir desta linha... e, entre os números discados, o número do general Mehmud Ahmed, que era, até o dia seguinte ao 11 de setembro, diretor-geral da ISI.

Quando vou procurar Mohan Menon, chefe de relações públicas do RAW, recebo explicações textuais sobre a série de comunicados que reivindicavam o seqüestro de Pearl, enviados às agências de notícias. O que é estranho, diz Menon, não é o surgimento repentino daquele Movimento para a Restauração da Soberania Paquistanesa, que, segundo fontes norte-americanas, a polícia paquistanesa ignorava. Se bem que não é verdade que o movimento fosse desconhecido! Ele já tinha reivindicado, em outubro, o seqüestro de Joshua Weinstein, também chamado Martin Johnson, californiano apresentado, como Daniel Pearl, como agente da CIA, que aparecia, na foto mandada para a imprensa, entre dois homens mascarados que apontavam uma AK-47 para sua cabeça, segurando, ele também, um jornal paquistanês com a data do dia. Não. O interessante é a própria redação dos textos. Existem três. O último, terrível, foi mandado na sexta-feira, dia 1º de fevereiro, de um endereço eletrônico (antiamericanimperialism@hotmail.com) até então ignorado pela polícia: "Pearl está morto... Bush poderá encontrar seu corpo nos cemitérios de Karachi" — em seguida a isso, a polícia passou duas noites loucas, ritmadas pelas reivindicações absurdas e pelos trotes de engraçadinhos, esquadrinhando os duzentos e tantos cemitérios da cidade... Existe a mensagem da véspera, 30 de janeiro, quando Pearl já estava morto ou prestes a morrer, que dava vinte e quatro horas, não mais, para que fossem aceitas as reivindicações do grupo: "Vocês não nos encontrarão nunca", diz ela num inglês esquisito, cheio de erros, incompreensível. "Vocês não nos encontrarão nunca, pois estamos embaixo do mar, nos oceanos, no interior das colinas e dos túmulos. Vocês têm um dia para satisfazer nossas exigências — depois disso, Pearl será executado, e nunca mais um jornalista norte-americano voltará a pisar em solo paquistanês... Alá está conosco! Ele nos protege!"... Mas existe também a primeira mensagem, um dia depois do seqüestro, redigida num inglês perfeito, com ortografia impecável, e enviada, como as outras — mas a partir de outro endereço eletrônico, kidnapperguy@hotmail.com —, ao *Wall Street Journal* e ao resto da imprensa: "Daniel Pearl", advertia ela em essência, "está detido em condições desumanas, mas essas condições são apenas o reflexo da sorte infligida aos paquistaneses detidos em Cuba pelo exército norte-americano. Melhorem a situação dos nossos, atendam nossas exigências, e Pearl será automaticamente tratado de maneira mais humanitária". Depois disso, o comunicado detalhava essas exigências (que serão reencontradas, letras brancas sobre fundo negro, como uma assinatura macabra, no final dos três minutos e trinta e seis segundos do vídeo da decapitação): direito a um advogado para os paquistaneses presos depois do 11 de setembro; retorno dos prisioneiros afegãos e muçulmanos detidos pelo exército norte-americano na base cubana de Guantánamo, para que sejam julgados em Karachi; libertação de Abdul Salam Zaif, ex-embaixador dos talibãs em Islamabad; e, finalmente, o problema dos aviões F-16, cujo fornecimento fora suspenso em 1998, em represália contra os testes nucleares paquistaneses, e cujo desbloqueio era, desde então, uma das reivindicações constantes do aparelho militar do país.

— Onde já se viu — pergunta Menon — terroristas exigindo a libertação de embaixadores e o fornecimento de aviões F-16? Quem são esses jihadistas que falam como um comunicado de imprensa do estado-maior? Onde estão os 'Allah Akbar', os gritos de ódio contra os infiéis e a conspiração sionista, que costumam enfeitar os comunicados dos jihadistas?

E, por fim, esta última informação. Ou, mais exatamente, este relato. Estou no escritório de A. K. Doval, que hoje comanda o Domestic Intelligence Bureau, mas que há nove anos, quando do seqüestro do avião da Indian Airlines, foi membro da delegação encarregada de trazer a Kandahar, para a troca, Masud Azhar, Mushtaq Zargar e Omar Sheikh.

— O avião seqüestrado está ali — explica ele, com um lápis na mão. — O nosso, que vem de Nova Delhi, estacionou aqui, na outra ponta. Mas o deles está exatamente ali, na extremidade desta pista do aeroporto de Kandahar, deserto. Aqui, à direita, estão os talibãs que, quando perceberam que tínhamos trazido conosco, disfarçados em assistentes sociais e enfermeiros, esquadrões prestes a intervir, dispuseram ao longo da pista, apontados não para os piratas, mas para nós, dois tanques, alguns lança-mísseis e um punhado de atiradores de elite. Do outro lado da pista, à esquerda, há esta pequena construção onde estão o senhor

Erik de Mul e as outras pessoas da ONU, muito prejudicadas pelo fato de não falarem o urdu. Depois, aqui, bem ao lado, no meio de uma confusão de oficiais, estamos instalados com *walkie-talkies* para concluir, no lugar deles, a negociação com os piratas, que de qualquer forma só aceitam falar conosco. Faz frio. A tensão é extrema. Ninguém tem coragem de se mexer. A qualquer instante, alguém poderia perder a cabeça, tanto os talibãs quanto os piratas. De repente, um de meus atiradores de elite vê surgir em seu visor um homem com turbante, que sai do avião com um refém e agita seu facão, vociferando. 'Devo atirar?', pergunta meu agente. E depois há aqui, um pouco mais longe, uma terceira construção ocupada por três oficiais superiores da ISI, equipados, eles também, com *walkie-talkies*. Então, acontecem três coisas extraordinárias.

"1. Quando os piratas esquecem de desligar seus aparelhos, ouvimos vozes das pessoas da ISI e constatamos que são elas que dizem aos piratas o que fazer, o que responder, como negociar.

"2. Quando o acordo é finalmente concluído e nós trazemos Sheikh, Azhar e Zargar até o avião para proceder à troca, não são os piratas, mas as pessoas da ISI que, aparentemente por conta própria, descem para verificar suas identidades.

"3. E depois que a troca terminou, quando os oficiais da ISI recepcionam os prisioneiros — aqui, está vendo, estes três pequenos retângulos são seus veículos, emprestados pelos talibãs —, vejo aquele que parece ser o chefe abraçando Omar Sheikh, ouço-o quando ele o chama pelo prenome e diz: '*So, back to Kandahar*! Que prazer em revê-lo!'"

Doval olha para mim, os olhos cintilando por trás de seus óculos redondos de intelectual:

— Pode-se sonhar com uma prova melhor do conluio entre Omar e os serviços secretos?

Esse é o ponto de vista indiano.

Eu o registro aqui, repito, sem tomar partido. É o ponto de vista de um país inimigo, engajado numa guerra total contra um adversário hereditário. Um país que não pode negligenciar nenhuma frente de batalha.

Não excluo a possibilidade, insisto, de ter sido, neste ou naquele ponto, neste ou naquele documento, manipulado por Doval e Datta, da mesma forma como poderia ter acontecido com um interlocutor paquistanês. É o jogo. Não adianta ter ilusões quanto a isso.

Mas enfim, tudo isso é muito convergente para não acabar tendo sentido.

Omar Sheikh, do ponto de vista de Nova Delhi, é um agente secreto.

É agente há muito tempo: desde a época da London School.

É um daqueles jovens brilhantes e competentes que os serviços paquistaneses procuram já na universidade, e que tentam aliciar.

E esta é provavelmente, entre parênteses, a explicação do mistério com que me deparei em Sarajevo e em Londres — é a chave daquela viagem à Bósnia, estranha e sem vestígios, que me desconcertara tanto e cujo itinerário tentei reconstruir penosamente, mas sem sucesso.

"*Too ill to accompany them to Bosnia*", escreve agora Omar, na página 36 de seu diário indiano... Doente demais, sim, para ir até o fim de sua missão na Caravana da Solidariedade, que partiu da Inglaterra para abastecer Jablanica... A versão de Asad Khan, em outras palavras! Omar, nesse documento, confirma a versão do organizador da Caravana! E a idéia que me vem é esta: e se toda aquela história bosniana, aquela viagem, aqueles socorros, a emoção de assistir ao filme *Destruction of a nation*, a cólera, aquele sujeito que ninguém é capaz de dizer se foi até Mostar ou se, resfriado, acabou ficando para trás em Split, mas do qual todos repetem à exaustão que o martírio de Sarajevo foi "a grande virada" de sua vida — e se tudo aquilo fosse uma reconstrução, uma encenação *a posteriori*, uma forma de inventar uma biografia plausível para alguém que, muito tempo antes, talvez desde Londres e o ingresso na London School, teria sido recrutado pela ISI?

Não estou dizendo que Omar *nunca* foi à Bósnia.

Não excluo a possibilidade de que seu colega Saquib Qureshi *também* tivesse razão quando me disse que Omar fez uma segunda viagem, sem a Caravana da Solidariedade, para os Bálcãs.

Aliás, encontrei a confirmação dessa segunda viagem mais tarde, bem depois de minha estadia na Índia, numa entrevista de Omar, em 6 de fevereiro de 2003, publicada pelo *Takbir*, hebdomadário islamita em urdu, onde ele descreve, como se fossem cenas às quais teria *assistido*, os "ataques sérvios" contra as aldeias muçulmanas, as "mulheres e crianças reduzidas a cinzas", uma "mão de criança queimada sobre um tapete de cinzas", "pernas de bebês amontoadas", "pilhas de cadáveres".

Afirmo simplesmente que existe uma "lenda bosniana" na biografia de Omar Sheikh, e que essa lenda tem a função de adornar com todos os prestígios — cólera, pensamento, compaixão — a aventura muito menos honrosa de um rapaz que seguiu o destino de tira e agente secreto.

Afirmo que essa história bosniana é tão autêntica quanto sua identificação com a "cultura muçulmana" ou seu desabafo diante de Peter Gee, tarde demais e contra todas as evidências, de que teria sido um muçulmano perseguido, discriminado, uma vítima do racismo ordinário dos pequenos ingleses: um disfarce, um engodo, uma justificação retrospectiva.

Não mais, como eu pensava, uma lacuna, um vazio enigmático, uma fatia de vida que teria caído em esquecimento, e da qual todo mundo, a começar por mim, teria perdido a pista, mas, ao contrário, uma mentira, uma elaboração engenhosa, uma construção — a produção, como acontece muitas vezes nesse personagem, de um bloco biográfico que funciona como armadilha e pista falsa.

6

# NO QUARTO DO DEMÔNIO

Omar, agente da ISI.

A criança de Deyne Court Gardens, o bom aluno, o amigo de Saquib, o rapaz tão brilhante que tinha, na Inglaterra e na Europa, um futuro traçado diante dele, em suma, o filho de boa família que se tornou animal feroz a soldo do Estado, cão de guerra do poder paquistanês, assassino — pois bem, foi em Islamabad que encontrei as confirmações definitivas dessa virada espetacular.

Estamos em outubro de 2002.

Esta é minha terceira estadia na capital paquistanesa.

Pela terceira vez, empenho-me em procurar os vestígios de um homem que todo mundo, aqui, parece querer esquecer.

Pois os indianos têm razão, afinal!

Como é possível que um foragido da justiça, condenado por seqüestro e libertado em decorrência de outro seqüestro, possa circular assim, livremente, nessas avenidas vastas, repletas de militares?

Como um homem que deveria estar vivendo na clandestinidade, por causa do que está prestes a fazer e por causa do que fez, pode se deslocar com essa facilidade, essa despreocupação, esse desprezo por todas as regras — precauções para não ser seguido... trajetos de segurança... mudanças de endereço... disfarces... — que se impõem a todos os homens do submundo, inclusive aos terroristas?

É uma coisa que ainda pode ocorrer em Karachi, pois todos sabem que ali não se controla mais nada nem ninguém, há muito tempo.

Pode ocorrer também em Lahore, onde ele mora numa bela casa, dá uma festa, em janeiro, pelo nascimento de seu bebê, recebe os figurões da cidade, é recebido por eles, freqüenta os mesmos clubes que eles freqüentam, integra a mesma alta sociedade e faz pose de personalidade local... É verdade que ele é de Lahore. Assim, pode-se argumentar aos céticos que em Lahore ele está em casa, em seu feudo e no de sua família.

Mas Islamabad!

A aldeia Potemkin[1] do poder!

O centro de gravidade, o cérebro, do Estado e de seus departamentos!

Como explicar, sim, que ele tenha se sentido tão bem em Islamabad?

Como um homem que deveria estar sendo acossado pode encomendar tranqüilamente um livro sobre o seqüestro de Kandahar naquela livraria, Mr. Books, localizada a um quarteirão da sede da ISI, em Khayaban i-Suharawardy Road?

Eis um homem que já cumpriu cinco anos de prisão na Índia por uma série de crimes do mesmo tipo daquele que está prestes a cometer. Eis um jihadista sobre o qual recaem suspeitas de cumplicidade no atentado do caminhão carre-

---

[1] A expressão "aldeia Potemkin" significa domínio absoluto, com a repressão de todos os protestos. (N. do T.)

gado de explosivos contra a assembléia do Jammu Kashmir em Srinagar, em seguida no atentado de 13 de dezembro, com granadas, contra o parlamento de Nova Delhi, e finalmente na operação de 22 de janeiro, véspera do seqüestro de Pearl, contra o centro cultural norte-americano de Calcutá. Eis um criminoso reincidente cuja extradição foi requerida por Washington, como sabemos hoje, poucas semanas antes, em novembro, com base no seqüestro de 1994 (uma das vítimas, Bela Nuss, como foi lembrado oportunamente, era norte-americana!), e cuja prisão foi exigida pessoalmente pelo embaixador Wendy Chamberlain, em 9 de janeiro, catorze dias antes do seqüestro. Eis um dos homens mais perigosos e mais procurados do planeta. Como acreditar que ele pudesse, sem um apoio muito firme, isto é, sem ligações efetivas com os serviços secretos daquele país, se deslocar dessa forma, em total impunidade?

Volto a evocar sua expressão arrogante nas fotos, no final de seu julgamento.

Volto a evocar sua resposta aos agentes do FBI, que lhe perguntam, em fevereiro, se ele tem ligações com a ISI: "Não vou discutir esse assunto; não quero que minha família sofra uma desgraça"; se ele sente remorsos: "Meu único remorso é a criança; tenho um filho de dois meses, e a idéia de que Pearl também estava prestes a ser pai, é isso o que me dá um pouco de remorso"; aquela outra resposta sobre a qual me contaram em Washington, e que ele teria acompanhado com uma imensa gargalhada: "O quê, extradição? Os senhores acham realmente que posso ser extraditado? Ora, ora, *gentlemen*! Estão sonhando! Três ou quatro anos no máximo, aqui no Paquistão! E depois, a liberdade..." — os mesmos termos, ou quase, do artigo da *Newsweek* de 13 de março.

Volto a evocar o artigo de Kamran Khan, no *News*, que causou tanta celeuma na época, e que mencionava suas ligações com o general Mohammad Aziz Khan, presidente do comitê de estado-maior das Forças Armadas desde 8 de outubro de 2001. É verdade que ele acompanhou Musharraf e Aziz até o QG do Lashkar e-Toiba, em Muridke, perto de Lahore, antes da visita de Musharraf à Índia, em julho? É verdade que ele conhecia Aftab Ansari, o mafioso, e que essa ligação era apadrinhada pela ISI?

Volto a evocar as enormes somas de dinheiro que ele movimenta nos dias anteriores ao seqüestro, e não consigo acreditar que elas viessem apenas da firma Perfect Fashions.

Penso naquilo que se sabe sobre a personalidade de Mohammed Adil, um dos três conjurados da célula número 2, aquela que se encarregou da confecção e do envio dos *e-mails*: policial de Karachi, ex-membro de uma unidade de combate ao terrorismo, ex-oficial dos serviços de informação, e portanto diretamente ligado à ISI.

Penso no comentário de Musharraf ao embaixador dos Estados Unidos, que acabava de mencionar diante dele o desejo norte-americano de que Omar fosse extraditado: "Prefiro enforcá-lo com minhas próprias mãos do que autorizar a extradição". Rancor? Cólera? Ódio que o invade e faz que prefira enforcar Omar com as próprias mãos etc.? Sem dúvida. Mas é difícil não ouvir também, nesse arroubo do coração, a vontade de fazer tudo, realmente tudo, para evitar um julgamento público e a discussão que implicaria sobre as ligações duvidosas entre Omar e a ISI.

Penso no relato daquele chofer de táxi que garante ter levado Omar até o Hotel Akbar, e cujo testemunho ouvi pessoalmente: detido numa *blitz* policial, mais ou menos como me aconteceu na noite de minha primeira chegada; militares armados — estamos em pleno período do zelo pró-americano e antiterrorista de Musharraf — obrigam o chofer a sair do carro sem cerimônias, colocam-no contra o muro, de braços cruzados, revistam-no; ora, quando chega a vez de

Omar apresentar seus documentos e ser revistado, uma palavra parece bastar, talvez alguma coisa que ele exibe aos soldados — e eles, confusos, o deixam passar: "*No problem, welcome, you can go*"[1].

Penso mais uma vez em Saquib, o amigo de Londres. É uma historinha à toa, que na hora não me impressionou. Mas agora... À luz do que sei agora... Ela se passa, essa história, em abril de 1996. Saquib terminou os estudos. Começou a trabalhar num grande banco — acho que foi o HSBC — e viajou para o Paquistão a serviço. Eis que uma noite, num jantar em Islamabad, na casa de um vice-almirante cujo nome Saquib não lembra mais, ele está sentado ao lado de um brigadeiro, membro notório da ISI, que lhe diz: "O senhor estudou na London School? Parabéns! Então, talvez conheça Omar. Talvez tenham estudado juntos na mesma turma". Omar... Não Omar Sheikh, só Omar... Como se só houvesse um, tanto na London School como em Islamabad, e como se esse único Omar fosse amigo íntimo do brigadeiro...

Penso enfim, uma última vez, em seu primeiro encontro com Danny, no Hotel Akbar de Rawalpindi, em 11 de janeiro, doze dias antes do seqüestro. Muito bem... Mas afinal, o que é esse Hotel Akbar? Qual o aspecto desse hotel? Por que exatamente Omar o escolheu? E como se explica que ninguém, até onde sei, fez essas perguntas antes de mim? Como se explica que ninguém teve a idéia de examinar o hotel de perto e passar uma hora ou, por que não, uma noite no quarto onde o primeiro contato se deu?

Vou ao Hotel Akbar.
Deixo Islamabad e seus bairros vistosos.
Sigo pela Aga Khan Road, com suas mansões opulentas

---
[1] "Não há problema, seja bem-vindo, pode ir." (N. do T.)

e um aspecto, como a maioria das avenidas dessa cidade tão perfeitamente artificial, que lembra um quadro de De Chirico[1].

Passo pelo Super Market, mais animado, mais cheio de vida, onde, entre lojas de material fotográfico, perfumarias, um "Antiquário de Livros — Compra e Venda", um vendedor de câmeras Konica, funciona a livraria Mr. Books.

Chego à Murree Road, a grande avenida de Rawalpindi, de início livre, desimpedida — depois, assim que se entra na cidade, populosa, engarrafada: carros que avançam devagar; magotes de crianças penduradas nas escadas de escotilha que sobem no teto dos ônibus coloridos; táxis coletivos abarrotados que sempre dão um jeito de embarcar mais passageiros; uma charrete; mulheres que usam lenços na cabeça, não *burkas*, mas lenços, com os rostos descobertos e sorridentes — ocorre-me que Rawalpindi é o único lugar onde vi rostos femininos; grandes lojas de tecidos; o quarteirão dos joalheiros; o dos *chemists*, ou farmácias, onde suspeito que se fazem também os grandes tráficos de drogas; o logotipo do Habib Bank; o dos revendedores Honda e Suzuki; os mendigos; os pardieiros, as ruelas laterais onde se adivinha a lepra dos bairros podres; bem em frente ao English Language Institute, o símbolo do Jammu and Kashmir Liberation Front; e depois, no final de Murree Road, à direita, na entrada da cidade antiga, ali onde as casas ganham os tons ocre, o aspecto colonial de todas as velhas cidades indianas, o Liaquat Bagh, muito verde, com suas flores de cores flamejantes e sua esplanada bem ampla onde são realizadas, desde a independência, as reuniões populares da cidade — e, diante do Liaquat, em recuo, espremido entre um colégio de meninos e o Khawaja's Classic Hotel Executive, as janelas guarnecidas de balcões pintados de verde escuro do Hotel Akbar.

---

[1] O pintor surrealista Giorgio de Chirico (1888-1978). (N. do T.)

À porta — é um costume esquisito (e bem cruel) dos hotéis paquistaneses médios —, um anão acolhe os clientes cansados da viagem, a fim de alegrá-los com suas caretas.

— Vocês têm um quarto livre?

O anão, dessa vez, não ri. Fita-me com um olhar desconfiado, sem responder, aparentemente muito surpreso de ver um estrangeiro, e faz um sinal para que eu me dirija ao chefe da recepção, por trás dele, à direita.

— Vocês têm um quarto livre? — repeti.

Desconfiança, também, do chefe da recepção, que, como se minha entrada fosse uma agressão em si mesma, recua um passo por trás de seu balcão. É um homem de cerca de quarenta anos, vestido à moda ocidental, bem-barbeado, com um rosto um pouco inchado e cabelos fortemente grudados à cabeça. Seria Aamir Raza Qureshi, o recepcionista que estava de serviço em 11 de janeiro? Teria acolhido Omar para a reserva, e depois Danny? Por enquanto, acho pouco prudente — e inútil — perguntar a esse respeito.

— Ouvi falar deste hotel, na França. Por causa da vista sobre Liaquat Bagh.

O homem pega meu passaporte. E, sempre sem descerrar os lábios, com ar de quem realmente não precisa de um hóspede a mais, faz um sinal para que eu me sente mais além, no saguão, onde se vêem pufes e mesas baixas de vidro, apoiadas sobre pés de elefante em faiança colorida.

Numa das mesas, uma criança estranha, toda enrugada, a testa coberta de manchas castanhas, esfarrapada, pára de desenhar e me observa.

Em outra, um grupo de cinco homens, barbudos, vestindo roupas de um branco duvidoso, com turbantes, desconfiados.

Todas as mesas, na verdade, estão ocupadas por personagens de aspecto pouco amistoso, barbudos, que interrompem a conversa de repente e me fitam sem tentar, nem um pouco, disfarçar sua hostilidade.

Atrás de nós, a pequena sala sem estilo, muito escura, que serve como restaurante e onde sei que Omar, quando Pearl chegou, estava acabando de jantar: a sala está cheia, comida paquistanesa e chinesa, cerca de quarenta pessoas.

Por toda parte, tapetes de falsa lã marrom, combinados às cortinas e aos papéis de parede que sobem até o teto — por toda parte, um cheiro de faxina malfeita, sujeira incrustada e fumaça de cigarro que torna o ar quase irrespirável.

O recepcionista passou para o pequeno escritório adjacente à recepção e está pendurado ao telefone, acompanhado por um faxineiro e um rapaz do restaurante que acabam de reunir-se a ele e também parecem muito intrigados, ficam se cutucando com os cotovelos, soltam risos abafados.

Às vezes, ele me observa, com um olhar suspeito que poderia ser um olhar de ameaça. Às vezes, folheia meu passaporte. Mas, principalmente, presta muita atenção no que estão lhe dizendo ao telefone. Depois de dois minutos, de má vontade, quase zangado, ele vem falar comigo.

— Que andar?

Contrafeito, ele me explica que o preço não é o mesmo — seiscentas rúpias no primeiro e no segundo andares, o dobro nos andares superiores, onde os quartos foram reformados recentemente. Escolho, é claro, o quarto andar, e encontro-me agora não exatamente no quarto de Omar (era o 411, mas me disseram que já estava ocupado), mas pelo menos no mesmo corredor, do outro lado.

A diferença é que meu quarto dá para o Liaquat, e posso ver pela janela, e ouvir, os meninos de agora há pouco que saem da escola e, mais além, no parque, as crianças do bairro, que jogam críquete com seus bastões improvisados, suas bolas feitas de trapos, suas balizas de tijolos empilhados às pressas.

A diferença é que o 411, a julgar pela disposição do corredor, devia dar para o outro lado, para um pátio interno ou uma parede nua — devia ser um quarto mais tranqüilo, menos barulhento, mas também, e essa devia ser a vantagem, mais isolado do resto do hotel e, em caso de problema, sem contato possível com o mundo exterior, sem possibilidade de chamar alguém.

Fora isso, é sem dúvida a mesma cama de madeira, sem travesseiros, com as cobertas no armário embutido.

O mesmo cheiro de sabão em pó barato nos lençóis.

O mesmo tapete de um cinza desbotado, mais empoeirado ainda do que no andar térreo.

A mesma fórmica negra nas paredes, na altura de uma pessoa, com, diante da janela, uma gravura que mostra, como no escritório do advogado Khawaja, os montes cobertos de neve de Srinagar e, sob a gravura, uma pequena tevê sobre a qual se colocou um minibar, e que parece — luxo espantoso! — receber os canais a cabo da região.

É a mesma mesa de madeira plastificada onde eles mandaram servir sanduíches de peito de frango com *bacon*, refrigerantes, café frio e, quando a noite caiu, quando a conversa se animou e um clima de confiança começou a se instaurar, mais sanduíches e mais café frio.

Danny está ali, sentado em sua cama, com a caderneta aberta sobre os joelhos.

Asif, o "quebra-galho", que arranjou o encontro, sentou-se no chão, de costas contra a porta.

Omar está sentado na única cadeira, com o minigravador de Danny e o gravador de Asif colocados numa mesa, diante dele.

De início, parece constrangido. Esquivo. Não chega a olhar Danny nos olhos, e pontua suas respostas com grandes gestos desajeitados. A ausência de barba, talvez... O novo queixo, liso e lustroso, com o qual ele já não estava acostumado... Aquela boca estreita mas um pouco mole que lhe pareceu, naquela manhã, no espelho, tão estranha, e ainda suspeita — que coisa absurda! A idéia era ter um aspecto mais confiável, e agora ele acha que aquele rosto nu pode justamente traí-lo! Mas não. Danny está confiante. Tem aquele jeito de ouvir, de multiplicar as perguntas, de deixar a resposta fluir, esgotar tudo o que ela pretendia dizer, e depois retomar um detalhe e, a partir desse detalhe, relançar o questionamento. Tem aquele jeito tão característico de prender a respiração quando o outro está falando ou, ao contrário, de encorajá-lo com movimentos de cabeça, quase de acompanhá-lo como um maestro — ah! Danny e a música! Danny e seu violino! as fotos dele segurando o violino, que me voltam agora, como em Los Angeles! —, um jeito que acaba deixando o interlocutor à vontade, desinibido. E é assim que, bem depressa, eles decidem abrir o jogo, desligam os celulares e travam uma conversa boa e sincera, de quatro horas, sobre o Jaish e-Mohammed, o Lashkar i-Janghvi, o Harkat ul-Mujahidin, o Lashkar e-Toiba, a seita de Gilani, toda essa nebulosa de organizações islamitas que imperam no Paquistão, e pelas quais Danny se interessa apaixonadamente.

Naquela noite, não consigo pegar no sono.

Estou ali para viver as coisas na pele, conhecer aquele hotel a partir de dentro, até o fim, na esperança de encontrar um sinal que tivesse escapado aos investigadores e aos jornalistas — mas sinto a maior dificuldade, confesso, em passar uma noite normal.

Um enxame de perguntas fica girando em minha cabeça: pensamentos de Pearl? reações de Pearl? Pearl foi recebido como eu, com a mesma desconfiança visível? ou as pessoas da recepção e do *lobby* eram cúmplices ao contrário, avisados por Omar, e portanto cúmplices? ele ficou desconfiado? perguntou também em pensamento, assim como eu, em que lugar estranho tinha se metido? Omar teve que se explicar? se justificar? como, de maneira geral, transcorreu o primeiro contato? eles conversaram sobre Londres e Los Angeles? sobre seus respectivos bebês? sobre suas mulheres? o homem do serviço de quarto era o mesmo baixinho barbudo, vestindo uma djelaba[1], uma perna mais curta que a outra, o que lhe dá um andar hesitante? ele levou, como no meu caso, duas horas para chegar?

As mesmas dúvidas me importunam, me atormentam, as mesmas dúvidas que, ao longo da noite, ganham dimensões terríveis: quem eram aqueles homens, embaixo? por que o recepcionista, com o hotel visivelmente vazio, hesitou tanto em me dar um quarto? por que, num hotel vazio, aqueles passos, aqueles ruídos nos degraus da escada que alguém sobe de mansinho, aqueles chiados de velho colchão de molas no quarto vizinho, aquelas conversas sussurradas diante de minha porta? pensando bem, são mesmo conversas? ou arquejos? ou gemidos de sofrimento? ou o ruído de móveis empurrados? por que essa sensação de não estar sozinho? e de ser espionado até dentro do quarto? e se aquele Hotel Akbar não fosse, em outras palavras, um hotel totalmente normal?

É no dia seguinte, na hora de acertar a conta, que tenho o primeiro início de resposta para minhas perguntas.

Diante de mim, alguns dos homens da véspera também pedem a conta — só que eles apresentam um cartão que, acompanhado por uma fórmula que cada um repete de maneira idêntica, e que não entendo, parece lhes dar direito a um grande desconto.

Mais além, em grupos cerrados de cinco ou seis ao redor das mesas baixas, outros homens, mais pobres, que parecem não estar hospedados no hotel, mas que mesmo assim ficam ali, como freqüentadores habituais, silenciosos, aquecendo-se e bebendo grandes xícaras de chá com leite, muito quentes, sem pires, que são servidas gratuitamente.

---

[1] Djebala: túnica longa com capuz e mangas largas. (N. do E.)

E por fim, na sala do restaurante, que foi arrumada durante a noite e cujas mesas foram reagrupadas como numa sala de aula, cerca de trinta outros homens, também pobres, barbudos, escutam um deles, de aparência militar, que está dando uma palestra.

A verdade, como vou percebendo aos poucos, é que fui parar, e Pearl, sobretudo, foi parar num hotel muito especial que serve de escala, em Karachi, para os militantes e combatentes da Caxemira, de passagem pelo Paquistão.

A verdade — saberei mais nas horas seguintes quando, alertado por todos esses detalhes estranhos, encontro meu informante local — é que os combatentes da Caxemira têm direito a um desconto no preço dos quartos (os famosos quartos do terceiro e do quarto andar) e, de manhã, ao chá gratuito.

A verdade — mesma fonte que, por motivos óbvios de cautela, não posso identificar — é que entre os freqüentadores do hotel, além dos combatentes e dos camponeses rudes que vêm procurar um pouco de calor, há pessoas muito mais importantes que têm em comum ligações estreitas com os serviços especiais do país: advogados eminentes da causa da Caxemira, como o jornalista Ved Bhasim, do Jammu Kashmir, ou o político indiano pró-paquistanês Bzaz; Abdul Ghani Lore, outro político conhecido da Caxemira, que alojou ali os convidados da festa de casamento de seu filho Sajjad; enfim, todos os grandes líderes jihadistas que, antes da onda recente de proibições, organizavam ali, com as bênçãos da ISI, suas conferências de imprensa.

Em suma, o local que Omar escolheu para seu primeiro encontro com Danny é um local onde os serviços secretos se sentem em casa.

O hotel que ele escolheu para a primeira conversa não é um hotel comum, pois é controlado, quase administrado, pela ISI.

Existem três hotéis desse tipo no Paquistão. Deve haver outros, com certeza. Mas encontrei ao menos três. O Sangam em Muzzafarabad. O Margalla, em Islamabad, dois quilômetros depois da embaixada francesa, na estrada do Serena. E, por último, aquele Hotel Akbar, cujo proprietário oficial, segundo descobri, é um cidadão da Caxemira chamado Chaudhary Akbar, mas que é um dos endereços, em Rawalpindi, da ISI.

Tudo converge.
Da organização do crime à biografia de seus autores, do passado do próprio Omar ao de alguns de seus cúmplices, da Índia ao Paquistão, de Lahore a Islamabad, dos bastidores do seqüestro do avião de Kandahar aos daquele Hotel Akbar, tudo sugere a implicação direta, estreita, dos serviços secretos paquistaneses.

De repente, a psicologia não é mais necessária.

Sim, Mariane tinha razão: nesse estágio da investigação, a análise da psicologia, dos humores de Omar Sheikh não pode mais alterar as evidências.

Daniel Pearl foi seqüestrado e assassinado por grupos islamitas manipulados, com toda a certeza, por uma facção dos serviços secretos — a mais radical, a mais violenta, a mais antiamericana das facções que disputam o controle dos serviços. E como negar que ela se comportou neste caso, de cabo a rabo, como se estivesse à vontade no Paquistão de Musharraf?

Esse crime não é uma notícia de coluna policial, um assassinato à toa, um ato descontrolado de fundamentalistas fanáticos — é um crime de Estado, premeditado e acobertado, quer isso nos agrade ou não, pelo governo paquistanês. Como dizia, uma vez mais, Aldo Moro em sua carta terrível a Noretta, sua mulher, na qual anunciava a Cossiga, Zaccagnini e Zizola que seu sangue recairia sobre eles: é um "massacre de Estado", cujo paradoxo é pôr em causa um país amigo dos Estados Unidos e do Ocidente, aliado na luta de morte contra o "eixo do Mal", membro oficial, em outras palavras, da coalizão antiterrorista.

Essa é, no final de outubro de 2002, a conclusão provisória deste livro.

Essa é, no atual estágio da investigação, minha primeira e terrível descoberta.

*Quarta parte*

## AL QAEDA

# 1

# DE VOLTA À CASA DO CRIME

Mas isso não é tudo.
Minhas surpresas não tinham acabado, nem de longe.
Ainda faltava descobrir o aspecto mais extraordinário, e o mais edificante, de minha história.
Estamos em novembro de 2002.
Esta é minha quarta estadia no Paquistão.
É uma visita oficial, desta vez, com visto, selo, carimbo, visita ao embaixador em Paris, entrevista, em Islamabad, com o ministro do Interior, diante do qual sou obrigado a entregar meu jogo, pelo menos em parte:
— Estou escrevendo um romance sobre a morte de Daniel Pearl, sim, sim, não se preocupe, um romance — nós, franceses, somos assim, escrevemos obras de imaginação baseadas em fatos reais.
Minha intenção, aliás, é visitar o máximo de autoridades.
Desde que cheguei, pedi autorização para falar com todos

os que, de Musharraf até o décimo quarto sargento da polícia de Lahore, tiveram conhecimento do caso.

Sua versão?

Os motivos que o fazem pensar que Omar poderia ser um agente indiano?

Pode me mostrar os autos do interrogatório? Os indianos mostraram os deles — o senhor pretende fazer menos do que fizeram os indianos?

Por que ele não é extraditado para os Estados Unidos?

Aquelas pessoas lhe pediram isso, realmente, com tanta insistência como dão a entender? Quem dos dois é o mais reticente?

Em suma, estou à espera das entrevistas. E enquanto isso, tranqüilamente, de novo com Abdul, decido retomar alguns dos pontos obscuros de minhas visitas anteriores: o início, principalmente; de certa forma, o ponto de partida; decido, de novo sem saber bem por que, sem ter a menor idéia do que me resta descobrir, voltar para o sítio onde foram encontrados os restos de Daniel Pearl, e que visitei logo da primeira vez; decido investigar, na verdade, a vida de um personagem do qual a imprensa paquistanesa falou muito no início, mas que depois parece ter sido completamente esquecido: o proprietário do terreno, da casa e de todo o complexo onde o drama se passou — o bilionário Saud Memon.

Quem é Saud Memon?

Por que os terroristas se reúnem ali, no sítio dele?

Qual é seu grau de implicação na logística do crime?

E como se explica que ninguém parece ter se preocupado, nem no Paquistão nem em outra parte, em registrar seu testemunho?

Primeira surpresa: Saud Memon desapareceu.

Dessa vez, não tive permissão para visitar Gulzar e-Hijri,

mas peço a Abdul que dê uma volta por lá, como quem não quer nada. O lugar, conta ele, está exatamente no estado em que o vi, em minha visita de maio; nem Memon nem os membros de sua família reapareceram; a grande casa, na orla do sítio, está vazia, abandonada — as mesmas persianas fechadas, o mesmo cadeado grande e enferrujado no portão de ferro, e o mato que invade o terreno da frente.

Consulto em seguida, na central de polícia do Sind, os autos do interrogatório de um cunhado de Saud que ensina na *madrasa* vizinha, assim como dos irmãos dele — são três — que os Rangers prenderam, no final de maio, em sua casa de Nazimabad, para interrogatório. Nenhum deles parece ter a menor idéia do paradeiro atual de Saud; de nenhum deles, apesar dos métodos duros que a polícia, como sei muito bem, emprega nessas circunstâncias, foi possível arrancar mais do que: "Não, não sabemos de nada, nunca mais vimos Saud desde maio passado, talvez ele esteja em Dubai, ou em Ryad, ou em Sanaa, ou mesmo em Londres, ele tem tantos contatos no mundo, o senhor sabe, tantos contatos". Posso me enganar, mas tenho sob os olhos os depoimentos de uns e outros, assim como o texto do recurso apresentado, junto à Corte Suprema, por Najama Mehmud, mulher de um dos irmãos, protestando contra a "detenção ilegal" de seu marido — e chego à conclusão de que existe um tom sincero em sua maneira de protestar, todos eles, que o homem desapareceu.

Vou pessoalmente a Peshawar, uma cidade de três milhões e meio de habitantes, em contato com as famosas zonas tribais que são como uma represa entre o Paquistão e o Afeganistão e que escapam, na essência, ao controle do poder central. Disseram-me que ele estava escondido perto dali, numa *madrasa* da província do Waziristão Norte. Um professor da *madrasa* vizinha ao sítio de Gulzar e-Hijri tinha dito a Abdul: "Esse caso Pearl foi uma provação para ele. O senhor bem pode imaginar! Tudo aconteceu nas terras do clã Memon, e portanto, por assim dizer, sob seu teto. Ele estava arrasado, queria se recolher, esquecer, ser esquecido..." Mas ninguém, em Peshawar, tem a menor idéia de onde ele está. Em nenhum lugar encontrei o menor vestígio de sua passagem. Nem sombra do bilionário atormentado pelo remorso, entregando sua alma nas mãos de Deus, cuja imagem se tenta divulgar. (É verdade que o próprio Bin Laden parece ter entrado na cidade, na segunda semana de dezembro de 2001, com uma guarda de cinqüenta homens sem chamar, aparentemente, a atenção das autoridades.)

Em suma, eis um homem que possui bens móveis e imóveis em Karachi, para dizer o mínimo. Eis um personagem muito influente — o clã Memon, todo mundo confirma, reina sobre uma parte do mundo dos negócios punjabi —, do qual ninguém, em princípio, ignora as idas e vindas, as atividades. Eis um empresário que dirige pessoalmente — assim como, diga-se de passagem, o pai de Omar Sheikh — uma firma de exportação de roupas que não tem nada de clandestino, com um depósito em outra casa de Gulzar e-Hijri, bem perto do local do suplício. Pois bem, aquele homem desapareceu. Volatilizou-se com mulheres e filhos. Sumiu do mapa — assim como Mussadiq e Abdul Samat, os dois membros não identificados da célula de detenção; como Hyder, ou Mansur Hasnain, o homem dos dois últimos telefonemas na tarde do dia 23, cuja família, como se recorda, afirmou aos policiais que ele tinha "acabado de se infiltrar no Jammu Kashmir"; como Arif, ou Hashim Qader, que dizem ter partido para a frente afegã, deixando sua família, em Bahawalpur, em luto fechado, inconsolável...

Outra surpresa.

Estou no escritório de um dos assistentes do ministro do Interior do Sind.

É um homem alto, vaidoso, que exibe seu uniforme e seus bigodes com espalhafato, que me fita com desconfiança e parece muito preocupado com a honra de sua polícia.

— Fale-me, senhor comandante da polícia, sobre aquela famosa operação antiterrorista que seus homens executaram no último dia 11 de setembro, depois da qual o senhor prendeu dez iemenitas, entre os quais Ramzi bin al-Shibh. Fale-me sobre a chegada dos Rangers, naquela manhã, ao prédio do bairro de Defence. Fale-me sobre a invasão do prédio e a rendição dos malfeitores. Diga-me como tudo isso foi equacionado: o senhor recebeu ajuda dos Estados Unidos? Foram agentes norte-americanos que localizaram Ramzi e seus cúmplices? Foram seus sistemas de varredura por satélite e de escuta? A CIA? O FBI?

E ele, despeitado:

— Por que sempre os norte-americanos? O senhor acha que não temos condições de organizar nossas próprias operações antiterroristas? No caso que o senhor mencionou, não devemos nada à CIA. Foram as fontes de inteligência paquistanesas que fizeram o trabalho preparatório. Mas escute...

E ele me conta que tudo começou pelo desmantelamento, dois dias antes, no bairro de Badurabad, de um esconderijo onde se fabricavam documentos falsos, para facilitar o trânsito de membros clandestinos da Al Qaeda. A partir dali, a polícia seguiu a pista de um traficante especializado não apenas em documentos falsos mas na exportação de trabalhadores clandestinos para Ryad, meninos de onze ou doze anos selecionados em Karachi e em Dacca para servir de *jockeys* nas corridas de camelos nas praias de Dubai e, *last but not least*, combatentes da Al Qaeda que transitavam, a partir do distrito de Omã, para os Emirados Árabes, o Iêmen e outros países do Oriente Médio. Aquele homem, diz o chefe da polícia, era o verdadeiro alvo da operação antiterrorista do dia 11. Era ele, mais ainda do que Ramzi bin al-Shibh ou o vistoso Khalid Sheikh Mohammed, que a polícia queria encurralar. Ele se chama "senhor M.", e este "senhor M." é nada mais nada menos do que... Saud Memon.

Estou bem consciente de que essa versão não confere totalmente com aquela que eu julgava ser verdadeira.

Ela inocenta, por assim dizer, Yosri Fouda, o jornalista da rede de televisão Al-Jazira, cuja entrevista — ou, pelo menos, a iminência de sua difusão — não seria mais responsável pela decisão dos Rangers de invadir o prédio da Defence.

Ela permite imaginar, não mais a encenação que eu pensava, mas uma investigação de verdade, com informantes, testemunhas, longo rastreamento de suspeitos e, depois de tudo, a descida final no esconderijo da Al Qaeda.

Mas o essencial, por enquanto, não é isso.

O essencial é Memon, que está longe de ser o comerciante honesto e ingênuo cuja boa fé teria permitido que uma gangue de terroristas invadisse um de seus terrenos.

O importante é que temos aqui um homem de duas caras, bem mais complexo e misterioso do que imaginam seus pares da Câmara de Comércio de Karachi: a exportação de roupas, de um lado, servindo como fachada — e, de outro, um rosto sombrio, inquietante, que faz pensar que não foi por acaso, nem contra sua vontade, que uma gangue de jihadistas se instalou em sua propriedade para matar Daniel Pearl.

Devo acrescentar uma descoberta de Abdul, quando voltou ao sítio de Gulzar e-Hijri? A propriedade, como várias outras vizinhas, foi comprada há quinze anos, aproveitando uma lei de isenção fiscal para os "rendimentos industriais e comerciais reinvestidos na agricultura". Só que ali nunca se viu, como descobriu Abdul, nem sombra de plantação. A vocação agrícola do lugar, segundo os testemunhos, nunca passou da cultura selvagem de acácias e bambus. E o lugar logo teria sido colocado à disposição para missões bem diferentes, infinitamente menos confessáveis. A começar por esta, justamente: esconderijo de seqüestradores; acolhimento, muito antes de Pearl, de reféns carentes de prisão. Especialidade da casa. Local mobiliado, equipado, para jihadistas em necessidade. Memon, um *rapt dealer*[1]. Amadores, fiquem fora disso. Um bilionário no coração da indústria do assassinato islamita em Karachi.

E depois, terceira e última surpresa: a organização Al-Rashid, da qual Memon é um dos administradores, tem alguma relação, que ainda desconheço, com o terreno.

Em princípio, a situação é clara.

A Al-Rashid é uma organização paquistanesa que visa socorrer, em todo o mundo, os muçulmanos necessitados.

Existem o All-Party Hurriyat Conference, o United Jehad Council, o Markaz al-Dawah al-Irshad, com sede em Lahore, existe toda uma série de associações beneficentes mais ou menos conhecidas e poderosas — e existe também a Al-Rashid, que é a mais importante dessas ONGs destinadas a recolher, em todo o país, o famoso *zakat*, ou "imposto islâmico", redistribuído em seguida para as belas e nobres causas dos direitos humanos muçulmanos: o Kosovo, onde a organização teria distribuído, em 2002, o equivalente a trinta e cinco mil dólares; a Caxemira, sua obrigação inevitável; a Tchetchênia, para onde, indignada com o desvio sistemático de fundos cedidos pelas Nações Unidas, teria encaminhado, por seus próprios canais, setecentos e cinqüenta mil dólares de ajuda alimentar e médica nos últimos dois anos; o Afeganistão, onde ela se vangloria de fazer funcionar, de um extremo a outro do país, e por uma quantia anual de quatro milhões de dólares, uma rede de padarias capazes de fornecer pão, todos os dias, para cinqüenta mil homens, mulheres e crianças; sem falar nas

---
[1] "Negociante apaixonado". (N. do E.)

máquinas de costura para as viúvas de guerra, centros de treinamento em informática para os jovens de Kandahar, clínicas ultramodernas instaladas em Ghazni, Kandahar e Cabul, ou ainda, no próprio Paquistão, distribuição gratuita de carneiros para a festa da Aid. A caridade não é o primeiro dever do "caminhante no caminho de Deus"?

O problema é que, remexendo um pouco — consultando, como fiz, o *site* oficial da associação, examinando seus registros e interrogando, em Rawalpindi, um de seus "voluntários" —, descobrem-se, mais uma vez, detalhes muito perturbadores.

Em primeiro lugar, a data de nascimento da associação. 1996. Ou seja, o momento exato em que os talibãs tomam o poder.

O contexto de suas intervenções. O dinheiro, na Tchetchênia, é dado ao xeque Omer Bin Ismail Dawood, um dos chefes fundamentalistas que contestam a autoridade de Maskadov. No caso da Caxemira, o dinheiro vai para as organizações terroristas e combatentes mais fanáticas e mais criminosas. E quanto às distribuições de pão no Afeganistão, quanto às famosas cento e cinqüenta e cinco padarias retiradas, em 2000 e 2001, das mãos do Programa Alimentar Mundial, que estava deixando o país, a única coisa que o relatório anual da organização omite é que a retirada do Programa Alimentar tinha relação com o trabalho das mulheres — o único pequeno detalhe que o relatório, evidentemente, não pode admitir é que havia um verdadeiro braço-de-ferro, na época, entre as ONGs ocidentais e o poder talibã; que toda a política das ONGs consistia em dizer: "Tenham mais tolerância com a situação das mulheres, deixem-nas trabalhar e existir, e nós mantemos a ajuda financeira"; e que a intervenção da Al-Rashid, o fato de ter assumido as funções do PAM e ter retomado suas padarias, era um gesto político que fortalecia a posição, a ideologia dos talibãs.

Seus locais. A Al-Rashid, como todas as grandes ONGs, tem locais, escritórios, armazéns de estocagem e, simplesmente, endereços aonde os gentis doadores podem enviar seu dinheiro. Ora, o que ela evita dizer, mas que é comprovado por um anúncio que tenho sob os olhos, num jornal de 24 de novembro, com o endereço ao qual se podem enviar doações em favor das "vítimas afegãs do terrorismo norte-americano", é que, em várias cidades de porte médio, em Masehra, Mingora, Chenabnagar, ou mesmo nas verdadeiras cidades grandes, como Lahore, Rawalpindi ou, no Afeganistão, Jalalabad, a Al-Rashid divide seus escritórios (e portanto, provavelmente, seus funcionários, suas estruturas de *captação de recursos*, talvez até suas contas bancárias) com um partido, o Jaish e-Mohammed, cuja vocação humanitária não salta aos olhos. O que ela evita proclamar é que (como várias ONGs muçulmanas desse tipo, cuja vocação de caridade muitas vezes não passa de fachada — mas é raro encontrar uma prova flagrante, preto no branco, como neste caso) ela tem ligações, não apenas ideológicas, mas estruturais, fundidas no bronze das lógicas organizacionais e financeiras, com uma organização terrorista que por sua vez está ligada à Al Qaeda. As pessoas da Al-Rashid afirmam que essas ligações foram rompidas no dia seguinte ao 11 de setembro. Meu interlocutor me diz até os números (1697 e 1342-0) e os titulares (Khadri Mohammad Sadiq e Bahsud Ahmad) das contas do Jaish no Allied Bank de Karachi, no bairro de Binori. Só que eu tenho sob os olhos a edição do *Jang* com seu anúncio em comum — envie suas doações... recorte na linha pontilhada... Jaish e Al-Rashid, causa comum e mesmo combate.

Seus jornais. A Al-Rashid tem jornais de verdade. Um diário em urdu, *Islam*. E um hebdomadário, o *Zarb e-Momin*, também publicado em urdu, toda sexta-feira, em duas versões, impressa e em internet, e cuja tiragem, nos dois países juntos, Paquistão e Afeganistão, chega a cento e ciqüenta mil exemplares só para a edição impressa (outra versão ainda, em inglês, é publicada sob o título *Dharb e-Momin*). Ora, esse hebdomadário foi, até o ano 2000, o órgão central do poder talibã. Depois de sua queda, o jornal tornou-se um dos veículos naturais — junto com o *Al-Hilal*, mais ligado ao Harkat ul-Mujahidin, e o *Majallah Al-Daawa*, de periodicidade mensal — de todos os escrevinhadores mais ou menos nostálgicos da ordem negra que encarnavam. E, por fim, é no *Zarb e-Momin* — e não, por exemplo, no bimestral *Jaish e-Mohammad*, que deveria ser, em princípio, o órgão oficial de seu partido — que um homem como Masud Azhar, líder do Jaish, guru de Omar e alto dignitário da seita dos assassinos, publicou regularmente, nos últimos oito anos, seus textos de prisão. Qual a relação, também neste caso, com o humanitarismo? Será que o papel de uma ONG é publicar, toda sexta-feira, conclamações ao assassinato de judeus, hindus, cristãos, ocidentais?

Suas finanças. São opacas, é claro. Nem mais nem menos do que na maioria das ONGs, islamitas ou não. Portanto, é muito difícil distinguir qual fatia de seus recursos provém de particulares ou governos, do Paquistão ou de algum país do Oriente Médio, de um grande contribuinte particular da África do Sul ou da Indonésia. Mas duas ou três coisas são certas. Uma delas: a Al-Rashid Trust, por causa de seus contatos internacionais, assim como, imagino, de sua competência nesses assuntos, administra os bens estrangeiros de algumas organizações terroristas do tipo, mais uma vez, do Jaish ou do Lashkar e-Toiba. Outra: ela manteve sistematicamente uma conta comum, até novembro de 2001, isto é, até a queda dos talibãs, nas sucursais afegãs do Habib Bank paquistanês, juntamente com outra ONG, a Wafa Khairia, cuja particularidade é ter sido fundada pelo próprio Bin Laden, a partir de fundos árabes, em sinal de gratidão pela hospitalidade que lhe ofereceram o mulá Omar e os seus. Uma organização beneficente funcionando como banqueiro do crime? Pessoas que juram não ter outra preocupação além dos deserdados, e que se associaram a uma das estruturas da Al Qaeda? Cada vez mais estranho...

E depois, mais estranha e perturbadora ainda, a mistura singular de gêneros, pois a Al-Rashid organiza, nos anos 2000-2001, estágios de formação militar no Afeganistão; seu fundador, Rashid Ahmed, ocupa funções operacionais no aparelho de três grupos terroristas, engajados na atividade terrorista na Caxemira e, cada vez com mais freqüência, no próprio Paquistão: o Harkat ul-Mujahidin, o Edara ul-Rashid e, claro, o Jaish; ele, Rashid Ahmed, nomeia Masud Azhar para a função de emir dos talibãs na Caxemira e, portanto, lhe dá apoio decisivo; ele ainda, no início de 2000, no jornal da organização, promete dois milhões de rúpias de recompensa a quem fornecer a prova de ter "mandado para o inferno" um infiel culpado de matar um mártir; e aproveito para evocar aqui as revelações do *Washington Times* de 6 de novembro de 2001, afirmando que a Al-Rashid estava havia vários anos no comando de um gigantesco tráfico de armas com destino aos talibãs: armas leves ou semipesadas, contrabandeadas no porto de Karachi, escondidas sob o toldo dos caminhões que teoricamente transportavam farinha e ajuda alimentar, e que seguiam então para Quetta, depois Kandahar, onde eram distribuídas às milícias internacionais dos combatentes de Alá — o humanitarismo funcionando como combustível do paramilitar.

Para mim, não pode haver dúvida: a Al-Rashid é uma engrenagem da Al Qaeda.

Longe de ser apenas ajudada ou financiada pela Al Qaeda, é ela que, com seu circuito de coletas, financia a organização terrorista.

Esta é a conclusão que é preciso admitir: Pearl foi torturado e enterrado numa casa que pertence a uma falsa organização beneficente, que serve de nariz postiço para Bin Laden.

## 2

## A MESQUITA DOS TALIBÃS

O "seminário" de Binori Town.
A grande *madrasa*, centro da espiritualidade sunita e, em especial, da escola de Deoband[1], onde se formaram alguns dos dignitários talibãs, e onde já vimos que Omar passou uma de suas últimas noites antes do seqüestro.
Há muito tempo eu queria visitar o local.
Fiz uma solicitação à embaixada: rejeitada.
Junto à polícia: rejeitada também — a *madrasa*, me disseram, é cercada pelo bairro de minoria xiita de Karachi, em guerra aberta contra os sunitas; problemas de segurança, portanto; riscos de atentado; não foi justamente ali, em pleno centro da cidade, na esquina de Jamshed Road com Jinnah Road, que Maulana Habibullah Mukhtar, reitor da mesquita, foi alvejado, há alguns anos, à queima-roupa, junto com quatro companheiros, por um grupo de extremistas xiitas em motocicletas?

---

[1] Principal centro teológico muçulmano da Índia, fundado em 1867 no distrito de Uttar Pradesh. (N. do T.)

Tentei discretamente, como um turista que viesse admirar o local e passasse pela grande mesquita adjacente — repelido.

Por fim, falei com Abdul a esse respeito:

— Nem pensar! Um local muito fechado! Que eu saiba, nenhum jornalista ocidental nunca entrou ali! É preciso ser paquistanês; conhecer, se possível, um professor; trabalhar para um jornal em urdu, no movimento jihadista; ou, melhor ainda, passar pelo escritório de doações; caso contrário, é proibido.

Em suma, acabei desistindo da idéia. Tive que me contentar, sempre que caminhava ao longo de suas altas muralhas, sua porta blindada e suas grades de ferro da cor de ferrugem velha, em especular sobre o mundo misterioso que se esconde ali, e sobre as razões que levaram Omar, por duas vezes antes do crime, a entrar na mesquita. Até aquela manhã, 24 de novembro — dia da grande manifestação xiita que comemorava a morte do quarto imã Ali, e que costumava provocar um início de tumulto no bairro —, que me ofereceu paradoxalmente a oportunidade que eu esperava.

A maré de fiéis invade a Jamshed Road. Os comerciantes baixaram suas portas de ferro. Cordões de policiais, com as armas aos pés, estão de prontidão ao longo da avenida. Pneus queimam nas calçadas. Os manifestantes mais exaltados, como acontece muitas vezes nas demonstrações de força xiitas, laceram o rosto e as costas. Os outros, dervixes de cabelos longos e olhos alucinados, injetados de sangue, urram *slogans* assassinos contra seus vizinhos sunitas e, de repente, como se fossem uma pessoa só, calam-se e salmodiam litanias nas quais se trata, segundo me dizem, de sangue, vingança e martírio. Meu carro ficou preso no trânsito. A multidão, adivinhando que sou estrangeiro, começa a sacudi-lo. Um homem, em especial, com o rosto suado, espuma nos lábios e como que em frenesi por causa de seus próprios *slogans*, agita uma pedra na altura do vidro. Saio do carro. E, pretextando a violência crescente, deixo para trás meu motorista, Abdul e um "quebra-galho oficial" que o ministério, levando em conta o clima daquele dia, insistiu em designar para mim. Esgueiro-me até a Gokal Street, uma rua lateral; no empurra-empurra, segurando meu passaporte diplomático vencido, peço passagem ao cordão de policiais, terrivelmente nervosos, que tentam se interpor entre a manifestação e a centena de sunitas, saídos da *madrasa*, de punhos erguidos, que berram, por sua vez, seus próprios *slogans* antixiitas. Os policiais me deixam passar e dou de cara, sem tê-la procurado, com a outra porta, no lado sul da *madrasa*.

— O que deseja? — pergunta o funcionário de plantão, um homem baixinho, tísico, que tem um pequeno bócio, olhos imensos num rosto de lua, que me encara com desconfiança.

Por trás dele, no pátio interno, avisto um grupo de homens armados; a julgar por seus turbantes, são mulás, mas estão mais armados que os policiais — coisa estranha para uma *madrasa*...

— Sou diplomata francês — digo, estendendo meu passaporte, além de um dos cartões de visitas que mandei imprimir, de maneira totalmente ilegal, na época de minha missão afegã: "*Bernard-Henri Lévy, Special Representative of the French President*". — Sou diplomata e quero ver o mufti Nizamuddin Shamzai, o reitor do seminário.

O homem examina o cartão. Folheia o passaporte. Olha para mim. Volta para o passaporte. Às minhas costas, o bramido de um alto-falante: "*Don't take law into your hands, confine in the Jamia*" ("Não façam justiça com suas próprias mãos, voltem para a mesquita"). Diante de mim, o chefe da patrulha de mulás se adiantou, empunhando uma Kalachnikov, pronto para intervir. A cada segundo, espero o momento em que serei posto no olho da rua: "Diplomata ou não, a entrada é proibida para os infiéis... Só me resta voltar a me debater entre aqueles manifestantes xiitas sujos..." Mas seria o passaporte? O cartão de visitas? O fato de que não me apresentei como jornalista? A confusão? Seja como for, o pequeno plantonista faz um sinal para que eu o siga até o pátio interno, maior do que eu imaginava, onde já se tinha reunido um grupo de fiéis que me observavam com curiosidade — e, dali, para uma sala de espera vazia, só esteiras de corda, uma bicicleta motorizada a um canto, e um velho que nossa entrada desperta num susto.

— Sente-se aqui — diz o baixinho —, já volto.

E ele se afasta, ainda segurando meu passaporte, com seu andar de Carlitos, um pouco bamboleante, enquanto os aprendizes de ulemás me observam agora pela janela — a maioria muito jovens, com barbas adolescentes, encantados de ver um estrangeiro, empurrando-se uns aos outros, cutucando-se com o cotovelo, rebentando de riso, com *keffiehs* pretos e brancos nos ombros, sem dúvida iemenitas.

Ao cabo de cinco minutos, o homem retorna. Grave. Embaraçado. Numa atitude de "honra ao visitante estrangeiro".

— O mufti Nizamuddin Shamzai não pode recebê-lo. Nem o doutor Abdul Razzak Sikandar. Mas há um doutor-adjunto. Ele vai falar com o senhor.

Por extraordinário que pareça, meu estratagema funcionou. E então seguimos caminho, um atrás do outro, ele com seu andar de pingüim, eu abrindo bem os olhos, no interior da Cidade Proibida de Karachi.

Primeiro, entramos à esquerda, onde se vê — no interior, portanto, da *madrasa* — uma fileira de pequenas lojas, sorveteria Eskimo, padaria Master Cakes e, por fim, o Café Jamia, escuro e sem janelas, onde se amontoam, ao redor de grandes pratos de arroz, várias dezenas de pobres-diabos, aparentemente estudantes, assim como um homem mais velho, colosso barbudo, a quem sou entregue pelo pequeno plantonista.

Continuamos, em sentido inverso, por uma alameda malpavimentada que se abre, do lado esquerdo, para um fileira de aposentos, aparentemente salas de aula — um andar térreo, e por cima um andar pintado em rosa-choque, com muxarabiés[1] de madeira que deixam entrever, no interior, uma espécie de neblina cujo motivo não sei explicar, mas que dá ao ambiente uma tonalidade fantasmagórica. Ali se vêem rapazes em pleno estudo, visivelmente oriundos de todo o mundo árabe-muçulmano: iemenitas, de novo, mas também asiáticos, afegãos, paquistaneses, é claro, usbeques, sudaneses de pele mais escura; e, entrevejo, no fundo de uma das salas, sozinho, de olhos baixos, um homem de cabelos cinzentos e longos, muito pálido, que me parece europeu.

Anoto mentalmente que me afastei da mesquita propriamente dita, que fica mais à esquerda, num plano ligeiramente mais alto, com a cúpula separando as duas alas.

Depois, um pátio, à direita, com árvores raquíticas, uma fonte, um tanque seco roído pelo bolor, colunas lavradas e semidestruídas, letreiros em árabe, um alto-falante, motocicletas alinhadas contra um muro, alguns veículos com tração nas quatro rodas, provavelmente carros oficiais dos dignitários da *madrasa*, e uma sala, num nicho, onde não vejo ninguém a não ser, creio, mais um ocidental.

No final da alameda, outra sala, maior, que parece um claustro, onde estão gravadas, nos frisos dos muros, inscrições altas, sem dúvida versículos do Alcorão, e onde tenho tempo de perceber, afixado diante da entrada, aureolado por uma luz esverdeada que não sei de onde vem, o retrato gigantesco, todo colorido, estilizado, ingênuo, de um *mudjahid* que se parece curiosamente com Bin Laden.

---

[1] Na arquitetura árabe, balcão fechado por uma grade, formando saliência diante da janela. (N. do T.)

E depois, diante de mim, o setor dos escritórios (exames, inscrições, doações, administração dessa verdadeira cidade dentro da cidade que é a *madrasa* de Binori Town) e alojamentos (alunos, professores): às vezes, blocos desconjuntados, semelhantes àquelas construções inacabadas, ferros de cimento aparente, que vi tantas vezes no Magreb e no Oriente Médio; às vezes, espécies de pequenas chácaras, com casas mais alegres de dois ou três andares, com um pátio interno e, nos andares superiores, fileiras de quartos que se abrem para uma galeria.

Com exceção do "claustro Bin Laden", o que me impressiona é o aspecto rústico das construções — aposentos sem sombra nem mistério, tetos nus, roupa secando nas balaustradas das galerias.

É essa série de alamedas e pátios que se parecem entre si e produzem, no final, a impressão de um dédalo, de um verdadeiro labirinto, onde eu teria grande dificuldade se precisasse fugir, de reencontrar o caminho sem ajuda.

E é também, evidentemente, a multidão dos fiéis, sentados na grama, caminhando em fila indiana ou de mãos dadas, tomando a fresca nas galerias, diante dos quartos. Alguns realmente não parecem estudantes — meditabundos, concentrados, sem prestar absolutamente atenção em mim, ao contrário dos que encontrei agora há pouco. Outros têm um aspecto de soldados mercenários — olhar duro, cabelos longos, roupas de tecido quadriculado, e a pele rude, tisnada de sol, dos montanheses da Caxemira. Distingo alguns, pelo menos cinco, que estão armados e não escondem esse fato — novo detalhe estranho naquele estranho seminário, onde parece normal circular empunhando uma Kalachnikov. Há três mil e quinhentos pensionistas, segundo me dizem, em Binori Town. Mas, olhando em torno, parece haver muito mais. E depois, aquele outro detalhe surpreendente: o silêncio, ou melhor, não exatamente o silêncio — as pessoas falam, mas em voz baixa, abafada, e essas vozes compõem um ligeiro ruído de fundo, surdo e contínuo, como se não chegassem a se individualizar.

— Não estou vendo crianças — observo, para dizer alguma coisa e tentar moderar a marcha e ver melhor. — Então as *madrasas*, em princípio, não são feitas para as crianças?

O colosso se volta para mim, desconfiado. E sem parar de caminhar, saudando com um sinal de cabeça um esquadrão de ulemás, resmunga em bom inglês:

— Pergunte ao doutor. Não tenho conhecimento suficiente para responder.

— Mas, então, o que eles ensinam? Pode me dizer, ao menos, que tipo de ensino é oferecido nesta *madrasa*?

— O Alcorão — responde ele, dessa vez sem se virar.

— Como em toda parte, ensina-se o Alcorão.

— Sim, claro. E além do Alcorão?

Então ele pára. Parece ao mesmo tempo ofuscado e aturdido pela pergunta, por isso interrompe sua marcha para responder.

— Não entendo sua pergunta.

— Nem tudo está no Alcorão, que eu saiba...

— Não. Mas existem os *Hadith*, os ditos do Profeta.

— E depois?

— Como assim, e depois? O que mais o senhor queria, além dos *Hadith* e do Alcorão?

Dessa vez, ele parece irritado. Seu rosto, sua barba estão vibrando de cólera. Sem dúvida, ele tenta entender, naquele momento, por que diabos deixam entrar num lugar como aquele um sujeito que é capaz de perguntar se existem outros livros além do Alcorão. Aproveito a pausa para dar uma olhada no interior de duas novas salas, cuja porta está entreaberta. Numa delas, como para responder à minha pergunta de agora há pouco, há um turma de imãs em círculo, de imãs verdadeiros, só que muito jovens e imberbes — são imãs-crianças. Na outra, uma dezena de homens instalados, como colegiais, diante de escrivaninhas de madeira: desta vez são homens de verdade, com túnica branca longa, casaco preto, na cabeça a *ghutra* branca, ou branca e vermelha, fixada pelo anel duplo tradicional dos beduínos e dos sauditas. E tenho quase certeza de ver computadores nas escrivaninhas, embora isso não corresponda, assim como as armas, à idéia que se faz de um local de culto.

— O que o senhor sabe sobre o Alcorão? — insiste ele em tom de suspeita, como se fizesse um teste.

— Eu o li.

— Em árabe?

— Não, em francês.

É demais, dessa vez. Ele dá de ombros, obviamente espantado diante do absurdo de um Alcorão em francês.

— O senhor está na Jame'a Ulum ul-Islameya Binori Town, a universidade islâmica de Binori Town — conclui ele simplesmente.

E, como se essa resposta bastasse para encerrar o debate, ele retoma a marcha através de um último pátio, agora deserto, completamente silencioso, só com um ruído surdo ao longe, como um arquejo ou uma fricção ritmada, ou uma jiga lenta, onde me espera um imã muito velho, encanecido, com uma grande cabeça ossuda de cachorro de olhos tristes, rugas profundas nas maçãs do rosto, como fendas na face, que se encarrega de me conduzir. Uma escada um pouco íngreme obriga-o a se agarrar ao corrimão cavado na parede, e por fim uma pequena sala, semelhante às outras, onde me espera, sentado no chão, voltado para sua devoção, o adjunto do doutor Abdul Razzak Sikandar.

Cerca de cinqüenta anos. Barba preta, como o colosso que me acompanhou. Grande djelaba branca, imaculada, como os sauditas de agora há pouco. Na cabeça, um barrete. A voz baixa, melodiosa. Os olhos imóveis e cinzentos. Porte distinto. Na parede por trás dele, uma prateleira onde estão alinhados cerca de vinte livros, com encadernação em vermelho-sangue. Diante dele, numa mesinha de madeira nacarada, o Alcorão e, bem ao lado, meu cartão de visitas.

— O senhor é francês? — começa ele, sem olhar para mim.

Dou a entender que sim, com expressão modesta.

— A França é generosa conosco. Recebemos doações da Suíça, da Alemanha, da Arábia Saudita, da Inglaterra, dos Estados Unidos. Mas também da França. Muitas. Vocês têm muitos bons muçulmanos. Isso é bom.

Longo silêncio. Não ouso perguntar a que tipo de doações se refere.

— Qual é sua religião?

Não há meio. Por mais que eles dêem o golpe todas as vezes, não me acostumo. E dessa vez não consigo reprimir um enjôo, uma náusea. Mas não devo demonstrar o que sinto por nada deste mundo.

— Ateu. Na França, existem muitas pessoas agnósticas, de religião atéia.

Ele faz uma careta.

— O senhor sabe que a *madrasa* é proibida para os não-muçulmanos?

— Sim, mas ateu...

— É verdade. A proibição diz respeito aos judeus e aos cruzados.

Depois, num tom mais baixo, como se monologasse, os olhos sempre fitando a mesinha (o Alcorão? o cartão de visitas?):

— Mas atenção! Não vá dizer que os paquistaneses não gostam dos cristãos. Não é verdade. Não temos nada, em princípio, contra os cristãos, e inclusive acreditamos que Jesus Cristo não morreu, que Alá o arrancou da cruz e o levou com ele para o Paraíso. Em breve, ele vai voltar para nos acompanhar na conquista do mundo, como está escrito no Alcorão.

O doutor-adjunto dá de ombros. Depois, pegando o cartão cautelosamente, com a ponta dos dedos, como se fosse uma borboleta ou algo vagamente repugnante, percebo, mas talvez esteja enganado, um laivo de desconfiança no tom de voz (talvez o nome Lévy, que apesar de tudo lhe dá o que pensar...):

— O senhor é representante especial do presidente francês?

Digo que sim.

— Pois bem, então diga a seu presidente que nós, no Paquistão, apreciamos a posição francesa. Transmita-lhe nossas desculpas, também. Diga-lhe que o povo paquistanês se desculpa pelos atentados recentes que causaram a morte de cidadãos franceses que estavam aqui para ajudar o país.

Em outras palavras, ele se acusa a si mesmo. Não posso evitar de pensar que desculpar-se é o mesmo que acusar-se. Pois a verdade é que os islamitas em geral — e talvez, em especial, os de Binori Town — estavam por trás da onda recente de atentados antiocidentais, sobretudo o do Hotel Sheraton. Aliás, ele acrescenta, como se pudesse ler meus pensamentos:

— Diga também a seu presidente que foi um erro... Um erro lamentável... As pessoas que fizeram isso acreditavam, de boa fé, que as vítimas eram norte-americanas.

— Devo concluir, senhor mulá, que o senhor sabe quem está por trás do atentado suicida do Hotel Sheraton?

Ele não hesita um segundo.

— Criminosos. Pessoas que condenamos com a máxima energia. O islã é uma religião de paz.

— Se os organizadores, as pessoas que fizeram tanto mal a meu país, viessem até aqui, o senhor as expulsaria?

— Ah, não! Não expulsamos ninguém. Todos os homens são nossos irmãos.

— E Bin Laden? Vi agora há pouco, de passagem, um

retrato de Osama Bin Laden. Ele esteve aqui? O senhor o receberia, se ele viesse?

Ele franze o cenho. E, pela primeira vez, olha realmente em minha direção — mas é um olhar vazio, que não parece se deter em mim.

— Osama é apenas um muçulmano. Ninguém pode saber se ele esteve aqui ou não. Não faça essa pergunta. O senhor não está autorizado.

— Compreendo. Mas alguém me disse, em Islamabad, que Nizamuddin Shamzai, o grande mufti de sua *madrasa*, foi no ano passado, junto com o mufti Jamil, ao casamento de um dos filhos de Bin Laden. É possível?

— Não faça essa pergunta — repete ele, num tom mais alto. — O senhor não está autorizado.

Sei que Nizamuddin Shamzai, aquele santo homem, tinha orientado pessoalmente, na época dos bombardeios norte-americanos no Afeganistão, o recrutamento de voluntários que — a começar por seus dois filhos — atravessaram a fronteira para combater ao lado dos talibãs.

Sei que, antes do 11 de setembro, em agosto, na época em que os norte-americanos estavam pressionando o Paquistão para que mandasse os combatentes estrangeiros da Al Qaeda de volta para seus países, ele mesmo ameaçou o ministro do Interior com a cólera de Alá e dos grupos que juram em Seu nome, para impedir aquela "traição".

Conheço, por fim, os inúmeros apelos ao *jihad* lançados a partir da mesquita de Binori Town, nos quais aquele homem — Nizamuddin Shamzai, mais uma vez —, que o mulá Omar considerava seu guru, maldizia os norte-americanos, os indianos, os judeus, os ocidentais em geral. Abdul me traduziu um desses *fatwahs*, reproduzido no *Jasrat*, o jornal diário em urdu do Harkat, onde ele diz, a respeito dos norte-americanos, no final de 1999, que era permitido "matá-los, despojá-los, escravizar suas mulheres".

Mas o adjunto do doutor Abdul Razzak Sikandar olha para mim. Sinto naquele olhar um laivo de hostilidade que ele não tinha até então, e que me incita a moderar minha atitude.

— Se lhe faço essa pergunta, é apenas em relação ao que o senhor estava dizendo: o islã é uma religião de paz.

— É verdade — responde ele, num tom ligeiramente mais brando.

— Isso significa, então, segundo o senhor, que Osama é um homem de paz?

— Osama, repito, é um bom muçulmano. É nosso irmão no islamismo. Ele não teme a ninguém, a não ser Alá. Pode ter cometido erros. Mas quando distingue entre *dar al-islam* ("a morada da paz"), que reúne todos os muçulmanos do mundo, e *dar al-harb* ("a morada da guerra"), que engloba todo o resto, ele tem razão, é nossa posição.

— Compreendo. Mas qual é o resultado concreto? Homem de paz ou homem de guerra?

Nova irritação. Novo olhar inquisidor. Vibração contida da voz. O jihadista desponta por trás do doutor.

— A guerra contra os infiéis não é uma guerra, é um dever. Desde o ataque norte-americano na Arábia Saudita, e depois no Afeganistão, é dever de todos os muçulmanos do mundo apoiar o *jihad* contra os Estados Unidos e os judeus.

— Por que os judeus?

Estupefação, dessa vez. Como o mulá de agora há pouco, minha pergunta o deixa estupefato. Ele pega meu cartão novamente. Volta a deixá-lo na mesa. Põe a mão sobre o Alcorão como se, desconcertado, procurasse no contato com o Livro forças para responder.

— Porque são os verdadeiros terroristas. E porque conduzem sua cruzada no solo da Palestina e do Afeganistão. Mesmo aqui, no Paquistão, existem agentes sionistas infiltrados. Por que pensa o senhor que o governo aceita seus ditames? Ele deveria pôr sua confiança em Deus. No entanto, ele aceita os ditames dos judeus.

Devo abordar "meu" assunto, agora? Devo arriscar? Sinto que quase falei demais e que a entrevista está chegando ao fim. Por isso, vou em frente.

— Foi por esse motivo que mataram o jornalista norte-americano Daniel Pearl? Porque ele era judeu? O senhor tem uma opinião sobre este caso que causou tanta polêmica em meu país?

A simples menção do nome de Pearl provoca uma reação muito estranha. Primeiro, ele se encolhe sobre si mesmo, afunda a cabeça nos ombros, comprime os cotovelos contra o corpo e fecha os punhos, como se enfrentasse uma agressão e quisesse reduzir seu efeito ao mínimo. Depois, ele se endireita novamente, desdobra seu grande corpo, quase que se levanta, estendendo os braços em minha direção — gesto de um pregador que deseja convencer e ao mesmo tempo de um homem que toma impulso para agredir. É gozado, penso ao vê-lo de repente tão alto, dominando-me com seu tamanho: esses ativistas paquistaneses parecem enormes, presumidos, satisfeitos consigo mesmos — nada a ver com as fisionomias esgalgadas dos assassinos em petição de miséria que encontrei no Afeganistão.

— Não temos opinião sobre isso! — exclama ele por fim, numa voz estranhamente solene. — Não pensamos nada sobre a morte desse jornalista! O islã é uma religião de paz. O povo paquistanês é um povo pacífico.

Depois disso, faz um sinal ao velho imã que, só agora me dou conta, continuou de pé, num canto do aposento, durante toda a entrevista. O momento de partir tinha chegado.

No caminho de volta, vejo um grande alçapão, escondido em parte por um arbusto que me parece levar a um subterrâneo.

Entrevejo uma sala sobre a qual meu guia diz, com orgulho, que é a biblioteca da *madrasa*: duas estantes de metal, que cobrem metade da parede, com prateleiras parcialmente vazias.

Passo diante de uma sala de orações, de ladrilhos mais bem-cuidados, dominada por dois grandes retratos, sem dúvida Allama Yusuf Binori e Maulana Mufti Mohammed, os fundadores do seminário.

Vejo, em outro aposento, um retrato de Juma Namangani, ex-soldado do Exército Vermelho que se tornou líder do Movimento Islamita do Usbequistão, depois comandou o batalhão de combatentes árabes da Al Qaeda, antes de morrer, em novembro de 2001, no bombardeio norte-americano de Kunduz.

Retratos numa *madrasa*?

Um culto da personalidade, ou ao menos da imagem e do ícone, num local onde, em princípio, o rosto humano deveria ser considerado uma profanação?

Esta não foi a menor das surpresas que me reservava aquela estranha visita.

Como agora há pouco, diante da imagem de Bin Laden, sinto vontade de perguntar como aquela orgia de imagens se coaduna com a proibição das representações.

Mas prefiro me calar.

Só tenho um desejo: sair daquele lugar e voltar, é claro, para o tumulto xiita na avenida, seus derviches, seus gritos, suas torrentes de fiéis histéricos e ensangüentados, suas ameaças — uma coisa quase tranqüilizadora, pensando bem, para quem está deixando a casa do Diabo.

As perguntas, faço-as naquele mesmo dia, mas em outro lugar, para outros interlocutores: o diretor, sobretudo, de uma agência de informações ocidental, que me fornece algumas das peças que me faltavam.

Foi ali, em Binori Town, que Masud Azhar, no início de 2000, em companhia do mufti Nizamuddin Shamzai, aquele homem santo com quem não consegui falar, mas que impera na mesquita, anunciou a fundação do Jaish e-Mohammed — foi ali, na presença e com o beneplácito dos ulemás mais respeitados do país, que foi decretado o ato de batismo da organização que haveria de fornecer seus batalhões de elite para a Al Qaeda.

Quando, um mês mais tarde, em março, foi preciso decidir quem ficaria com os bens do Harkat ul-Mujahidin, que de certa forma tinha dado origem ao Jaish, quando entre ele, Azhar, e Fazlur Rahman Khalil, o homem que aproveitou seus anos de prisão na Índia para subir na hierarquia da antiga organização e assumir seu controle, eclodiu a grande querela que inflamou o movimento islamita de Karachi (quem fica com os escritórios do Harkat? sua frota de veículos com tração nas quatro rodas? suas armas? seus esconderijos? foi mais uma vez em Binori Town, sob a autoridade do mesmo Nizamuddin Shamzai, que se reuniram os sábios encarregados de fazer o "*harkam*", ou arbitragem, depois da qual foi decidido que o Harkat ficaria com tudo, mediante pagamento ao Jaish de uma indenização financeira... Binori funcionando como um tribunal! Binori funcionando como a câmara de arbítrio dos conflitos internos da nebulosa Al Qaeda!

Em outubro, quando os norte-americanos lançaram sua ofensiva militar e política, e em Karachi começaram a circular boatos de uma possível inclusão do Jaish na lista das organizações terroristas, foi Nizamuddin Shamzai que, uma vez mais, subiu ao palanque — foi ele quem, a partir de sua base em Binori, concebeu uma armação jurídica e política para criar uma nova organização (a Tehrik al-Furqan), cujo comando ele assume imediatamente, que deveria substituir o grupo proibido, retomar seus ativos financeiros, suas contas bancárias, seus arquivos, suas atividades. Binori na plataforma giratória de um tráfico político-financeiro. O líder espiritual de um dos maiores seminários do mundo transformado em mandatário de uma organização de assassinos.

Quando, depois da queda de Cabul, em novembro, as tropas desmanteladas de Bin Laden fugiram do Afeganistão, quando os sobreviventes das milícias paquistanesas tentaram escapar ao fogo cruzado dos soldados da Aliança do Norte e dos bombardeiros norte-americanos, alguns combatentes (os do Harkat ul-Mujahidin e do Harkat ul-Jihad al-Islami) refluem para a Caxemira; outros (o Lashkar e-Toiba) se refugiam nas zonas tribais do norte, em Gilgit e no Baltistão; mas os mais tenazes (o Lashkar i-Janghvi, o Jaish, assim como um subgrupo do Harkat, o Harkat ul-Mujahidin al-Almi-Universal) encontram refúgio em Karachi e, em especial, em Binori. Será que continuam ali? Será que passei uma hora no santuário dos soldados perdidos de Bin Laden? É isso o que significam aqueles retratos que vi?

A partir de Binori, ainda, foi enviada, através de Bangladesh, para a rede de televisão Al-Jazira, do Qatar, a famosa fita de vídeo de 12 de novembro de 2002, na qual Bin Laden evoca os atentados terroristas de Djerba, do Iêmen, do Kuwait, de Báli, de Moscou, conclamando os muçulmanos a desferir novos golpes, não só contra Bush, mas contra seus aliados europeus, canadenses, australianos. Um estúdio de gravação numa mesquita? Binori Town transformada em base logística da propaganda da Al Qaeda? Mas é claro! É a hipótese considerada mais provável pelos serviços secretos norte-americanos, indianos e britânicos. Eles ignoram por que a fita passou por Bangladesh. Não sabem até que ponto a ISI estava implicada naquela operação. Mas não duvidam de que a fita foi confeccionada ali, naqueles "subterrâneos do Vaticano"[1] terrorista.

---

[1] *Os subterrâneos do Vaticano* é um romance de André Gide (1869-1951) publicado em 1914, cujo protagonista Lafcadio encarna a teoria do "ato gratuito", que causou polêmica. (N. do T.)

Por fim, Osama Bin Laden teria se hospedado várias vezes em Binori. O terrorista mais procurado do planeta, o inimigo público mundial número 1, o homem que vale vinte e cinco milhões de dólares e, aparentemente, mais ainda, o personagem fantasmagórico do qual não se sabe sequer se está vivo, ou se sobrevive apenas por intermédio de seu nome e sua lenda, teria se hospedado aqui, em pleno centro de Karachi, sob o nariz da polícia paquistanesa — e isso, ao longo de 2002, quando estava sofrendo de distúrbios da fala causados por um ferimento grave (explicação possível de seu silêncio dos últimos meses) e precisava de tratamento médico. Binori servindo como hospital. Binori, um santuário inviolado pelas autoridades, sejam quais forem, aonde médicos militares teriam vindo, em total impunidade, para cuidar dele. Falou-se em outras *madrasas*. Ouvi sobretudo, várias vezes, o nome de Akora Khattak. Foi mencionado também, como no outono de 2001, um pouco antes do 11 de setembro, quando ele estava sofrendo de problemas renais, um hospital militar de Peshaar ou Rawalpindi (*Jane's Intelligence Digest* de 20 de setembro de 2001, CBS News de 28 de janeiro de 2002). Mas minhas fontes mais confiáveis, meus interlocutores mais bem-informados me falam, naquela tarde, de Binori como do mais sagrado dos santuários.

Abdul, zombeteiro, quando me encontro com ele no bar do Hotel Sheraton, o único lugar da cidade onde um muçulmano pode pedir uma cerveja ou um sanduíche no período do Ramadã:

— E então, a casa do Diabo estava vazia?

E eu, um pouco irritado e pomposo:

— É normal, meu caro. O Diabo não marca encontro. Está à vontade em toda parte, menos na própria casa. A risada do Demônio, todos sabem disso, é como a coruja de Minerva — só rebenta depois que já fomos embora. Mas ao mesmo tempo...

Sim, ao mesmo tempo, talvez eu não tenha visto nada em Binori Town.

Ainda não sei o que Omar veio fazer, ou procurar, nos dias 18, 19 e 21 de janeiro, em Binori Town.

Mas sei um pouco mais sobre aquela mesquita.

Sei que aquele local de meditação e oração, onde ele fez questão de passar uma de suas últimas noites, é um quartel-general da Al Qaeda no coração de Karachi.

Sei, sinto que ali funciona uma espécie de reator central, de casa de máquinas da organização — em pleno Paquistão, a algumas centenas de metros do consulado norte-americano, um enclave talibã ou pós-talibã onde se concentrou o pior do Afeganistão, incluindo os partidários de Bin Laden.

E se a pista de Omar Sheikh passasse, afinal de contas, pelo Afeganistão?

E se, para avançar, fosse necessário retornar ao Afeganistão?

# 3

# O DINHEIRO DO JIHAD

Escala em Dubai.
Estou a caminho do Afeganistão, mas faço uma escala em Dubai.
Com a intenção de reencontrar talvez, de passagem, a pista de Saud Memon.
E com a idéia, já que estou aqui, de colher informações sobre as finanças, as ramificações, os tráficos e o funcionamento da Al Qaeda.
Estamos ainda no final de 2002.
No início do debate sobre a pertinência ou não da guerra contra o Iraque.
Sou um dos que, na época, duvidam da existência das famosas ligações — que, para os Estados Unidos, justificam a guerra — entre o regime de Saddam Hussein e a organização de Bin Laden.
Sou um dos que — apesar do caráter evidentemente criminoso daquele regime — acreditam mais na rivalidade

entre os dois homens, na concorrência entre eles pelo emirado supremo, do que na possibilidade de uma aliança.

Tampouco mudei de idéia desde minhas *Reflexões sobre a guerra*, escritas logo depois do 11 de setembro, nas quais eu descrevia a Al Qaeda como uma ONG do crime, um monstro frio sem governo, uma organização de uma espécie radicalmente nova, que, para prosperar, não precisava se apoiar em qualquer Leviatã, e muito menos no Iraque.

E agora estou ali, decidido a avançar em ambas as frentes, a do livro e a do debate geral, naquela cidade que conheço um pouco, pois os casos das investigações anteriores me fizeram passar por ela várias vezes, nos últimos anos.

A primeira visita foi na época da guerra na Bósnia, pois em Dubai estavam baseados alguns dos raros fornecedores que ousavam desrespeitar o embargo de armas com destino ao exército de Izetbegovic. Estive em Ankara, mas também em Dubai, no inverno de 1993-1994, para refletir sobre as possibilidades de contornar aquele embargo.

Em 1998, voltando de minha estadia no Panshir, onde estive na companhia do comandante Massud, o general Fahim, chefe dos serviços secretos, me explicou que todo o apoio aos talibãs, todas as violações das resoluções da ONU em benefício deles, toda a sua logística estava baseada nos Emirados Árabes. E comecei a investigar em Sharjah, o emirado vizinho, a vinte quilômetros de distância, sobre duas companhias de aviação, Air Cess e Flying Dolphin, que estavam envolvidas no caso e ali tinham sua base: uma fornecia, em peças desmontadas, os últimos aviões de combate de mulá Omar; a outra garantia o abastecimento de armas e, às vezes, em conluio com a Ariana, companhia nacional afegã, de "voluntários estrangeiros".

Finalmente, em 2000, na época de minhas reportagens sobre as guerras esquecidas e, em especial, sobre as guerras africanas, eu estava terminando meu relato angolano; tentava rastrear o abastecimento de mísseis e canhões da Unita; e então, para minha grande surpresa, tornei a dar com a mesma Air Cess e com seu diretor sulfuroso, o ex-oficial do KGB Victor Anatolievitch Bout, cujos aviões continuavam a garantir, através de toda a África em guerra e com destino, sobretudo, às zonas de Angola sob o controle de Jonas Savimbi, a mesma troca infernal de armas por diamantes.

Estou ali, portanto, naquela cidade que é uma das capitais mundiais do dinheiro sujo, um local de trânsito incontrolável para todos os tráficos do planeta — mas também, uma coisa provavelmente relacionada com a outra, a cidade mais aberta do mundo árabe-muçulmano, a mais maluca, de certa forma a mais livre. Conheço os limites, é claro, dessa liberdade; conheço o caso de Touria Tiouli, uma francesa atirada à prisão porque foi violada e teve a audácia, em outubro de 2002, de se queixar publicamente a esse respeito; mas como não confessar, ao mesmo tempo, que nunca revejo sem um certo prazer a loucura e o artifício de Dubai, seu aspecto lunar, seu jeito de Hong Kong do Oriente Médio ou de Las Vegas árabe, *kitsch* também, seus arranha-céus na orla marítima e seus restaurantes submarinos idiotas, os prédios de vidro e aço, as ilhas em forma de palmeira e o céu de um azul gelado que só cheguei a ver no México?

Trato de reativar as antigas conexões da época de minhas três reportagens.

Volto a entrar em contato com um funcionário do Ministério da Aviação Civil, que tinha me falado, na época, sobre velhos aviões Iliúchin cuja autorização para transportar carga e passageiros tinha expirado havia muito tempo, e que vinham, em algumas noites, nas zonas recuadas do aeroporto, recolher carregamentos misteriosos que escapavam ao controle da alfândega e da polícia.

Volto a encontrar um amigo, Sultan B., funcionário de um banco árabe, a pessoa ideal para me guiar no labirinto dos circuitos financeiros, nos quais a opacidade das contas *off shore* se acrescenta à da *hawala*, um sistema de compensações e transferências por ordem verbal, velho como o comércio, mas que, por definição, não deixa vestígios em grande escala.

E embora eu não consiga encontrar nada sobre Memon, embora, apesar do que me tinham dito em Karachi, o dono do local do suplício continue sendo, mais do que nunca, o homem invisível deste caso, faço algumas descobertas sobre o outro lado da história, a Al Qaeda e suas finanças — e uma dessas descobertas, a última, me permite retomar, de maneira totalmente inesperada, o fio da meada deste livro.

Primeira observação. O bloqueio das contas suspeitas, decidido nos dias seguintes ao 11 de setembro, sob pressão dos Estados Unidos, é, do ponto de vista de Dubai, uma espécie de grande piada. Lento demais. Anunciado demais. Com problemas demais (inclusive por causa da ortografia dos nomes árabes, das transcrições em inglês, e mesmo dos homônimos) para identificar os titulares.

— Imagine — diz Sultan — uma circular norte-americana dirigida a um banco inglês, com a seguinte instrução: "Bloqueie a conta de Mr. Miller, residente em Londres". Ou melhor, imagine a informação: "Mr. Miller ou Mr. Miler, talvez até Mr. Mailer, não sabemos muito bem". O que se pode fazer? Em Londres existem milhares de Mr. Mailer, e Mr. Miller, mais ainda. Como encontrar a pessoa certa? Foi exatamente a pergunta que fizemos aqui, quando o FBI nos mandou listas de Mr. Mohammed, ou Mohammad, ou Ahmed, ou Maulana — algo desse gênero...

"Some-se a isso", continua ele, "o problema dos pseudônimos, das organizações beneficentes muçulmanas que conseguem misturar habilmente o dinheiro do crime com o da caridade. Some-se a isso o desamparo dos próprios bancos ocidentais que, uma vez que não tinham motivos para desconfiar antes do 11 de setembro, acabaram se envolvendo de bom grado, sem saber, com aquele tráfico.

"Você sabia", pergunta ele, "que Mohammed Atta conservou até o final uma conta aberta aqui, no Emirado, na agência do City Bank? Você sabia que foi na sucursal do HSBC que Marwan al-Shehhi, piloto do segundo avião, abriu, em julho de 1999, a conta principal que foi operada até a véspera do atentado? O que acha do fato de que ele e os outros conseguiram abrir, com documentos de identidade muitas vezes falsos, até trinta e cinco contas diferentes — catorze delas somente no Sun Trust Bank — nos grandes bancos norte-americanos? Em suma, o balanço final é desastroso. As organizações terroristas tiveram todo o tempo do mundo para se reorganizar e proteger. Adivinhe quanto dinheiro restava nas contas do Harkat ul-Mujahidin, no dia da apreensão: quatro mil setecentas e quarenta e duas rúpias, ou seja, setenta dólares! Na conta do Jaish e-Mohammed, logo rebatizado como al-Furqan, sem que ninguém pensasse em bloquear também as contas da nova organização: novecentas rúpias, ou doze dólares! Nas contas da organização Al-Rashid Trust, depositária, não se esqueça, dos aviões dos talibãs, assim como do Lashkar e-Toiba: dois milhões e setecentas mil rúpias, ou quarenta mil dólares — coisa que também parece uma piada, tendo em vista o porte da Al-Rashid. Adivinhe a quantia apreendida na conta de Ayman Al-Zawahiri, o egípcio que era, como você sabe, um dos financiadores da Al Qaeda: duzentos e cinqüenta e dois dólares! A fortuna da Al Qaeda, seu tesouro de guerra, reduzida a duzentos e cinqüenta e dois dólares! O fim da picada!"

Segunda observação. Os recursos financeiros da Al Qaeda. O mundo inteiro continua agindo como se a Al Qaeda e Bin

Laden fossem a mesma coisa. O mundo inteiro, tanto o Ocidente quanto os países árabes, continua acreditando numa organização terrorista financiada com a fortuna pessoal do bilionário saudita e de sua família. E isso, evidentemente, tem relação com a propaganda do personagem. O clichê do filho de boa família imolando sua fortuna colossal no altar da vingança árabe contribuiu, com certeza, para a fabricação da lenda. Pois não havia melhor maneira de alimentar essa popularidade do que a imagem de Epinal — calcada em parte, aliás, em nossos bilionários comunistas de antigamente, financiadores românticos da revolução mundial, Hammer, Feltrinelli — filhos rebeldes e malditos, de um asceta, de um herdeiro que decide doar todos os seus bens aos deserdados da Terra e a Alá. O problema é que tudo isso é mentira. A Al Qaeda — dou-me conta disso em Dubai — não é mais, há muito tempo, uma microempresa familiar virtuosa que se basta a si mesma. É uma máfia. Um truste. Uma rede gigantesca de extorsão de fundos, espalhada por todo o planeta, da qual o próprio Osama Bin Laden tirava e tira benefício, em vez de abrir mão de sua fortuna. Isso vai do *racket*[1] banal ao imposto sobre o jogo, como a máfia de Macau. Do imposto sobre o comércio da droga, cobrado no Afeganistão, a mecanismos de fraude financeira sofisticados, quase impossíveis de detectar, pois não se baseiam no roubo, e sim na falsificação de cartões de crédito. São jovens economistas, do tipo Omar Sheikh, que se tornaram mestres na arte de vender aos ocidentais a corda para enforcá-los, ou seja, neste caso, a arte de usar as mesmas armas, e às vezes os mesmos vícios, contra o Ocidente e seus negócios.

— Você conhece o truque? — pergunta Sultan. — Consiste em vender uma ação que você não possui, mas que um banco lhe empresta mediante comissão e que você se

---

[1] Nos Estados Unidos, associação criminosa que organiza a extorsão de fundos por meio de chantagem, intimidação ou terror. (N. do T.)

obriga a comprar de volta, a preço de mercado, um pouco mais tarde, quando chegar o momento de restituí-la ao banco em questão. Suponhamos que o título vale cem, mas você tem boas razões para achar que ele valerá cinqüenta. Suponhamos que você saiba, por exemplo, que vai acontecer um atentado contra o World Trade Center, provocando a queda das bolsas. Pois bem, você toma o título emprestado e o vende imediatamente a preço de mercado, que ainda é cem. Quando acontece o atentado, que faz o valor do título desabar para cinqüenta, você recompra por cinqüenta aquilo que acabou de vender por cem e embolsa tranqüilamente a diferença. Essa técnica foi aperfeiçoada pelos bancos ingleses e norte-americanos. Mas nós, em Dubai, nos acostumamos depressa com ela. Conheço um banco que fez esse tipo de operação, aqui, entre 8 e 10 de setembro, sobre grandes lotes de ações da Dow Jones, para a conta de operadores ligados a Bin Laden. Sei o nome de um banco que, ao fazer o "*short*", como se diz no jargão, de oito mil títulos da United Airlines em 7 de setembro, e em seguida de mil e duzentos títulos da American Airlines na manhã do dia 10, permitiu o autofinanciamento do atentado contra as Torres norte-americanas.

Que banco é aquele? Ele não diz. Mas, no dia seguinte, entrega-me a tradução de uma entrevista de Bin Laden publicada em 28 de setembro no *Ummat*, um dos jornais em urdu de Karachi: "A Al Qaeda conta com muitos rapazes modernos e educados que conhecem as falhas do sistema financeiro ocidental (*who are aware of the cracks inside the Western financial system*) e que sabem a maneira de explorá-las. Essas falhas, essas debilidades, são como um nó corredio que sufoca o sistema". Não é preciso acrescentar mais nada.

Terceira observação. Ou melhor, testemunho. O de Brahim Momenzadeh, advogado saudita liberal que me recebe no último andar de um prédio de vidro e mármore negro, num escritório futurista, com vista para o mar, que me foi descrito como um especialista internacional em tramóias financeiras ocultas e sofisticadas.

— O islamismo é um negócio — explica ele com um grande sorriso, e ao mesmo tempo um ar de espanto. — Não digo isso por deformação profissional, nem por receber provas disso, aqui, neste escritório, dez vezes por dia, e sim porque é um fato. As pessoas se escondem por trás do islamismo. Elas o usam como um biombo, dizendo: '*Allah Akbar! Allah Akbar!*' Mas sabemos muito bem do que se trata. Sabemos dos acordos e das manobras por trás do pano e que, de uma maneira ou de outra, vêm parar em nossas mãos. Somos nós que fazemos os papéis. Somos nós que firmamos os contratos. E posso lhe dizer que a maioria dessas pessoas, na verdade, está pouco ligando para Alá. Elas adotam o islamismo porque é uma fonte, sobretudo no Paquistão, de poder e riqueza. São figurões, chefões, que fazem fortuna com suas associações beneficentes, mas que na verdade são empresas de fachada com sede em Dubai. Veja o caso dos jovens das *madrasas*. Eles vêem os chefões que vivem à farta. Vêem todos aqueles *maulanas* que circulam em carros com tração nas quatro rodas, casam-se com cinco mulheres e mandam seus filhos para as escolas de elite, muito melhores que as *madrasas*. Ouvem falar no assassino desse Pearl, Omar Sheikh. Quando ele sai das prisões indianas e volta para Lahore, o que os vizinhos constatam? Que ele está bem vestido. Que tem um Land Cruiser. Que se casou, e que a gente fina da cidade esteve em seu casamento. Eles chegam à conclusão de que o islamismo compensa, é um símbolo de sucesso, uma alavanca de promoção social. É uma boa maneira de obter a proteção dos serviços secretos e dos poderosos. Acredite, pouquíssimas pessoas no Paquistão se tornam muçulmanas por convicção ou fanatismo! Elas procuram apenas uma família, uma máfia, capaz de protegê-las contra as dificuldades da vida. E o islamismo é a melhor solução. É simples.

Será que é tão simples assim? E será que se pode deixar de lado, com tanta convicção, a ideologia e o fanatismo? Não sei. Mas registro aqui, de qualquer forma, o ponto de vista de um homem de negócios de Dubai sobre essa ideologia, esse fanatismo. É a outra face dessa loucura de nossa época, aos olhos da capital árabe do dinheiro. Jovens *socialites* do islamismo radical? "Meninos de ouro" do *jihad*?

Quarta observação. O dinheiro dos camicases. Conheci no Sri Lanka uma ex-terrorista arrependida do movimento Tigre, ou Liberation Tigers of Tamil Eelam (LTTE), treinada na ideologia do atentado suicida, que me descreveu os mecanismos intelectuais que atuam nesse tipo de aventura. Também conheci, em Ramallah, um pai palestino ligado ao Hezbollah, e portanto, faço questão de frisar, não representativo da mentalidade dos pais de família palestinos em geral, que me disse o quanto se alegrava com o fato de que um de seus filhos ia se sacrificar pelo *jihad* contra os judeus: "É uma honra", explicou ele, "mas é também uma chance para todos nós — o Alcorão não diz que uma família que dá um mártir para Alá recebe automaticamente sessenta lugares no Paraíso?" Ali, em Dubai, colhi informações mais precisas, mais detalhadas. Ali, sempre graças a Sultan e a seu conhecimento dos mecanismos complexos que ligam os dois sistemas bancários, tenho a impressão de descobrir o avesso econômico e financeiro da comédia do sacrifício.

O militante da Al Qaeda tem um preço, revela Sultan: entre duas mil e cinco mil rúpias (entre cinco mil e oito mil se for estrangeiro, o que significa, na prática, árabe). O atirador de granadas tem o seu: cento e cinqüenta rúpias por granada (com direito a um prêmio, se houver bom resultado). O atentado contra um oficial do exército indiano na Caxemira também tem um preço: entre dez mil e trinta mil rúpias (quantia que pode variar conforme a patente da vítima). Pois bem, o camicase, por sua vez, tem um preço que é decidido de antemão, numa verdadeira negociação entre ele, a organização e a família, e que permite garantir a esta última uma condição de vida quase decente: cinco mil rúpias, às vezes dez mil — mas por toda a vida, garantidas por contrato, e, quando o contrato é bem feito, indexadas pela inflação ou calculadas em moeda forte.

É o caso daquele pai de família afegão, refugiado na periferia de Dubai, que recebeu, depois da morte de dois de seus filhos, em Tora Bora, em novembro de 2001, a verba necessária para a abertura de um açougue. É o caso daquele iemenita afundado em dívidas, que se viu liberado de suas obrigações como por um passe de mágica, do dia para a noite, depois da partida de seu filho para um destino desconhecido, e assim pôde voltar para Sanaa. Aqueles escritórios, não exatamente bancos, mas um pouco mais do que agências de câmbio, nos quais os candidatos ao ataque suicida vêm preencher formulários de candidatura com a mesma naturalidade com que fariam um empréstimo imobiliário. Aquelas fundações — a Shuhda e-Islam Foundation, por exemplo, criada em 1995 pelo Jamaat e-Islami paquistanês — cuja razão de ser é cuidar do bem-estar das famílias dos assassinos, depois de seu "sacrifício". E por fim, horror absoluto: aquelas *madrasas* onde são educados, ou talvez seja preciso dizer treinados, com o pleno consentimento das famílias, os futuros pequenos camicases.

Planejamento do martírio num programa geral de assistência social para as famílias necessitadas? Papel do atentado suicida como veículo de ascensão social e seguro de vida?

Finalmente, esta última observação — a mais importante, pois é graças a ela que retomo, pelo ângulo mais imprevisto, o fio de minha investigação. Sultan me explica que, revistando os apartamentos, os esconderijos, os carros abandonados pelos seqüestradores do 11 de setembro, o FBI conseguiu, uma semana depois, rastrear algumas das transferências que possibilitaram o financiamento da operação: ao todo, e segundo avaliações unânimes, cerca de quinhentos mil dólares, talvez seiscentos mil — uma soma considerável, comparada aos vinte mil ou trinta mil dólares que tinha custado, oito anos antes, o primeiro ataque contra o World Trade Center. Mais precisamente, os investigadores se concentraram numa dessas transferências, talvez a primeira, pois data de agosto de 2000 e partiu de um grande banco dos Emirados Árabes em direção à primeira conta aberta, nos Estados Unidos, depois de sua estadia em Hamburgo, por Mohammed Atta: cem mil dólares, expedidos por um personagem misterioso que chegou a Dubai dois meses antes, proveniente do Qatar, com um passaporte saudita, e que — ainda segundo Sultan — dizia se chamar Mustafa Muhammad Ahmad. Mais precisamente ainda, os investigadores, seguindo a pista desses cem mil dólares e reconstituindo, por assim dizer, sua história, fizeram quatro descobertas:

1. Nos meses seguintes à sua abertura, a conta norte-americana de Mohammed Atta serviu como ponto de partida para uma série de pequenas transferências — dez mil dólares, às vezes menos — para uma dúzia de subcontas abertas, em sua maioria, no Sun Trust Bank, na Flórida, em nome dos cúmplices de Atta.

2. O dinheiro, uma vez depositado nas subcontas, é retirado em cédulas, em montantes de cem, duzentos ou trezentos dólares, nos caixas automáticos desses bancos — Abdulaziz Alomari, por exemplo, companheiro de Mohammed Atta no vôo American Airlines 11, foi filmado, na noite de 10 para 11 de setembro, algumas horas antes da operação, fazendo um saque no caixa automático de um banco de Portland, no Maine.

3. No dia seguinte, portanto em 11 de setembro, Atta,

além de Marwan al-Shehhi e Walid al-Shehri, dois seqüestradores do primeiro avião, aquele que decolou de Boston, devolvem para Mustafa Ahmad, autor da grande transferência inicial, um total de catorze mil e seiscentos dólares — o primeiro deposita quatro mil dólares, o segundo, cinco mil e quatrocentos, e o terceiro, cinco mil e duzentos — que correspondem às verbas da missão não utilizadas e escrupulosamente devolvidas, como em todos os bons serviços, ao agente principal da administração central.

4. Mustafa Ahmad, que não tinha arredado pé de Dubai, recebe esses saldos, transfere-os para a conta de um grande banco paquistanês e embarca no mesmo dia, ou seja, em 11 de setembro, sempre com o passaporte saudita, num vôo com destino a Karachi, onde faz seis saques em espécie, no dia 13, que lhe permitem esvaziar a conta, antes de desaparecer completamente.

5. Mustafa Ahmad, por fim, não se chamaria Mustafa Ahmad, mas Shaykh Saiid, ou ainda Said Scheik, ou ainda Omar Said Sheikh — meu Omar, em outras palavras; o autor do seqüestro de Pearl; o vilão desta história...

Inútil descrever o efeito que esse testemunho causou em mim. De início, não acreditei. De início, pensei: o ex-aluno da London School of Economics, o pequeno inglês rechonchudo e gentil, apaixonado por xadrez e por braço-de-ferro, apreciador das flores de Aitchinson, bom colega na Forest School, muçulmano moderado, que não se recusava a assistir às orações anglicanas na capela — ele, Omar Sheikh, estaria implicado no atentado de 11 de setembro... Impossível! Absurdo! Uma coisa espantosa demais, maluca demais, bela demais para ser verdadeira! Já não basta que "a Pantera", árbitro das partidas de braço-de-ferro, ou "a Força", amigo jamaicano de Omar, tivessem dificuldade para admitir que seu antigo parceiro estava implicado no assassinato de Daniel Pearl? Já não basta que

Saquib Qureshi e os outros colegas da London School não pudessem acreditar em seus olhos e ouvidos quando o viram aparecer na tevê, naquele papel de cortador de cabeças, logo ele, um bom camarada, um irmão! Que diriam eles, então, se ouvissem esta nova acusação? Que dirão eles quando lerem, se é que vão ler, que o gentil camarada, que se opôs junto com eles à presença dos fundamentalistas na "Semana da Bósnia" da escola, e cujo único sinal exterior de fé muçulmana era nunca chegar sem sua garrafa de leite, quando ia a um bar disputar um de seus torneios de braço-de-ferro, estava comandando, mais do que as alavancas de pilotagem, as finanças do maior atentado terrorista de todos os tempos?

Então, resolvi colocar a coisa em pratos limpos.

Fui procurar as autoridades dos Emirados Árabes: "O que o xeque Abdullah bin Zaid al-Nahayan, ministro da Informação dos Emirados Árabes, tem a dizer sobre isso? O que as autoridades financeiras e bancárias do país têm a dizer?"

Voltei a Nova Delhi para interrogar as pessoas que me confiaram os interrogatórios e diários íntimos do prisioneiro de 1994, e a quem fiz a pergunta: "O senhor acha que Omar poderia ter assumido essa função? Ele tinha capacidade, tinha peito para isso? E, principalmente, o senhor tem elementos para confirmar ou rejeitar a tese da identidade entre Ahmad e Omar?"

Por fim, fui a Washington nos dias 2, 3 e 4 de fevereiro de 2003, para consultar os arquivos de alguns grandes órgãos de comunicação (CNN, MBC, *The Washington Post, The New York Times*) e conversar com pessoas em cargos de chefia (Ann Korky, no Departamento de Estado; Bruce Schartz, no Ministério da Justiça, além de outros) que imaginei que estavam mais a par da questão do financiamento do atentado.

Dessa nova pesquisa, e sobretudo de minhas conversas em Washington, tirei impressões em meia-tinta que não me permitem chegar a uma conclusão — mas que são perturbadoras o suficiente para que eu as registre aqui sem tomar partido, em desordem, tal como foram surgindo.

1. O 11 de setembro, é preciso esclarecer desde já, teve outros financiamentos além daqueles operados por "Mustafa Ahmad" (que pode ser uma alcunha de Omar Sheikh). Houve outras transferências, inclusive em favor de Mohammed Atta, além daquela misteriosa transferência do verão de 2000. Um certo Mamoun Darkanzali, por exemplo, homem de negócios sírio, operou a partir de bancos alemães, e sua contribuição para o atentado — pelo menos duas transferências, em 8 e 9 de setembro — foi provavelmente superior.

2. Quanto à identidade de Mustafa Ahmad, quanto à questão de saber quem se esconde por trás desse personagem, existem, sem sombra de dúvida, outras hipóteses em circulação, além da hipótese maluca de que ele seria Omar Sheikh. A hipótese de John Riley e Tom Brune que, no *Newsday* de 3 de outubro, afirmam que Mustafa Ahmad era o pseudônimo de um certo Shaykh Saiid, que eles identificam como um dos "capitães financeiros" de Bin Laden (coisa que não contradiz, em princípio, a "hipótese Omar"), mas afirmam também que, na época do atentado contra a embaixada norte-americana na Tanzânia, Shaykh Saiid foi preso e solto logo depois pela polícia de Dar Es-Salaam (e isso não combina com a "hipótese Omar", pois estamos em 1998, isto é, na época em que Omar estava preso na Índia). A hipótese da Associated Press que, em 18 de dezembro, divulga uma espécie de comunicado onde se diz que Mustafa Ahmad se chama na verdade xeque Saiid, ou ainda Sa'd al-Sharif, ou ainda Mustafa Ahmad al-Hisawi, ou Al-Hawsawi, e que é um saudita de trinta e três anos, cunhado e ministro das Finanças de Bin Laden, a seu lado desde a época do Sudão (e do qual se sabe, aliás, que abriu uma conta em Dubai para outro dos terroristas, Fayez Rashid Ahmed, ou Hassan al-Qadi Bannihammad, que estará no segundo avião, United Airlines 175).

3. O problema é ainda mais complexo, pois existe *outra* transferência de cem mil dólares que teve relação com Omar, embora nada indique que estivesse ligada ao 11 de setembro. Estamos no início de agosto de 2001, portanto um ano depois da transferência para Mohammed Atta, e numa data em que o financiamento do atentado, com toda a probabilidade, já está disponível. O futuro assassino de Daniel Pearl escreve ao mafioso Aftab Ansari que gostaria de receber uma doação de cem mil dólares para uma "causa nobre". Escreve novamente no dia 19, para informar (*Times of India*, 14 de fevereiro de 2002) que "o dinheiro enviado foi repassado sem problemas". Repassado para quem? E que "causa nobre" é essa? Ninguém sabe. Nada permite afirmar, repito, que essa transferência tivesse relação com o ataque às Torres de Nova York. De modo que basta confundir as duas transferências, basta pensar na transferência de 2001 quando se fala na de 2000, e reportar a esta última o que se sabe sobre a primeira, basta admitir que não houve só uma, e sim duas transferências de cem mil dólares, e dizer: "Os cem mil dólares de Omar? Mas é claro! É a transferência de agosto de 2001, da qual nada leva a crer que tivesse relação com a Al Qaeda", para concluir que Ahmad é Ahmad (primeira transferência), que Omar é Omar (segunda transferência), e que Ahmad não é Omar (como queríamos demonstrar — mas será a verdade?). A armadilha, mais uma vez, dos homônimos. Só que, dessa vez, ela não se restringe aos nomes, pois agora existem também transferências heterônimas, qüiproquós financeiros, dólares que, como os Mr. Miller e seus xarás, podem ser confundidos com outros dólares. O dinheiro mascarado. O dinheiro enquanto máscara. No país das identidades traficadas, é o dinheiro que, como seria de esperar, oferece a máscara decisiva.

4. No entanto, descubro que a "hipótese Omar", segundo a qual Ahmad seria Omar, não é uma hipótese nova, pois

circulou publicamente e chegou a ser imprimida, a partir do dia seguinte ao atentado, em inúmeras ocasiões — só que Omar, na época, ainda não era Omar, e seu nome não significava nada para ninguém. É o caso daquela reportagem transmitida pela CNN, em 8 de outubro, dia do atentado contra a assembléia regional da Caxemira, na qual se diz claramente que "Omar Said" e "Mustafa Muhamad Ahmad" são "a mesma pessoa", e que essa pessoa "ainda estaria presa" sem "o seqüestro, em dezembro de 1999, do avião da Indian Airlines" que permitiu a sua libertação. Ou aquela outra reportagem, dois dias mais tarde, na mesma CNN, na qual a jornalista Maria Ressa descreve Mustafa Ahmad como um jovem paquistanês de vinte e oito anos, ex-aluno da London School of Economics que foi libertado da prisão na Índia, no final de 1999, graças a um seqüestro de avião cuja semelhança com os seqüestros do 11 de setembro salta aos olhos. Ou aquele artigo publicado em 13 de outubro no *The Hindu* de Nova Delhi, assinado por Praveen Swami, que menciona um comunicado dos serviços secretos alemães atribuindo "a transferência de cem mil dólares" a Ahmad Omar Sayed Sheikh, "sócio e parceiro" de Masud Azhar, líder do Jaish e-Mohammed. A informação será retomada ocasionalmente, até mesmo depois do assassinato de Danny. A *Time Magazine* e a *Associated Press*, por exemplo, ainda em 10 de fevereiro, levarão a sério essa idéia de que o assassino de Daniel Pearl teria contribuído para o financiamento do 11 de setembro. A hipótese é tremenda. Do ponto de vista europeu, parece totalmente incrível. Mas nem o Departamento de Estado, nem o Ministério da Justiça, nem as grandes empresas de comunicação de Washington ou Nova York parecem considerá-la inverossímil ou absurda.

5. Melhor ainda, encontro em dois jornais norte-americanos a informação sensacional que os indianos tinham-me dado sobre o envolvimento, no financiamento do atentado, do general Ahmad Mahmud, chefe dos serviços

secretos paquistaneses. Como vimos, segundo o *Times of India* de 9 de outubro e o *Daily Excelsior* do dia 10, foi "por sugestão do general Ahmad Mahmud" que o enigmático "Ahmad Umar Sheikh transferiu por via eletrônica ao seqüestrador Mohammed Atta" seus famosos cem mil dólares. Pois bem, o *Wall Street Journal* escreve, nesse mesmo 10 de outubro de 2001: "As autoridades norte-americanas confirmam o fato de que uma quantia de cem mil dólares foi transferida para Mohammed Atta por Ahmad Umar Sheikh, a pedido do general Ahmad Mahmud". E o *Washington Post* de 18 de maio de 2002 acrescenta: "Na manhã do 11 de setembro, Goss e Graham (respectivamente presidentes dos comitês de Informação da Câmara e do Senado) almoçaram com um certo general paquistanês, Mahmud Ahmad, que pouco tempo depois foi destituído da chefia dos serviços secretos no Paquistão, pois dirigia um organismo que mantinha relações com Osama Bin Laden e os talibãs". E, mais incrível ainda, encontro de repente, no *Dawn* de 9 de outubro, portanto até em Karachi, uma dessas matérias não-assinadas que conheço tão bem, e que passam pelas malhas da censura antes de serem desmentidas ou encobertas: "O general Mahmud Ahmad, diretor-geral da ISI, foi afastado depois que as investigações do FBI estabeleceram um elo provável entre ele e Omar Sheikh, um dos três militantes libertados depois do seqüestro do avião da Indian Airlines em 1999". E a seguir: "De acordo com fontes seguras, os serviços de informação norte-americanos têm provas de que Sheikh transferiu seus cem mil dólares para a conta de Mohammed Atta sob instigação do general Mahmud..." Em outras palavras, a hipótese não é mais que Omar teria financiado o 11 de setembro, mas que Omar estaria agindo sob as ordens da ISI. Omar não apenas estaria ligado à Al Qaeda por meio de sua operação terrorista mais espetacular, mas haveria também um conluio entre a Al

Qaeda e a ISI, trabalhando juntas para a destruição das Torres, graças à intermediação de um Omar que de repente ganha uma dimensão ainda maior. Para os serviços secretos indianos, a associação é um fato. Em Nova Delhi, vi os resultados da decodificação do *chip* telefônico do assassino de Pearl, mostrando que, no verão de 2000, ou seja, no momento da transferência, ele fez várias ligações ao general Mahmud Ahmad. O FBI prefere, evidentemente, uma linguagem mais diplomática, mas falei com pessoas em Washington que me confirmaram oficiosamente que o número do celular decodificado pelo RAW — 0300 94587772 — era realmente de Omar, que a lista das chamadas a partir desse celular era realmente a que me mostraram, e que, se fosse provado que Omar fez a transferência, seria difícil negar que ele a fez com o conhecimento do chefe da ISI.

6. Em outras palavras, duas questões distintas. Três, na verdade. E elas nos fazem mergulhar, mais do que nunca, no turbilhão de hipóteses e de verdades. A hipótese da ligação entre nosso Omar e o outro Ahmad, o da ISI, estabelecida pelos serviços secretos indianos, quase certa, e que na verdade não me surpreende nem um pouco — pois já demonstrei aqui que Omar era um homem dos serviços secretos paquistaneses, e portanto um agente de Ahmad. Em segundo lugar, a hipótese da ligação ou, mais exatamente, da identidade entre Omar e o primeiro Ahmad, aquele da transferência de setembro de 2000, que é provável, mas não certa, e que, caso confirmada, revelaria outro aspecto da personalidade de Omar — agente, nesse caso, tanto da ISI quanto da Al Qaeda. Em terceiro lugar, a questão inevitável da responsabilidade dos serviços secretos paquistaneses, ou de uma facção desses serviços, no ataque contra os Estados Unidos e na destruição das Torres. Suponhamos, com efeito, que a primeira hipótese seja verdadeira, assim como a segunda. Como não concluir, então, que o atentado de 11 de setembro foi

desejado e financiado — ao menos em parte — pelos espiões de um país oficialmente "amigo", membro da coalizão antiterrorista, que ofereceu aos Estados Unidos sua ajuda logística e suas fontes de informação? Evidentemente, essas três questões são o assunto principal de minhas conversas em Washington. Os norte-americanos confirmam a primeira hipótese: decodificação do celular e contato comprovado entre Omar e o chefe da ISI. Para a segunda hipótese, a resposta é mais ambígua. Segundo eles, existem dois documentos que permitem a identificação de Ahmad: os autos de instrução de Zakarias Mussaui, sobre os quais nada pude descobrir, e uma fita de vídeo de uma câmara de segurança, que mostra Mustafa Ahmad entrando, em 11 de setembro, às treze horas e quinze minutos, num banco de Dubai, onde saca o dinheiro devolvido por Atta, a partir de uma agência do Western Union, nos dias precedentes. Não vi esse vídeo, mas creio entender que ele confirma aquilo que a imprensa disse várias vezes, ou seja, que Ahmad e Omar seriam a mesma pessoa. E quanto à terceira questão, quanto à eventual responsabilidade paquistanesa no atentado de 11 de setembro, creio que ela continua sendo um grande tabu nos Estados Unidos de George Bush e Donald Rumsfeld. Com efeito, admitir que Ahmad é Omar, e que ele é autor da transferência, reconhecer, em outras palavras, a co-responsabilidade da ISI no ataque, equivaleria a contestar o alicerce de uma política estrangeira que, já naquela época, transformava o Iraque no inimigo número 1 e o Paquistão num país aliado. Para mim, resta o essencial. Resta o assassinato de Daniel Pearl, do qual tenho uma terceira razão para pensar (depois de Saud Memon, depois de Binori Town) que também poderia ter sido tramado pela Al Qaeda.

Complexidade alucinante de Omar.
Obscuridade de um personagem de fundo duplo, triplo.
A cada vez, chega-se ao fundo.

Mas no fundo desse novo fundo, sempre há mais um alçapão que se abre sob nossos pés.

Na parede da caverna, por trás da última tela, sempre há outra tela que nos leva para além, mais longe ainda, em uma nova espiral dessa vertigem do Mal.

A menos, é claro, que essa vertigem seja a do próprio investigador. A menos que ele, por sua vez, afunde nesse buraco, seja engolido nessa matriz, levado por esse tobogã — embriaguez de um mistério que acabaria por diluir a si próprio. Não sei.

4

# NO CORAÇÃO DAS TREVAS

Eu tinha todos os motivos para visitar Kandahar, no sul do Afeganistão.

Sei que foi lá que veio pousar o famoso avião da Indian Airlines, seqüestrado no final de 1999 pelos jihadistas paquistaneses do Harkat ul-Mujahidin, cujos cento e cinqüenta e cinco passageiros foram trocados pela libertação de Omar, Masud Azhar e Mushtaq Zargar.

Sei que Omar, uma vez livre, não voltou imediatamente para o Paquistão como seus dois companheiros, mas permaneceu alguns meses, fosse por causa de compromissos, fosse para render tributo àquele governo talibã cujos bons serviços e cuja complacência tinham facilitado as negociações com os terroristas, e portanto sua libertação, no país dos "estudantes de religião".

Sei também (por ter lido sobre isso, em Nova Delhi, em seu próprio diário de prisão) que, a partir de 1993-1994, quando Omar encerrou sua estadia na Bósnia e se preparava a luta de morte entre Massud e seus inimigos fundamentalistas, ele já tinha estado por duas vezes nos campos de treinamento: a primeira, perto de Miran Shah, nas zonas tribais paquistanesas; a segunda em Khalid bin Walid, em pleno território do Afeganistão.

E tudo isso me vem à mente quando, o mais discretamente possível, sem passar por Cabul e sem me apresentar à embaixada, cujo contato daria um tom inutilmente oficial àquela viagem e às pesquisas que eu queria fazer, aterrissei, naquele final do ano de 2002, no aeroporto da ex-capital dos talibãs.

Mas é claro que só tenho uma idéia na cabeça. Quero dizer, uma idéia fixa. Ainda Omar. Omar mais do que nunca. Encontrar a confirmação daquele elo entre Omar Sheikh e a organização de Bin Laden. Encontrar as provas que, se existirem, só podem existir ali, naquela cidade que foi a capital da Al Qaeda. Descobrir se Dubai foi um sonho. Saber se me deixei enredar no jogo das hipóteses infinitas, saber se estava realmente lidando com um desses personagens de muitos rostos, como Oswald[1], como outros, como tantos grandes espiões da mitológica Guerra Fria, que nunca acabam de se mostrar diferentes de si mesmos e que, quando se acredita que estão no centro de um enigma, se inscrevem num enigma ainda mais vasto, onde o primeiro se esclarece — ou se dissolve.

Passo meu primeiro dia procurando uma pensão onde se aceitam estrangeiros.

No dia seguinte, sem saber por onde começar, decido andar a esmo pela zona do aeroporto, hoje sob controle norte-americano, onde consigo encontrar um funcionário que estava lá dez anos antes, no momento do seqüestro, e que me confirma, em seus pontos principais, o relato de A. K. Doval, o homem dos serviços secretos indianos.

---

[1] Lee Harvey Oswald (1939-1963), principal suspeito do assassinato do presidente norte-americano John F. Kennedy, em Dallas, 1963. (N. do T.)

Volto, sem saber para onde ir, até a horrorosa mansão hollywoodiana, meio rosa-choque, meio verde-pistache, que o mulá Omar mandou construir e decorar especialmente para seu uso, no exterior da cidade: estuques e radares; torrezinhas *kitsch* e extravagantes; quartos de dormir rococós e sistemas de defesa antiaérea; afrescos gigantescos conjugando, no mais puro estilo *pompier*[1], cenas da vida futura num Afeganistão de sonho, coberto de barragens e estradas, com cenas mais bucólicas que mostram a vida no Paraíso.

Vou passear entre a mesquita de Aid, os locais em ruína do Ministério da Repressão ao Vício e da Promoção da Virtude, as lojas de música cada vez mais numerosas e o pequeno estádio, perto da Praça do Mercado, onde os talibãs, todos os domingos, organizavam concursos de luta, e onde não era raro ver chegar a Pajero de vidros foscos do líder supremo dos talibãs, que, quando estava de bom humor, trazia, como um Nero moderno, seus guarda-costas pessoais para disputar o jogo (segundo a lenda, às vezes ele vinha até mesmo a pé — ninguém conhecia seu rosto e ele podia permanecer ali sem ser reconhecido).

O problema é que não encontro nem sombra de um vestígio do outro Omar, o meu, a única pessoa que, na verdade, tem importância para mim.

Visito um chefe religioso cujas coordenadas me foram dadas em Londres, mas que me fala a respeito de outro Omar Sheikh, paquistanês também, mas homônimo.

Vou à *madrasa* Haqqania, da qual ouvi dizer que era um dos locais de passagem, naqueles anos, dos "irmãos" paquistaneses que vinham lutar no *jihad*, mas ali, mais uma vez, ninguém guarda a menor lembrança de Omar.

Encontro-me com Mohammed Mehran, intelectual que conheci durante minha missão afegã, um ano antes, uma das

---

[1] Literalmente, "bombeiro". Diz-se de um estilo de pintura enfático e convencional. (N. do T.)

pessoas que conhecem melhor esse universo dos campos de treinamento "árabes" e "paquistaneses", freqüentado durante alguns meses de 1993-1994 pelo jovem universitário, recém-formado na London School of Economics. E embora Mehran tenha um conhecimento inesgotável sobre a estrutura dos campos e o treinamento que ali se praticava, e apesar de eu ficar horas lhe fazendo perguntas sobre o funcionamento dos campos, o fato é que ele não sabe nada de novo sobre o caso particular de Omar Sheikh.

Por toda parte adivinho os sinais de sua passagem — mas em nenhum lugar consigo encontrá-los.

Sinto sua presença a cada passo — mas ela tem a consistência das sombras.

Sei que é ali, naquele emaranhado de ruas estreitas, que deve se esconder a outra chave de seu mistério e do tipo de ligação que ele mantinha com a Al Qaeda — mas nada me garante que, se eu encontrasse essa chave, seria capaz de reconhecê-la.

Numa palavra, a investigação empacou.

Pela segunda vez, como na Bósnia, passo pela experiência cruel da falta de vestígios e de testemunhas.

Três dias transcorrem assim.

Aproveito para ler, refletir, caminhar pelos bazares, escutar o canto do muezim que me parece (seria impressão?) mais agressivo do que das outras vezes, reler *Os amantes de Kandahar*[1] num fim de tarde, sentado no terraço de um café da Praça dos Mudjahidin, esperar, perder a paciência, esperar mais um pouco. E depois, conformado em esperar, aproveito a situação para tentar imaginar o que foi a vida de Omar, não exatamente ali, mas em Miran Shah, e depois em Khalid bin Walid, na época de sua primeira estadia, quando cumpriu seus dois estágios de treinamento — conformado em sonhar,

---

[1] Novela de Joseph-Arthur Gobineau (1816-1882), incluída na coletânea *Novelas asiáticas*, de 1876. (N. do T.)

medito pela última vez naquilo que continua sendo, a nossos olhos, o enigma mais desconcertante: a transformação do pequeno inglês em maníaco da guerra religiosa e do crime.

Nenhuma testemunha direta, é claro. Ninguém para me dizer: "Conheci Omar em Miran Shah e Khalid bin Walid, sei que tipo de homem ele era". Mas os relatos de Mohammed Mehran. Depois, as confidências ocasionais que ele fez a Peter Gee, a Rhys Partridge e aos outros reféns do período indiano, nos testemunhos que ouvi. E, por fim, meu conhecimento atual do personagem. Pois conhecer um personagem é isso... Ser capaz de imaginá-lo até nas situações sobre as quais não se sabe quase nada... E só agora tenho a sensação involuntária de que começo a conhecer Omar...

Geografia dos campos de treinamento de Khalid bin Walid e Miran Shah. Todos os campos se parecem, disse-me Mohammed. Seguem o mesmo modelo. Em um vale muito verde, a montanha deserta e coberta de neve ao redor. Hangares de chapa metálica ruim que brilham sob a luz. Tendas. Uma mesquita. Uma esplanada imensa onde as pessoas se reúnem para a oração e o exercício. A imagem exata, em outras palavras, daquele quadro ingênuo que vi na parede de meu quarto no Hotel Akbar. Mas o campo de Khalid bin Walid, o segundo dos campos de Omar, que Mohammed conhece melhor por tê-lo visitado um pouco antes que fosse desmantelado pelos norte-americanos, tinha uma particularidade. Outra esplanada, menor, aonde vinham regularmente os membros das famílias dos combatentes para trocar suas dores e alegrias, comungar no êxtase da morte e do sacrifício compartilhados, às vezes casar-se entre sobreviventes, constituindo assim uma espécie de comunidade santa dos parentes dos heróis — e aonde vinham também, como para um espetáculo, geralmente com seus filhos, para admirar os "*holy warriors*", os "guerreiros santos", que *encenavam* para eles a morte de seus parentes próximos, sua glória e seu sacrifício. Guerra e teatro. Crime e representação do crime. Uma atmosfera bucólica e austera. Verdejante e lúgubre. Comediantes e mártires. Allah Akbar. Omar está ali.

Vida cotidiana nos campos. Os dias. As noites. Tento imaginar as noites de Omar em Khalid bin Walid. O detalhe. Sempre o detalhe. Pois é no detalhe, como sempre, que tudo se passa e tudo se diz. Como dorme ele, por exemplo? Numa cama? Numa esteira? No chão? Na neve ou sobre pedregulhos? Sozinho? Com os outros? Resposta: numa esteira, diretamente no chão, embaixo de uma árvore, sob a chuva, sem travesseiro, é claro, sem lençóis nem cobertas, de meias quando faz frio, apertado contra os outros, como as sardinhas, para se aquecer. Terror e fraternidade. Fraternidade-terror. Calor fétido e delicioso, satisfação de uma comunidade finalmente encontrada. Para usar os conceitos de um escritor-filósofo[1] que aprecio muito: a experiência do hangar e da coletividade, o gosto úmido dos seres humanos, seu hálito fétido, a náusea — o devir autodidata, numa palavra, de um pária chamado Omar, que, longe de reclamar das pulgas e dos percevejos, do frio, da promiscuidade dos corpos, das respirações misturadas, da matéria humana malsã, encontra ali a felicidade mais autêntica e profunda. Se seu problema, como me disse Peter Gee, era realmente a falta de identidade, se seu sonho secreto era escapar da solidão dolorosa e cheia de culpa, então a solução era Khalid bin Walid. O inferno, e portanto o paraíso, de Khalid bin Walid.

Os dias em Khalid bin Walid. A comida, a bebida — isso pode parecer sem importância. Para Omar, não é. Omar e sua saúde frágil. Omar e seu corpo, sua fisiologia de europeu

---

[1] Trata-se de Jean-Paul Sartre (1905-1980), autor do romance *A náusea*, publicado em 1938. (N. do T.)

próspero. Omar, que, agora tenho certeza, não pôde entrar na Bósnia, pois a viagem o deixara cansado e, finalmente, doente. E Omar, que, vindo diretamente de Londres para o campo de Miran Shah, teve o mesmo tipo de problema. Porções de arroz malcozido. Carnes velhas, deterioradas, que todos comem juntos em pratos grandes, com os dedos. Óleo reutilizado centenas de vezes. Água ruim, estagnada. Leite azedo. Poucas frutas. Sujeira nas cozinhas. Sujeira por toda parte, a todo momento. O resultado, em Miran Shah: como na Bósnia, mas pior. Uma intoxicação que, dessa vez, o derruba. Febre. Delírio. Língua seca e inchada. O corpo banhado em suor. Fica de cama, se é que se pode falar em cama, enquanto os outros vão para o exercício. A caminho do *jihad* e da glória, Omar adoece depois de vinte e um dias (fim da primeira etapa de treinamento do jihadista) e é obrigado a voltar imediatamente para Lahore (para a casa de seu tio, Rauf Ahmed Sheikh, juiz na Corte Suprema de Lahore, ou para a casa de seu avô, não sei — um recuo para as bases, um homem fraco, pobre Omar).

O que faz Omar quando fica doente? Em Solin, na Croácia, não havia opção. Ele ficou de cama. Esperou. E a Caravana da Solidariedade, ao voltar de sua missão, o recolheu e o levou para Londres. Mas ali? Sei que Miran Shah não tinha médicos nem enfermeiras. Nem exames, nem medicamentos. E sei que aquele exército, o exército dos jihadistas, dos guerreiros santos, dos soldados de Deus, é o único exército do mundo que se lixa para a saúde, o estado físico e até mesmo a idade dos soldados. Não há limite de idade para o recrutamento. Não há exame médico. Tanto há velhos de oitenta anos quanto garotos, que podem ter dez anos, dez meses, dez dias — algumas mães levam seus recém-nascidos para o campo! Existe uma espécie de berçário, nos campos, para os bebês devotados ao *jihad*! Em suma, nenhum hospital em Miran Shah e tampouco em Khalid bin Walid. O hospital mais próximo é o de Muzzafarabad, a duzentos quilômetros de distância, para onde vão os feridos em combate. Bem ou mal de saúde, o combate é o mesmo. Ou vai, ou racha, é a única questão. Omar, em Miran Shah, não morreu por pouco, e teve que voltar para Lahore.

Emprego do tempo, em Miran Shah e Khalid bin Walid. Ritmo das noites e dos dias. A primeira coisa que chama a atenção de Omar, tenho certeza, é essa lentidão do tempo, sem cesuras nem eventos. Não bastam cinco orações para criar um ritmo, nem três refeições para organizar um dia. A primeira coisa que o perturba, e o modifica, é esse tempo estanque, quase imóvel, exangue como o das insônias, onde não acontece nada além da sucessão dos dias, das noites, das auroras, dos crepúsculos. Um tempo reduzido a isso? O tempo das grandes e belas escansões — as auroras, os crepúsculos — das quais, como todos os habitantes de Londres, ele tinha perdido a noção? Nem isso. Pois nos campos não se vê o nascer do sol. Não se vê o pôr-do-sol. Ou, quando se vê, não se presta atenção — é proibido perder tempo com isso, ocupação de europeus e cristãos, admiração de estetas e idólatras, calem-se! O primeiro mandamento do tempo jihadista: fazer de conta que nada acontece. O primeiro choque de Omar jihadista: esse tempo que não passa mais, essa passagem nua do tempo, esse tempo desprovido de acontecimentos, de pensamentos. Omar não lê mais. Não reflete mais. Preso na mecânica dos dias, na mesmice dos gestos coletivos e da sobrevivência, mal lhe sobra tempo para pensar. Não mais autodidata mas analfabeto. Embriaguez, não mais do grupo, e sim do vazio. O "devir iletrado" de Omar. Tornar-se um pobre de espírito. Amnésia. Lavagem cerebral?

Ainda sobre o emprego do tempo. Emprego concreto das horas. O mesmo que na maioria dos campos. É um costume, quase um ritual, que não muda de um campo para o outro. Primeira oração antes do amanhecer. Depois, recitação do Alcorão, em árabe. A seguir, palestra do emir ou de um ulemá de passagem sobre um ponto da doutrina, um dizer do Profeta, um pacote de suratas[1], uma página do *Kitabul Jihad*, o "Livro do *jihad*" de Abdullah bin Mubarik, estudioso do Alcorão que recolheu os ditos do Profeta sobre a guerra santa. Somente então — são oito horas — o café da manhã. Somente depois — são nove horas — o treinamento militar. Orações do meio-dia. Almoço. Repouso. Orações da tarde. Treinamento. Nova sessão de doutrina: as guerras de Maomé; a vida de seus companheiros; sua santa Face; o desenho de seu Rosto; por que só existe Um profeta; o horror dos *videogames*, das drogas, desses filmes de Stallone e outros que contaram tanto na conversão de Omar à violência, e que ele vê, agora, expostos ao desprezo. Trabalhos domésticos. Trabalhos coletivos. Oração do crepúsculo. Nova recitação do Alcorão. Nova palestra sobre o *jihad* (combate no caminho de Deus) e sobre o *qital* (arte de matar, seguindo o caminho de Alá), sobre os valores santos do islã (fraternidade, comunidade, *umma*), sobre o materialismo da vida moderna e a decadência moral do Ocidente (na Europa, filhos incapazes de amarem os pais, pais incapazes de amarem os filhos, irmãos que não se amam uns aos outros como se amam os irmãos em terras islâmicas — vejam os campos). Última oração. Dormir.

Faço as contas. Cinco orações. Quatro, ou cinco, lapsos de tempo consagrados ao doutrinamento religioso, ao Alcorão. E, a par disso, duas, talvez três sessões de treinamento propriamente

---

[1] Os capítulos do Alcorão são chamados de suratas. (N. do T.)

militar (em resumo: aprender a manejar a Kalachnikov, o RPG-7, as granadas, o fuzil, o lança-mísseis e, especialidade do Khalid bin Walid, as minas controladas por controle remoto). É isso o que se chama de campo de "treinamento"? É assim que funcionam os campos, tão temíveis, da Al Qaeda? A religião, em Khalid bin Walid, suplanta o treinamento militar? O minarete comanda o fuzil? O ulemá se sobrepõe ao emir? E, na expressão "guerreiros santos", "santos" contaria mais que "guerreiros"? Pois bem, sim. É isso. É o que pouca gente sabe, no Ocidente, quando se pensa nesses campos. Mas é a verdade. Os campos são um treinamento de vida, não só de combate. O jihadismo é uma rotina de vida, uma maneira de existir, tanto quanto uma disposição para a guerra. Essa é uma das coisas que aprendi nos vinte anos em que me interessei pelo Afeganistão, e é o que confirmaram minhas conversas com Mehran. Fazer o *jihad* não é tão importante quanto acreditar nele. O *jihad* é um dever religioso, mais até do que militar. Em outras palavras, a libertação da Caxemira e da Palestina são apenas pontos de partida, quase pretextos. E essa é também a primeira coisa que impressiona Omar, no momento de sua chegada. É sua chance, no fundo. É a carta que ele vai jogar. É a única explicação desse estranho título de "instrutor" que Omar ostenta na prisão de Tihar Jail, diante dos companheiros de detenção de Bangladesh e do Paquistão. Sempre me perguntei como um homem de saúde frágil, um citadino, podia fazer jus a esse título. Omar jamais teria sido "instrutor" no campo de Khalid bin Walid se a dimensão propriamente militar fosse mais importante que a religiosa.

Parêntese sobre as leituras do Alcorão em árabe. Ninguém fala árabe em Khalid bin Walid? É verdade. A língua do Paraíso não é o árabe, e sim o urdu, ou o punjabi, ou o *kashmiri*, línguas vernaculares dos iletrados que o campo produz em série. Existem outros campos — os do Lashkar e-Toiba — onde os combatentes, ex-alunos das escolas públicas paquistanesas, recebem um pouco de instrução, rudimentos de cálculo e leitura, noções elementares de inglês e árabe. Não é o caso daqueles dominados pelas organizações Deoband (na época, o Harkat; hoje, o Jaish e-Mohammed), cujos soldados saem das grandes *madrasas* de Peshawar e Karachi (Akora Khattak, Binori Town) — e, portanto, não é o caso de Khalid bin Walid. Mas isso não importa. O problema dos fundamentalistas nunca foi falar, e sim ouvir, compreender. Imagino aquelas dezenas de homens de todas as idades reunidos, antes do amanhecer, na grande esplanada diante dos hangares; imagino-os ouvindo em êxtase, repetindo, recitando, um texto do qual eles não entendem palavra. Omar? Evidentemente, ele fala árabe. Pelo menos, estudou o idioma. Não era a ordem que lhe dava o xá Sahab, na casa de Nova Delhi, quando estava cansado de tê-lo por perto: "Vá para o seu quarto, vá fazer sua lição de árabe"? E nos autos do interrogatório, sob a rubrica "Idiomas falados pelo réu", Omar não declarou: "Inglês, urdu, punjabi, francês e árabe"? Portanto, ele tem conhecimentos suficientes de árabe para acompanhar as leituras do Alcorão. Aposto até que essa é a única atividade intelectual que ele conservou. E suponho que ela tenha contribuído, também, para a sua ascendência sobre os outros, seus companheiros — suponho que, também por esse motivo, ele tenha "comandado" aquele povo de camponeses que só falava urdu, *kashmiri*.

Aliás, o que significa "instrutor"? Qual é a hierarquia de um campo de treinamento como o Khalid bin Walid? Qual é a hierarquia, de maneira geral, do exército do *jihad*? Qual é a estrutura de comando? Patentes? Que patentes? E qual era o *status* exato de Omar? Resposta: o emir. A única patente, no exército sagrado, é o emir. A única lei à qual todos se submetem é a do emir. Onde há um grupo, há um emir. Ao emir, e só a ele, cabem todos os poderes, sem contestação possível, sem discussão (a não ser aquela que ele mesmo decide propor para uma assembléia de sábios, a *jirga*, convocada por ele). Portanto, no *jihad* existem tantos emires quanto grupos. O único problema: o que é um grupo? A partir de quando e de quantos homens forma-se um grupo? Cem? Dez? Dois? Teoricamente, no Paquistão como no Afeganistão, um grupo é qualquer ajuntamento de mais de um homem — dois "guerreiros santos" já são um grupo. Na prática, parece que existe uma média — Mohammed Mehran, que estudou de perto o Ma'askar Abdullah bin Mubarik, em Mansehra, falou-me em oito professores e instrutores para cerca de cinqüenta "guerreiros santos". O que dizer, então, de Khalid bin Walid? Que tipo de emir foi Omar em Khalid bin Walid? Que nível de emirado, que grau? Quando se diz que ele foi "instrutor" em Khalid bin Walid, isso significa emir, não há dúvida. Mas pequeno ou grande? Comandava cem, dez ou dois combatentes? Comandava o campo inteiro ou apenas seu vizinho de esteira? Não sei.

Omar, um devoto? Piedade e preces de Omar? Para aqueles que o conhecem, seria uma surpresa e tanto. Para aqueles que se lembram da Forest School e da London School, para Frank Pittal, que recorda as boas conversas entre o judeu e o árabe, para Asad Khan, que, a caminho da Bósnia, se espantava de não vê-lo orar com mais freqüência, para seus companheiros de Nova Delhi ou para Rhys Partridge, que, depois do campo, vêem a arrogância com que ele se vale do *status* de "viajante", mencionado no Alcorão, para dispensar as orações, para todos aqueles que, numa palavra, sabem a posição modesta que a idéia de Deus sempre teve em sua vida (embora Peter Gee tenha dito: "Ele acredita na imortalidade da alma da mesma forma como um ovo é um ovo"), a idéia é quase inverossímil, e é difícil imaginá-lo num êxtase de devoção, à espera do Juízo Final. Mereço ou não o Paraíso? Noites passadas examinando a consciência, avaliando as ações boas e más? Não era seu gênero. E no entanto... Não havia escolha em Khalid bin Walid. Disciplina férrea em matéria de religião. Punições, castigos corporais para aqueles que, em Khalid bin Walid, não diziam suas orações na hora certa e, sobretudo, coletivamente. Então, Omar faz como todo mundo. Ele se conforma. Submete-se. Talvez uma crise religiosa. Talvez, pela primeira vez em sua vida, a sensação de pertencer a alguma coisa, e a obediência que ela implica. Talvez somente o cinismo e a certeza de que é assim que se toma o poder em Khalid bin Walid.

A memória. O passado. Como lida Omar com a memória? Como vive ali, no meio daqueles homens rústicos, com seu passado de ocidental? O conhecimento, a ciência aos quais ele teve acesso são um trunfo ou um pecado? Ele precisa se livrar deles, mas como? Cultivá-los em segredo, e por quê? Os soldados de Deus têm direito à memória ou precisam se desfazer dela, como os Khmers Vermelhos do Cambodja ou os Tigres Negros de Sri Lanka, matar o homem antigo dentro de si, curar-se da doença do passado? Sim, claro, o mesmo esquema dos Tigres e dos Khmers Vermelhos. Sim, claro, o passado é um pecado, a memória é uma desonra. Sim, teoricamente, supõe-se que o jihadista, depois de seu treinamento, é um homem puro, recém-nascido, imaculado. Proibição de se lembrar — perdão, Alá, pelo passado! Perdão pelo que aconteceu e pelo que ainda restou! Mas acredito que Omar era uma exceção e que, como todos os jihadistas de seu nível, fazia jogo duplo: ódio e amor pelo Ocidente; ocultar sua ciência e usá-la como arma; renegá-la, mas colocando-a a serviço de seu combate; adotar a idéia comum de um conhecimento que é fonte de todos os pecados, mas empregar esse conhecimento contra os cães que o inventaram. E depois, mais diabólico ainda — uma prova da sobrevivência, sob o hábito novo, do Omar que conheço e de seu cinismo —, a tentação de transformar esse conhecimento, diante dos jihadistas, seus irmãos, numa alavanca discreta de distinção e influência. Pelo menos, é assim que eu o vejo.

A mesma coisa vale, penso eu, para a ideologia camicase do jihadismo. Nem todos os jihadistas são camicases. O Alcorão, se o lermos com atenção — sobretudo as suratas que explicam que no Inferno a alma danada é obrigada a reviver, um número infinito de vezes, a cena de seus últimos instantes — proíbe o suicídio. Sobre isso não resta dúvida. E acredito que o "guerreiro santo", em suas missões mais impossíveis, tem o dever de preservar uma chance de sobrevivência, lutar até o fim contra o destino, fazer tudo para escapar à morte inevitável. Sei que o martírio só é válido quando foi, ao mesmo tempo, loucamente desejado e desesperadamente conjurado. Sei que, para agradar a Deus, não se deve, de forma alguma, tomar uma decisão que só pertence a Ele. Conheço o paradoxo do camicase que, no islã, contrariando todos os costumes, é literalmente obrigado a disfarçar o suicídio, transformando-o em morte natural e violência. Pouco importa. O fato é que esses homens sentem um desejo de vazio. Eles aspiram à morte, rezam e suplicam a Alá, dia após dia, para que Ele os leve à Sua presença. Onde foi que errei, reza o jihadista sobrevivente? Que crime cometi, meu Deus, para que demores em me receber? Miséria dos antigos jihadistas. Rosto sem idade e sem alma do jihadista de quarenta anos que sente que a morte, apesar de suas orações, o esqueceu. E Omar, então? Seu papel nesse teatro? Como imaginá-lo, o jovem e brilhante Omar, nesse papel de vítima e cenário de expiação? Pois bem, cinismo mais uma vez. Dois pesos e duas medidas. A fraseologia niilista, sem dúvida. Talvez também a bravata de alguém que, como no tempo do braço-de-ferro, acredita ser o melhor, isto é, naquela circunstância, um dos "*lucky ones*", um dos escolhidos que obtêm o direito — privilégio supremo para os jihadistas! reservado a um número muito restrito! Li num artigo sobre a Guerra da Caxemira que existem no Paquistão de quinhentos a seiscentos mil jihadistas, treinados para o *jihad*, entre os quais apenas alguns milhares de combatentes ativos! —, um dos eleitos, como eu dizia, que têm a honra e o direito de transpor a "linha de combate" e lutar. Mas, de resto, em Omar, um sólido instinto de sobrevivência.

Os companheiros de Omar? Ele não tem companheiros.

A sexualidade de Omar? Como a de todos os outros, naqueles campos de treinamento e naquele mundo. Como a de Mohammed Atta, que tinha aversão pelas mulheres a ponto de registrar em seu testamento que elas não deveriam se aproximar de seu túmulo, e sobretudo só poderiam tomar parte na limpeza de suas partes genitais usando luvas. Uma homossexualidade enrustida. Talvez ativa. Ou então, a abolição da sexualidade, o prazer é um pecado, o objetivo da relação sexual é a reprodução. Omar, naquela altura, a julgar por todos os testemunhos que ouvi em Londres, provavelmente nunca tinha feito sexo com uma mulher. Omar nunca tinha levado a sério um desejo, um projeto que envolvesse uma mulher. E, supondo que isso não tenha mudado, nem no campo, nem na casa de seu tio em Lahore, nem na prisão, é provável que ele fosse virgem, aos vinte e nove anos de idade, quando conheceu Sadia, sua mulher. Uma chave da psicologia de Omar? Uma explicação, parcial, de seu mistério? O assexualismo, e o desejo de pureza que ele implica, são fontes possíveis da moral e da religião do crime fundamentalista? A frustração e o desejo mórbido de absoluto são o parâmetro duplo de uma nova lei de Mariotte aplicada à política em condições extremas? Isso não tem nada a ver com aquilo. Mas eu me lembro, não posso evitar de me lembrar, daquele grande filósofo francês, virgem aos trinta anos de idade que... Não. Proibido falar sobre isso. De repente, parece blasfêmia. E Omar não merece essa comparação.

Imagens de Omar naqueles dias? Fotos? Só os campos de treinamento do Lashkar e-Toiba proíbem as fotos. Portanto, procurei. Perguntei. Deve haver fotos em algum lugar. Mas não pude encontrá-las.

A família de Omar? O pai amado, a mãe adorada que ficaram em Londres, e dos quais ele disse a Abdul Rauf, a primeira pessoa que, em Split, o convidou a se alistar: "Não quero fazer nada sem o consentimento deles... São eles que decidem tudo... Tenho que lhes pedir permissão para me tornar um guerreiro santo..." Acabaram-se os contatos com a família. O jihadista é um homem que se acredita no direito de nomear setenta e dois eleitos — o mesmo número de virgens que o esperam no Paraíso — para segui-lo em sua ascensão. Talvez Omar acredite nisso. Talvez, quando subir ao Paraíso, acredite em sua responsabilidade de jogar uma escada para Said, Qauissia, Awais.

Os jihadistas trocam de nome? Sim, claro. Nomes de guerra. Sumir de circulação. Tornar-se imperceptível, indetectável, apagar-se, camuflar-se. Mas também existem razões religiosas. Síndrome dos companheiros de Maomé. Mudar de nome como prova da conversão. Um novo nome é um renascimento. Um dos rituais iniciáticos que marcam o ingresso no *jihad*. Portanto, Omar muda de nome, assim como os outros, por dever religioso. Conheço todos os nomes de Omar. Conheço dezessete pseudônimos. Exceto aquele, tão pesado de carregar, importante, decisivo. Seu nome secreto?

*The making of a jihadist.*
Genealogia de um "guerreiro santo".
Escola de guerra santa e academia do crime.
É isso o que estou fazendo agora. Essas reconstruções e especulações sobre a fase mais obscura da vida de Omar. Converso com Mohammed pela enésima vez: você acha que Omar sabia atirar? O papel do homossexualismo nos campos? É possível que ele nunca tenha lutado? A correspondência? Os combatentes que quisessem podiam receber correspondência de sua família, seus amigos? Em outras palavras: estou dando o último retoque em meu retrato de Omar, multiplicando as pinceladas e os detalhes, mas sem que isso me permita avançar em minha preocupação central — sua ligação com a Al Qaeda. Fico repassando sua biografia, perdido em devaneios mórbidos, perguntas sem respostas, respostas irrisórias ou fúteis — quando, certa manhã, me ocorre a idéia pela qual eu deveria, na verdade, ter começado: Gul Aga Sherzai... o assustador e pitoresco governador de Kandahar... não seria mais fácil procurar Gul Aga Sherzai, velho conhecido da época de meu *Relatório* afegão, que desde então se tornou o chefe daquela cidade? Ele não é, ainda hoje, a melhor pista e, de qualquer forma, a única que resta?

Ponho-me a caminho do palácio.

Rezando para que ninguém tenha tido a péssima idéia de colocar diante dele as páginas pouco lisonjeiras que lhe dediquei, naquela época, em meu *Relatório*.

5

O FILHO PREDILETO DE BIN LADEN

Aparentemente, não.
Pois o governador só se lembra vagamente de nosso encontro.
Ele se lembra, parece, de nosso desfile automobilístico pelas ruas de sua linda cidade: "Mostre-me, senhor governador, se sua popularidade é tão grande como o senhor costuma dizer!", e ele, despeitado, mobiliza sua guarda pessoal, seus motociclistas de aparato, seu cortejo de BMW novos de vidros blindados crivados de bala, para nos levar, junto com Gilles Hertzog, sob o uivo das sirenes, num passeio por Kandahar... A cada parada, seus fuzileiros de capacete investiam contra a multidão amedrontada e, de chicote ou revólver em punho, convenciam um bando de crianças aterrorizadas a se aproximar para que o governador pudesse afagar seus cabelos...

Misturando tudo, confundindo essa demonstração de popularidade, esse banho de gente brutal e sinistro, com aqueles, provavelmente idênticos, que ele deve ter organizado três meses mais tarde, no dia do atentado que quase deixou o Afeganistão sem presidente e Kandahar sem governador, para seu "amigo" Ahmid Karzai, ele tira seu boné de general de opereta e, como se fizesse um truque de circo, rindo alto, quase gritando, enquanto seu ajudante-de-campo ri também, colocando-se estupidamente em posição de sentido, mostra-me sua orelha esquerda, esfolada, quase negra:

— Olhe só para isso! Gul Aga não tem uma sorte dos diabos? Ela passou bem perto, hein, a bala? O senhor se lembra, que sangue-frio!

Mas parece que, felizmente, ele não soube nada a respeito do retrato maldoso que tracei em meus artigos, depois de minha volta para a França: seu rosto flácido, seus olhos sem alma, sua voz nasal e constipada, seus lábios perpetuamente deformados por um ricto idiota, seu físico de General Alcazar apertado num uniforme novo demais, suas condecorações vermelhas demais, seus bigodes negros demais, seu boné alto demais e suas dragonas engomadas demais, aquela testa baixa que se quer resoluta, mas que era apenas a expressão de uma estupidez satisfeita, suas cóleras terríveis e absurdas, sua predileção pelos pistaches que engolia sem parar, mecanicamente, durante nossa entrevista, sua cupidez.

— Vim procurá-lo, senhor governador, porque estou escrevendo sobre um homem que esteve aqui no final dos anos 1980.

— Ah, os anos 1980... Estão longe, os anos 1980 — diz, pegando o punhado de pistaches que o ajudante-de-campo acabou de descascar para ele e enfiando-os, todos de uma vez, na boca.

— Sim, mas é importante... É um inimigo do Afeganistão... Lembre-se de nossa conversa, no ano passado, quando o senhor me dizia que os paquistaneses eram inimigos de seu país. Pois bem, esse homem é paquistanês...

— Sim, eu me lembro — resmunga ele com uma expressão de suspeita, e a seguir de cólera, mas só porque um pedaço de pistache ficou preso entre dois dentes. Ele fulmina o ajudante-de-campo.

— Estou convencido, senhor governador, de que esse homem, que hoje está preso no Paquistão, seguiu um treinamento militar aqui, no Afeganistão, e estou convencido de que ele ainda tem contatos, ainda tem colaboradores na região.

Agora, ele parece contente. Conseguiu extrair o pedaço de pistache e, portanto, sorri para mim. Resolvo interpretar aquele sorriso, por via das dúvidas, como um convite para prosseguir.

— O campo de treinamento se chama Khalid bin Walid.

— Eu me lembro... — repete ele. — Eu me lembro...

Mas agora ele deixou cair o tronco sobre a mesa. Semicerrou os olhos. A voz é rouca, um pouco pastosa. Tenho medo que adormeça. Mesmo os pistaches, agora só os pega num gesto frouxo, em pequenas porções.

— É importante, senhor governador. Muito importante. O governo francês atribui a maior importância a...

Milagre! As palavras "governo francês" tiveram o dom de acordá-lo, sabe-se lá por quê. Ele leva um susto. Coloca o boné em posição atravessada. E olha para mim, terrivelmente atento, como se estivesse me descobrindo.

— O dinheiro... — diz ele. — Espero que o senhor tenha o dinheiro!

Que dinheiro? Do que ele está falando? A pergunta fica sem resposta, pois, sem esperar nem uma coisa nem outra, ele se endireita, corrige a posição do boné, berra uma ordem ao ajudante-de-campo, que se coloca de novo em posição de sentido, pega-me pelo braço, leva-me até a escadaria do Palácio, onde um esquadrão de motociclistas já está esperando, pronto para partir. Ali, ele muda de idéia, berra uma nova ordem para sua comitiva transtornada, tropeça, fica muito vermelho, retoma meu braço, leva-me de novo, em trote rápido, até o escritório, onde se detém, estúpido, no meio do aposento, como se já não soubesse o que tinha vindo fazer, e onde se junta a nós um homem baixo e muito magro, olhos negros e brilhantes num corpo de inseto, que parece ser o único que tem coragem de encará-lo de frente.

— Amine é um dos responsáveis por nossa polícia — diz ele, recompondo-se, numa voz absurdamente sonora, como se lhe entregasse uma condecoração. — Faça suas perguntas. Todas as perguntas. Amine está aqui. Ele vai responder.

E deixa-se cair novamente na cadeira, agarrando os primeiros pistaches que seu ajudante-de-campo, ofegante, continua a descascar para ele.

Amine me pediu dois dias.
Não fez promessas. Disse-me:
— Tudo isso está longe, agora. O Afeganistão de hoje é um novo Afeganistão. Temos uma chance, no entanto. Os talibãs eram gente organizada, anotavam tudo.

Na manhã do segundo dia, um carro do governador, precedido por motociclistas uniformizados, pára diante de minha pensão e me leva para o outro lado da cidade, numa grande exibição de buzinas, luzes de alarme e botas lustrosas dos motociclistas de escolta, até um conjunto de prédios agrupados ao redor de um pátio, que não consigo entender muito bem se é um anexo do Palácio ou um dos centros da polícia de Kandahar.

Amine está ali, cercado por dois colaboradores, num refeitório onde foi servido um copioso café da manhã.

— Acho que encontramos alguma coisa — diz ele. — Said Sheikh Omar. Nascido em Londres, em 1973. Dupla nacionalidade até 1994. Abandona a nacionalidade paquistanesa em janeiro de 1994. É ele mesmo?

Ele faz deslizar sobre a mesa, em direção a mim, uma

velha foto em preto e branco, ou melhor, o xerox de uma foto, na qual, apesar da extrema juventude, apesar do turbante semelhante ao dos funcionários do Ministério da Repressão ao Vício e da Promoção da Virtude, apesar do traço de maquiagem negra sob os olhos, para lhe dar, suponho, um ar mais duro e marcial, reconheço imediatamente meu personagem.

— Nesse caso... — retoma ele — nesse caso, temos algumas coisas. Beba logo seu chá, e venha.

Subimos, Amine, seus colaboradores e eu, num Toyota novo que, segundo ele me diz, foi um presente do major Fox e das forças especiais norte-americanas. E seguimos caminho, sempre com os motociclistas e suas botas, em direção a Wazir Akbar Khan, o bairro residencial da cidade, perto do antigo Consulado do Paquistão — uma casa isolada, de dois andares, modesta e claramente vazia, mas vigiada por soldados armados, como se fosse o túmulo de um morabito ou o relicário do manto do Profeta.

Ali, dispostos em prateleiras como peças de museu, vejo um manual de pilotagem embrulhado em papel-jornal; exemplares do Alcorão; passaportes paquistaneses; fitas de vídeo; pacotes de documentos mimeografados, como panfletos, em árabe e em urdu; fotos de combatentes tchetchenes; um brevê de piloto, ainda pendurado na parede; um livro sobre o Antrax; um mapa das bases norte-americanas na Arábia Saudita e no Golfo Pérsico. Estamos, explica Amine, numa das casas da Al Qaeda descobertas em novembro de 2001, e das quais ninguém conseguiu confirmar se eram minas de informações ou fraudes — já que os verdadeiros segredos da Al Qaeda, o essencial de seus arquivos, os nomes dos subordinados de Bin Laden instalados nos Estados Unidos já tinham sido transferidos para Islamabad. Mas aquela casa foi também, um pouco antes, em janeiro de 2000, depois que Omar foi trocado pelos cento e cinqüenta e cinco passageiros do vôo da Indian Airlines, um dos locais de residência de combatentes estrangeiros e talvez de Omar, que com certeza — tenho confirmação disso — esteve por três vezes no Afeganistão.

A primeira estadia foi em 1994. Provavelmente em março. Talvez em abril. Alguns meses antes, Omar estivera pela primeira vez nas zonas tribais paquistanesas, perto de Miran Shah, num campo que se chamava — o nome que eu estava procurando — Salam Fassi Camp (esse campo, ao contrário do que me disse Mehran, ainda existe, pois Abu Zubaydah, ajudante de Bin Laden, parece ter passado por ali em janeiro de 2002, quando fugia de Tora Bora e se dirigia a Faisalabad). Depois, Omar parte para sua verdadeira estadia no Afeganistão, no campo de Khalid bin Walid, em Zhavar, que os bombardeios norte-americanos, primeiro em 1997, depois em 2001, destruíram completamente.

Instrutor, mesmo? Sim, instrutor.

Capaz de comandar, por sua vez, uma *istakbalia*? Sim, sem dúvida.

Além disso — outro detalhe de que eu suspeitava, e que é confirmado pelo policial —, o campo de Khalid bin Walid tinha a característica de ser orientado para a formação "intelectual" dos combatentes. Claro, o manejo das Kalachnikov e dos Seminov. Claro, as técnicas de combate aproximado. Claro, a arte de degolar conforme as regras e a arte das explosões à distância. Mas também a arte da camuflagem e do disfarce. Da desinformação e da informação. Da inteligência e da contra-inteligência. E depois, mais especificamente ainda, uma seção orientada para a infiltração em território "infiel" de militantes e, eventualmente, de camicases — vida no Ocidente, como se alimentar e se vestir, como se deslocar, como escapar da vigilância da polícia, como continuar sendo um bom muçulmano, como rezar sem despertar suspeitas — questões para as quais Omar, tendo em vista sua biografia, podia dar respostas mais precisas e mais valiosas que qualquer outro combatente.

Em suma: ele fica ali, dessa vez sem problemas de saúde, durante quarenta dias, treinando cerca de trinta jovens recrutas paquistaneses na arte do *jihad*. O estudante de estatística, o jogador de xadrez, o homem que, em Londres, dizia jogar como Júlio César comandando suas batalhas, tinha declarado guerra sem perdão a seu mundo antigo. E foi ali que, entre parênteses, e sempre segundo Amine, ele conhece a pessoa que vai ter importância decisiva em toda a sua vida depois disso: seu mentor, seu anjo negro, o homem que vai mandá-lo para a Índia com a missão de organizar seqüestros de turistas e que, por ironia do destino, também é preso pouco tempo depois, fazendo que Omar organize seu primeiro seqüestro para libertá-lo: Masud Azhar, é claro, que inspecionava os campos da região e reparou imediatamente, com o faro de chefe mafioso de todos esses dignitários jihadistas, no jovem recruta fora do comum e de futuro promissor.

Em janeiro de 2000, depois do seqüestro de avião e da libertação de Omar, segunda estadia.

Omar se tornou uma estrela. Sua importância é tão grande que um dos grupos islamitas paquistaneses mais ativos, apoiado pelos serviços secretos, montou uma operação pesada, custosa, perigosa em nível internacional e espetacular do ponto de vista dos meios de comunicação, para libertá-lo. Pois os seqüestradores do avião, ninguém se esquece disso em Kandahar, começaram anunciando todo tipo de reivindicações. Queriam a libertação de várias dezenas de "companheiros presos". Anunciavam que só cederiam com um resgate de no mínimo "duzentos milhões de dólares". No entanto, ao longo da semana, renunciaram a todas as suas exigências, a não ser uma — a libertação de Omar, Masud Azhar e Mushtaq Zargar: que privilégio! que glória! e, para o jihadista desconhecido, que prova de importância!

Assim que chega, ele é recebido pelo próprio mulá Omar, que o apresenta, com toda a naturalidade, aos outros estrangeiros que estão na cidade. Por meio deles, Omar conhece Bin Laden. Conversam sobre a Caxemira. O paquistanês descreve ao saudita a luta heróica do povo da Caxemira contra a ocupação indiana, e lhe pede seu apoio. Explica-lhe também sua opinião, ele, ex-aluno da London School of Economics, sobre a proibição da *riba* mencionada no Alcorão, ou seja, a "prosperidade", os investimentos, a especulação, os novos mecanismos do capitalismo financeiro: "Não é tão simples", argumenta ele... "Existem outras leituras, igualmente ortodoxas, da surata 2, versículo 275... É possível ser um bom muçulmano e combater os infiéis com os métodos dos infiéis..." O saudita o observa. Sente-se impressionado, com certeza, por aquela rara mistura de fé e cultura, fanatismo e competência. E percebe a utilidade que pode existir num jihadista fervoroso que ao mesmo tempo é *expert* em finanças, perito em informática e internet, além de conhecer bem o mundo ocidental e seus mecanismos.

Imagino que Bin Laden desconfie também. Amine não diz isso — mas imagino, sim, que um homem como ele não iria acolher, sem um mínimo de precauções, um rapaz que esteve seis anos nas prisões indianas e que poderia perfeitamente ter sido aliciado, tornando-se um agente inimigo. Então, seu caso é investigado. Omar é testado discretamente. Ele fala árabe e se esforça para esconder esse fato? Fala hindu? Persa? Costuma dar telefonemas suspeitos? Costuma exagerar — um erro clássico — seu ódio oficial contra os Estados Unidos e a Inglaterra? Não seria, na verdade, uma espécie de Ali Mohammed, o jovem egípcio que, nos anos 1990, se infiltrou nas organizações terroristas árabes a soldo da CIA? Mas os testes devem ter sido conclusivos, pois parece que o britânico foi adotado pelo saudita.

Segundo algumas pessoas, explica Amine, Omar entra para o Majlis al-Shura, que é o conselho político da Al

Qaeda. Segundo outras, ele é encarregado das ligações com os grandes aliados fora do Afeganistão — o Hezbollah iraniano, a Frente Nacional Islâmica sudanesa. O que Amine sabe com certeza, e os serviços secretos indianos confirmam, é que Omar recebe encargos extremamente precisos com relação à logística da organização.

É ele, por exemplo, quem concebe, publica *on-line* e protege de ataques os *sites* da Al Qaeda.

É ele quem põe para funcionar o sistema de comunicação protegido que faz que uma seita obscura, fechada em si mesma, arcaica, consiga se abrir para o mundo, captar as vozes amigas e inimigas, tecer sua trama, fazer circular seus *fatwahs* e suas mensagens cifradas.

Por fim, Omar é um daqueles que, dezoito meses antes do 11 de setembro, na época em que a organização começa a planejar as operações que lhe darão uma dimensão definitivamente planetária, administram suas finanças e contribuem para dotá-la com os recursos de suas ambições. Ele negocia, junto com outras pessoas, a compra dos terrenos onde funcionam os campos de treinamento de Khalden, Derunta, Khost, Siddiqui e Jihad Wal. Organiza um sistema sofisticado que reforça o controle da Al Qaeda sobre o tráfico de ópio afegão. Ele assume a ligação com as ONGs sauditas, como a Islamic Relief Agency, cujo escritório de Dublin é, depois dos ataques de 1998 contra as embaixadas norte-americanas na Tanzânia e no Sudão, um dos grandes provedores financeiros de Bin Laden. Por fim, ele instala na casa de Kandahar um terminal de computador que funciona como um mercado de ações em miniatura, graças a uma conexão permanente com todas as Bolsas do mundo: Londres, Tóquio, Nova York, Frankfurt... Será que ele já praticava a compra de *shorts*? As técnicas de especulação na baixa que vão permitir, dali a seis meses, faturar sobre os efeitos do 11 de setembro? Todo o seu *know-how* de jovem especulador brilhante a serviço da organização que prepara a guerra total contra o sistema capitalista norte-americano!

— Estamos no inverno de 2000 — conclui Amine. — Talvez na primavera. Bin Laden, como o senhor sabe, perdeu Mamduh Mahmud Salim, seu ministro das Finanças preferido, morto em 1998. Pois bem, parece que foi ele, Omar Sheikh, quem assumiu o cargo. Ou melhor, esse recrutamento poderia ter acontecido ainda antes — se imaginarmos a hipótese de que a organização contactou Omar em seus anos de prisão em Nova Delhi, e portanto estava por trás do seqüestro de avião que permitiu sua libertação. O quê? O Harkat? O senhor diz que o Harkat assumiu publicamente o seqüestro? Sim. Mas não é uma contradição. O Harkat faz parte da Al Qaeda... A ISI? O senhor pergunta se a ISI também estava metida na operação? Bem, não sei. É um assunto mais delicado. O senhor compreende, prefiro não fazer comentários...

Amine não disse mais nada. Mas percebi imediatamente, ao ouvi-lo, as perspectivas abertas por essa hipótese — a configuração que acabava de se apresentar, confirmando aquilo que descobri em Dubai e mais ainda: Omar libertado pela Al Qaeda e pela ISI; Omar agente, desde o início, da Al Qaeda e da ISI; Omar como um elo precoce entre *as duas* organizações.

2001, por fim. Setembro de 2001. Omar voltou para o Paquistão. Há dezoito meses ele leva uma vida de nababo em Lahore, fazendo, de vez em quando, grandes e nobres discursos sobre a miséria que ele encontra nas ruas, os mendigos que reviram as latas de lixo e lhe partem o coração, o egoísmo de seus pares, sua alma de pedra. Goza de um prestígio crescente baseado em suas experiências na Bósnia e na Caxemira, seus anos de prisão na Índia e, agora, sua estadia no Afeganistão. Revê seus antigos colegas. Faz visitas curtas a seus antigos professores do Aitchinson College, que também o encaram como uma celebridade, quase um herói — "Puxa vida... aquela cicatriz... aquele braço ligeiramente atrofiado... Então é verdade que os malditos indianos atiraram nele no dia em que eles libertaram os reféns... Pobre Omar! O bravo Sheikh!" Longe de dissimular seus contatos com os talibãs e os homens da Al Qaeda, ele se vangloria, faz alarde. Vítima de sua velha tendência à mitomania, chega a inventar fábulas absurdas. Para alguns, conta que quase matou com suas próprias mãos, durante a Batalha de Taloqan, o renegado Massud, traidor do islã, maldito seja. Para outros, conta que presenciou a cena famosa (ocorrida, na verdade, vinte anos antes!) em que o mulá Omar, no calor de outra batalha, arranca seu próprio olho ferido. Sei que isso contribuiu para a frieza que se instala entre ele e Masud Azhar. Sem dúvida, Omar sente que chegou a hora de se emancipar de seu mentor e construir sua própria lenda. E Masud Azhar não agüenta mais aquele jovem discípulo, enchendo sua paciência e a paciência dos membros do Jaish com o relato de feitos imaginários e suas torturas nas mãos da polícia indiana. "Tive que beber meu mijo... comer minha merda... uma coisa que faz a gente perder a vontade de se alimentar, até o fim de seus dias."

Acontece o ataque contra o World Trade Center. Os norte-americanos anunciam represálias contra o Afeganistão. Omar se inflama de novo: "São meus irmãos. A maior potência do mundo ameaça atacar meus irmãos. Meu lugar é ali, ao lado deles. Tenho que partir". Diz ainda: "O Alcorão ensina que todo homem vem à Terra para cumprir uma missão. Algumas missões são humildes, outras são grandes. A minha é servir no grande exército de Alá". E ele volta, na primeira semana de outubro, para a casa dos estrangeiros, em Kandahar, onde se prepara a guerra santa.

É visto novamente em companhia do mulá Omar.

É recebido mais uma vez por Bin Laden, que o encarrega

de novas missões financeiras (contato, sobretudo, com uma oficina de falsificação de dinheiro instalada em Muzzafarabad, na "Caxemira ocupada", que ele conhece melhor do que ninguém e onde conservou bases sólidas) e ao qual ele oferece livros comprados na Mr. Books (uma antologia em quatro volumes, editada em Beirute, *Estratégia das conquistas árabes*; um livro sobre a "Guerra da Palestina", de Rifaat Sayed Ahmed, publicado por uma editora do Cairo; e manuais de economia).

Entra em contato com Tajmin Jawad, chefe do serviço de informação de mulá Omar, que articula, desde o início de novembro, a relação com Bin Laden, e além disso é ligado à ISI.

Encontra-se com Mulla Akhtar Usmani, comandante das forças armadas talibãs naquela região, que o encarrega do treinamento acelerado de um grupo de jovens recrutas que acabam de chegar do Paquistão.

Encontra-se com Qari Saifullah Akhtar, líder do Harkat al-Jahad al-Islami, um dos conselheiros do mulá Omar que em breve acompanhará o chefe em sua fuga, mas que não vê com bons olhos aquele sujeito estranho, culto, tão diferente dos valentões que lutam em suas tropas.

Circula num Toyota. Tem sua guarda pessoal. Vive cercado de celulares, computadores e outros aparelhos eletrônicos.

— Sabe como Bin Laden o chama agora? — pergunta Amine. — *My favored son*. Ou *my special son*. Ele se tornou, em pouco tempo, um dos personagens mais respeitados da pequena sociedade de estrangeiros de Kandahar, o filho espiritual do chefe. E sabe disso.

De modo que em outubro, quando começa a ofensiva norte-americana, ele está ali, na primeira fila, ao lado de alguns milhares de combatentes que acorreram de toda a região, principalmente do Paquistão. Parece que ele não toma parte nos combates. Mas está ali. Compartilha o destino de seus "irmãos afegãos". E é um daqueles que negociam, em alguns focos de resistência, e sobretudo diante do batalhão de *mudjahidin* comandado por Hamid Karzai, futuro presidente do Afeganistão, a rendição das forças talibãs.

Não sei como ele sai do Afeganistão.

O fato de que ele reaparece em Lahore, no início de dezembro, pronto para o seqüestro de Daniel Pearl, prova que sua saída do país deve ter sido fácil, e que ele não fazia parte daquela infantaria de soldados que tiveram de atravessar o Usbequistão, o Tadjiquistão, passar às vezes pela Tchetchênia, antes de voltar, encurralados pelas forças especiais norte-americanas, para esconder-se no Waziristão e no Buner, as zonas tribais paquistanesas.

O fato de que sua aventura termina tão depressa e tão bem, o fato de que ele escapa daquele "arrastão", daquele dilúvio de fogo seguido de fuga, que foi o destino da maioria dos combatentes presos, assim como ele, na ratoeira de Kandahar, as cumplicidades que tudo isso implica, o sistema de favorecimento mobilizado para que ele se encontre, da noite para o dia, como por um passe de mágica, em seu jardim de Lahore, tudo isso prova — e todos sabiam — seu *status* muito especial no exército paquistanês, no governo do Paquistão e em seus serviços de segurança.

Mas o que não se sabia era seu *status* na Al Qaeda.

O que eu não podia imaginar, mesmo depois de Dubai e da descoberta de sua participação possível no financiamento do 11 de setembro, é a posição que ele ocupava no séquito de seu chefe.

Não preciso procurar Gul Aga de novo. Já estou cheio.

O assassino de Daniel Pearl não é apenas ligado à seita. Não é um dos muitos muçulmanos do mundo que simpatizam vagamente com ela. É o "filho predileto" do chefe. É um homem que tem responsabilidades na célula de comando da Al Qaeda. É um personagem capital nesse torneio de braço-de-ferro que os novos bárbaros começam a travar com as democracias. E é assim que o caso Pearl assume sua dimensão plena.

6

MAUS PRESSÁGIOS PARA O INVESTIGADOR

Novo retorno a Karachi, depois de Dubai e Kandahar.
Esse frescor de início de tempestade, salgado e cortante, que sempre me lembra a presença do mar.
O sopro da cidade, sob minhas janelas, gritos de crianças, queixas e alegrias misturadas, bem perto do Village Garden — é estranho que meus passos, como um ímã, sempre me tragam de volta àquele lugar.
Amanhã é Natal.
Amanhã o assassinato de Daniel Pearl estará completando trezentos e vinte e oito dias.
E sinto, pela primeira vez desde o início da investigação, que o clima se torna pesado.

Na outra manhã, foi meu editor Grasset quem telefonou, informando que a embaixada do Paquistão em Paris tinha encomendado um exemplar das *Índias vermelhas*, meu primeiro livro, publicado no início dos anos

1970 pela Maspero, e reeditado depois pela Livre de Poche.
— E então? O que o senhor respondeu?
— Nada. Estávamos esperando sua aprovação.
— A resposta é não, claro. Tente adiar. Diga que o livro está esgotado. Fale com o distribuidor para que esconda o estoque, caso eles tentem passar diretamente pela livraria. Enquanto eu estiver no Paquistão, é melhor que eles não tenham esse livro.

Sinto que, do outro lado da linha, ele se pergunta se eu não me tornei um paranóico. Mas sei que este país é maluco e vive sob o olhar dos serviços secretos, estes, sim, muito mais paranóicos do que eu.

Ser judeu já não é uma grande vantagem.

Interessar-se por Daniel Pearl não pode ser um ponto positivo.

Mas se todos soubessem que, além de tudo, embora em minha juventude longínqua, escrevi um livro que qualquer um, em cinco minutos de leitura, percebe ser contrário à política paquistanesa daquela época, isso iria complicar as coisas. Assim, desde o primeiro dia, fiz tudo para evitá-lo.

Mas a informação era aquela.

A embaixada não tinha ligado por acaso.

Existem pessoas que, em Karachi e em Islamabad, acabam fazendo perguntas e procuram esclarecimentos.

Ikram Seghal, por exemplo, amigo de Danny, proprietário de uma grande companhia de seguros do país, recebeu-me há alguns dias, dizendo que sua mãe é de Bangladesh e que ele tinha prazer em apertar a mão de um francês que, em sua juventude, conheceu aquele país magnífico...

Aquele outro sujeito, na véspera, por ocasião de um jantar na casa de um magistrado: a atitude, no momento de se levantar da mesa, de se inclinar de repente sobre mim e insinuar em meu ouvido:

— É um prazer conhecê-lo. Disseram-me que o senhor combateu em Bangladesh, em sua juventude...

Assim como Seghal, era um sujeito simpático.

Um industrial de Lahore pró-ocidental, de opiniões liberais.

Mas, neste país, como saber quem é quem?

Como ter certeza de que as pessoas não estão fazendo jogo duplo, ou jogo triplo?

Inesperadamente, os rostos mais amistosos se tornam suspeitos... Aquele jornalista em quem se confia, mas nos meandros de uma conversa se descobre que é casado com a filha de um general... Aquele outro homem que, durante um jantar, dava uma de espirituoso, perorava, explicava sem papas na língua que Mohammed Ali Jinnah, fundador do Paquistão, se casara em segundas núpcias com uma não-muçulmana:

— Então nossos amigos não precisariam nos amolar tanto com seu zelo islamita, não é mesmo?

Aquele outro hóspede, bem-intencionado e zeloso, que fez questão de perguntar se eu tinha codificado os arquivos de meu computador e evitava deixar anotações comprometedoras no cesto de papéis:

— Um exemplo — insistiu ele, no tom de um novo amigo que inicia o interlocutor nos mistérios de um país perigoso... — Nunca escreva "serviços secretos" em seus papéis pessoais... Escreva "os malvados", ou "Islamabad", ou "os vermes"; qualquer coisa, mas nunca "serviços secretos".

Um liberal, portanto, que ouço com toda a confiança. No entanto, Abdul me revela, no dia seguinte, que se trata de um alto funcionário dos serviços secretos!

Seria preciso ser um tira para encontrar o caminho certo nesse labirinto.

Seria preciso ser semiólogo, ou hermeneuta, num país em que tudo é sinal, tudo é indício.

E a verdade, por enquanto, é que acabo de receber uma mensagem clara: meu relatório sobre Bangladesh, que eu pensava estar enterrado no subsolo da memória dos serviços secretos, acaba de voltar à tona.

Na véspera, no hotel onde eu estava e que em princípio ninguém conhecia, pois tento trocar de hotel todas as noites, recebo outro telefonema estranho:

— Alô? Senhor Lévy? Estou embaixo... No saguão... Sou jornalista do *Zarb e-Momin*, versão inglesa... Gostaria de falar com o senhor... Vou subir...

Fui eu que desci.

Incrédulo, pedi a ele que repetisse:

— *Zarb e-Momin*, é mesmo? O jornal dos jihadistas?

Portanto, desci bem depressa, pois era um hotel pequeno, só dois andares, e eu não queria lhe dar tempo de subir.

O homem, esquisito também, com o olhar esquivo, a voz melíflua, o queixo imberbe mas recém-raspado, cheio de arranhões.

Seu jornal, em versão inglesa, colocado na mesa e aberto numa página dividida em duas, que era, por si só, um programa político: à esquerda, a foto de um "mártir" morto em combate na Caxemira e uma carta de sua mãe, dizendo que se orgulhava e se alegrava com o gesto de seu filho; à direita, uma foto que deveria ilustrar o "banho de sangue" na Palestina, o "genocídio" perpetrado por Israel; por fim, um editorial que encarava o assassinato dos judeus, de todos os judeus, como um "dever sagrado" que "agrada a Alá".

Um velho gravador que já estava funcionando.

Várias fitas cassete de modelos diferentes, um detalhe quase absurdo.

Uma sacola de couro a tiracolo, no ombro, cuja correia ele aperta com toda a força.

— Quem é o senhor? — pergunto. — Como sabia que

eu estava aqui? Uma entrevista? Quer realmente uma entrevista para a seção cultural do *Zarb e-Momin*? Está brincando? Seria um erro? Que tipo de notícias "culturais" pode publicar um jornal cuja razão de ser é popularizar a versão jihadista do mundo?

Mas ele me responde que sabe muito bem quem sou, os paquistaneses não são estúpidos, o senhor compreende, eles lêem a imprensa internacional, por que o senhor ficou tão surpreso? Nosso jornal não é o que está pensando! Talvez esteja nos confundindo com o *Voice of Islam*, jornal mensal do Lashkar. Então não sabia que o *Zarb* atinge um grande público, e que esse público se interessa pelo pensamento francês?

E, explicando tudo isso, ele acrescenta, com olhar cúmplice:

— O único problema é que aqui não é possível! Não podemos fazer a entrevista aqui. A polícia está à espreita, e infelizmente não sabe distinguir entre o *Voice of Islam* e o *Zarb*. Ah, que saudades daqueles tempos da Military-Mulla-Market Alliance[1]! Na verdade, vim procurar o senhor para levá-lo a um esconderijo, onde estaremos tranqüilos e poderá encontrar informações importantes, tendo em vista o que procura...

Mas retruco:

— Não, obrigado, é aqui ou nada... E depois, por que esse gravador ligado à toa, tudo isso não tem sentido...

Mas ele responde, por sua vez:

— Então não vai dar certo, é uma pena, aqui não tenho o direito, realmente tenho instruções de levar o senhor...

E ele dá de ombros, guarda o gravador e o jornal (mas num saco plástico, não na sacola a tiracolo, que ele não abriu e continua segurando) e se levanta com um sorriso de bom entendedor, que não sei dizer se exprime uma decepção

---

[1] "Aliança Militar entre os Mulás e o Mercado." Referência à ditadura militar no Paquistão, desde o golpe que depôs Ali Bhutto em 1977. (N. do T.)

sincera, uma provocação que não funcionou, ou outra coisa — mas o quê?

Seja como for, fui identificado, quanto a isso não há dúvida.

E também parece claro que fui identificado como a pessoa que realmente sou, não a pessoa que finjo ser.

Ainda na véspera, em Lahore, aquela conversa, no mínimo estranha, com Irfam Ali, o secretário do Interior do Estado do Punjab.

Sabendo que eu já fora identificado, e com propósitos bastante inocentes naquela minha estadia em Lahore (ir até Dokha Mandi, o berço da família, visitar a casa de Omar no centro antigo, talvez a grande mesquita onde sei que ele mantinha contatos), preferi abrir o jogo e apresentar-me oficialmente, ao chegar ao escritório modesto, um pouco sujo, cheio de camisas empoeiradas dispostas em prateleiras metálicas, mas onde vão parar todos os relatórios confidenciais, daquele homem que é, na verdade, o chefe da polícia da região.

Repito minha ladainha habitual.

Digo a ele, como disse aos outros: estou escrevendo um romance... Pearl e Omar, dois personagens que se completam, o dia e a noite...

E acrescento, especialmente para ele:

— Estou aqui para me impregnar com os odores e os ambientes da cidade natal do pai de Omar. É tão interessante, não é mesmo, a história desse personagem cativante e diabólico, sedutor e criminoso, que passou os anos-chave de sua adolescência numa cidade que, pessoalmente, me agrada tanto... suas flores... suas árvores... suas mansões coloniais, tão imponentes...

E ele, então, olhos pequenos numa cabeça quadrada, mãos enormes e rechonchudas que não pára de comprimir, enquanto falo, como se esmagasse uma noz, e que às vezes, quando a irritação atinge o auge, trazem de novo para o crânio calvo uma longa mecha de cabelos, quase uma trança, que lhe pende sobre a nuca, mas que volta a cair em seguida — ele, então, me interrompe e embarca num longo sermão sobre o tema: "Não entendo por que o senhor está dizendo isso. Omar ainda é sedutor. Omar ainda é cativante. As pessoas não mudam assim, senhor Lévy. Era um homem que fazia o que pensava e pensava o que fazia, lutava por seus princípios e continuou fiel a suas idéias, o senhor não dá valor a isso? É essa a sua definição de criminoso?" Tudo isso acompanhado por uma diatribe anti-semita e insensata, quase grotesca, e sobretudo terrivelmente insistente, que não parece espontânea, casual, como se ele soubesse quem sou e quisesse me provocar (a não ser que isso tenha a ver com a homonímia, mais uma vez, dos famosos e providenciais "Levy Malakand" do primeiro dia...)

— Escute — inflama-se ele, com expressão de fúria, voz ceceante e sem me deixar acrescentar, a partir de agora, nenhum comentário. — Não me interrompa, escute. Omar foi condenado. Não vou comentar uma decisão da justiça, e muito menos criticá-la. Mas enfim, quem, nesse caso, é o maior culpado? Aquele que matou ou aquele que, com suas atitudes, fez de tudo para se meter em dificuldades? O senhor não concorda que Mr. Pearl provocou Omar, foi procurá-lo várias vezes, e acabou merecendo o que lhe aconteceu? É uma reação bem judaica. Um tipo de masoquismo judeu. Não, não me contrarie. Existem características judaicas, todo mundo sabe. Na Europa, é de bom-tom negar esse fato. Mas não adianta negar quando as evidências são esmagadoras. Dê uma olhada no mundo lá fora. Escute. Vamos esquecer as características físicas, concordo. E as características morais? Aqueles traços que todos os povos, inclusive os judeus, adquirem ao longo da história? O senhor vai me dizer que algumas características podem ser comuns a vários povos. Concordo também. O talento para os negócios, por exemplo, a usura, são traços comuns aos judeus e aos hindus. Mas a falsidade... O hábito de mentir... Essa astúcia que eles tiveram de inventar o genocídio de Hitler para esconder melhor suas baixezas... Quem ganha com o crime? Em minha profissão, é a pergunta que sempre fazemos. Alguém lucra com o crime, então quem é essa pessoa? Ora, aquele crime, todo mundo sabe que Hitler não ganhou nada com ele. E todo mundo sabe que foi um crime muito conveniente para o senhor Sharon. Bem, não estou afirmando que foi o senhor Sharon que praticou o Holocausto. Existem pessoas que pensam que os Estados Unidos estão nas mãos dos judeus, e os judeus estão nas mãos de Satã — graças a Deus, não é o meu caso! Não sou anti-semita! Mas pense bem como é cômodo. Siga o meu raciocínio. Quanto mais se fala em Holocausto, menos se fala no banho de sangue na Palestina. E enquanto se exibem fotos fajutas de crianças judias em prantos, ninguém se preocupa com a carnificina no Iraque e em todos os países muçulmanos do mundo.

O chefe da polícia parece contente com a argumentação. Cada vez com mais freqüência, quase num ritmo regular, ele faz seu gesto idiota, que me dá nos nervos, de trazer para o alto da testa sua única mecha de cabelos, onde ela não permanece mais do que um segundo, mas não importa, ela cai, ele vai buscá-la de novo, ela volta a cair, ele recomeça. Morro de vontade de dizer: "Pare de uma vez por todas com essa mecha! O senhor não percebe que ela nunca vai parar no alto da testa?" Mas não. Ele parece tão contente! E está excitado. Quase nem repara no boletim que lhe trouxeram. Não ouve o oficial que veio avisá-lo sobre um crime devasso num subúrbio de Lahore. Ri às gargalhadas, dando um tapa vigoroso nas coxas quando evoca as "fotos fajutas" de crianças judias.

— Um minuto — retoma ele, o rosto púrpura, pendurando-se à escrivaninha como se temesse cair. — Não nego que os judeus tenham sofrido. Os paquistaneses são pessoas boas, eles não negam esse tipo de coisa, eles se compadecem. Mas só uma pergunta: esse povo que sofreu tanto, por que não aprende a amar? Já que o mundo inteiro se compadeceu dele, e agora está a seus pés, por que o povo judeu não tem piedade dos outros, dos muçulmanos perseguidos da Palestina, do Iraque e do Jammu Kashmir? Em suma, tudo isso para lhe dizer que aqui temos a chave do caso Pearl. Ponha-se no lugar de Sheikh. Ele vê essas imagens de palestinos massacrados. Sabe que Israel é um espinho em terras muçulmanas. E vê um israelense. Como assim, "não era israelense"? Ah! Claro que era, faça-me o favor. Pearl tinha um pai israelense... Um avô... Para mim, é evidente. Um indivíduo que tem um pai e um avô israelense é objetivamente israelense, e portanto responsável pelos crimes israelenses, não acha? Então, ponha-se no lugar de Sheikh. Ele vê um israelense que vem provocar os paquistaneses, metendo o bedelho em seus assuntos. Nós, paquistaneses, não nos metemos nos assuntos dos israelenses. Aliás, essa idéia nunca nos ocorreria. Mas foi o que Pearl tentou fazer. Então, Sheikh se irrita. Ele não agüenta mais ver aquele sujeito que vem farejar por toda parte, fazer perguntas dissimuladas. Pois a dissimulação também é uma característica judaica. Como? Não, senhor. Dê uma olhada na história. Há um ministro inglês e judeu, chamado Balfour, que decidiu, em 1918, que na Palestina seria instalado um Estado judeu. Pois bem, a partir desse momento, o senhor me entende, a partir de 1918, ele previu secretamente que a data final seria trinta anos mais tarde, dia após dia, em 1948, está provado. E então, isso não é dissimulação? Não é uma prova do que estou lhe dizendo? Bem. Omar Sheikh já não pode mais. Ele é como todos nós, que vemos desfilar, entra ano, sai ano, esses intrometidos judeus que vêm pôr o nariz nos assuntos paquistaneses e, agora, no caso Pearl. Só que ele é mais corajoso que os outros. Leva seus princípios às últimas conseqüências. E, portanto, seqüestra o judeu. Mais uma vez: quem é o principal responsável, aquele que seqüestrou ou aquele que foi seqüestrado?

Ele me encara fixamente. Um olhar maldoso, de repente. Um sorriso peçonhento. Alguma coisa ao mesmo tempo brutal e débil no jeito de abrir ligeiramente a boca. O gesto, pela última vez, de trazer a única mecha para o alto do crânio. A respiração sibilante.

— Mas realmente, senhor Lévy, espero não tê-lo ofendido. Espero, ao menos, que o senhor não seja judeu. Foi uma distração agradável conversar sobre filosofia com o senhor.

E eu, estupefato, sem acreditar no que ouvia, hesitando entre o ódio, a comiseração, o desejo de morrer de rir e o de revelar a minha identidade:

— Espero que o senhor não seja muçulmano. Pois o islã é uma grande religião, que respeita as pessoas do Livro.

Outro dia ainda, em Islamabad, aquele encontro tão estranho com Asif Faruqi, o "quebra-galho" de Daniel Pearl.

Fazia vários meses que eu tentava me encontrar com ele.

Desde o início, foi a primeira pessoa que tentei localizar.

Até então, ele sempre se recusara a falar comigo. A todos os intermediários que o procuravam em meu nome, ele respondia invariavelmente: "É duro demais; é doloroso demais; é o peso esmagador da responsabilidade, o senhor compreende; afinal, não fui eu que fiz a conexão entre Danny e o Sheikh?"

Uma vez, consegui falar com ele ao telefone. Descobri o número do seu celular. Liguei pessoalmente, sem consultar Abdul. E vi-me às voltas com um homem bem-educado mas estranhamente constrangido, quase amedrontado:

— Não sou uma pessoa sozinha, o senhor compreende. Tenho uma mulher, tenho filhos. Depois do julgamento de Omar, algumas pessoas me disseram: "As coisas são assim, nunca mais se deve falar sobre isso". Portanto, não, obrigado, não posso me encontrar com o senhor. Deixe-me em paz, eu lhe peço.

Mandei-lhe um longo *e-mail*, explicando em detalhes o tipo de perguntas que eu queria fazer: "Os hábitos de Danny; como ele se comportava durante uma reportagem; se era imprudente, indiferente, corajoso; as últimas semanas; o último dia; impossível não deixar de sentir, não é mesmo; uma pessoa sabe quando está entrando numa zona de perigo; será que Danny sentiu, ele também? será que sabia?" Mas ele me respondeu com secura, em duas linhas, para repetir que tinha prometido calar a boca e manteria sua promessa.

No entanto, naquele dia, meu celular paquistanês tocou e era o mesmo Faruqi:

— No fundo, pensando bem, podemos nos encontrar, se o senhor quiser...

Para minha grande surpresa, o homem que seguia a regra de nunca mais falar sobre Danny me propõe um encontro naquela mesma noite, no bairro residencial de Islamabad:

— Não é minha casa, não, é meu escritório, a agência de notícias japonesa Jiji, foi lá que nos encontramos com Danny, achei que o senhor iria se interessar por isso.

E agora ele está diante de mim, sozinho — pois o empregado japonês da agência se eclipsou quando cheguei (julguei ter visto, ao chegar, mas não posso jurar, um carro estacionado em frente, os faróis apagados, com passageiros lá dentro) —, ele está diante de mim, físico de rapaz bem-comportado, óculos de armação completa, vinte e cinco anos, talvez trinta, magro, a metade inferior do rosto redonda, um queixo recuado, uma tristeza verdadeira, também, quando evoca os bons momentos que passou com Danny e Mariane.

383

Agora, ele tem todo o tempo livre do mundo.

Sim, sim, refletiu a respeito, sente-se feliz em me prestar esse favor e tem todo o tempo do mundo.

— Não é todos os dias que se pode colaborar para o livro de um escritor. Faça as perguntas que lhe interessam, tentarei responder da melhor maneira possível.

Só que, depois de meia hora de conversa, tenho uma impressão ligeiramente desagradável.

Aquela mania, o tempo todo, de se enganar sobre os detalhes...

Aqueles erros de data (o encontro em Akbar no dia 13, ao invés do 11), de nomes (Bukhari ao invés de Fazal Karim), de lugares (a prisão de Danny situada em Sorhab Goth, ao passo que sei muito bem que ela fica mais longe, na Super Highway, em Gulzar e-Hijri)...

Aquela tendência, em várias ocasiões, de citar um grupo no lugar de outro, de atribuir ao Lashkar o que diz respeito ao Harkat ul-Jihad al-Islami, ao Harkat ul-Jihad al-Islami o que tem a ver com o Sipah e-Sahaba.

A tendência contrária, de largar de repente uma informação provocante (o brigadeiro Ijaz; a rendição de Omar oito dias antes de sua prisão) e olhar de esguelha para mim, para ver se me emociono, se me surpreendo ou se continuo ouvindo sem reagir.

No início, reajo. Digo: "Espere! Lahori é líder do Lashkar, não do Jaish!", ou: "É claro, sei quem é o brigadeiro Ijaz, acho que cruzei com ele em Lahore".

Mas depois, ao cabo de alguns instantes, mudo de idéia. Toda aquela conversa me parece uma armadilha, um logro nos quais estou prestes a cair. Então, tento justamente não esboçar reação. Fico em silêncio e deixo-o falar. Observo seu jeito falsamente ingênuo de evocar as "três letras", ou de largar de repente os nomes de Memon e Khalid Sheikh Mohammed, para ver se me espanto, para ver se eu o contradigo, se tomo nota ou não, se faço pose de jornalista bem-informado que já sabia de tudo. Ele continua falando, mas também sei dar uma de esperto, por isso trato de me levantar, no melhor momento, para telefonar, para ir ao banheiro, para ler as notícias que passam pela tela do computador, na sala ao lado.

A idéia que me vem à cabeça, na verdade, é que Asif não está ali para falar, e sim para me fazer falar.

A idéia que me atravessa o espírito, e ali se fixa rapidamente, é que ele só aceitou conversar comigo para saber em que pé estou, o que sei, que setores estou investigando.

Faruqi a mando de alguém? A serviço de alguém? Cumprindo uma missão? Mais uma vez, seria um mau sinal. Mais uma vez, seria uma prova de que ninguém cai mais nessa minha conversa de encenação romanesca do confronto entre Pearl e Omar.

Por fim, aquele incidente estranho cujo sentido verdadeiro não entendi no momento, mas que, retrospectivamente, parece confirmar essas impressões esparsas.

A embaixada da França, excepcionalmente, conseguiu marcar para mim um encontro com Hamid Mir, ex-diretor do *Ausaf*, jornal em urdu de Islamabad, que está implantando agora uma rede de televisão por satélite.

Hamid Mir é uma figura importante. É o biógrafo de Bin Laden. É o único jornalista que conseguiu entrevistá-lo nos últimos anos. A primeira vez foi em março de 1997. Depois, em maio de 1998. No Paquistão, algumas pessoas duvidam da autenticidade, não exatamente de sua última entrevista, em novembro de 2001, mas do relato que ele fez sobre as circunstâncias do encontro — olhos vendados, levado no porta-malas de um carro, um roteiro de romance de espionagem —, mas não há dúvida de que ele continua sendo um dos porta-vozes da Al Qaeda.

Portanto, preciso falar com o senhor Mir. Preciso, e quero, lhe contar tudo isso. Preciso, e quero, interrogá-lo também sobre Omar, pois li em algum lugar que o senhor Mir o conheceu e o achou instável, intelectualmente perturbado, perigoso. Preciso, e quero, questioná-lo enfim sobre o seu encontro com Danny no dia do seqüestro, ou na véspera, ou mesmo antes, seria preciso verificar, mas pouco importa, é um detalhe. O essencial é que ele é a única pessoa pública que viu os dois juntos, a vítima e o carrasco, num intervalo tão breve — e isso para mim vale ouro!

Estou ali, portanto, alguns minutos antes do meio-dia, zona azul, diante da sede da Geo TV, o novo canal de televisão por satélite em urdu, que ele está lançando junto com outras pessoas.

Um grupo de cinco homens, alguns vestindo *shalwar kamiz*, outros de djelaba, estão ali, diante do prédio, vendo-me chegar.

Um pouco mais longe, mas não muito, outros três homens, imberbes, aparentemente guarda-costas ou tiras, com uma arma em punho, afastando os curiosos do local.

Todos, obviamente, estão ali por minha causa, pois, assim que chego ao primeiro degrau que leva à entrada do prédio, o homem de djelaba se aproxima, segura meu braço e, bem depressa, sem uma palavra, mal me dando a oportunidade de protestar, me obriga a descer para o subsolo, enquanto os outros, barbudos e militares confundidos, seguem vigorosamente em nosso encalço.

Chegando ao subsolo, dou com um plantonista que, com ar enfastiado, me revista, pega o cartão de visitas que lhe estendo, desaparece num escritório no final do corredor e volta alguns segundos mais tarde:

— O senhor Mir não está. O senhor Mir não tem tempo de receber o senhor. O senhor Mir diz que não está informado sobre essa entrevista. O senhor Mir exige que o senhor vá embora imediatamente.

Depois disso, barbudos e guarda-costas tornam a me agarrar pelo braço e, de novo como um único homem, surdos a meus protestos, sem se dignarem a dar uma olhada no memorando datilografado que tirei do bolso e onde está registrada aquela entrevista com Mir, eles me empurram em direção à escada e, sem rodeios, me levam de volta para a calçada, diante de meu carro.

Tudo aconteceu muito depressa.

Igualmente depressa, ligo para Mir, cujo número de celular me fora dado por precaução. Ele responde à minha primeira chamada.

— Senhor Mir?
— Sou eu.
— Sou...
— Eu sei.
— Estou aqui diante do prédio, deve haver um mal-entendido.
— Não há nenhum mal-entendido.
— Sim, nós marcamos um encontro ao meio-dia em ponto, e...
— Sua embaixada me disse que o senhor deseja minha ajuda para se encontrar com Gilani. Pois bem, nesse caso não há o que conversar, eu me recuso terminantemente a vê-lo, não tenho nada a dizer.
— Ora essa, claro que não, que disparate, a embaixada não poderia ter lhe dito isso, nunca pensei em lhe pedir o menor contato com Gilani.
— Sim, é disso que se trata, foi exatamente isso o que sua embaixada me disse. Não, não tenho nada a dizer, não me procure mais, acabou.

Evidentemente, a embaixada — ligo em seguida para confirmar — nunca mencionou um contato com Gilani.

Hamid Mir — cheguei a essa conclusão depois de repensar tudo aquilo — falava duro, sem papas na língua, com uma brutalidade que indicava a presença de outras pessoas ao redor dele, às quais ele queria mostrar sua determinação.

Quem seriam essas pessoas? Pouco importa. O fato, de novo, era incontestável. Prefiro não insistir.

Chove em Karachi. Ouço, sob minha janela, o grito do catador de papéis misturado ao do muezim. Amanhã é Natal. Penso no último Natal de Pearl. Penso em Mariane e naquele fim de ano tão triste que ela tem de viver. Quem me disse que ela pretendia passar os feriados em Cuba, com o pequeno Adam? Ela mesma, sem dúvida. Ela mesma, com certeza. Mas eu estou ali, seguindo os passos deles, na cauda do cometa terrível, com todos aqueles sinais inquietantes que se acumulam.

Atenção para não exagerar, é claro.

Cuidado com a armadilha que, naquela situação ou em outras, poderia dar um sentido ao que não tem sentido, ou amplificar a importância de um incidente.

Mas, ao mesmo tempo... Ao mesmo tempo, é realmente espantoso que tudo tenha acontecido assim, em seqüência, num intervalo tão curto.

As portas que se fecham ou, ao contrário, se abrem, mas de maneira ainda mais suspeita... as pequenas provocações... o compromisso de entrevista simulado... Difícil não pensar que há uma ligação entre tudo isso, e que essa ligação é uma mensagem que estão tentando me passar.

Qual mensagem?

Que fui desmascarado, sem dúvida alguma.

Que ninguém mais se iluda sobre o objetivo real de minha investigação.

Bem. Veremos. No momento, posso dizer que estou satisfeito com o caminho percorrido de um ano para cá.

Eu partia do princípio de que Omar era culpado. Foi

condenado porque era culpado. Mas não excluía completamente a idéia de que poderia ser um culpado cômodo demais, pequeno demais para um crime tão grande. O enfoque de seu nome podia deixar na sombra outros nomes, maiores que o dele, mais incômodos. A "síndrome Oswald", por assim dizer, depois da morte de Kennedy. O eterno "Não pode ser ele. Com certeza, existem forças ocultas que o ultrapassam", descrito por Norman Mailer[1].

Hoje, no final de 2002, neste ponto da investigação em que me encontro, sei que isso não é verdade e que Omar, longe de ser um criminoso sem importância, um fantoche, um bode expiatório, é um culpado por excelência, um príncipe no universo do Mal, uma figura absolutamente central, na intersecção exata de algumas das forças mais negras de nosso tempo. Sei que o nome Omar Sheikh, longe de ser um daqueles que se exibem para impedir que outros sejam pronunciados, é um nome imenso, mais prenhe de sentido do que eu imaginava em minhas especulações mais ousadas, e cujo efeito não é ocultar, e sim convocar tudo o que a enciclopédia da morte moderna oferece em matéria de patronímicos aterrorizantes. Diante de Omar, estamos na presença de uma configuração criminosa inédita, onde valem, ao mesmo tempo, as duas teses que se excluíam no caso de Oswald — é ele, não é ele; não é ele porque é ele. Forças consideráveis, é verdade, mas ao mesmo tempo sua própria força, que condensa todas as outras. Quando digo "Omar Sheikh", quero dizer a síntese, neste homem, da ISI e da Al Qaeda — eis a verdade.

---

[1] O escritor norte-americano Norman Mailer, nascido em 1923, foi um dos criadores do "jornalismo romanceado", gênero que explorou, por exemplo, em *Os exércitos da noite*, de 1968, ou em *A história de Oswald*, de 1995. (N. do T.)

## *Quinta parte*

### OVER INTRUSIVE

1

# UM RAPAZ SEM IMPORTÂNCIA COLETIVA

Então, a pergunta é: por quê?
Sim, por que a Al Qaeda? Por que a ISI agora há pouco, e por que agora a Al Qaeda? Por que, para ser mais exato, a ISI na Al Qaeda, ou a Al Qaeda na ISI? Por que a ISI e a Al Qaeda juntas, entrelaçadas, conjugando suas forças para atrair um homem sozinho para uma emboscada?
Não que esse conluio seja, em si, motivo de surpresa.
E uma das teses deste livro, se é que existem teses neste livro, é que essa união está na ordem do dia, é algo corriqueiro na vida e na política do Paquistão. A tese deste livro, se se pode falar em tese, é que existe um eixo, um elo de carne e, infelizmente, de sangue entre essas duas forças que dominam o Paquistão, sem que se saiba dizer, com o tempo, qual delas comanda a outra; minha tese — mas deve-se falar em tese quando se trata de um fato que salta aos olhos, a cada passo, a cada instante? — é que existe, nessa troca de crimes e poderes, nessa relação especular que as duas forças estabe-

leceram e que, muitas vezes, as confunde, um traço comum que é a marca registrada deste país, ao mesmo tempo que o torna tão perigoso.

Mas uma coisa é uma tese, outra coisa é a experiência.

Uma coisa é saber, mesmo que com base em provas, e outra coisa é vivenciar, de maneira concreta, essa evidência.

Uma coisa é dizer, como fiz várias vezes ao longo desta investigação, e como outras pessoas fizeram antes de mim: confusão programada dos papéis; um remete ao outro sem cessar; procura-se a ISI, encontra-se a Al Qaeda; procura-se a Al Qaeda, encontra-se a ISI; os barbudos são agentes sem posto; os agentes são barbudos sem barba e sem turbante... O Hotel Akbar, pensando bem, era administrado por quem, os primeiros ou os últimos? O brigadeiro Ijaz, o xá Sahab da célula indiana do seqüestro, Saud Memon, Masud Azhar são homens dos serviços secretos ou de Bin Laden? E Khalid Sheikh Mohammed, para quem trabalhava ele realmente e quem, no último instante, o abandonou? Uma coisa, portanto, é dizer tudo isso, ver surgir essas perguntas e fazê-las — e outra é ver o modo de atuação concreto, no caso concreto de um homem concreto, de uma grande aliança, uma tenaz.

E sobretudo, sobretudo, por mais que existam mil exemplos dessa consubstancialidade; por mais que se tenha em mente a história dos talibãs e de sua manipulação pelos serviços secretos; por mais que se conheça o caso de Hamid Gul, chefe da ISI no tempo da guerra contra os soviéticos, que, mal foi destituído, como se estivesse livre de uma obrigação de manter silêncio ou de um fardo, colocou-se a serviço da causa jihadista e, nos últimos anos, não perdeu uma ocasião de clamar seu amor por Bin Laden, pelo mulá Omar, pelo *jihad*; por mais que se conheça o caso de Mahmud Ahmad, diretor-geral da ISI na época do 11 de setembro, do qual não se sabe se patrocinou a transferência de cem mil dólares para Mohammed Atta em nome da ISI, que continua a chefiar, ou em nome do *jihad*, do qual ele se torna em seguida, logo depois de sua demissão, um dos propagandistas mais notórios; por mais que se saiba que Ahmad, mais uma vez, liderou, juntamente com o reitor da mesquita de Binori Town, a delegação de religiosos encarregados de uma visita ao Afeganistão para dizer ao mulá Omar que só lhe restava uma chance de evitar a guerra, e que essa chance era entregar Bin Laden, e por mais que se saiba que Ahmad foi, naquele dia, em suas palavras, em sua maneira de transmitir a mensagem, mais jihadista que os jihadistas, e que talvez tenha atiçado a chama, ao invés de apagá-la; por mais que se saiba, nos serviços de informação ocidentais, assim como em Islamabad, que o primeiro gesto de Mohammad Aziz, novo chefe do estado-maior, em 8 de outubro de 2001, dia seguinte ao de sua nomeação, foi convocar os líderes de todos os grupos jihadistas que constituem o "exército do islã", dos quais alguns, como o Jaish, já estavam na lista negra norte-americana das organizações ligadas à Al Qaeda; por mais que se conheça a participação de Aziz, em princípio um oficial leigo, na criação, em 1998, do Harkat ul-Mujahidin; por mais que não restem dúvidas sobre o fundo das coisas — mesmo assim, é a primeira vez que duas organizações se encontram, juntam seus esforços, mobilizam simultaneamente todo o seu poder respectivo, para destruir, não um país (o Afeganistão), ou um império (os Estados Unidos), ou mesmo um símbolo (a Assembléia da Caxemira em Srinagar, o Parlamento de Nova Delhi), mas um homem (Daniel Pearl).

Evidentemente, houve outros casos de jornalistas seqüestrados, no Paquistão, por agentes da ISI que poderiam ter recebido ajuda de homens da Al Qaeda: Husain Haqqani (do *Indian Express*), Najam Sethi (do *Friday Times*),

Ghulam Hasnain (*Time Magazine*). Mas nenhum deles foi assassinado.

Na véspera da guerra norte-americana no Afeganistão, houve o caso de outro homem sozinho, Abdul Haq, que, enviado ao interior do país para negociar a rendição de algumas tribos pachtos, caiu numa emboscada que até hoje não se sabe se foi armada pelos serviços secretos paquistaneses, pelos combatentes estrangeiros de Bin Laden, pelos talibãs, ou pelos três. Mas isso ocorreu justamente na véspera da guerra. A liqüidação de Haq foi uma imposição militar.

Existe o precedente de Massud, outro homem sozinho, abandonado por todos, cuja eliminação, como vai se tornando cada vez mais evidente, foi um trabalho conjunto das mesmas ISI e Al Qaeda. Ele estava sozinho, mas ocupava um lugar essencial no tabuleiro do grande jogo da época. Era fraco, estava quase desarmado, mas havia um interesse estratégico considerável, dois dias antes do 11 de setembro, em decapitar a Aliança do Norte e matá-lo.

Daniel Pearl, porém, não era nada. Pelo menos aparentemente, não era um alvo militar nem estratégico. Estava desarmado. Era inofensivo. Não tinha vocação para o martírio, nem para o heroísmo. Era, como diz a famosa epígrafe de *A náusea*, inspirada em Céline[1], "um rapaz sem importância coletiva, um mero indivíduo". Não havia um motivo visível para que essa maquinaria dupla e colossal se pusesse em marcha diante dele. E, nessa conjuração massiva contra um indivíduo sem importância, que só representa a si mesmo, existe alguma coisa sobre a qual quanto mais penso mais me parece enigmática.

Os filósofos políticos meditaram sobre o mistério do "contra um": produção de uma vítima, de um escravo, ou

---

[1] O escritor Louis-Ferdinand Céline (1894-1961), autor de *Viagem ao fundo da noite*, de 1932. (N. do T.)

simplesmente de um "Outro" para servir de espelho ao Um da dominação despótica.

A teoria do bode expiatório nos explica a embalagem mimética ao redor do ponto cego que é a vítima expiatória: um inocente, às vezes um puro significante e, no final da operação, o milagre calculado da multidão reconciliada, produzindo sua própria inocência.

Minha geração (a da luta antiimperialista) conheceu, na União Soviética e em outros países, o caso de outros homens sozinhos, sem comunidade nem partido, sem um verdadeiro projeto político articulado, proibidos de falar ou de se exprimir, ou pelo menos incapazes de propor um ponto de vista alternativo sobre o corpo social subjugado ou, às vezes, desmembrado — minha geração conheceu grande número desses indivíduos, mas que foram escolhidos, por assim dizer, um a um, ao acaso, sem levar em conta sua periculosidade real: eram os "dissidentes", como dizíamos. Mas havia algo de impróprio nesse termo e naquilo que ele sugeria de um afastamento, talvez até de uma subversão, ameaçando realmente o poder constituído; e havia algo, sobretudo, de perturbador no espetáculo daquelas máquinas imensas, todo-poderosas, empregando tanta energia para amordaçar adversários que elas tentaram, de início, exibir e quase construir.

Nós conhecemos também (mesmos anos, mesmos combates e, no fundo, mesmo esquema) o caso de Cuba e de seu Gulag tropical. Um "homem a mais", de um lado (outra fórmula de Soljenitsin[1] retomada, na época, em seu comentário, por Claude Lefort) — um homem condenado, jogado na prisão, executado por motivos fúteis e às vezes totalmente misteriosos. De outro lado, um aparelho jurídico-político (a "ideologia de granito" do mesmo Soljenitsin,

---

[1] Aleksandr Soljenitsin, escritor soviético nascido em 1918, cuja obra denuncia o regime de Stálin. (N. do T.)

comentada pelo mesmo Lefort) que mobiliza seu enorme poder para, contra qualquer argumento, apesar da eventual reprovação internacional e do descrédito que se seguiam, apesar, também, da inutilidade política, demonstrada cem vezes, daquela polarização sobre o caso e o nome de um simples indivíduo, cimentar um regime de proscrição. Em suma, toda a sociedade cubana se tornava uma imensa pirâmide ao contrário, repousando, com todo o seu peso enorme, não sobre a base, mas sobre o vértice, ou a ponta de algumas cabeças: um corpo supliciado ou paralisado, uma alma sufocada, um poeta, um homossexual, um católico, um cubano.

Daniel Pearl seria o equivalente, sem a literatura, e na escala do mundo novo, de um Soljenitsin, de um Pliuchtch, de um Valadares — outros homens sozinhos, aqueles "seres à parte" de Mallarmé, vítimas ao mesmo tempo absurdas e necessárias, cuja causa inflamou nossa juventude e que eram como o espelho do poder absoluto do tirano?

Talvez. Não sei. Mas é preciso convir que havia ali uma situação muito estranha.

Além disso, há outra coisa.

Vimos surgir, não é mesmo, ao sabor do relato, os protagonistas desta história.

Eles foram apresentados um a um, no decorrer da investigação, e depois todos juntos, no "organograma do crime".

Mas há um detalhe que deixei de lado — talvez porque, até agora, ele não estivesse claro para mim. É o fato muito curioso e, pensando bem, completamente inédito de que os dezessete cúmplices de Omar, quando se leva em conta suas biografias, quando se sabe pelo menos o nome do grupo ou do líder ao qual, como todos os jihadistas, eles deviam obediência, não pertencem a um grupo único, nem a dois, mas a todos os grupos, todos os partidos, todas as facções do movimento jihadista do Paquistão.

Geralmente, há um grupo por trás de um crime.

É o Lashkar para o atentado do Hotel Sheraton.

O Jaish para os ataques com granadas ou bombas no ponto de ônibus de Kupwara, ou no mercado de Chadura, na Caxemira.

O Harkat ul-Mujahidin para o atentado suicida contra o consulado norte-americano de Karachi.

O Harkat ul-Ansar, que se tornou Harkat ul-Mujahidin, para os seqüestros de turistas, na Caxemira, no final dos anos 1990...

Às vezes, como no caso do ataque de 13 de dezembro de 2001 contra o Parlamento de Nova Delhi, dois grupos se associam, neste caso específico o Jaish e o Lashkar e-Toiba. Mas é raro. Muito raro. Essas organizações se detestam. Lutam entre si, da mesma forma como lutam contra o inimigo comum. Foi o que aconteceu no início de 2000, no conflito entre Fazlur Rehman Khalil e Masud Azhar, que disputavam o controle, no momento do divórcio, dos bens e imóveis do Harkat ul-Mujahidin... É o caso da própria ISI e da energia que ela emprega, não para unir, mas para dividir os grupos que poderiam se tornar importantes demais, dispensando sua tutela... E é o caso do Jamiat ul-Ulema e-Islam, que se cindiu, por influência dos serviços secretos, em três grupos absolutamente idênticos, indiscerníveis do ponto de vista ideológico, mas engajados numa rivalidade de vida ou morte: o JUI-F de Fazlur Rehman, o JUI-S de Sami ul-Haq e o JUI-Q de Ajmal Qadri. Uma lógica de seita, isto é, de cisma, de crimes entre amigos, de rivalidades entre pessoas próximas, de delações cruzadas. De modo que a regra absoluta é a concorrência permanente, feroz, entre organizações que perseguem os mesmos objetivos mas disputam o mesmo espaço, e também (como descobri em Dubai) as mesmas fontes de financiamento. A regra, salvo exceções raríssimas ditadas pela circunstância, é a do "*one crime, one group*" — um grupo para cada crime, o belo crime jihadista, um tesouro que não se pode dividir, por nada deste mundo, com o irmão inimigo.

Ao passo que ali...

Sim, a estranheza daquele crime é a impossibilidade de atribuí-lo a este ou aquele grupo. Na história do terrorismo do Paquistão e de Bin Laden, não conheço outro exemplo de uma aliança, justamente, de vários grupos que sempre estiveram divididos.

Hyder, ou Imtiaz Siddiqui, ou Amjad Hussain Faruqi, ou Mansur Hasnain, é membro do Harkat Jihad e-Islami.

Arif, ou Mohammed Hashim Qadir, vem do Harkat ul-Mujahidin.

Adil Mohammad Sheikh, o policial, Suleman Saquib e Fahad Nasim, seus primos, os três da célula encarregada de escanear as fotos e mandá-las por *e-mail* ao *Wall Street Journal* e às agências de notícias, pertencem ao Jaish.

Akram Lahori é o emir do Lashkar, que também é o grupo de Fazal Karim e Bukhari.

Asif Ramzi, comandante de Lahori na operação Pearl, é líder do Qari Hye, uma espécie de filial, é verdade, do Lashkar.

Abdul Samat, pelo pouco que se sabe, é membro do Tehriq e-Jihad, um pequeno grupo fundado em 1997 pelos elementos dissidentes do Harkat.

Memon vem do Trust Al-Rashid.

Os iemenitas, do Exército Islâmico do Áden.

E quanto a Omar, ele tem seu grupo pessoal: o Movimento para a Restauração da Soberania Paquistanesa.

Portanto, todos estão ali.

É como um parlamento do islamismo paquistanês.

Um sindicato do crime que se reúne ao redor do corpo vivo de Pearl, e depois de seu cadáver, tal como nunca aconteceu antes para eliminar outra pessoa.

De um lado, um homem sozinho, frágil, que só representa a si mesmo.

De outro, a ISI, mais a Al Qaeda — e agora, todo o sindicato do jihadismo, em peso.

Coisa nunca vista.

Uma configuração sem igual, para um assassinato decididamente único no gênero.

## 2

## O HOMEM QUE SABIA DEMAIS

Uma primeira explicação salta aos olhos. Pearl era um jornalista. Trabalhava como jornalista num dos países do mundo onde essa profissão é mais perigosa, e onde todos os jornalistas correm risco de morte permanente. Seriam insubordinados? Homens livres? Teriam uma tendência incômoda a desobedecer e a não respeitar nenhum regulamento? Nem isso. O verdadeiro problema é que, ao contrário, eles são considerados não-livres, não-independentes. A verdadeira acusação que pesa contra os jornalistas é que, no imaginário do militar paquistanês de cabeça baixa ou do militante islamita motivado pelo ódio santo, eles são, por definição, espiões, e nada permite distinguir um repórter do *The Wall Street Journal* de um agente da CIA. Um jornalista livre? Só pode ser uma contradição. Um jornalista que não tem relação com os serviços secretos, as "três letras" de seu país? Um oxímoro, uma coisa impensável. Sei disso por experiência própria. Vivi na pele a dificuldade terrível que é, quando procurei informações no Paquistão, não dar a impressão de que estava investigando. Em minhas últimas viagens, sempre que eu tentava explicar que, está bem, eu confesso, não é exatamente um romance, mas pelo menos sou um espírito livre, que investiga livremente e só procura a manifestação da verdade — em todas essas ocasiões, observei, nos oficiais com quem estive, nos chefes e subchefes daquela polícia maluca, a pálpebra pesada das suspeitas, a piscadela de tarântula, o ar maldoso de desconfiança mortificada e subentendidos maliciosos que pareciam dizer: "Essa é boa... até parece... nós sabemos muito bem que não existem escritores livres..." Não há dúvida de que Pearl morreu por causa disso. Não há dúvida de que os cretinos sanguinários que o obrigaram a dizer que era judeu também o encaravam, na verdade, como um agente do Mossad ou da CIA. Sua morte faz dele, desse ponto de vista, um mártir da grande causa que é a liberdade de imprensa. Seu nome se acrescenta à longa lista de todos os jornalistas paquistaneses, e não-paquistaneses, presos ou mortos para que a imprensa, ou sua liberdade, pudessem viver. Saudar Daniel Pearl, honrar sua memória e sua coragem é render homenagem a todos aqueles que, depois dele, correram o mesmo risco e foram trabalhar em Karachi a qualquer custo: Elizabeth Rubin, Dexter Filkins, Michel Peyrard, Steve LeVine, Kathy Gannon, Didier François, David Rohde, Daniel Raunet, Françoise Chipaux, Rory McCarthy e outros dos quais não me lembro agora — o ferro nas feridas do Paquistão, a honra dessa profissão.

Existe o fato — e é uma segunda boa explicação — de que toda a história aconteceu num país — uma região? um mundo? — no qual, desde a guerra no Afeganistão e às vésperas da guerra anunciada no Iraque, Washington era encarada como a capital do império do Mal, o lugar por excelência do Anticristo e de Satã: Daniel Pearl era um norte-americano... Um bom norte-americano? Isso não existe, pensam e dizem as seitas assassinas. Adversário de Bush? Democrata? Chocado pelos erros de Dostom e das forças especiais norte-americanas em Mazar e-Sharif? Um norte-americano que, se estivesse vivo, como afirma Danny Gills, seu amigo de Los Angeles, provavelmente teria se unido à confraria dos espíritos livres que pensaram duas vezes antes de se deixar enganar pela guerra absurda de George Bush? "Justamente", insistem eles. "É quase pior. É a maior astúcia do Diabo. O estratagema do Demônio. É o truque que eles encontraram para desarmar a nação árabe..." Não era uma pessoa próxima de todos nós? Um amigo da alteridade? Daniel Pearl não era um desses norte-americanos que se recusam a odiar em bloco, rejeitam os amálgamas e tomam partido pelos humilhados? "Sim, obrigado. Nós sabemos. Tivemos tempo suficiente, naqueles oito dias, para perceber que aquele pateta nem mesmo era nosso inimigo. Mas a questão não é essa. Não nos interessa o que um norte-americano pensa ou deixa de pensar, pois o crime não é o pensamento, e sim a América. Estamos nos lixando para o que esse Danny fez ou deixou de fazer, porque a América não é um país, é uma idéia, ou melhor, nem sequer uma idéia, é a própria imagem do Inferno." Pearl não foi morto por causa do que pensava ou fazia, mas pelo que era. Se, em Gulzar e-Hijri, ele foi considerado culpado de alguma coisa, foi do crime único, exclusivo, ontológico de ter nascido. Culpado de existir e de ter nascido... Culpabilidade sem crime, essencial, metafísica... Isso não lembra nada? Por trás desse tipo de julgamento, não se pode ouvir a voz de outra infâmia? Pearl foi morto por ser norte-americano, num país onde isso é um pecado que não deixa de lembrar, na retórica que o estigmatiza, o pecado de ser judeu. Pearl foi vítima dessa outra indecência que se chama antiamericanismo, que torna uma pessoa, aos olhos dos neofascistas que são os integristas, num lixo, um sub-homem a ser eliminado. Porcos norte-americanos. A América como sinônimo do Mal. O velho antiamericanismo ocidental retomado pelos "loucos de Deus". O ódio rançoso de nossos pétainistas[1], em novo *look* Terceiro Mundo e danados da terra. Foi nesse exato momento que terminei este livro. Tinha nos ouvidos o clamor planetário que fazia da América como tal uma região não do mundo mas do espírito — e a mais negra. É melhor viver como servo de Saddam do que ser livre graças a Bush, clamava a multidão planetária. E mesmo pessoas como eu, que rejeitavam a guerra desejada por Bush, encontravam esse clamor abjeto. Foi por isso que Daniel Pearl morreu.

Por fim, existe uma terceira explicação. Pearl era judeu. E era judeu num país onde o judaísmo não é uma religião, menos ainda uma identidade, e sim outro crime, outro pecado. Era um judeu positivo. Um judeu do tipo Albert Cohen ou Franz Rosenzweig. Era orgulhoso. Afirmativo. Um de seus colegas me contou um incidente em Peshawar, feudo dos islamitas, onde, num grupo de jornalistas que foram interrogados a respeito de sua religião, Pearl foi o único a responder "judeu", deixando os ouvintes paralisados. Ele era judeu como seu pai. Como sua mãe. Era judeu como Haim Pearl, um de seus avôs, que deu seu nome a uma rua, como já dissemos, em Bnei Brak, Israel. E, desse ponto de vista, Pearl foi sem dúvida um mártir do anti-semitismo moderno, que parte justamente de Bnei Brak, que associa a palavra "judeu" à palavra odiada "Israel", e que, sem renunciar a nenhum de seus antigos clichês, os retoma sob nova liderança, os reintegra num sistema em que a própria palavra

---

[1] Referência ao marechal Pétain (1856-1951), que se tornou chefe, em 1940, do governo pró-nazista na França ocupada. (N. do T.)

"Israel" se tornou sinônimo do que há de pior no mundo, transformando a figura do judeu real no rosto por excelência do crime (Tsahal), do genocídio (o tema, remoído desde Durban e mesmo antes, do massacre dos palestinos), do desejo de falsificação (a Shoah como mentira destinada a ocultar a realidade do poder judeu). De Durban a Bnei Brak, os novos hábitos do ódio. Do "*one jew one bullet*", pronunciado por alguns representantes de ONGs em Durban, ao facão iemenita que opera o assassinato real de Daniel Pearl, uma espécie de seqüência. Daniel Pearl morreu porque era judeu. Daniel Pearl morreu porque foi vítima de um neo-antijudaísmo que se instala sob nossos olhos. Esse novo antijudaísmo, eu o tenho denunciado nos últimos vinte e cinco anos. Sou uma daquelas pessoas que, nos últimos vinte e cinco anos, sentem e escrevem que os procedimentos de legitimação do velho ódio estão sendo refeitos num nível muito profundo. Por muito tempo, a canalha disse: os judeus são desprezíveis porque mataram o Cristo (anti-semitismo cristão). Por muito tempo: porque eles, ao contrário, inventaram o Cristo (anti-semitismo moderno, anticatólico, pagão). Por muito tempo: porque são uma raça de estrangeiros, e porque é preciso eliminar essa raça da face da terra (nascimento da biologia, racismo, hitlerismo). Pois bem, esses argumentos acabaram, é o que eu sentia. Vamos ouvir cada vez menos o argumento de que os judeus são detestáveis em nome do Cristo, do Anticristo ou da pureza do sangue, é o que me parece. Estamos presenciando a reformulação de um novo argumento, uma nova justificativa do pior, que, um pouco como na época de nosso Caso Dreyfus, mas dessa vez em escala mundial, associa o ódio aos judeus à defesa dos oprimidos — um dispositivo assustador que, sobre o fundo da religião vitimária, transformando o judeu em carrasco e o inimigo do judeu em novo judeu (sim, a canalha não tem medo de nada, não recua diante de nenhuma infâmia, e usa contra os judeus reais uma figura pura do judeu vítima, que teria se encarnado em não-judeus), legitima o assassinato de um judeu que só poderia ser um cúmplice de Bush e Sharon. Daniel Pearl morreu também por esse motivo.

Três explicações, portanto, que poderiam me deixar satisfeito.

Três razões para matar Daniel Pearl que, cada uma em separado, e as três juntas com mais peso ainda, deveriam bastar para explicar o desenlace do drama.

Só que isso não funciona.

Não, nenhuma dessas razões, por mais fortes e sólidas que sejam, convence.

Nenhuma consegue explicar por que foi justamente aquele judeu, aquele jornalista, aquele norte-americano, e não outro, que a Al Qaeda, mais os serviços secretos, mais o sindicato em peso resolveram, na manhã do dia 31, eliminar.

E isso por causa de um detalhe que, desde que comecei a refletir sobre esse caso, há quase um ano, continua a me intrigar. Daniel Pearl foi seqüestrado no dia 23. Os seqüestradores sabem, no dia 23, que ele é judeu, jornalista, norte-americano. Estão totalmente conscientes, naquele dia, de sua culpabilidade três vezes hiperbólica. No entanto, eles esperam o dia 31, ou seja, oito dias depois do seqüestro, para resolver castigar aquele três vezes culpado. Isso significa que aconteceu alguma coisa naqueles oito dias — surgiu um elemento que não estava lá no dia 23, mas que só aparece no dia 31, levando à decisão final de matar.

Sei o que disseram: os assassinos só descobriram no dia 30, por um artigo de Kamran Khan no *News*, que Danny era judeu — o elemento novo, seu judaísmo, do qual eles não sabiam nada até então. Infelizmente, essa versão não se sustenta. Conhecendo Danny, sabendo, através de todos os que o conheceram, sobretudo no Paquistão, o orgulho que ele tinha de nunca esconder seu judaísmo, não posso imaginar por um instante que ele não tivesse contado esse fato a Omar, desde o primeiro encontro no Hotel Akbar. Não foi isso, aliás, o que o próprio Omar declarou à polícia? Não foi isso o que Bukhari e Fazal declararam também, em seus interrogatórios: "Omar nos chamou para dizer: há um norte-americano e judeu... venham logo... vamos seqüestrá-lo"?

Sei o que disseram: foi a história da fuga que estragou tudo. Quando ele tentou fugir pela segunda vez, os carcereiros perderam a paciência e decidiram que era preciso acabar com aquilo. Eis o elemento novo! Eis por que tudo foi por água abaixo! É a regra básica em situações desse tipo, como me explicaram as pessoas do FBI que encontrei em Washington: "Não tentar fugir! Nunca, sob hipótese alguma!" Só que, mais uma vez, não acredito nisso. Em primeiro lugar, como já expliquei, porque essas tentativas de fuga não foram provadas, e a história da bala no joelho não foi confirmada por nenhum dos institutos médico-legais que examinaram o esqueleto desmembrado de Daniel Pearl. Em seguida, porque não consigo imaginar Bukhari, Lahori, Faruqi e os outros raciocinando dessa forma. Ali estavam, repito, chefes de grupos importantes de Karachi, a fina flor do jihadismo, profissionais, militantes, representantes paquistaneses da Al Qaeda — por que iriam reagir de maneira tão pueril? Por que iriam matá-lo apenas por castigo? Como supor que um assassinato dessa importância, decidido e cometido por homens desse calibre, poderia se basear no reflexo de um carcereiro contrariado?

Disseram ainda, e eu mesmo ouvi esse argumento: o tempo que passa... O que aconteceu é que o tempo simplesmente passou... O cansaço... O impasse... Temos o sujeito nas mãos, não sabemos o que fazer com ele, então vamos matá-lo, cortá-lo em dez pedaços, depois recompor o corpo, nada mais simples... Pode ser. Mais uma vez, tudo é possível. Só que, mais uma vez, o roteiro não convence. Não devemos esquecer que foram os iemenitas que mataram. Ora, alguém teve de mandar trazer os iemenitas. Alguém precisou encontrá-los, contatá-los, trazê-los até Gulzar e-Hijri e, por fim, tirá-los dali. Como isso podia ser feito sem mais nem menos? Como essa sucessão de tarefas podia resultar de uma reação de cólera e impaciência? Tantas forças e procedimentos acionados, tanta energia empregada assim, sem pensar, de certa forma mecanicamente, ou apenas por irritação?

Não.

De qualquer ângulo que se examine a questão, é forçoso pensar que aconteceu outra coisa durante os sete dias de detenção, que não podia ser uma reação de mau humor, uma fuga fracassada ou um artigo de Kamran Khan.

Ou melhor: como tudo isso se passa entre quatro paredes, vítima e carrascos totalmente confinados, isolados do mundo, sem fazer outra coisa, durante sete dias, além de conversar, conversar, pode-se supor que essa "outra coisa" não aconteceu, mas foi dita. Danny deve ter dito alguma coisa que levou os carrascos a decidir que ele não podia sair de Gulzar e-Hijri com vida.

Então, o que foi que ele disse? O que Pearl tinha a dizer que acabou convencendo os carrascos a convocar três profissionais do crime para executá-lo? Não podia ser nada relacionado com a chuva, o bom tempo, a vida em Los Angeles, sua profissão, nem mesmo sua visão geral do Paquistão, dos Estados Unidos ou do mundo. Aliás, acredito que Pearl aproveitou aqueles dias para continuar seu trabalho, colher informações sobre o movimento jihadista que estava pesquisando, interrogar aqueles espécimes políticos e humanos que uma Providência infeliz, que não deixava de ser Providência, tinha colocado em seu caminho. Portanto, só vejo uma solução.

Ao mesmo tempo que Pearl interrogava os carrascos, eles também o faziam falar.

Ao mesmo tempo que ele fazia perguntas, suas perguntas também o traíam.

Pearl tentava arrancar a verdade de seus carrascos, mas foram eles que, sem que Pearl soubesse, acabaram verificando o que Pearl sabia e desmascarando-o.

Ou então, uma hipótese um pouco diferente, mas igualmente possível: com sua profissão fora do comum, Pearl solicitava as confidências, as confissões, os detalhes... Quem sabe ele não conseguiu muito mais do que esperava, e os outros perceberam tarde demais que tinham dado informações secretas, sem saber ou sem querer, e se arrependeram da imprudência?

Tenho a sensação, em outras palavras, de que ao longo das conversas, e durante as longas noites de solidão em comum, por exemplo na companhia de Fazal Karim, seu guarda, ficou claro que o prisioneiro de Gulzar e-Hijri sabia demais, e que tinha conseguido arrancar ainda mais de seus seqüestradores — e, nos dois casos, libertá-lo com vida e sabedor de todos esses segredos estava fora de cogitação.

Danny morreu por causa do que sabia.

Danny, o homem que sabia demais.

Minha convicção é que sua morte foi uma morte de jornalista. Ele morreu não apenas pelo que era, mas pelo que estava procurando e talvez escrevendo.

Aliás, foi o que o próprio presidente, Pervez Musharraf, disse no dia seguinte ao crime, num acesso de cólera apavorante, quando declarou que Daniel Pearl tinha sido "*over intrusive*" — curioso demais, intrometido demais, metendo o nariz onde não era chamado.

Musharraf se traiu quando, num comentário citado, entre outros, pelo *The Washington Post* de 3 de maio de 2002, ousou declarar: "Um homem dos meios de comunicação deve estar consciente dos perigos que corre quando entra em zonas perigosas. Pearl, infelizmente, se envolveu demais (*he got over-involved*) no jogo dos serviços secretos".

Esta é minha hipótese.
É a conclusão a que cheguei.
Portanto, a pergunta é: o quê? O que Pearl encontrou, ou estava prestes a encontrar, que poderia condená-lo? Qual o segredo roubado que os carrascos, em hipótese alguma, não podiam deixar que Pearl levasse para o mundo exterior?
As ligações entre a ISI e a Al Qaeda, é claro.
A trama cerrada de relações entre as duas organizações, as duas sociologias.
Pode-se supor, sim, que ele estava seguindo a pista da santa aliança, que o condena e executa justamente por esse motivo.
Mas isso não explica tudo.
Não se mata um homem por descrever, em linhas gerais, os elos entre um serviço secreto e uma organização terrorista.
Não se empregam tantos esforços para matá-lo, não se aciona um sindicato desse porte só porque ele vai expor uma tese sobre o avesso da história de um grande país.
E a verdadeira questão, evidentemente, é saber o que ele encontrou, quais as informações concretas e novas que poderiam ter incomodado uns e outros.
Aqui começa o plano da incerteza.
Aqui, as testemunhas são poucas e, quando existem, se calam ou desconversam.
Até agora, eu tinha algo mais do que conjecturas — mas acho que tenho de me conformar com algo menos do que hipóteses.
Portanto, minhas quase-hipóteses.
Tenho duas distintas, porém não contraditórias.

Mas primeiro — questão de método — um último desvio: de que maneira Daniel Pearl emprega seu tempo nas semanas, nos dias, nas horas que precedem o seqüestro; o que ele viu, o que leu, os artigos que escreveu e as reportagens que estava fazendo, aquela intriga, numa palavra, tecida com o fio da vida, e na qual — como uma tapeçaria onde se esconde um padrão secreto que a ordena — reside provavelmente a explicação de sua morte.

# 3

# NOS PASSOS DE PEARL

Mais uma vez, cito minhas fontes.

O relato de Asif Faruqi, "quebra-galho" de Pearl em Islamabad, em nosso encontro no escritório de sua agência de notícias japonesa.

O testemunho de Jamil Yusuf, ex-empresário que se dedica ao combate ao crime, diretor do Karachi's Citizen-Police Liaison Committee.

O testemunho de outro paquistanês de Peshawar, que me pediu para não ser citado, mas cujas informações me parecem confiáveis. Vamos chamá-lo de Abdullah, para facilitar as coisas, e dizer que é uma espécie de jornalista que trabalha em seu próprio nome para a imprensa paquistanesa e, anonimamente, para jornalistas de passagem.

Por fim, um memorando redigido em 27 de janeiro, ou seja, quatro dias depois do seqüestro, por Mariane Pearl e Asra Nomani, colaboradora de Danny e proprietária da casa que o casal alugou em Karachi. Esse memorando de vinte páginas, redigido às pressas, num momento em que ninguém imaginava ainda o desfecho trágico do seqüestro, se destinava a esclarecer os investigadores e é, portanto, a fonte mais precisa, e mais preciosa.

Pearl, é bom lembrar, chegou ao Paquistão, pela primeira vez, em outubro, pouco antes dos primeiros ataques norte-americanos no Afeganistão. Nos dois meses que ficou ali, escreveu três ou quatro artigos marcantes. No final de novembro, voltou a Bombaim, que em princípio era sua base. E, no dia 15 de dezembro, viajou de novo, dessa vez definitivamente, para Islamabad.

Naquele momento, está sozinho.

Mariane, grávida, permaneceu mais alguns dias na Índia.

— É triste — disse-lhe um colega paquistanês, jornalista do *Dawn*, com o qual ele cruza junto com Asif no bar de um grande hotel do bairro das embaixadas. — O Natal vai chegar, e o senhor estará sozinho.

E ele, sorrindo, sempre fiel a seu lema de nunca mentir sobre o assunto:

— Oh, o Natal... Não sou cristão, o senhor entende... Sou judeu... Os judeus não se importam muito com o Natal...

Com Steve LeVine, correspondente do *Journal* em Alma Ata, na Ásia Central, e de passagem pelo Paquistão, ele começa então uma primeira reportagem sobre os riscos da transferência, para o Afeganistão e os talibãs, do *know-how* nuclear do Paquistão. Pearl segue a pista, principalmente, da Ummah Tameer e-Nau, uma ONG teoricamente ocupada com ajuda humanitária e programas agrícolas, mas que, na verdade, servia de fachada para esse tipo de tráfico, e cujo presidente de honra era nada mais nada menos que o general Hamid Gul, ex-chefe da ISI, mencionado várias vezes neste livro. Também investiga o doutor Bashiruddin Mahmud, cientista paquistanês que se convertera à causa do islamismo e, em agosto, teria se encontrado com Osama Bin Laden.

No dia 23 ou 24, sem LeVine, inicia uma segunda reportagem sobre o contrabando de aparelhos eletrônicos entre o Afeganistão e o Paquistão. Vai a Peshawar. Percorre o imenso Karkhano Market, onde encontra, vindos do Afeganistão, quase todos os produtos que em princípio eram proibidos pelos talibãs, mas que lhes rendiam gordas comissões, como Pearl descobre com surpresa: barbeadores Gillette no país dos barbudos... cigarros Marlboro num país em que era proibido fumar... fitas de vídeo de todos os tipos e os últimos modelos de televisores Sony no país da interdição das imagens e da iconoclastia radical... que comédia! E, para o jornalista sarcástico que Pearl sabia ser, quando o assunto se prestava a isso, que prato cheio!

No dia seguinte, ele começa uma terceira reportagem sobre os grupos fundamentalistas que Musharraf acaba de proibir, mas que continuam a ditar a lei na Caxemira e também, pensa ele, em Lahore e em Karachi. Por isso, vai até Bawahalpur, onde pretende entrevistar Masud Azhar, líder do Jaish e, como já vimos, amigo, mestre e tutor de Omar Sheikh. Mas Masud acaba de ser preso novamente, junto com outros militantes cujos apelos ao *jihad* antiamericano começavam a atrapalhar o projeto da grande aliança antiterrorista acalentado por Musharraf. Então, Pearl tem de se contentar com o irmão de Masud, que, em todo caso, ele suspeita estar envolvido no seqüestro do avião de Kandahar. Visita também os escritórios do Jaish, que, apesar da proibição, continuam funcionando quase de portas abertas, organizando encontros, recrutando. A estadia é curta. Tensa. Pearl só fica trinta e seis horas em Bawahalpur.

No dia 27, três dias depois da publicação de seu artigo sobre a questão nuclear, Pearl é procurado por um desconhecido. Esse homem estranho afirma que leu o artigo, que tem uma maleta de material radioativo, vindo de uma central nuclear na Ucrânia, e que estaria disposto a entregá-la, para ele ou para seu jornal, por cem mil dólares. Danny suspeita de uma impostura. Entra em contato, em Karachi, com um especialista no assunto, funcionário de uma grande embaixada ocidental, que o convence a desistir da idéia. Mas Pearl fica intrigado e retoma suas anotações sobre o assunto. É estranho, diz ele a Asif, nosso artigo de três dias atrás não funcionou. Talvez a data, véspera de Natal... Ou o tom... Ou o fato — vamos ser honestos — de que não tínhamos notícias "quentes" como Seymour M. Hersch do *New Yorker* (29 de outubro de 2001, "Os riscos do arsenal nuclear do Paquistão"), Douglas Frantz e David Rohde do *New York Times* (28 de novembro, "Dois paquistaneses implicados com documentos sobre o Antrax") ou Molly Moore e Kamran Khan do *Washington Post* (12 de dezembro, "Dois especialistas nucleares assessoram Bin Laden, dizem paquistaneses")... Danny se irrita com a idéia de que tem menos informações "quentes" do que o *Washington Post*, o *New York Times* ou o *New Yorker*. Além disso, nos últimos dias ele não pára de receber *e-mails* do jornal, com frases do tipo: "Mexa-se! Procure informações! A concorrência é melhor do que nós! Seja mais exclusivo!" Emulação e concorrência. Pressão da informação-mercadoria. Ele decide procurar, procurar sempre — decide retomar, sem LeVine, sua investigação número 1.

Mariane chega no dia 31 de dezembro.
Danny está no aeroporto de Karachi para recebê-la, feliz como uma criança.
No dia seguinte, 1º de janeiro, o casal voa para Islamabad, onde se encontra com Asif e se instala na pensão habitual, Em Casa, no alto da Murree Road.
Em Islamabad, com Asif, ele começa uma quarta reportagem, muito diferente, sobre os programas de televisão da

Índia e do Paquistão, comparados entre si, e seus efeitos sobre a cultura de guerra que inflama os espíritos nos dois países. Como se diz a guerra? Que vocabulário? Que paixões? Que imagens, e como são comentadas? Haveria, na escalada militar que se sente entre as duas potências nucleares, uma responsabilidade dos jornalistas?

No dia 6, o *Boston Globe* publica um artigo sobre uma figura pouco conhecida do islamismo radical, o xeque Mubarak Ali Shah Gilani, líder da seita al-Fuqrah, que seria o inspirador secreto de Richard Colvin Reid, o homem dos sapatos carregados de explosivos do vôo Paris–Miami. Pearl se apaixona pelo assunto. É exatamente o tipo de personagem que procura no contexto de sua reportagem número 3, que trata dos grupos islamitas proibidos. Encontre alguém, pede ele a Asif, que tenha contato com esse Gilani! Encontre alguém, a qualquer preço, que nos leve até ele!

No dia 7, Asif telefona para um de seus colegas, cujo nome, estranhamente, quase não foi citado nos relatórios da investigação oficial e mesmo, com raras exceções, nos jornais ocidentais. Seu nome é Zafar Malik. É um jornalista do *Jang*, que por esse motivo mantém contato estreito com os grupos jihadistas engajados na luta armada no Afeganistão e na Caxemira.

— Talvez... — diz ele a Asif. — Talvez eu tenha alguém parecido com a pessoa que você está procurando... Ele se chama Arif... Eu o vi quatro ou cinco vezes... A primeira faz um ano, na sede do Harkat ul-Mujahidin, em Rawalpindi... Não o conheço muito bem, vou ver se um contato é possível...

Dois dias mais tarde, no dia 9, Zafar Malik consegue estabelecer o contato. Danny chama um táxi, que vem apanhá-lo na Pensão Em Casa. Acompanhado por Asif, ele segue pela Pindhora Road, até a junção exata entre Islamabad e Rawalpindi. Ali, vê um homem de cerca de vinte anos, barbudo, vestindo um *shalwar kamiz* tradicional, que se apresenta como chefe de uma oficina de confecção em Rawalpindi, e que é aquele Arif mencionado pelo jornalista. O homem entra no táxi.

— Mas é claro... — diz ele. — Gilani... Nada mais fácil do que encontrar Gilani... Posso levar vocês até a casa dele, em Chaklala, nos arredores da cidade, perto da base aérea norte-americana de Islamabad... — Sempre, em todas as circunstâncias, essa proximidade, ao mesmo tempo simbólica e física, dos dois universos: islamismo e *jihad*, de um lado; exército e ISI, do outro...

Só que a casa, quando eles chegam, está vazia, e seu proprietário, segundo os vizinhos, acaba de partir para Chak Shazad, um bairro no outro extremo da cidade, em mais uma dessas casas cujo endereço exato ninguém conhece. Gilani estaria com medo? Teria ouvido rumores sobre o artigo do *Boston Globe*, e isso o deixou inquieto? Ou será que já se estava armando uma armadilha contra Danny?

Ainda no dia 9, em duas ocasiões, a primeira vez às treze horas e cinqüenta e oito minutos, a segunda às quinze horas e trinta e quatro minutos, Danny liga para Khalid Khawaja, ex-agente da ISI, ex-piloto de Bin Laden, ex-*mudjahid* no Afeganistão e islamita convicto, com quem Danny tinha se encontrado, no escritório dele, quando chegou a Islamabad. Foi em Washington que Danny conseguiu as coordenadas de Khawaja. Mas algumas pessoas lhe disseram:

— O tipo é suspeito. Foi ele que, numa declaração à CBS, em julho de 2001, praticamente anunciou o ataque ao World Trade Center. Mas é um sujeito paradoxal, provocador. Tem contatos interessantes. Pode ser uma ajuda.

Então, Danny foi procurá-lo. Aliás, Khawaja foi uma das primeiras pessoas com quem entrou em contato depois de desembarcar no Paquistão. E, para sua grande surpresa, conseguiu se entender bem com ele — não detestou aquele islamita leigo, aquele fundamentalista sem barba, aquele antiamericano impregnado de cultura norte-americana e modelado por seu estilo de vida, que era como a imagem viva de toda a ambivalência, de todo o ódio amoroso da parte mais radical desse mundo muçulmano com relação ao Ocidente. No dia 9, portanto, Danny telefona para Khawaja. E, como acaba de ler no *Boston Globe* de 6 de janeiro que Khawaja é amigo não apenas de Bin Laden, mas também do famoso Gilani, Danny pede:

— Gilani... Faça-me um favor, preciso falar com Gilani... O senhor conhece um meio, qualquer meio, que me ajude a encontrar Gilani?

No dia 10, ao meio dia e vinte e um minutos, Danny liga mais uma vez. A conversa é breve. Trinta e sete segundos. Duas hipóteses. A primeira: ainda Gilani; sempre Gilani; Danny soube na véspera, através de um fonte de Asif, que Gilani tinha se casado com uma prima da mulher de Khawaja e nunca se divorciou dela, mesmo se casando depois com outras; ele descobriu, em outras palavras, que os dois homens tinham ligações mais estreitas do que dizia o *Boston Globe*; assim, Danny liga novamente para o ex-piloto para repetir, cada vez com mais insistência:

— Gilani... É muito importante para mim, vou embora em alguns dias... É a pressão do jornal... Antes de partir, quero me encontrar com Gilani...

A segunda: a questão nuclear; os mistérios daquela transferência de tecnologia sobre a qual, imagino, Khawaja sabia alguma coisa; e se sou capaz de imaginar essa possibilidade, um profissional fora do comum como Daniel Pearl deve ter tido esse pensamento antes de mim; ele liga para Khawaja, nesse caso, para pedir uma conversa não apenas sobre Gilani, mas sobre Sultan Bashiruddin Mahmud e Abdul Majid, dois cientistas atômicos, informados sobre as técnicas mais recentes do enriquecimento de urânio e plutônio, e dos quais a CIA sabe que tiveram contato, em agosto, com Bin Laden e seu comandante, o egípcio Ayman Zawahiri.

Enquanto espera, Danny não perde de vista sua reportagem número 2 — sobre a cultura da guerra e a propaganda. De modo que, ainda no dia 10, encontra-se com Naim Bukhari, produtor de televisão independente e corajoso, homônimo do advogado de Karachi, que lhe diz:

— Você devia acompanhar uma equipe da tevê paquistanesa. Eles estão rodando, neste momento, programas curtos sobre o tema: "O que você pensa da situação? Como encara seus vizinhos indianos? Acha que o Paquistão devia falar mais alto, ser mais duro, mais agressivo?" Você devia acompanhá-los, sim, e ver como eles trabalham.

É o que Danny faz. Ele passa quase o dia inteiro, de caneta na mão, com uma equipe. E fica horrorizado vendo de que maneira o jornalista, de fato, faz suas perguntas. Fica espantado com o fato de que o próprio tom das perguntas já orienta as respostas. Que vergonha, pensa ele! O que é uma televisão com essa mentalidade de dizer às pessoas: "É difícil amar seu próprio país sem odiar seus vizinhos. Um bom paquistanês tem obrigação de desprezar os judeus e os indianos". Não é uma maneira disfarçada de atiçar os espíritos, incitar ao assassinato? Por que não dizer claramente: "Produzido e dirigido pelo Exército paquistanês"?

Ainda no dia 10, na parte da tarde, quando está saindo de um bazar de Rawalpindi, Asif, o "quebra-galho", recebe um telefonema de Arif, o homem que os tinha levado, na véspera, até a casa vazia de Gilani. Arif diz, em resumo:

— Diga a seu chefe que não se desespere! Nem tudo está perdido! Conheço alguém que tem acesso a Gilani e vai estabelecer o contato que vocês estão procurando.

Aquele "alguém", apresentado sob o pseudônimo de Bashir, chama-se, na verdade, Omar Sheikh.

No dia 11 acontece o grande encontro com Bashir, ou Omar. Táxi, como na antevéspera. Ponto de encontro na Pindhora Road. Arif, dessa vez acompanhado por um amigo, igualmente barbudo, que fica em silêncio durante todo o trajeto, espera por eles no mesmo cruzamento e os leva até o Hotel Akbar, quarto 411, onde Omar está esperando. A longa conversa para criar um clima de confiança. Os sanduíches de peito de frango com *bacon*. O café frio trazido pelo homem baixinho de djelaba. Aquele ambiente estranho e tão sórdido que parece não incomodar Danny, ou pelo menos não lhe tira a esperança de continuar sua investigação sobre Gilani.

— Esse Shabir é esquisito — diz ele a seu "quebra-galho", apesar de tudo, ao sair.

— Por que você diz Shabir? — repreende Asif. — Ele disse que se chamava Bashir.

— Não — insiste Danny —, ouvi muito bem, ele disse Shabir.

Na verdade, os dois têm razão. Pois foi ele, Omar, que se enganou e se enredou na própria mentira. Da primeira vez, disse Shabir. Depois, Bashir. Aliás, no dia seguinte, percebendo a gafe, tenta corrigi-la assinando um *e-mail* com aquele nome bizarro, bem pouco paquistanês, que deveria ter chamado a atenção de Pearl, ou pelo menos de Asif: "Bashir Ahmed Shabir Chowdry". O verdadeiro erro de Asif?

No dia 12, Danny está no mercado dos contrabandistas, ainda em Rawalpindi. Mariane queria um aparelho de CD. Então, ele pede um aparelho de CD. Mas, no momento de pagar, exige um recibo. Claro que não, responde o vendedor! Como posso lhe dar um recibo se o senhor está no mercado dos contrabandistas, comprando um objeto roubado? A cena se repete em outra loja. E de novo mais além. Ela se repete o dia inteiro, em toda Rawalpindi. Danny, homem de princípios, faz questão absoluta de um recibo, mas os comerciantes paquistaneses teimam que isso não é possível. Mariane, afinal de contas, fica sem o aparelho de CD, e a reportagem número 2, sobre o comércio de contrabando entre o Afeganistão e o Paquistão (um primeiro artigo, muito bem escrito, excelente, já tinha sido publicado três dias antes), continua progredindo aos poucos, graças à experiência pessoal...

Da noite do dia 12 até o dia 16, ele está em Peshawar. Será que pretende, como Michel Peyrard, passar para o Afeganistão? Será que procura, nas zonas tribais, um vestígio da Al Qaeda e de suas ligações com as gangues pachtos? Acho que não. Daniel Pearl, convém lembrar, não é um repórter de guerra. Quando recebe uma proposta, em novembro, de ir para o Afeganistão, responde:

— Não, não é minha especialidade, é preciso um treinamento para ser repórter de guerra, não tenho esse treinamento.

Por que ele teria mudado de idéia? Por que faria hoje o que não queria fazer ontem? Por que posaria como herói, se não é um personagem luminoso, não tem nada de heróico? Não. Acho que ele tinha duas razões para estar ali. Sua reportagem, ainda, sobre os circuitos da fraude entre o Paquistão e o Afeganistão. Ou então a outra reportagem, que, como sabemos, lhe parecia parcialmente fracassada — uma reportagem que só tinha chances de progredir e alcançar sua verdadeira dimensão naquele local estratégico das relações entre o Paquistão e o Afeganistão que são a cidade e a região de Peshawar: a reportagem sobre a questão nuclear e sobre as possíveis transferências de tecnologia organizadas, em benefício da Al Qaeda, por integrantes da ISI.

No dia 18, ele está de volta a Islamabad, onde fica até o

dia 22. É naqueles dias, como já vimos, que recebe a série de *e-mails* de Bashir, ou Omar. É naqueles dias, em outras palavras, que a "armadilha Gilani" acaba de se fechar sobre ele. De repente, Asif o acha estranho. Ao mesmo tempo febril e esquivo. Entusiástico e ausente. Está escondendo alguma coisa, pensa Asif. E, por mais que o interrogue, Asif percebe que alguma coisa aconteceu e Danny a está escondendo.

— Vou voltar a Karachi — acaba admitindo o repórter do *Wall Street Journal*, pressionado em seu mutismo.

— Por que Karachi? Que idéia esquisita!

— Por que lá vou pegar o avião para Dubai, e depois para os Estados Unidos.

— Mas existem aviões em Islamabad! Por que passar por Karachi?

— Eu sei — diz Danny, cansado daquela insistência. — Tenho outra coisa a fazer em Karachi. Vou me encontrar com Gilani, pronto, mas é um segredo.

Asif, de repente, terrivelmente inquieto. Quase irritado. Por que aqueles segredos, em primeiro lugar? Por que aquela viagem a Karachi sem ele? Os dois iam se despedir ali, poucos dias antes da volta de Danny aos Estados Unidos? Asif tinha se apegado àquele norte-americano entusiasta, virtuoso, tão diferente dos norte-americanos que conhecia. E depois, outra coisa. Foi Asif quem lhe apresentou aquele Arif que lhe apresentou aquele Bashir. Aliás, foi a primeira vez em sua vida que Asif apresentava uma de suas fontes a um cliente. E isso lhe provoca, sem que saiba bem por quê, uma sensação de desconforto, quase de medo...

No dia 22, Pearl está em Karachi.

No dia 23, às onze e meia, ele ainda procura Syed Zulfikar Shah, chefe da imigração no aeroporto da cidade. Depois, entre meio-dia e uma e quinze, conversa com o brigadeiro Tariq Mahmud, diretor da aviação civil. Mariane, em seu memorando, menciona duas entrevistas sobre a questão do crime cibernético. Consegui falar com o brigadeiro Mahmud. Ele foi cauteloso, evidentemente. E reagiu com embaraço quando entendeu por que bati à porta de seu escritório. Mesmo assim, conversamos. Perguntei-lhe que assuntos ele discutiu com o jornalista assassinado. E tive a sensação de que, na entrevista com o brigadeiro, Danny continuava tentando esclarecer as peregrinações de Richard Colvin Reid, e portanto, indiretamente, pensava em Gilani.

Sabemos o que aconteceu em seguida.
Sabemos como Danny passou o tempo, hora por hora, na tarde do dia 23. Entre catorze e trinta e quinze e trinta, Randall Bennett, chefe de segurança na embaixada norte-americana, hoje servindo em Madri:

— Não vá a esse encontro. Não me cheira bem.

O Hotel Marriott a pé. Um telefonema, às quinze horas e trinta minutos, para Steph Laraich, chefe da polícia no consulado francês, que nunca soube como Danny conseguiu seu número e lamenta até hoje não ter atendido a ligação para dizer, ele também: "Cuidado! Não faça isso! Ou trate de providenciar pelo menos uma cobertura, um carro para seguir vocês, alguma coisa". Outro telefonema, às dezesseis horas, para Asif, que ficou em Islamabad e se lembra de uma nuança de angústia pouco comum na voz de Danny:

— Eu estava pensando, de repente... Será que é seguro encontrar esse Gilani?

E ele, Asif, sem querer parecer invejoso ou despeitado:

— É um personagem público. É pouco conhecido, mas é público. Se você se encontrar com ele num lugar público, acho que não tem problema. Só uma coisa: Mariane. Não leve Mariane. O lugar público pode ser uma mesquita, uma *madrasa*, e eu não gostaria que Mariane estivesse presente, com roupas européias e grávida...

Mariane e Asra das dezesseis às dezessete horas. O *cybercafé* do Lakson Square Building, sempre em função do caso Reid. Um telefonema para Jamil Yusuf, às dezessete horas e dez minutos. O encontro, alguns minutos mais tarde, com o mesmo Yusuf, no escritório dele, Governor's House. Yusuf também lhe diz que aquele encontro das dezenove horas no Village Garden não lhe cheira bem. Um telefonema para Asra, que tinha convidado os Pearl para um jantar de despedida, naquela mesma noite:

— Comecem sem mim... Tenho um último compromisso, não demoro...

Por fim, o Village Garden, aonde ele chega no táxi de Nasir Abbas, e onde o espera, às dezenove horas em ponto, um carro, talvez seguido de outro, e precedido de uma moto.

Fazendo um balanço: Daniel Pearl investigou obsessivamente, naquelas quatro ou cinco semanas, duas grandes questões, e aposto que é nessas duas direções que se devem procurar os motivos de seu assassinato — penso que, para compreender, essas duas investigações têm de ser retomadas no ponto em que ele as deixou.

O inatingível Gilani.

E a questão nuclear.

## 4

## OS ASSASSINOS ESTÃO ENTRE NÓS

Gilani.
Por que aquela obsessão pelo pir Mubarak Shah Gilani?
Por que ele, pir Mubarak Shah Gilani, e não, por exemplo, Masud Azhar, ou Ramzi bin al-Shibh, ou mesmo Bin Laden, que, naquelas semanas, vagueia entre o oeste do Afeganistão, as zonas tribais paquistanesas e, talvez, Karachi?
Já dissemos: Richard Reid.
Já dissemos — o próprio Danny disse — que o homem do sapato carregado de explosivos do vôo Paris–Miami era um discípulo de Gilani; que ele, Gilani, lhe tinha dado a ordem de praticar o atentado; e que Danny se interessou por Gilani porque estava investigando o caso Richard Reid.
Pode ser.
Mas uma coisa justifica a outra?
Danny teria insistido tanto, teria mobilizado tantos contatos e tanta energia, teria assumido tantos riscos para reconstituir o itinerário de um simples ladrão de carros londrino, mesmo convertido ao terrorismo?

Quem é aquele homem, em outras palavras, quem é aquele personagem misterioso do qual Pearl esperava obter alguns minutos de entrevista, no último dia de sua estadia, contrariando todas as regras de segurança que ele conhecia melhor do que ninguém?

Moinuddin Haider, ministro do Interior na época de minha viagem de novembro, alegou, como já vimos, que nunca tinha ouvido falar até então nem em Gilani nem em seu movimento, a comunidade al-Fuqrah, literalmente "os Pobres", ou melhor, "os Empobrecidos".

O brigadeiro Javed Iqbal Chima, seu assistente, teve uma reação um pouco diferente, mas que não esclarecia muita coisa:

— Que história é essa de procurar quinze intermediários para falar com Gilani? Quando nós o prendemos, Gilani nos disse: "*OK, gentlemen, I am available. I am not underground*[1]. Quando um jornalista deseja falar comigo, sinto-me honrado. Mas esse senhor Pearl nunca me procurou, nunca telefonou para mim". Então, eu, brigadeiro Javed Iqbal Chima, lhe pergunto: por que o senhor Pearl nunca telefonou para Gilani?

Mas retruquei sem piscar:

— O senhor venceu! Se é tão fácil assim entrevistar Gilani, se Daniel Pearl cometeu o único erro de não pedir educadamente uma entrevista, então sou eu que lhe peço: o senhor pode organizar a coisa para mim? Posso, com sua ajuda, me encontrar com o senhor Gilani?

O brigadeiro, então, ficou sem jeito e tratou de desconversar.

Já falamos também sobre o episódio Hamid Mir, biógrafo e entrevistador oficial de Bin Laden, e sobre o estratagema que ele usou, contra todas as regras da cortesia e, sobretudo,

---

[1] "OK, senhores, estou disponível. Não estou na clandestinidade." (N. do T.)

da honestidade, pretextando um pedido que eu não tinha feito para cancelar um encontro que estava confirmado.

Retomei a investigação a partir dali.

Retomei a investigação, por assim dizer, no ponto em que Pearl a deixou.

Assim como ele, fui até Chaklala, perto da base aérea de Islamabad, onde estaria a residência daquele homem misterioso, mas onde só encontrei uma casa fechada e vazia, que, segundo os vizinhos, tinha sido vendida a "um kuwaitiano" que "pretende fazer ali umas reformas".

Fui até Chak Shazad, onde vi sua outra casa, a que Asif, Arif e Danny tinham procurado em vão em sua expedição do dia 9 — mais modesta que a primeira, térrea, paredes de tijolos aparentes, protegida por cercas de madeira pintada, vazia também, abandonada.

Por fim, fui a Lahore, no centro antigo, onde fica sua verdadeira casa, mais bonita, cingida de muros altos e vigiada como uma fortaleza — e ainda, como revelou o artigo de Farah Stockman no *Boston Globe*, um edifício que causou grande impressão em Danny, a ampla e prestigiosa *madrasa* Jamia e-Namia, em cuja cúpula estão gravados os nomes dos primeiros discípulos norte-americanos de Gilani, convertidos no início dos anos 1980.

Conversei com Zafar Malik, o jornalista do *Jang* que levou Danny e seu "quebra-galho" até a presença de Arif, que por sua vez devia levá-los até a presença de Gilani.

Conversei com Wasim Yusuf, um dos discípulos do mestre, filho de um comerciante de Rawalpindi, que se orgulha de pertencer à al-Fuqrah e que me recebeu com prazer.

E finalmente fui aos Estados Unidos, para onde remetem, como vamos ver a seguir, todas as pistas que levam a este homem e à sua organização...

1. A primeira coisa que constatei é que Gilani lidera um grupo pequeno. Bem pequeno. Pouco conhecido. Nada que ver com as grandes organizações jihadistas com as quais lidei até agora, e que Danny estava investigando durante sua estadia em Peshawar. Nada que possa ser comparado ao Lashkar, ao Jaish e-Mohammed ou ao Harkat ul-Mujahidin, que eram ou tentavam tornar-se organizações de massa. Nada a ver, com relação às intenções e, portanto, ao recrutamento, com aquelas vastas estruturas, aqueles exércitos, que disputam o controle do povo dos mártires de Alá. Algumas centenas de membros. Talvez duzentos. A maioria concentrados exclusivamente na cidade de Lahore, onde Gilani mantém sua residência principal, suas quatro mulheres e seu local de ensino. O homem, aliás, fala pouco. É uma figura secreta, que se apresenta como descendente direto do Profeta; sua última entrevista, quando Pearl se interessa por ele, foi concedida no início dos anos 1990. Uma seita, em resumo. Uma lógica de seita. Fiéis que, como em todas as seitas, assim como nos campos de treinamento, mudam de nome quando são admitidos (Richard Reid, por exemplo, se torna "Abdul Rauf", "Irmão Abdul"). O líder da seita é uma espécie de guru, cujo comportamento não tem muita relação com o de Nizamuddin Shamzai ou Masud Azhar, oradores de massas que pregavam o *jihad* diante da imprensa, em manifestações populares às vezes gigantescas. Não admira que os jornais paquistaneses, tão eloqüentes quando se trata de todos os outros grupos, parecessem desarmados quando, no dia seguinte ao seqüestro, ouviram falar no grupo de Gilani. Não é de admirar, tampouco, que Moinuddin Haider, ministro do Interior, quase nunca tivesse ouvido falar no al-Fuqrah, antes do caso Pearl.

2. Aquele grupo pequeno, aquela seita obscura e misteriosa nem por isso deixava de ter ligações com os

serviços secretos, como todos os outros grupos. Talvez não com Haider, mas seguramente com os serviços secretos. Desconhecido nos fichários policiais, talvez, mas ligado ao "poder invisível", quanto a isso não resta dúvida. Omar, que sabe do que está falando, deixou isso bem claro depois que os Rangers vieram prendê-lo em sua casa de Rawalpindi, quando disse de Gilani: "Ele prestou serviços notáveis ao islã e ao Paquistão". Khalid Khawaja, o ex-piloto de Bin Laden e ex-oficial da ISI que se recusou a me receber, não deixou de dizer, ao telefone, que eu devia "tomar cuidado com Gilani", que Gilani já estava cheio de ver seu nome "regularmente associado a esse maldito caso Pearl", e que, "de tanto procurar, o senhor vai acabar encontrando Gilani — o líder da al-Fuqrah é um vulcão", ameaçou ele; "tome cuidado com os vulcões extintos, eles sempre acabam explodindo". Khawaja, portanto, também deixou isso bem claro, nas declarações que fez, provavelmente para proteger a si próprio e a seu amigo, depois que os dois caíram na mira do FBI por causa do seqüestro. A mesma mensagem foi dada por Vince Cannistraro, ex-chefe do contraterrorismo da CIA que se tornou apresentador de televisão, e que também afirmou, sem papas na língua, no calor das primeiras investigações, que Gilani era "intocável", pois tem vários "ex-oficiais graduados da ISI no quadro dirigente de sua organização". O próprio Gilani, quando os policiais de Rawalpindi vieram prendê-lo, fez o que, segundo o policial Tariq, fazem todos os jihadistas no momento da prisão: trocando imediatamente sua pose de venerável pela de mafioso que acaba de ser encurralado, ele deu os nomes de seus contatos, confidenciou um ou dois segredos sem importância e declarou que, nos anos 1980, tinha informado os serviços secretos sobre o que via e ouvia em suas estadias, então freqüentes, nos Estados Unidos. Graças a isso, o último contato conhecido de Daniel Pearl, seu último compromisso antes do seqüestro, o homem que ele queria e pensava encontrar ao chegar ao Village Garden, foi libertado depois de três dias e nunca mais foi incomodado.

3. Como a maioria dos outros gupos, provavelmente até de maneira mais estreita, mais orgânica, o grupo de Gilani está ligado a Bin Laden. Gilani nega essa ligação, evidentemente. Mas ele a nega hoje, depois que passou a ser investigado. Pois existe a declaração de Khawaja ao repórter do *CBS News*, George Crille, alguns dias após a morte de Pearl: "No Paquistão, Osama não tem outro discípulo tão dedicado (*one of his followers as committed*) quanto o xeque Mubarak Gilani". E existe, sobretudo, aquele vídeo rodado para a televisão canadense, em dezembro de 1993, em Khartum, onde se vê o líder da al-Fuqrah na grande "reunião de cúpula do terrorismo" convocada por Hassan el-Turabi, homem forte da política sudanesa da época. Vemos ali mulás afegãos e iranianos. Delegados dos movimentos de George Habache e Nayef Hawatmeh. Representantes do Hamas, do Jihad Islâmico, do Hezbollah libanês. Em suma, o catálogo mundial do terrorismo. Além disso, de mãos dadas com Gilani, um empresário saudita pouco conhecido, veterano do *jihad* anti-soviético, Osama Bin Laden. "É verdade", pergunta o jornalista ao paquistanês, "que os dois homens presos recentemente numa investigação sobre projetos de atentados anti-indianos são seus discípulos?" E ele, numa mescla insuportável de cautela e insolência: "Um deles, sim. Admito que um deles estudou em nossa escola de Lahore. Mas é uma exceção. Pois, geralmente, quando esses rapazes passam por nós, param de fumar, de roubar, de vadiar, tornam-se bons cidadãos..." Naquela época, Bin Laden tece as primeiras malhas de sua rede. Para ele, Gilani é um aliado, uma antena em Nova York — e talvez mais do que isso.

4. Por que mais do que isso? Havia várias modalidades da ligação com Bin Laden? É evidente. Há uma distinção essencial que os comentadores europeus não costumam levar em conta. De um lado, existe a Al Qaeda propriamente dita, uma organização puramente árabe, ou mesmo saudita, com algumas centenas de membros diretamente ligados a Bin Laden, que garantem sua proteção pessoal e formam no Afeganistão, junto com alguns argelinos, marroquinos, palestinos, egípcios e principalmente iemenitas, a famosa Brigada 055, que foi "emprestada" aos talibãs em 1997 para a tomada de Mazar e-Sharif. De outro lado, existe a Frente Internacional Islâmica para o *jihad*, contra os Estados Unidos e Israel, que é, como seu nome indica, uma organização internacional, uma federação de grupos irmãos, ligados à pessoa do emir, mas mantidos à distância do núcleo central — uma espécie de Komintern do jihadismo, que conta com várias dezenas de milhares de combatentes e gravita em torno de um Centro que, bem de acordo com a modernidade, não teria mais um território. Pois bem, Gilani não é um membro da Frente Internacional. E tampouco é "integrante direto" da Al Qaeda. Mas, em comparação com os outros líderes dos grupos irmãos, tem um *status* especial que não é o de membro do Komintern terrorista. "Pir Mubarak Shah Gilani é um mestre", disse-me Wasim Yusuf. "Até Osama se inclina diante de pir Mubarak Shah Gilani. O senhor sabia que 'pir', em urdu, significa 'mestre venerado'?" Ou seja, havia um elo de outra natureza. Uma espécie de ascendente ideológico, até político, de Gilani sobre Osama. O líder da Al Qaeda é um general. E é sem dúvida um bom administrador. Mas seria também um bom ideólogo? Um mestre espiritual? Um leitor especialmente atento do Alcorão? As pessoas que tiveram contato com ele duvidam disso. Todos os que analisaram o discurso do fundador da Al Qaeda e a evolução de seu estilo ao longo dos anos sentem que esse mestre teve

outros mestres, gurus de alto vôo, tutores ideológicos e políticos, inspiradores mais ou menos secretos que o ajudaram a tornar-se o que é. Basta lembrar aquele diálogo quase cômico com seu entrevistador oficial Hamid Mir, que conversa com ele — estamos em novembro de 2001 — sobre o ataque contra as Torres, que o interroga sobre os fundamentos da *fatwah* que ele pronunciou contra os civis norte-americanos e que, no calor da discussão, lhe pergunta como ele resolve teologicamente o problema espinhoso dos norte-americanos que também são muçulmanos, e que apesar disso morreram no atentado: "Você está me colocando numa armadilha", responde um Osama desamparado, perdendo o pé. "Vou consultar meus amigos e amanhã de manhã lhe dou uma resposta." Sabe-se que o mufti Nizamuddin Shamzai, o reitor da mesquita de Binori Town, é um desses "amigos". Sabe-se que o xeque Abdullah Azzam, fundamentalista palestino que cria no início dos anos 1980, em Peshawar, o Centro al-Kifah, e que é considerado um dos inventores, até sua morte em 1989, de um *jihad* autenticamente transnacional, foi outro desses mestres secretos. Pois bem, talvez Gilani tenha sido mais um deles. Talvez seja esse o significado do vídeo de atualidades canadense, onde se vê o chefe da Al Qaeda tão bem-comportado, tão modesto, ao lado do mestre de Lahore. E talvez fosse essa uma das hipóteses de Daniel Pearl.

5. Pois qual é a ideologia da al-Fuqrah? E o que a distingue da ideologia que atua nas outras organizações jihadistas? Tenho dois documentos diante de mim. Um livrinho de propaganda redigido em árabe, que dá a visão de Gilani sobre a Guerra Santa, e um mapa-múndi distribuído aos fiéis, intitulado "Os Estados Unidos do Islã", que mostra, numa mancha contínua de cor verde, com uma bandeira verde hasteada bem no meio, todo o universo do islã, desde as Filipinas e o Xinjiang até o oeste da África,

passando pelo Oriente Médio e a Turquia. O mapa, evidentemente, é interessante. E mais interessante ainda é outro mapa menor, como um medalhão embaixo do maior, mostrando os mesmos "Estados Unidos do Islã", mas "daqui a vinte anos": é a totalidade do planeta em cor verde... O último infiel cedeu finalmente! A *Ummah* planetária se tornou realidade! Mas o essencial é o livro, onde se encontram, no mais puro estilo sectário, "poemas" do mestre em torno de três temas básicos. Primeiro, o *jihad*: o hino ao "metralhador", que faz a força do "verdadeiro fiel"; a exortação de "nosso xeque Gilani" a "preparar sua cabeça para o sacrifício"; a nostalgia do tempo em que os "guerreiros de Alá" souberam colocar a Europa de joelhos; e a idéia de que, com o desaparecimento da União Soviética, uma Terceira Guerra Mundial começara, da qual o islã sairia vencedor. Em seguida, o tema da "pureza"; a idéia de que o islã foi "corrompido" por uma convivência muito longa com os ocidentais e o Ocidente; a obsessão do retorno, contra todos os heréticos "vendidos aos sionistas e aos cruzados", às fontes da verdadeira Fé; a idéia de que esse retorno só é possível por meio da violência. Por fim, uma temática que me parece menos habitual no islã, e que trata da presença, neste mundo, de "forças do mal" ou "forças de baixo" formando uma espécie de reverso invisível do mundo visível: um islamismo mágico; um islamismo esotérico e negro; um islamismo quase satânico, que, a partir do início da década de 1990, anuncia aos norte-americanos que as potências ocultas estão à espreita e que tornados sem conta e terremotos apavorantes vão se desencadear contra as manifestações de seu poder e orgulho. Não tenho coragem de especular aqui sobre as hipóteses de Daniel Pearl. Minha tese pessoal é que existe nessa literatura estranha um tom, uma loucura, um poder mórbido que só podiam ter seduzido Bin Laden.

6. Mas não é tudo. Falta o aspecto essencial, que com certeza chamou a atenção de Danny e contribuiu para seu desejo de se encontrar com Gilani. Aquele grupelho, aquela seita de fanáticos escolhidos a dedo, que não conta com mais de duzentos ou trezentos fiéis em Lahore, tem mais poder e penetração em outro lugar do mundo — um país onde recruta fiéis incontáveis, com um perfil popular que nunca teve no Paquistão. Esse país não é o Iêmen, nem a Indonésia, nem o Iraque, nem outro país incluído no "Eixo do Mal" do senhor Bush. Esse país é... os Estados Unidos da América! A história começa no início dos anos 1980, numa mesquita do Brooklyn na qual um jovem imã chamado Gilani dá seus primeiros passos de "mestre venerado". Estamos no início da guerra no Afeganistão. A opinião pública norte-americana apóia os combatentes da liberdade, que de Kandahar ao Panshir resistem ao exército soviético. Pois é nessa época que Gilani, mais loquaz do que hoje, mais barulhento, geralmente usando uniforme militar coberto de cartucheiras, funda em sua mesquita, em plena Nova York, a seita al-Fuqrah, cuja razão de ser é o recrutamento de voluntários para o *jihad* nas comunidades negras norte-americanas, muitas vezes entre as pessoas mais humildes, às vezes reincidentes da justiça, tentando se reabilitar, de preferência também entre os "convertidos", que parecem ser, naquela época, sua verdadeira especialidade, seu *habitat* natural. Hoje, vinte anos se passaram. A guerra do Afeganistão está longe. A seita al-Fuqrah acabou sendo proibida. E o próprio Gilani, depois de 1993 e do primeiro atentado contra o World Trade Center, preferiu deixar os Estados Unidos e continuar dirigindo sua rede a partir de Lahore. Mas o fato é que a al-Fuqrah nasceu em Nova York. A al-Fuqrah foi primeiro uma organização norte-americana. É nos Estados Unidos que a al-Fuqrah tinha e ainda tem a maior parte de seus discípulos. Seus primeiros atos de violência, seus primeiros assassinatos,

suas bombas nos hotéis, nas lojas, nos cinemas administrados por indianos, seus acertos de contas entre comunidades que levaram à execução — entre outras pessoas, de um imã no Brooklyn e de outro em Tucson — foram cometidos nos Estados Unidos da América.

7. Mas Gilani, provavelmente sabendo que a violência da al-Fuqrah acabaria, mais cedo ou mais tarde, sendo reprimida pelas autoridades encarregadas da luta antiterrorista, ou pelo menos da repressão ao crime organizado, tomou muito cedo a precaução, desde o início da década de 1990, de criar outra organização, e até mesmo duas, que são as fachadas democráticas da seita e que, no momento em que Pearl tenta conversar com ele, assim como no momento em que eu, por minha vez, tento retomar a investigação, estão em plena expansão. Uma delas se chama Muslims of America. A outra, International Quranic Open University. E seu principal objetivo é promover as atividades da al-Fuqrah que aparentemente não contrariam a lei, e portanto podem servir como fachada para as outras. O ensino, evidentemente. As campanhas de esclarecimento sobre os "povos muçulmanos martirizados". A Bósnia. A Tchetchênia. A resistência intelectual à "propaganda do *lobby* sionista". E finalmente a criação, que sempre foi um dos objetivos da al-Fuqrah, talvez sua missão mais "sagrada", ou pelo menos aquela de que Gilani se orgulhava mais, de pequenas "*jamaats*", ou "comunidades" de fiéis, que se identificam com os ensinamentos do mestre e fundam nas zonas rurais, longe da poluição moral e do clima gangrenoso e decadente das grandes metrópoles, falanstérios onde todos vivem segundo os preceitos do islã. Falanstérios desse gênero existem atualmente na Virgínia, no Colorado, na Califórnia, na Pensilvânia, na Carolina do Sul, no Canadá, no Caribe. Ao todo, são algumas dezenas, talvez trinta, dessas estranhas

"bases verdes", onde vivem vários milhares de "irmãos", vindos de todos os cantos dos Estados Unidos, onde a vida é regrada pelos preceitos do Alcorão, bastante "modificados" pelo pensamento de Gilani. E são essas aldeias-modelo, esses colcoses islamitas em território inimigo, são essas centenas de hectares comprados nas regiões mais desertas e oferecidos, em seguida, aos fiéis que ouviram o mandamento de abandonar as cidades do Demônio, de voltar ao deserto, ou pelo menos à terra e à sua verdade para criar, sob os olhos de Alá, contra-sociedades protegidas da corrupção do mundo materialista e ateu — são esses enclaves islamitas no coração da América de Bush que permitem dizer, a respeito da organização que Danny estava investigando, que ela é também, ou acima de tudo, uma organização norte-americana.

8. Visitei um desses enclaves. Fui até Tompkins, no Estado de Delaware, onde um punhado de fiéis fundou, há dez anos, uma dessas aldeias-modelo que cresceu com o tempo, e hoje conta com pouco mais de trezentas almas. Uma paisagem de prados e colinas. Uma estrada de mão dupla, completamente deserta, que vai dar num portão de ferro muito simples. Uma guarita. Um velho bonachão que faz o papel de guarda. *Trailers* em círculo, como nos filmes de bangue-bangue. Outros, isolados. Estamos no centro daquilo que os vizinhos do condado chamam, com uma nuança de temor ou superstição, "Islamberg". Os *trailers* em círculo são a escola. O primeiro *trailer* logo depois é a antiga mesquita. Há outra mesquita, maior, construída com tijolos de verdade. E também uma loja, construída de verdade, onde se vendem os artigos de primeira necessidade, para que os "irmãos" não tenham de sair da aldeia e possam viver ali, se quiserem, numa espécie de autarquia. No alto daquela colina, fica a escola dos adultos. E lá, na outra colina, uma oficina

de conserto, ou de recuperação, ou os dois, não sei, onde trabalha um dos raros brancos da aldeia.

— Não temos nada a ver com a al-Fuqrah — protesta Barry, um negrão esportivo e franco, que trabalha como dono de restaurante em Nova York mas há oito anos vive ali com a família. — Somos ligados a um grupo chamado Muslims of America, uma organização pacífica que prega o estudo e o recolhimento.

Outro morador, médico no Brooklyn, que como Barry faz o trajeto todos os dias e exibe a mesma atitude de pioneiro descontraído e ecológico:

— Não temos nada a ver com terrorismo. Nenhum de nós nunca esteve envolvido em alguma ação desse tipo. O senhor sabia que as crianças da escola comunitária foram correndo a Nova York, já no dia 12 de setembro, para participar, junto com os bombeiros, da remoção dos escombros de Ground Zero? Ninguém é mais patriota do que nós.

Pode ser. Tudo isso deve ser verdade. E não há dúvida de que Islamberg, aquele universo bucólico de bom aroma, aquela utopia campestre com vida ao livre, aquela comunidade próspera que parece estar a cem léguas do mundo de vagabundos e pés-rapados que era o destino da al-Fuqrah no início, e ao qual ainda pertence alguém como Richard Reid, não segue o esquema do campo de treinamento tradicional. Lembra mais uma comunidade do tipo Larzac ou Lubéron. Só que...

9. Sim, só que a seita tem outro rosto. Não me refiro ao passado criminoso da al-Fuqrah propriamente dita, embora Barry e os seus argumentem que não têm nada com isso, pois não pertencem à al-Fuqrah, e sim à Muslims of America ou à International Quranic Open University. Não me refiro a tudo o que se sabe, hoje em dia, sobre os treze assassinatos e dezessete atentados a bomba cometidos pelos homens de

Gilani, nos anos 1980, nos Estados Unidos. Não me refiro à batida policial ocorrida em 1989, num de seus esconderijos do Colorado, que levou à descoberta de um arsenal de armas semi-automáticas, quinze quilos de explosivos, registros de segurança social e certidões de nascimento em branco, carteiras de motorista falsificadas, plantas das pontes de Nova York, fotos de centrais elétricas e instalações petrolíferas, manuais de guerrilha, assim como anotações comprovando que se preparava um atentado contra um imã de Tucson, Rashad Khalifa, que aliás foi de fato executado. Não me refiro — e aqui já não estamos totalmente no âmbito da al-Fuqrah, e sim da Muslims of America — a todo o sistema de ONGs criado na década de 1990, funcionando como sociedades de fachada, que permitiram, só no Estado da Califórnia, arrecadar um milhão e trezentos mil dólares, imediatamente transferidos para a sede em Lahore. O importante é que as amáveis comunidades rurais da Muslims of America e da International Quranic Open University continuam seguindo, como se não tivessem nada com isso, os ensinamentos do mestre da al-Fuqrah. O importante é que a sigla da seita continua visível no portão de algumas aldeias. O importante é aquele vídeo, exibido durante um dos inúmeros processos movidos nos últimos anos pela justiça norte-americana, e às vezes canadense, contra a organização, e onde se vê Gilani, de uniforme por cima do *shalwar kamiz*, presidindo a uma sessão de treinamento militar numa paisagem de colinas verdejantes, que poderia ser a de Islamberg, e declarando:

— Damos a nossos recrutas um treinamento de guerrilha altamente especializado. Vocês podem se juntar a nós facilmente, nos escritórios da universidade islâmica aberta, no Estado de Nova York, no Michigan, na Carolina do Sul, no Canadá, no Paquistão... Onde estivermos, vocês podem nos encontrar.

O importante, o essencial, pois é o fato mais recente, é aquela investigação do FBI em 2001, depois do assassinato de um *sheriff deputy* na comunidade de Baladullah (em árabe, "Cidade de Deus"), nos contrafortes de Sierra Nevada, concluindo que o acusado era membro das *duas* organizações. E, por fim, houve o caso de John Muhammad, o famoso *sniper*[1] que aterrorizou Nova York, um convertido que deixou a Nation of Islam (organização relativamente moderada) para aderir não apenas à al-Fuqrah, como também à Muslims of America (que surge, de repente, como uma organização ligada a assassinos, capaz de inspirá-los). Conheço as conclusões de Douglas Wamsley, encarregado pelo ministro da Justiça do Colorado de investigar um dos crimes mais recentes dos homens de Gilani. Conheço também os relatórios de Thomas Gallagher no Delaware, as conclusões do inquérito sobre o crime de Baladullah ou os autos do processo, em 2001, de James D. Williams, condenado a sessenta e nove anos de prisão por tentativa de assassinato e extorsão em benefício da al-Fuqrah. Nenhuma dessas pessoas acredita na autonomia real das duas organizações. Nenhuma delas duvida de que Gilani inspirou os fourieristas do islã e a seita dos assassinos — e que a divisão de papéis entre uns e outros é, em grande parte, uma farsa.

10. Daí, evidentemente, a pergunta mais simples, e ao mesmo tempo a mais perturbadora: por que os Estados Unidos não fazem nada? Por que as autoridades toleram a Muslims of America? E, quanto à própria al-Fuqrah, da qual o Departamento de Estado em 1998, no relatório anual *Patterns of Global Terrorism*, dizia que "seus membros atacaram várias vítimas consideradas inimigas do islã, entre as quais muçulmanos tidos como heréticos ou hindus", por

---

[1] *Sniper*: franco-atirador e de longa distância, que atinge as vítimas uma a uma. (N. do T.)

que esperar até o ano 2000 para proibi-la? Talvez porque, durante muito tempo, as vítimas fossem "apenas" muçulmanos ou hindus... Sem dúvida, também, o respeito à lei e o fato de que, em vários casos, como em Islamberg, é impossível comprovar a menor conexão com uma atividade ou um complô terrorista concretos... Mas eu me pergunto se não existe outra razão, mais profunda, que nos faria voltar àqueles tempos remotos, quase esquecidos, nos quais a administração norte-americana, lutando contra o comunismo mundial, apoiava todas as forças que, de uma maneira ou de outra, podiam se opor a ele — a começar pelos movimentos fundamentalistas no Usbequistão, no Tadjiquistão, no Turcomenistão, no Afeganistão e, claro, no Paquistão. A época de Zbigniew Brezinski, o Paul Wolfowitz de Jimmy Carter... A época de William Casey, diretor da CIA de 1981 a 1987, que deu carta branca à ISI para recrutar, armar e treinar dezenas de milhares de combatentes árabes que deveriam lutar por sua fé e ao mesmo tempo combater o Império do Mal do momento... A época, em seguida, na qual a administração norte-americana apoiou o FIS na Argélia, os talibãs em Kandahar e Cabul, os Irmãos muçulmanos e as correntes wahabitas nos países árabes, os grupos tchetchenes mais violentos... A época na qual, já no Afeganistão, bem antes dos talibãs, joga-se Gulbuddin Heykmatiar contra Massud, os "loucos de Deus" contra os democratas... A época na qual, contra a revolução xiita no Irã, julga-se necessário apoiar, no mundo inteiro, os sunitas mais radicais... E a época em que acontecem coisas absurdas nos Estados Unidos, que, retrospectivamente, dão vertigem: Ramzi Yusef, o futuro cérebro do atentado contra o World Trade Center, recrutado pela CIA... o visto dado pela embaixada de Khartum ao xeque cego Omar Abdel Raman, já implicado no assassinato de Sadate em Oklahoma City, em 1988 e 1992, duas reuniões de cúpula do islamismo radical, duas conferências internacionais, onde tomam a palavra alguns dos cérebros dos dois ataques contra o World Trade Center, o de 1993 e o de 2001... Azzam, o inspirador palestino de Bin Laden, autorizado a abrir em plena Nova York um escritório de recrutamento de seu Centro al-Kifah... e finalmente o pir Mubarak Shah Gilani, que tinha ligações com os serviços secretos paquistaneses, mas também — quem sabe? — com os norte-americanos.

Daniel Pearl estava investigando as ramificações da Al Qaeda nos Estados Unidos? A chave do mistério de sua morte estaria, também, nos armários e discos rígidos das agências de Washington? O que se espera é o reconhecimento claro e público pelas pessoas interessadas por esse formidável erro histórico que fez que os líderes do mundo livre alimentassem em seu seio e às vezes gerassem o espectro que hoje é preciso desalojar de todos os cantos do planeta. É isso, talvez, o que esperava Pearl. É essa discussão, talvez, que ele pretendia suscitar.

5

# UMA BOMBA PARA BIN LADEN?

— Alguns jornais, no Ocidente, dizem que o senhor está adquirindo armas químicas e nucleares. Até que ponto isso é verdade?

— Ontem, ouvi realmente o discurso do presidente norte-americano Bush. Ele tentava inquietar os europeus dizendo que vou atacá-los com armas de destruição em massa. Pois bem, tenho a declarar que sim, se a América resolvesse usar armas químicas ou nucleares contra nós, poderíamos replicar com armas químicas e nucleares. Temos meios de dissuasão.

— De onde vêm essas armas?

— Vamos passar para a próxima pergunta...

O autor desses comentários é Osama Bin Laden.

É sua última entrevista depois do 11 de setembro e do ataque às Torres.

E o homem a quem ele se dirige é Hamid Mir, ex-diretor do jornal em urdu de Islamabad, que cancelou nosso encontro de maneira tão estranha, alegando que o que eu pretendia, por meio dele, era chegar até Gilani — e que foi também, juntamente com Khawaja, um dos primeiros contatos de Daniel Pearl em Islamabad.

Então, seria essa a outra chave do mistério?

Essa pergunta da qual Bin Laden, em sua entrevista com Mir, tenta se esquivar, seria um dos temas da investigação de Pearl?

Ele tinha informações — e quais seriam? — sobre a questão apavorante de saber se o emir da Al Qaeda está blefando quando se exprime assim, ou se realmente dispõe (e, neste caso, como? onde? graças a quem?) de armas de destruição em massa, suscetíveis de inverter de maneira decisiva, em seu favor, a relação de forças com o mundo civilizado?

Acredito que sim.

Acho, ou melhor, suponho que Pearl também estivesse seguindo essa pista.

E, se ele estivesse certo, haveria aqui uma segunda explicação possível de sua morte.

O ponto de partida, o indício mais sólido de que disponho é evidentemente o artigo de 24 de dezembro, que Danny assinou junto com LeVine, lamentando, como vimos, que não tivesse tido mais repercussão.

Mas o que os autores dizem exatamente neste artigo?

Eles contam, repito, como chegaram até uma dessas ONGs paquistanesas que teoricamente conduziam projetos humanitários no Afeganistão dos talibãs, e que se chama UTN, ou Ummah Tamir e-Nau, a Reconstrução da Ummah Muçulmana.

Contam que o presidente "honorário" dessa UTN, encarregado principalmente de atrair investidores paquistaneses e árabes para grandes projetos de desenvolvimento agrícola que se pretendia implantar na região de Kandahar, era nada mais nada menos do que Hamid Gul, ex-chefe da

ISI, aposentado há doze anos, mas que conservou, como seria de se esperar, conexões da antiga profissão.

Revelam ainda que o chefe de operações da organização é um tal Bashiruddin Mahmud, de sessenta e um anos, islamita, discípulo de Israr Ahmed, outro ulemá de Lahore considerado, como Gilani, um dos gurus mais ou menos secretos do fundamentalismo paquistanês, e de Bin Laden em especial — mas também, coisa espantosa, cientista de grande renome, inventor da usina de fabricação de plutônio construída, com a ajuda dos chineses, em Khusab, e diretor da Comissão de Energia Nuclear paquistanesa até 1999 (data em que suas orientações políticas, seus protestos veementes e públicos contra a ratificação, por parte de seu país, do Tratado de Não-Proliferação de Armas Nucleares, começaram a preocupar os serviços secretos norte-americanos e provocaram seu afastamento).

Por fim, os autores revelam que os dois homens, Gul e Mahmud, o general e o cientista, se encontraram em Cabul, em circunstâncias muito estranhas, no final de agosto de 2001 — quando o segundo já tinha estado, no início do mês, em Kandahar, não apenas com os chefes talibãs, mas com Bin Laden em pessoa...

Então, Gul tenta negar — e o artigo também afirma isso — que tivesse conhecimento de um encontro entre Mahmud e Bin Laden.

O próprio Mahmud alega: "Claro que não! Minhas viagens pelo Afeganistão, meus encontros com uns e outros nada têm que ver com minha antiga profissão, nem, portanto, com os segredos nucleares do Paquistão. Eu queria colaborar para o desenvolvimento desse pobre país; queria financiar moinhos de cereais, refletir sobre a exploração de suas jazidas de petróleo e gás, de suas minas de ferro e carvão; e desejava ajudar meu filho em seu projeto de abrir um banco em Cabul".

E tenta argumentar àqueles que criticam seu encontro com o emir da Al Qaeda: "Não estamos falando da mesma pessoa. O homem que conheci é um amigo da espécie humana, bom, generoso, que faz doações, sem pensar duas vezes, para reformar escolas, abrir orfanatos, criar fundos de amparo às viúvas de guerra. Que Deus proteja Osama!"

E o governador paquistanês, sobretudo, cedendo à pressão dos serviços secretos "amigos", especialmente norte-americanos (aliás, ele parece ter obtido, alguns dias antes da publicação do artigo, o bloqueio das contas da UTN), bem que tenta prender Mahmud, interrogá-lo, mantê-lo algumas semanas em detenção, depois em prisão domiciliar.

Mas o fato é inegável.

Bin Laden manteve contato com um dos pais da bomba paquistanesa.

Provavelmente — segundo outra informação do artigo, fornecida por um ex-coronel da ISI —, um primeiro encontro teria ocorrido no ano anterior.

Sabendo como funciona o Afeganistão, e como é rígido o controle dos serviços secretos sobre as idas e vindas dos cientistas implicados de uma maneira ou de outra — e Mahmud, insistem Pearl e LeVine, não é um cientista qualquer! — nas usinas nucleares, não se pode conceber que essas viagens pelo Afeganistão, esses encontros com Bin Laden, essas conversas acontecessem sem o conhecimento de Islamabad.

Pearl tem razão em lamentar a falta de repercussão de seu artigo. Pois o texto aponta em duas direções. Os contatos entre um cientista atômico e a Al Qaeda. E a conivência do governo paquistanês diante disso, um governo do qual se pensa, no Ocidente, que mantém seus armamentos mais perigosos trancados a sete chaves.

A partir daí, tentei investigar por conta própria — assim como no caso Gilani, tentei retomar, com os meios que tinha à disposição, a reportagem que Danny não pôde terminar.

Mahmud, por exemplo. O personagem Mahmud, sobre o qual faço depressa duas descobertas suplementares. A primeira: longe de ser um islamita qualquer, perdido no lameiro dos inúmeros simpatizantes do movimento, Mahmud é militante ativo de um dos grupos mais radicais e, como sabemos hoje, um dos mais sanguinários de todos os que povoam o país — é um ativista do Harkat ul-Mujahidin, que teve papel central, como vimos, no seqüestro e execução do próprio Pearl. A segunda: longe de se deter no limite onde começa sua outra paixão, longe de entregar os pontos e se eclipsar nos momentos em que a ciência fala mais alto, longe de ser um problema de consciência sem efeito sobre a atividade do cientista, o islamismo de Mahmud contamina tudo, corrói até mesmo sua profissão, e lhe inspira uma teoria apavorante que deveria ser levada em conta, no Ocidente, por aqueles que vivem na certeza confortável de um poder paquistanês que pode ter todos os defeitos, mas guarda seu arsenal a sete chaves — a teoria segundo a qual a bomba paquistanesa não seria paquistanesa, e sim islâmica, e pertenceria de direito, portanto, à comunidade inteira dos fiéis, à Ummah.

Em seguida, Abdul Qadir Khan, chefe de Mahmud e o verdadeiro pai, aliás, da bomba atômica testada pela primeira vez em 28 de maio de 1998. Pearl e LeVine não o mencionam. E no entanto... é uma celebridade nacional e popular. Um novo Jinnah. Uma estrela. É o homem que colheu os louros de ter devolvido ao país, quando lhe deu a bomba, sua honra e seu orgulho. Existem canções a seu respeito. Ele é aclamado nas ruas de Karachi. Seu nascimento é celebrado nas mesquitas do Paquistão. E nunca me aconteceu de mencionar esse personagem sem ver o rosto de meu interlocutor, de qualquer meio social, qualquer origem ou qualquer sensibilidade, iluminando-se como se eu falasse de um santo ou um herói. Pois bem, aquele homem é membro do Lashkar e-Toiba. Aquele sábio, aquele Oppenheimer[1] paquistanês, aquele cérebro cujo nome foi dado, ainda em vida, ao maior laboratório nuclear do país, é membro oficial de uma organização de terroristas que integra, juntamente com o Harkat, o círculo mais próximo da Al Qaeda. Nuclear e fanático. Detentor dos verdadeiros códigos da bomba, e claramente ligado a Bin Laden. Não precisamos nos apavorar pensando no que aconteceria se, por acaso, Musharraf fosse derrubado e cedesse o lugar para uma corja de "loucos de Deus". A corja já existe. Os loucos de Deus estão de prontidão. São os inventores, e portanto têm a chave, o código de acesso dos silos, dos sistemas de transmissão e das ogivas paquistanesas. Assustador.

A opinião pública. A opinião, mais exatamente, dos grupos jihadistas em cuja companhia, de perto ou de longe, estou vivendo há quase um ano. Descubro, de repente, que esses grupos, além de uma opinião sobre o *jihad*, além de uma posição sobre as questões sociais ou o *status* da mulher no islã, além de uma linha ou uma ortodoxia sobre os grandes debates ligados à interpretação dos ditos do Profeta, têm, da mesma maneira e com idêntico sentimento de certeza, uma linha, uma ortodoxia, uma convicção nucleares. Prova disso é aquela mesquita de Peshawar na qual um pregador do Lashkar e-Toiba, durante minha passagem em novembro, advertia Musharraf contra o crime que consistiria em "sucatear o patrimônio nuclear do país". Prova disso, no exemplar do *Zarb e-Momin* que meu estranho visitante de dezembro acabou deixando sobre a mesa, é aquele "artigo de fundo" no qual o emir do Jamaat e-Islami adverte os dirigentes de que "a nação como um todo" se revoltaria se eles cedessem às injunções "sionistas e norte-americanas" de renunciar à "bomba islâmica". E o emir se insurgia: eles

---

[1] Jacob Robert Oppenheimer (1904-1967), físico judeu considerado o pai da bomba atômica nos Estados Unidos. (N. do T.)

que tentem tratar os muçulmanos como cães, mais uma vez! Os judeus têm a bomba; os norte-americanos têm a bomba; até os franceses têm a bomba; por que seríamos os únicos proibidos de usar a bomba? E uma última prova disso é a declaração do mufti Nizamuddin Shamzai, reitor de Binori Town, há dois anos, em outro jornal do movimento. Evidentemente, eu já tinha minhas dúvidas sobre a "alta espiritualidade" do reitor, mas seus comentários me parecem agora francamente alucinantes: o Alcorão ordena aos muçulmanos que criem uma "forte capacidade de defesa", e quando os dirigentes paquistaneses renunciam a isso, quando assinam tratados pérfidos de não-proliferação impostos pelo inimigo sionista, estão cometendo um gesto de "alta traição", um ato "não-islâmico", uma "rebelião contra os mandamentos de Alá Todo-Poderoso". Existe outro país do mundo onde a questão da bomba tenha esse *status* de grande causa nacional? Outro país no qual o dia do primeiro teste nuclear — 28 de maio — tenha quase um caráter de festa religiosa, e onde as pessos desfilem por trás de bandeirolas ornadas com o "Haft", o míssil nuclear paquistanês? Existe pesadelo maior do que o de um arsenal atômico que se torne artigo de fé na cabeça dos "loucos de Deus"? Pois o Paquistão é isso.

Por fim, sobre o problema da Al Qaeda, sobre a questão específica de saber até que ponto Bin Laden dispõe de armas de destruição em massa, três informações que Daniel Pearl devia possuir — além de duas lembranças pessoais.

O caso de Mamduh Mahmud Salim, comandante de Bin Laden, co-fundador da Al Qaeda e envolvido, em função disso, nos atentados à bomba contra as embaixadas norte-americanas do Quênia e da Tanzânia, que foi detido em Munique, em 25 de setembro de 1998, no momento em que tentava negociar, junto a intermediários ucranianos, a compra de material nuclear e urânio enriquecido.

O livro de Yossef Bodansky, diretor do Centro sobre o Terrorismo do Congresso norte-americano, segundo o qual, em 1998, Bin Laden teria pago trinta milhões de dólares em dinheiro, mais o valor de duas toneladas de heroína, para um grupo de tchetchenes dispostos a lhe entregar informação e material que permitiriam montar uma ou várias "bombas sujas"[1].

As declarações do general Lebed às autoridades norte-americanas, pouco tempo antes de sua morte, revelando que o governo da Federação da Rússia não sabia aonde tinham ido parar uma centena de cargas nucleares, entre as setecentas que foram miniaturizadas pelos soviéticos nos anos 1970. Essas cargas, dizia ele, cabem numa maleta; podem entrar em qualquer território inimigo, e portanto nos Estados Unidos, pelos mesmos canais que um produto de contrabando; algumas têm um tempo de vida suficientemente longo, e hibernam desde o tempo do regime soviético, esperando para ser reativadas. Essas microbombas, dizia ainda Lebed, essas maletas atômicas capazes de matar várias dezenas de milhares de pessoas, talvez cem mil, são a arma ideal para um grupo terrorista.

Por fim, duas lembranças pessoais, que me levam das repúblicas ex-soviéticas da Ásia Central ao Paquistão, e do Paquistão a Bin Laden — corroborando e ao mesmo tempo prolongando as intuições de Daniel Pearl.

Uma conversa na primavera de 2002 com Moshe Yaalon, conhecido como "Bugui", que acabava de ser nomeado chefe do estado-maior do exército israelense. Na véspera, vi Ariel Sharon. E naquela manhã encontro-me com Bugui no Ministério da Defesa — um enorme complexo fortificado, ambiente agradável, escritórios com aspecto decididamente civil, sem emblemas militares, com oficiais do sexo feminino na recepção. Conversamos sobre Arafat.

---

[1] Tipo de bomba que não causa uma explosão nuclear, mas libera radiação numa área de alguns quarteirões. (N. do T.)

Falo sobre meu apoio incondicional a Israel e minhas sérias restrições, no entanto, à resposta israelense diante da segunda Intifada. Conversamos também sobre o Iraque, que me parece, diante das ameaças reais que pesam sobre o mundo, ter todas as características de um falso alvo, de um logro. Evidentemente, digo alguma coisa sobre o Paquistão. Menciono, a propósito do livro que vai tomando forma, aquele ninho de víboras, aquele paiol de pólvora, sobre o qual, imagino, Israel deve ter sua própria opinião:

— Os locais onde se guardam os mísseis, por exemplo... os depósitos de material nuclear... não são muito mais perigosos que os de Saddam Hussein? Será que a comunidade internacional dos serviços de informação perdeu a noção das coisas?

E ele, surpreso, depois vagamente irônico, com um brilho no olhar que o torna parecido com o jovem Rabin:

— Então o senhor se interessa pelo Paquistão? Que coincidência... Nós também... Mas não se engane, a comunidade internacional sabe muito bem onde se encontram os *warheads*, as ogivas nucleares daquele país, quase uma por uma. Basta que uma delas se mexa, que se desloque um milímetro — ele faz, com o polegar e o indicador, o gesto de medir um milímetro —, e saberemos como reagir.

E eu, então:
— Isso significa que um Osirak[1] paquistanês é possível? Esse tipo de operação é concebível ainda hoje, no mundo de Bin Laden e do pós-11 de setembro?

E ele, com uma gargalhada:
— É uma boa pergunta, mas não tenho a resposta.

Um Osirak em Kahuta, Chagai, Khushab? Uma unidade especial israelense capaz de investir contra um depósito nuclear, em caso de desvio de material radioativo? A hipó-

---

[1] Osirak: reator nuclear iraquiano, perto de Bagdá, destruído pelo exército israelense em 1981. (N. do T.)

tese é ao mesmo tempo tranqüilizadora e terrível. Pois o próprio fato de pensar a respeito significa que o problema poderia surgir.

Depois, alguns anos mais tarde, durante minha visita ao Panshir, aquela outra conversa com Mohammed Fahim, que na época chefiava os serviços secretos do comandante Massud, e que foi mais explícito ainda. Estamos na casa de hóspedes da Aliança do Norte, na entrada do vale, à espera de Massud. Fahim é mais magro que hoje, menos solene, fala com uma franqueza que já não existe no marechal-ministro em que se transformou.

— O Ocidente — diz ele — subestima, uma vez mais, o imenso perigo representado pelos paquistaneses. Eles apoiaram os talibãs. E agora estão apoiando Bin Laden. O senhor sabia que Bin Laden tem um laboratório, perto de Kandahar, onde tenta fabricar armas de destruição em massa, com o conhecimento dos serviços secretos, que lhe fornecem tudo o que ele quer — informações de primeira mão, visitas de cientistas, amostras de material radioativo, facilidades para o contrabando?

Na época, não presto muito atenção ao que ele diz. Como para o endereço, em Kandahar, de Bin Laden — que transcrevo, mas sem muita convicção, em meu relato de viagem para o *Monde* —, uma parte de mim atribui essas confidências à paranóia antipaquistanesa das pessoas da Aliança e, mais ainda, de seus serviços secretos. Retomo, portanto, minhas anotações daquela época. Releio-as à luz da investigação de Pearl e de minha investigação sobre a investigação dele. Fahim, naquele dia, me deu a localização exata do laboratório: a quarenta quilômetros do aeroporto, a oeste de Kandahar. O salário dos engenheiros russos ou turcomanos recrutados por Bin Laden: dois mil dólares por mês, o dobro do que a Federação da Rússia tinha condições de oferecer. Ele me revelou também que um daqueles cientistas turcomanos tinha trabalhado em Bagdá, nos anos 1980, justamente no reator de Osirak. Que estranho... Mas, sobretudo, explicou-me que todos aqueles armamentos eram pesados demais, seu transporte e manutenção extremamente difíceis, seu sistema de segurança complexo demais para que o material radioativo ucraniano ou tchetchene pudesse ter alguma utilidade para a Al Qaeda.

— Talvez uma bomba suja — disse Fahim. — Pode ser que eles consigam, a partir desses países, fabricar artefatos nucleares sem vetores que explodiriam em Cabul no dia em que entrarmos ali. E é claro que levamos essa hipótese a sério. Só que os assuntos sérios são decididos em outro lugar.

Ele aponta com o queixo em direção ao Paquistão.

— Só as pessoas da ISI podem lhes dar o conhecimento, a assessoria técnica e o material necessários para constituir um arsenal de armas de destruição em massa.

E acrescenta:

— Temos todos os dados a esse respeito. Sabemos que o processo está em andamento...

Várias hipóteses, a partir daí.

É provável que Danny soubesse mais sobre esse "processo em andamento".

É provável que ele tenha ampliado sua investigação sobre o caso de Hamid Gul e sobre suas ligações eventuais com a ala teoricamente leiga e kemalista dos serviços secretos.

É provável que ele tenha levantado a lista dos oficiais de alta patente da ISI que, fiéis à linha Gul, isto é, à doutrina da bomba islamita, davam razão à análise de Mohammed Fahim e estavam dispostos a fechar os olhos para uma transferência de tecnologia em direção aos grupos terroristas.

Será que Danny se preparava para fornecer a localização exata das ogivas e dos vetores do arsenal de Islamabad? Ele tinha provas de que aquela informação estava ao alcance de qualquer terrorista?

Suas descobertas desmentiam as declarações tranqüilizadoras que Musharraf, na mesma época, não parava de fazer sobre seu controle absoluto da cadeia de comando nuclear e sobre a desvinculação dos locais de armazenagem e de lançamento?

Será que Danny viu, em Peshawar, uma dessas maletas nucleares MK 47, *made in USA* ou *in USSR*, sobre as quais me falaram representantes de vários serviços secretos ocidentais — grandes caixas cinzentas ou pretas, estufadas, rechonchudas, atravancadas como maletas de oficiais, alça dupla de metal dos dois lados, uma espécie de tampa como num tanque de gasolina, e, no interior, uma carga nuclear equivalente a um vigésimo ou trigésimo da que foi utilizada em Hiroshima?

É provável que ele tenha seguido, depois das pistas de Gul e de Mahmud, os caminhos de Khan, Abdul Qader Khan, o verdadeiro pai da bomba islamita — e que tenha revirado, assim como eu, a biografia oficial do herói para encontrar seus outros feitos militares, cuidadosamente escondidos do mundo exterior, e especialmente dos norte-americanos: os programas de cooperação, por exemplo, de 1986 a 1994, com o Irã dos aiatolás; e o memorando dos serviços secretos iraquianos de 6 de outubro de 1990, do qual recebi uma cópia em Nova Delhi, que menciona a proposta paquistanesa, via Khan, de ajudar Saddam Hussein a construir uma usina de enriquecimento de urânio. Também é possível que Danny tenha investigado as relações entre Khan e a indústria nuclear da Coréia do Norte. Eu mesmo, na Índia, tive acesso a esse segredo de polichinelo que é o intercâmbio, por intermédio de Khan, entre os paquistaneses e os norte-coreanos, uns oferecendo seu *know-how* aos outros, os outros entregando seus mísseis aos primeiros... Por que

Danny, também nesse caso, não teria escrito a respeito? Por que não estaria disposto a publicar, na seqüência de seu artigo de 24 de dezembro, mas dessa vez na primeira página do *Wall Street Journal*, uma matéria sobre os acordos secretos entre Pyongyang e Islamabad?

Se ele se debruçou sobre a biografia de Abdul Qader Khan, se, como suponho, acabou compreendendo que o papel de Khan era muito mais crucial que o de Mahmud ou o de Gul, deve ter se interessado também pelo *status* do cientista depois de sua aposentadoria em 2001. Realmente fora de circulação? Retirado dos relatórios confidenciais? Cidadão como os outros, talvez um pouco mais famoso — alguém que podia ser reconhecido num restaurante ou num táxi, sem ter de pagar a conta? Ou então, como Danny deve ter imaginado, emissário oficioso, mas extremamente ocupado, do *lobby* nuclear paquistanês? Acredito que a seqüência lógica da reportagem de Pearl o levaria, por exemplo, a investigar a última viagem do cientista à Coréia do Norte, bem recente, posterior à sua aposentadoria e que passou despercebida. Abdul Qader Khan, disse-me um ministro, só representa a si mesmo e foi fazer uma viagem de turismo em Pyongiang. Abdul Qader Khan, insiste um amigo íntimo, já esteve ali uma vez em missão oficial, tomou gosto pela coisa, conservou amigos e voltou em caráter totalmente privado. Pode-se criticar um cientista que deu sua vida à nação pelo fato de espairecer um pouco visitando seus amigos de Pyongyang? Pois bem, acho que esse é exatamente o tipo de crítica, ou pelo menos de pergunta, que Daniel Pearl poderia ter formulado na véspera de seu seqüestro. Aposto que Pearl se perguntava, assim como eu, que tipo de turismo se faz hoje em dia em Pyongyang, e que tipo de amigos um recordista mundial da fabricação de plutônio a partir do urânio pode conservar ali... Aposto que Danny tentava descobrir o que podia dizer aos norte-coreanos, naquele momento, o homem que, durante anos, ensinou aos cientistas de um país sem armas nucleares a arte e a maneira de contornar os embargos.

Em suma, aposto que Daniel Pearl estava reunindo provas do conluio entre o Paquistão, os grandes governos salafrários e as redes terroristas do planeta.

Aposto que ele estava escrevendo um artigo sobre o jogo duplo de um governo paquistanês que posa, de um lado, como bom aliado dos Estados Unidos, e se presta, de outro lado, por intermédio de seu cientista mais prestigioso, às mais temíveis operações de proliferação nuclear.

Pearl, numa palavra, estava prestes a quebrar um tabu.

Ao entrar naquele universo sórdido de cientistas loucos e loucos de Alá, ao pisar naquela noite onde serviços secretos e segredos nucleares trocam e compartilham suas zonas de sombra, trabalhando sobre um material altamente confidencial e explosivo, ele infringia outra grande proibição que pesa sobre aquela região do mundo.

É o que faço também neste livro.

A exemplo de Danny, em sua esteira e, de certa forma, em sua homenagem, trago essa modesta contribuição para a causa da verdade, que Danny amava mais do que tudo.

Afirmo que o Paquistão é o mais vil dos governos vis de hoje em dia.

Asseguro que se está formando ali, entre Islamabad e Karachi, um verdadeiro buraco negro, em comparação ao qual a Bagdá de Saddam Hussein era um depósito de armas sucateadas.

Naquelas cidades paira um odor de Apocalipse. E tenho certeza de que foi isso o que Danny sentiu.

6

A DOÇURA DO ISLÃ

Já faz um ano.

Faz um ano que, no escritório de Ahmid Karzai, em Cabul, no momento em que, junto com Fahim e Qanuni, seus dois assistentes, evocávamos a memória do comandante Massud, recebi a notícia da morte de Daniel Pearl.

Uma palavra para Mariane, cuja dor e pesar posso imaginar muito bem, neste aniversário de sua morte.

Tentar, com os amigos, reproduzir nas sinagogas da França o dia de memória e orações organizado por Ruth e Judea, os pais-coragem, em Los Angeles.

E assim termina este livro, com suas lacunas, suas hipóteses, suas zonas que permanecem obscuras.

Mas ainda haveria uma última estadia em Karachi. Eu tinha prometido a mim mesmo que nunca mais voltaria, ao menos enquanto durasse aquele regime. Mas uma mensagem de Abdul me fez mudar de idéia: "Memon... o proprietário do terreno... a peça que faltava no quebra-cabeça... acho que encontrei Saud Memon... venha."

Fui à "livraria islâmica" de Rawalpindi, no primeiro andar de um prédio da Murree Road, que funciona como escritório do Al-Rashid Trust e onde devo encontrar o homem que conhece o homem que conhece o homem que vai me levar à presença de Saud Memon. O mesmo balé de barbudos hesitando, como sempre, entre a amenidade e a ameaça velada. Os mesmos olhares corteses mas gélidos, como para deixar bem claro que não devo ir longe demais. A mesma certeza de ter razão, inclusive quando ousam me dizer que "o assassino do jornalista, seja quem for, mereceu o Paraíso". E as mesmas promessas de sempre, a mesma maneira de entreabrir a porta sabendo que ela será fechada logo a seguir:

— Sim, claro... Nada mais fácil... Nosso amigo Memon não está foragido... Ele está em Karachi... Em nenhum lugar do mundo estaria tão seguro quanto em Karachi... Não seria louco de fugir para um desses países árabes que colaboram com os norte-americanos, desgraçados!

Vou a Karachi, então. Tento seguir aquela última pista, Sorhab Road, extremo norte da cidade, na estrada de Gulzar-e-Hijri, dédalo de ruelas e caminhos de terra em plena metrópole, paisagem de granjas vazias, ruínas, casebres de chapas metálicas onduladas e cartolina, esgotos cavados a céu aberto, poças de lama sobre as quais puseram pontes improvisadas.

— Quem é ele? — pergunta a Abdul um refugiado afegão, figura esquelética, que surge por trás de um muro desabado.

— Ninguém. Um europeu. Um muçulmano da Bósnia. É dos nossos.

E ali, naquela paisagem de fim de mundo, uma casa bastante semelhante àquela em que Pearl ficou detido, e onde vejo um homem deitado sobre um catre, casaco vestido diretamente sobre a pele, de mangas desfiadas, um urinol embaixo da cama, voz agonizante.

— Não sou Saud Memon. Sou o tio dele. Saud estava aqui. Vai voltar. Mas a polícia norte-americana acaba de prender Khalid Sheikh Mohammed. Eles estão em toda parte. Saud teve que fugir. Deixe-me em paz. O senhor está vendo, estou doente.

Ligo para Rawalpindi, então, para saber mais sobre aquela história da prisão de Mohammed. Segundo as últimas notícias, ele seria o assassino de Pearl. Seria o "iemenita" que segurou o facão. Um sujeito — Robert Baer, ex-agente da CIA — chegou a afirmar:

— Era isso o que Pearl estava fazendo... Procurava Mohammed... Estava na pista de Mohammed... Então, Mohammed se enfureceu... Resolveu se vingar... Mohammed, junto com Omar, organizou o seqüestro, e foi ele quem o matou...

A idéia me parece absurda. Não acredito que o número 3 de Bin Laden, chefe das operações da Al Qaeda, intelectual kuwaitiano bastante distinto, refinado, pudesse fazer o trabalho com suas próprias mãos. Contemplo sua foto oficial, divulgada pela CIA nos últimos dois anos e que todos conhecem, barba bem-cuidada, olhar impiedoso mas inteligente, turbante impecável, e penso: "Não, não é possível, este homem não pode ter executado a sentença pessoalmente". Mas passo para a outra foto, a recente, publicada nos jornais daquela manhã, onde ele aparece ao levantar da cama, no momento, imagino, em que os Rangers invadem sua casa, cabelos desgrenhados, pêlos negros sob a roupa de baixo duvidosa, olhar esgazeado, com olheiras, a boca irascível: não é mais o mesmo Mohammed... Por um momento, chego a pensar que estou diante de mais uma manipulação, uma substituição de pessoas... Mas se fosse ele realmente, então, por que não? Aquele Mohammed podia ter matado Daniel Pearl... Não se dizia de Saddam Hussein que ele se reservava o privilégio de matar, com suas próprias mãos, os opositores que o tinham ofendido pessoalmente?

Aliás, toda essa história de Mohammed é estranha. Os oficiais, em Islamabad, exultam. Os paquistaneses, mais do que nunca, fazem sua pose de bons aliados, amigos dos norte-americanos, antiterroristas, virtuosos. Só que ninguém sabe dizer onde Mohammed foi preso. Nem de que maneira. Nem mesmo quando. É este o detalhe mais extraordinário. Ninguém parece saber se isso aconteceu hoje ou há oito dias, ou quinze dias, ou seis meses. O número 3 da Al Qaeda é preso sem alarde, levado para um lugar seguro, por baixo do pano, "detido sem acusação", como aconteceu com a maioria dos suspeitos do caso Pearl — e agora é apresentado ao público como se tira um coelho de uma cartola, ou como um presente oportuno ao grande amigo norte-americano. Para quando foi marcada a sessão do Conselho de Segurança sobre a guerra no Iraque? E qual será o voto do Paquistão? Essa impressão, mais uma vez, de um poder astuto, especialista em jogo duplo, que teria seu estoque oculto de terroristas, e que os entregaria a conta-gotas, conforme as circunstâncias, as necessidades, o interesse das "três letras", o mercado...

Três fotos de Hadi, o bebê de Omar, aquela manhã, em minha caixa de entrada. Ele tem uma linda cabeça redonda. Olhos grandes. Um macacão branco, com os dizeres "Hello Kiki" em letras verdes, expondo seus braços rechonchudos. Numa das imagens, ele está numa cadeira de criança, preso por uma correia. Na outra, ele chora, e seu pequeno punho enxuga uma lágrima. Na terceira, ele ri com os anjos — mas pode-se ver por trás dele, na parede, uma sombra imensa e negra. Quem me envia aquelas fotos? Que estranho.

Notícias sobre o próprio Omar, também em minha caixa de entrada. O mesmo remetente, um endereço em Londres que tento acessar, mas sem resposta — um *site* fictício que desapareceu em seguida. É uma longa entrevista que Omar deu em sua cela, para um jornal em urdu. O prisioneiro de Hyderabad volta a falar sobre a morte de Pearl. Sobre o que fazia em Kandahar, na "casa dos amigos", na véspera do 11 de setembro. Sobre sua aventura bosniana. Sobre a Índia. Comenta também a guerra no Iraque, que o enfurece. E o que ele propõe para acabar com aquela guerra? Qual é a arma definitiva do "filho predileto" de Bin Laden para desencorajar o "massacre" iminente? Sua idéia fixa. Sempre a mesma. Aquele homem, decididamente, é um maníaco. Eu poderia rir, se não fosse trágico. Ele propõe o seqüestro... dos filhos de Bush e de Cheney.

Aquele outro homem, um de meus informantes do ano passado, que me comunica a existência de um novo suspeito, o décimo-oitavo, um certo Qari Asad, emir do Lashkar i-Janghvi para o setor leste de Karachi, que teria contado à polícia uma versão diferente do seqüestro de Danny. Só um carro, não dois. Sem Bukhari em sua moto. E um encontro secundário, na metade do caminho, no Snoopy Ice-Cream Parlour, perto da mesquita de Sohrab Goth, onde Pearl teria tomado um sorvete antes de voltar para o carro e seguir para Gulzar e-Hijri. Tento achar o Snoopy Ice-Cream Parlour. Não o encontro.

Será que progredi realmente, desde que comecei a investigação um ano atrás?

Será que enxergo as coisas com mais clareza do que no início, quando tudo me parecia simples — um judeu norte-americano, extremistas muçulmanos, um vídeo para ser exibido sem parar nas mesquitas de choque?

Às vezes, digo que sim. Tento me agarrar a minhas conclusões, repito que não é todos os dias que se lida com um assassino que é ao mesmo tempo alto funcionário da Al Qaeda e agente da ISI. Penso que o caso Pearl é muito mais do que um caso Pearl, e que estou ali, entre Washington e Islamabad, num contexto de armas de destruição em massa que enlouqueceram, exatamente no olho do ciclone.

Às vezes, ao contrário, pergunto-me se não fui longe demais, se não fui engolido por essa investigação como num tufão, se não devia ter deixado Omar em sua banalidade e seu vazio, se, tentando desfazer o nó, tentando remover a casca, não acabei me perdendo numa poeira de fatos que de repente parecem sem sentido... Pergunto-me se não fui vítima de meu fascínio pelos autores de romances policiais, que empilham anotações, decifram relatórios, traçam garranchos até a obsessão, escavam indícios que se acumulam e se contradizem, registram testemunhos ínfimos, tentando enxergar o avesso do cenário e o fundo das almas, sonhadores que assistem incansavelmente ao mesmo filme, procurando o detalhe ignorado, a conexão esquecida, a perspectiva abandonada cedo demais e que faz desabar a verdade, a coincidência fortuita, o fio perdido — mas que, ao chegar, vêem o mistério se esquivar novamente para ressurgir mais longe, sob outro ângulo, ilusório também.

Pela última vez, estou diante do Hotel Marriott.
Pela última vez, estou diante do Village Garden, a primeira etapa da *via crucis* de Daniel Pearl, com seu luminoso em letras vermelhas que, de longe, parecem caracteres chineses.

Agora, sei que não voltarei mais a Karachi, nunca mais — sei que, depois deste livro, tenho poucas chances de receber as boas-vindas naquele país. Então, encho meus olhos e ouvidos com a vida daquela cidade que detestei, onde senti medo, onde visitei ambientes cinzentos e inquietantes, onde cruzei tão poucos rostos amigos, mas da qual também guardo boas lembranças, e que em certos momentos cheguei a amar.

O rosto de Jamil Yusuf, chefe do Karachi's Citizen-Police

Liaison Committee, obcecado em sua busca de alto risco dos assassinos de Danny e dos outros.

O jornalista e o funcionário de uma embaixada cujos nomes não estou autorizado a dizer, mas que me ajudaram tanto, e que considero os últimos dos justos naquela Nínive moderna.

A estrada do aeroporto, onde encontro, dessa vez, a pensão que procurei em vão no primeiro dia, quando o tira de olhos maquiados de *khol* parou meu táxi antes de liberar o representante dos Levy Malakand.

Meu motorista de hoje, olhar simpático, sorriso jovial, o primeiro de um ano para cá que não me fez a eterna pergunta: "*Where are you from, what is your religion?*"

Por fim, a mesquita diante da qual ele me pede permissão de parar:

— É a hora da quarta oração... Não se importa se eu parar um pouco? Pode vir comigo, se quiser... Dois minutos... *You are mostly welcome...* De qualquer maneira, o senhor tem tempo...

É uma pequena sala de oração. Uma humilde mesquita de bairro. Mas os homens ali não parecem agressivos. Depois do primeiro momento de surpresa, eles me oferecem uma almofada, fazem um sinal para que eu me sente e põem-se a rezar, voltados para a parede. E é a primeira vez, também, que entro num recinto religioso, em Karachi, sem sentir o vento da imprecação, do ódio.

Voltando a seguir caminho, penso naquele outro rosto do islã, feito de tolerância e de moderação, desfigurado pelos "loucos de Deus", ou melhor, do Diabo.

Penso naquele islã familiar, cheio de vida e de piedade, amigável em relação ao próximo, tolerante para com as fraquezas humanas, conspurcado pela gangue dos "combatentes da verdadeira fé".

Lembro-me de meus amigos da Bósnia e do Panshir: Izetbegovic e seu islã cidadão; Massud numa montanha, acima da planície de Chamali, rezando a seu Deus diante da mais bela paisagem do mundo.

Lembro-me de meus amigos de Bangladesh que, trinta anos antes, já advertiam contra os inquisidores que surgiam em suas fileiras. São um insulto, diziam eles, ao Deus do conhecimento, da sabedoria e da misericórdia que é o Deus dos muçulmanos.

Revejo as cúpulas azuis da mesquita de Mazar e-Sharif, as ogivas em arabescos de Bukhara e sua doçura columbina, os ornatos de mármore dos túmulos sauditas que Michelangelo teria admirado... Ouço o murmúrio da água na calha de um oásis em Ghardaia e os êxtases sábios de Sohravardi, cuja beleza não fica nada a dever às páginas mais notáveis de Isaac Luria ou Pascal.

Existe essa outra face do islã.

Existe essa doçura do islã, na qual Danny quis acreditar, contra tudo e apesar de tudo, até o último minuto, e na qual acredito também.

Quem vencerá, os filhos de Massud ou os assassinos de Pearl?

Quem ficará com a última palavra, os herdeiros desse comércio antiqüíssimo dos homens e das culturas que vai de Avicena a Mahfuz, passando pelos sábios de Córdoba — ou os furiosos dos campos de Peshawar, que em nome do *jihad*, o ventre coberto de explosivos, aspiram a morrer como mártires?

É o grande debate do século que se inicia.

E era, acredito, o grande debate de Pearl quando ele se indignava contra todos os doutrinários de uma guerra das civilizações que só nos promete o pior.

E é o verdadeiro tema deste livro — homenagem póstuma a meu amigo e apelo para que as Luzes sejam compartilhadas.

Impresso na ArtPrinter
em outubro de 2003